Gertrud Neges

Richard Neges

Kompaktwissen Management

Alles, was Führungskräfte
wissen müssen
Mit vielen Fallbeispielen
und Checklisten

Ueberreuter

Impressum

Die Deutsche Bibliothek – CIP-Einheitsaufnahme

Neges, Gertrud:
Kompaktwissen Management : alles, was Führungskräfte wissen
müssen ; mit vielen Fallbeispielen und Checklisten / Gertrud Neges ;
Richard Neges. – 2., überarb. u. erw. Aufl. – Wien : Wirtschaftsverlag
Ueberreuter, 1999
   1. Aufl. u. d. T.: Neges, Gertrud: Management-Training
   ISBN 3-7064-0517-2

S 0406   3 / 2001 2000

Vorwort

Für alle, denen ihre persönliche Weiterbildung ein Anliegen ist, und besonders für diejenigen, die anderen Menschen im Rahmen der sozialen Architektur eines Unternehmens zukunftsorientierte und »menschenwürdige« Rahmenbedingungen schaffen und aufrechterhalten müssen, haben wir dieses Buch geschrieben. Die individuelle Entwicklung jedes einzelnen im Rahmen seiner Selbstverantwortung wird durch dieses praxisorientierte Handbuch aktiv gefördert. Dieses Management-Training-Buch unternimmt eine Verknüpfung von eigenen praktischen Führungserfahrungen mit Kenntnissen aus dem Entwicklungs- und Coachingbereich, welche in praktischer Berater- und Coachtätigkeit sowie im Rahmen von Führungsseminaren erworben wurden.

Die Ansprüche an eine Führungskraft steigen mit der wirtschaftlichen, politischen und gesellschaftlichen Entwicklung. Führung umfaßt mehr als unternehmerische Verantwortung oder ergebnisorientiertes Arbeiten, es beinhaltet vor allem den Umgang mit Menschen. Die Verantwortung des Vorgesetzten besteht darin, die persönlichen Fähigkeiten und Voraussetzungen jedes einzelnen Mitarbeiters zu erkennen und gezielt zu fördern. Wesentliche Anforderungen an Führungskräfte werden in Zukunft die Aktivierung der Entwicklungsfähigkeit, das gezielte Erkennen und der Ausbau von Ressourcen bzw. Potentialen und das unternehmerische, zielorientierte Führen mit hoher Kompetenz sein. Das Vertrauen in die eigenen Fähigkeiten, der Glaube an die Mitarbeiter und die Beherrschung des Führungsinstrumentariums stellen die Grundlagen für den Erfolg bei der Wahrnehmung von Führungsfunktionen dar.

Viele Führungskräfte kommen mit ihrem umfangreichen Betätigungsfeld nicht zurecht. Oft bringt jeder Tag eine neue Herausforderung. Die praktische Umsetzung von Führungsaufgaben zeigt oftmals Grenzen des eigenen Könnens, aber auch Wollens auf. Mit diesem Praxishandbuch wollen wir Ihnen helfen, in unterschiedlichen Führungssituationen gezielt zu agieren, anstatt oft nur hilflos oder resigniert zu reagieren. Das Buch gliedert sich in drei Hauptbereiche. Der erste Teil beschäftigt sich mit dem Manager und seiner Persönlichkeit. Hier werden wichtige Anforderungskriterien, wie z. B. Coaching von Mitarbeitern, Arbeitstechnik und Zeitmanagement, persönliches Auftreten, Selbstentwicklung, Präsentationstechniken und vieles mehr beschrieben, um Ihnen einen Überblick über praktisch erprobte »Werkzeuge« für die Umsetzung in die Praxis zu geben. Der zweite Teil des Buches beschäftigt sich mit dem Manager und seinen Mitarbeitern. Im Mittelpunkt steht das Mitarbeitergespräch in unterschiedlichen Situationen wie: Mitarbeiterbeurteilung, Kritik- und Konfliktgesprächen, Delegations- und Motivationsgesprächen, Steigerung der Produktivität u. v. m. Anhand von konkreten, in der Praxis erprobten Methoden bekommen Sie Hilfen, welche Sie in Ihrem Tätigkeitsbereich als Gedankenstützen für Ihre Mitarbeitergespräche einsetzen können. Der dritte Teil beschäftigt sich mit dem Manager und seinem Team. Die erfolgreiche Umsetzung von Unternehmenszielen hängt stark von der Teamfähigkeit, der Kommunikation und Kooperation innerhalb des Teams, aber auch von den Kontakten zu anderen Teams des Unternehmens ab. Die Durchführung von Qualitätszirkeln, moderierten Besprechungen, Training on the job und Konfliktmanagement im Team sind Schwerpunkte des dritten Teils.

Jeder Manager sollte ein aktiver Berater seiner Mitarbeiter sein. Die raschen Veränderungen unserer Zeit zu überblicken, Umstrukturierungen rechtzeitig umsetzen zu können, auf die Schaffung von persönlicher Lebensqualität mehr Wert zu legen, erfordert Know how in der praktischen Führungstätigkeit. Dieses Buch soll Ihnen entsprechende Perspektiven aufzeigen, mit deren Hilfe Sie Ihre persönlichen Herausforderungen leichter meistern lernen.

Danken möchten wir all denen, die uns in der Praxis begleitet und uns geholfen haben, dieses Buch zu gestalten. Viele persönliche Gespräche mit Führungskräften, Unternehmern und Freunden zeigen immer wieder die hohen Anforderungen an einen Manager von morgen. Dank gebührt auch den hunderten von Seminarteilnehmerinnen und Seminarteilnehmern, mit denen wir arbeiten durften und die uns durch ihre Beiträge zu weiterer Entwicklung motivierten.

Vorwort zur 2. Auflage

Die Führungstätigkeit entwickelt sich in der Praxis immer mehr zur gefühlvollen Aufgabe. Ob »Emotionale Intelligenz« oder »Power-Management« – gefordert wird immer mehr der offene, gefühlvolle und harmonische Managertyp, der in der Lage ist, Ausgleich, Kraft und Harmonie zu entwickeln.

In einem neuen Kapitel wird daher in der überarbeiteten und erweiterten 2. Auflage auf die »Energiearbeit« als Manager eingegangen. Dabei geht es um die Fähigkeit, das Energiepotential, die Ausstrahlung bzw. Wirkung jedes Mitarbeiters und von sich selbst zu erkennen. Die Wahrnehmung von Lebensprogrammen und Erziehungsmustern, das bewußte Erkennen: wie bin ich selbst erzogen worden, welche Werte sind für mich im innersten wichtig und wirken sich auf meine tägliche Führungsarbeit aus, bilden Schwerpunkte dieses Themas. Dazu werden praktische Beispiele in der Umsetzung mit Auswirkungen auf den Coaching-Prozeß dargestellt. Jede Führungskraft bzw. jeder Manager hat das Team, das er verdient. Welche Kernenergien sind vorhanden? Welche Potentiale werden noch nicht genützt?

Weiters stellen wir ein Instrument zur Analyse der Führungswirkung auf die Mitarbeiter vor, das wir in unserer Beratungspraxis als Einstieg in einen Coaching- und Ausbildungsprozeß erfolgreich anwenden: die Führungsstil-Analyse der Gesellschaft für Qualitative Personalarbeit mbH. Unser Dank, die neue Führungsstil-Analyse Vers. 3.0 hier vorstellen zu dürfen, gilt Herrn Dr. Wolfgang Jeserich.

Wir danken vielen Lesern dieses Buches für ihr positives Feedback. Wir haben daher auch den Großteil der Kapitel gleich belassen, da sich an ihrer Gültigkeit und Anwendbarkeit in der Praxis nichts geändert hat. Weiters möchten wir all jenen danken, die uns in unserer täglichen Beratungspraxis Chancen zur Konfliktlösung in Coaching- und Veränderungsprozessen geben. Besonders wichtig dabei sind die unzähligen vertraulichen Gespräche mit hervorragenden Menschen, die uns immer wieder die Möglichkeit geben, durch Erarbeitung eines Energiebildes und Annahme des Feedbacks kritische Reflexionen durchzuführen.

Nützen Sie dieses Buch als Nachschlagewerk. Wir nehmen auch sehr gerne Ihr Feedback entgegen. Ergänzen Sie das Buch auch durch unser darauf abgestimmtes Video-Programm »Management-Training I–IV«, das viele Führungssituationen ausführlich und praktisch darstellt. Schreiben Sie uns unter: G. & R. Neges, Taborstraße 11/16, A-1020 Wien, Telefon +43/1/216 19 96.

Inhalt

3.   Praktische Führungssituationen Manager/Team

1. Führungsbausteine und Persönlichkeitsentwicklung

1.1 Einleitung

Die Anforderungen an die Führungskräfte von heute sind sehr vielfältig. Führungskräfte sind Vorgesetzte, die auf mehreren Ebenen agieren und für den Gesamterfolg eines Unternehmens verantwortlich sind. In den letzten Jahren ist zu erkennen, daß sich viele Führungskräfte immer häufiger die Sinnfrage zu ihrem Tun und zum unermüdlichen Arbeitseinsatz stellen. Immer häufiger ist zu beobachten, daß sich die vorhandene Arbeit durch Einsparung von Mitarbeitern und auch Führungskräften auf immer weniger Personen verteilt – die Arbeit aber trotz getätigter Automatisierung und Rationalisierung immer noch zunimmt. Der Markt erfordert immer mehr persönliches Engagement, die Kunden sind sehr verwöhnt und die Mitarbeiter immer anspruchsvoller.

Aus Befragungen in der Praxis ist zu erkennen, daß der Anteil der eigentlichen »Führungsarbeit« – damit meinen wir nur die Mitarbeiter-Führung und nicht die operativen Tätigkeiten im jeweiligen Fachbereich – bei den Vorgesetzten oft unter 50% ihrer Arbeitszeit liegt. Es werden oft nicht einmal 10% erreicht, d. h., die Führungskräfte beschäftigen sich hauptsächlich mit dem operativen Bereich. Hauptursache dafür ist, daß der Erfolg der eigenen Arbeit maßgeblich durch den Erfolg auf der operativen Ebene bestimmt und gemessen wird und nicht durch die Führungsleistung.

Durch die zunehmende Verschlankung der Unternehmen bekommen die Führungskräfte immer mehr direkte Mitarbeiter unterstellt. Die Führungsspanne erhöht sich gewaltig. In der Konsequenz verlangt dies einen ausgesprochen professionellen Umgang mit der Ressource Zeit und die Fähigkeit, die Mitarbeiter und Teams so weit zu entwickeln und zu coachen, daß diese möglichst selbständig und zielorientiert arbeiten.

Interessant ist auch der stattfindende Wandel zu mehr innerer Öffnung, zur stärkeren Auseinandersetzung mit Feedback, Konflikten und persönlichen Zielen. Es werden intensiv neue Werte im Job gesucht bzw. aufgebaut. Das persönliche Bewußtsein über vorhandene Potentiale und Lebenskräfte gibt den Führungskräften neue Kräfte zur Bewältigung der Anforderungen.

Das Anforderungsprofil eines erfolgreichen Managers beinhaltet folgende Kriterien:

- *Visionen aktiv vorleben*
- *Als Vorbild menschlich sein*
- *Gefühle zeigen und offen damit umgehen*
- *Menschliche Nähe suchen*
- *Energiebewußtsein ausbauen*

- *Mitarbeiterpotentiale erkennen und fördern*
- *Menschen vor Ziele stellen*
- *Konflikt- und Kritikfähigkeit fördern*
- *Akzeptanz, Aufmerksamkeit und Anerkennung vermitteln*
- *Reden lassen, nicht selbst reden*
- *Ergebnis steht im Mittelpunkt, nicht die Zeit*
- *Veränderungen laufend initiieren*
- *Laufendes Lernen fördern*
- *Teams bilden und für Entwicklung sorgen*
- *Bewußtsein von Produktivität vermitteln*

1.2. Grundsätze des Führens

> **»Wenn Du ein Schiff bauen willst, fang nicht an, Holz zusammen-zutragen, Bretter zu schneiden und Arbeit zu verteilen, sondern wecke in den Männern die Sehnsucht nach dem großen, weiten Meer.«**
>
> *(Antoine de Saint-Exupéry)*

In sämtlichen Bereichen der Wirtschaft sind die Führungskräfte aller Hierarchieebenen zunehmend stärker gefordert und belastet – oft bis an die Grenze des Zumutbaren. Bis zu 14 Stunden Präsenz im Geschäft ist vielerorts schon guter Durchschnitt. Wo wird das hinführen? Wo bleiben Werte wie Gesundheit, Freizeit, Erholung und Ausgleich? Kann man 14 Stunden täglich auf Dauer überhaupt produktiv sein? Was verlieren diese Menschen? Wo stehen sie an? Wem laufen Sie nach?
Meist ist der Arbeitstag auch noch so gestaltet, daß eine Besprechung die andere jagt, eine Schwierigkeit sich an die vorhergehende anhängt, viele Verwaltungstätigkeiten durchzuführen sind, Mitarbeiter zu aktivieren und motivieren sind und Vorgesetzte immer mehr delegieren und mehr verlangen. Die Ziele sind betriebswirtschaftlich, ökonomisch immer schwieriger zu erreichen, da sie jedes Jahr oft »sinnlos« hinaufgeschraubt werden. Mittags und abends müssen dann Kundengespräche beim Essen nachgeholt werden, am Wochenende hat man endlich die Möglichkeit, die noch offenen Mitarbeitergespräche, einen Seminarbesuch oder die Entwicklung eines Konzeptes vorzubereiten. So richtig in Ruhe und Entspanntheit über den Sinn seiner Karriere nachzudenken – dafür bleibt einem oft erst im wohlverdienten Urlaub die Zeit.
Ist so ein Leben sinnvoll? Viele nehmen das sportlich, aber nicht jeder kann mithalten. Immer mehr Führungskräfte, die bisher unauffällig, gelegentlich sogar leidlich erfolgreich waren, genügen scheinbar »plötzlich«

den gestellten Anforderungen nicht mehr und werden zu einer ernsten Belastung für ihr Umfeld – umso schmerzhafter, je höher die Positionen angesiedelt sind. Führen bedeutet, sich und anderen eine sinnvoll geordnete Umwelt zu schaffen, wo Freiheit, Übertragung von Macht und Verantwortung, Eigenständigkeit, Selbstorganisation der Mitarbeiter, Entwicklung, Spaß, Leistungsbereitschaft, Kreativität etc. die Hauptrolle spielen.
Nicht nur die Gewinnmaximierung steht heute im Vordergrund, sondern die sinnhafte Entwicklung und Schaffung von Substanzwerten. Dazu gehören unter anderem kompetente Mitarbeiter und Führungskräfte, die mehr können, als ihr täglicher Job es fordert. Führen bedeutet aber auch, einfache und/oder komplexe Situationen richtig in ihrer Vernetzung zu erkennen, zu lokalisieren und aktive Lösungsstrategien zu entwickeln.

Folgende Aufgaben und Rahmenbedingungen werden die erfolgreiche Führungskraft in Zukunft prägen:

● *Durchführung organisatorischer Veränderungen*

Der Abbau starrer Hierarchien, die Gestaltung einfacher Arbeitsabläufe, kompetentes Informationsmanagement sind wesentliche Änderungsmerkmale der Organisation von morgen.

● *Beteiligung der Mitarbeiter an Entscheidungen*

Im Rahmen der Funktionsbeschreibung gehören die Kompetenz- und Verantwortungsbereiche der Mitarbeiter definiert. Sie sollen nicht eng gehalten werden. Die Mitarbeiter benötigen dazu aber auch die so notwendige »Fähigkeit« und »Freiheit«. Gemeinsame Teamentscheidungen sollen aktiviert werden.

● *Schaffen eines intakten sozialen Arbeitsumfeldes*

Die Mitarbeiter sollen in einem positiven Klima tätig sein können. Auftretende Konflikte und Störungen soll die Führungkraft bereits frühzeitig erkennen und kompetent lösen können. Aktives Kommunizieren ist gefragt.

● *Organisieren von Lernen und Entwicklung*

Das Lernen am Arbeitsplatz sollte aktiviert werden. Nachdem 90% des natürlichen Lernens ohnedies am Arbeitsplatz geschieht, soll die Führungskraft auch für die so notwendige Lernzeit bei den Mitarbeitern sorgen. Eine kontinuierliche Entwicklung der Mitarbeiter hängt von der aktiven Karriereorientierung des Vorgesetzten ab. Schafft er Mitarbeiter, die kompetenter sind als er, dann hat er selbst die Möglichkeit, sich neuen Arbeitsaufgaben zuzuwenden.

● *Schaffen eines leistungsorientierten Arbeitsklimas*

Die erbrachte Leistung der Mitarbeiter sollte entsprechend abgegolten werden. Die Leistung sollte auch bewertet werden, damit dem Mitarbeiter ein ordentliches Feedback über seine Leistung gegeben werden kann.

● *Frauen in hierarchischen Schlüsselpositionen*

Die Gleichberechtigung sollte für jede Führungskraft selbstverständlich sein. Die Besetzung von Schlüsselpositionen sollte auch Frauen ermöglicht werden. Die vorhandenen Vorurteile sollten abgebaut und neue Erfahrung durch aktives Tun gesammelt werden.

● *Integration durch Visionen und Leitbilder anstreben*

Jeder Mitarbeiter im System soll die Vision und das Leitbild des Unternehmens kennen und, was noch viel wichtiger ist, verstehen und auf seinen Arbeitsplatz übertragen können. Visionen bringen Sinn in die Tätigkeit. Leitbilder geben den Orientierungsrahmen vor. Eine Identifikation des Mitarbeiters wird dadurch erst ermöglicht.

● *Leistung erzeugen durch Synergie*

Je besser es der Führungskraft gelingt, die unterschiedlichen Meinungen, Ideen und Erfahrungswerte der Mitarbeiter durch Projektteams, Qualitätszirkelrunden, Meetings zu nützen, um so mehr wird die latent vorhandene Synergie aktiv gefördert. Jede Führungskraft sollte einen teamorientierten Führungsstil einsetzen, um so die Potentiale in Leistung und Synergien umwandeln zu können.

● *Vorbild sein*

Je werteorientierter die Führungskraft lebt, umso mehr wird sie von den Mitarbeitern als Vorbild anerkannt. Das Vorleben ist ein wichtiger Einflußfaktor.

● *Druck verarbeiten und dosiert weitergeben*

Je effektiver es einer Führungskraft gelingt, die Zielerreichung ins richtige Spannungsverhältnis zwischen Unternehmenszielen – Mitarbeiterzielen – Selbstorganisation – Erfolg – Zeit zu bringen, umso aktiver wird das Engagement, und damit entsteht ein positives Umgehen mit Druck.

Selbstanalyse als Führungskraft

Die folgenden Fragen sind als Selbstanalyse Ihrer eigenen Person gedacht. Interessant wäre auch, im Führungsteam einmal offen über die Fragen bzw. einzelnen Themenbereiche zu diskutieren. Dies fördert die Offenheit und Nähe und ergibt eine hervorragende Grundlage für einen Gedankenaustausch.

Visionen aktiv vorleben
● Welche Visionen habe ich?
● Was sind meine visionären Stärken und Schwächen?
● Meine Bilder von Gegenwart und Zukunft?
● Welche Visionen habe ich bereits realisiert, welche noch nicht?
● Wie erlebe ich »Visionen« im eigenen Unternehmen?

Als Vorbild menschlich sein
● Welche Vorbilder habe ich, und was ist das Interessante an den Vorbildern?
● Wie ist mein Bild vom Menschen?
● Was sind meine inneren Werte?
● Wie bewußt sind mir die eigene Erziehung und deren Auswirkungen?

Gefühle zeigen und offen damit umgehen
● Wie offen bin ich?
● Wie leicht fällt es mir, über meine inneren Probleme, Gedanken und Konflikte zu sprechen?
● Wie spontan bin ich?
● Was höre ich an Feedback über mein Gefühlsleben?
● Welche Potentiale kann ich noch nützen?

Menschliche Nähe suchen
● Wie gerne bin ich unter Mitarbeitern?
● Wie oft gehe ich durch die Büros, Produktionshallen und Lagerräume?
● Was sage ich als erstes, wenn ich auf Menschen zugehe?
● Lasse ich Gefühle entwickeln?
● Was spüre ich, wenn ich mit Menschen zusammen bin?
● Bin ich nur mit mir selbst und meinen Aufträgen beschäftigt?

Energiebewußtsein ausbauen
● Wie sehe ich meine eigene Ausstrahlung?
● Wo verliere ich regelmäßig Energie?
● Was mache ich, um Energie zu tanken und weiter auszubauen?

- Welche Potentiale stecken in mir?
- Wer hilft mir, die eigenen Potentiale zu erkennen und zu nützen?

Mitarbeiterpotentiale erkennen und fördern
- Was unternehme ich, um Mitarbeiterpotentiale zu erkennen und zu fördern?
- Welche Energiepotentiale nützen meine Mitarbeiter, welche nicht?
- Inwieweit kann ich Energien sehen und spüren?
- Wie gehe ich mit Coaching um?

Menschen vor Ziele stellen
- Wie wichtig sind für mich Ziele und Ergebnisse?
- Wie gehe ich mit Zielen und Zielerreichung um?
- Wie wichtig ist für mich der Mensch beim Umgang mit Zielen?

Konflikt- und Kritikfähigkeit fördern
- Arbeite ich bei Konflikten auf Kompromiß- oder Konsenslösungen hin?
- Wie offen bin ich selbst bei Konflikten, welche andere mit mir haben?
- Wie gut kann ich Konflikte bewußt initiieren?
- Spreche ich Gefühle bei der Konfliktbehandlung an?
- Werde ich öfter zu Konfliktsituationen und deren Lösung beigezogen?

Akzeptanz, Aufmerksamkeit und Anerkennung vermitteln
- Wie vermittle ich Akzeptanz?
- Mit welchen Aktivitäten schaffe ich Interesse bzw. Aufmerksamkeit beim Mitarbeiter?
- Wann spreche ich Anerkennung aus?
- Welche Zustimmungsformen verwende ich häufig?

Reden lassen, nicht selbst reden
- Brauche ich ständig eine Bühne?
- Wie gut kann ich zuhören?
- Habe ich immer das Bedürfnis, etwas sagen zu wollen?
- Wie reagieren meine Mitarbeiter, wenn ich zuhöre bzw. etwas sage?
- Wie führe ich mit der Sprache?
- Lasse ich andere ausreden?
- Sehe ich Redenlassen als Entwicklung des anderen?

Ergebnis steht im Mittelpunkt, nicht die Zeit
- Wie bewußt gehe ich täglich auf Ergebnisse ein?
- Wie mache ich Druck mit der Zeit?
- Bin ich selbst Vorbild mit »Habe keine Zeit«?

- Wie bewirke ich Druck?
- Wie steht bei mir Ergebnis mit Zeiteinsatz im Einklang?
- Was mache ich selbst gerne?
- Wofür benötige ich zuviel Zeit, um ein positives Ergebnis zu erzielen?

Veränderungen laufend initiieren
- Wie oft stelle ich etwas in Frage?
- Wie ist im Team das Klima für Veränderungen?
- Reagiere ich erst, wenn es nicht mehr anders geht, oder kann ich agieren?
- Wie intensiv führe ich job rotation durch?
- Wie kann ich Lernen als Veränderungsgrundlage am Arbeitsplatz integrieren?
- Wer ist grundsätzlich für Veränderungen verantwortlich?
- Welche Aufzeichnungen führe ich zu meinen geplanten und bereits durchgeführten Veränderungen?

Laufendes Lernen fördern
- Wie lerne ich?
- Wie halte ich mich am Laufenden?
- Welche Zeit investiere ich in das Lernen im Job?
- Wie sieht meine Lernbilanz für die letzten sechs Monate aus?
- Welchen Lernplan habe ich?
- Wie aktiv fördere ich Lernen im Team?
- Führe ich Lernveranstaltungen mit den Mitarbeitern durch, z. B. Verkaufstrainings, Besprechungen über neue Produkte oder Schulungen in der persönlichen Entwicklung?

Teams bilden und für Entwicklung sorgen
- Wie teamfähig schätze ich mich ein?
- Wie aktiv bilde ich immer wieder neue Teams?
- Schaffe ich ein konstruktives Klima im Team?
- Kann ich Teams weiterbewegen?
- Bin ich selbst in Teams integriert?
- Was sind meine Stärken/Schwächen bei der Teamarbeit z. B. Projektentwicklung?
- Überlasse ich auch meinen Mitarbeitern die Teamsprecherfunktion?

Bewußtsein von Produktivität vermitteln
- Wie schaffe ich es, daß meine Teams immer produktiv arbeiten?
- Was bedeutet für mich »Produktivität«?
- Woran messe ich die Leistung, was ist mir wichtig?

- Wie oft stelle ich Abläufe in Frage?
- Wie aktiv bringe ich Ideen zur Steigerung der Produktivität ein?
- Wie gut kenne ich vergleichbare Unternehmungen (Benchmarketing)?

1.3. Anforderungsprofil einer Führungskraft

Die Anforderungen an die Führungskraft von morgen können wie folgt zusammengefaßt werden:

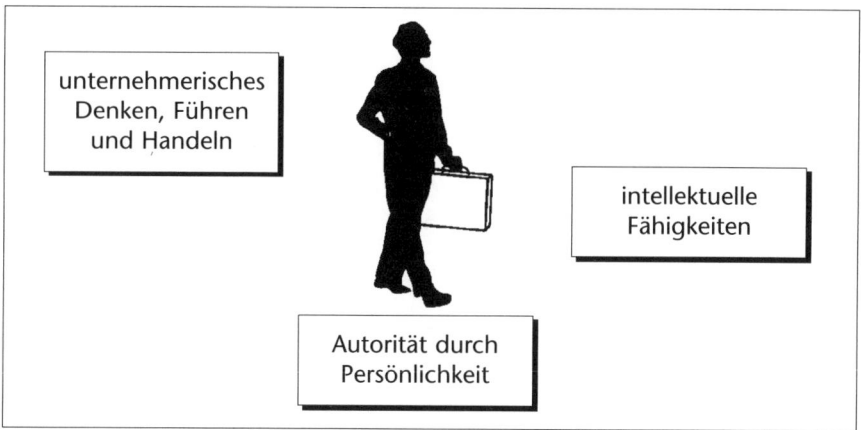

unternehmerisches
Denken, Führen
und Handeln

intellektuelle
Fähigkeiten

Autorität durch
Persönlichkeit

Unternehmerisches Denken – unternehmerisches Führen – unternehmerisches Handeln

Management heißt Ziele vereinbaren, planen, Entscheidungen treffen, für die Realisierung der Ziele sorgen, Verantwortung tragen, Mitarbeiter führen und aktives Coaching betreiben. Um diesen Aufgaben gerecht werden zu können, sind folgende Anforderungsmerkmale zu aktivieren:

- *Vision, Strategie, Vernetzung und Realismus*
Denken Sie in Szenarien und Alternativen. Versuchen Sie eine vernetzte Darstellung aller Chancen und Gefahren der zukünftigen Herausforderungen des Unternehmens zu erhalten. Geben Sie dem System die nötige Freiheit. Aber handeln Sie strategisch, auf der Basis eines realistischen Weltbildes. Wer unternehmerisch denkt, denkt langfristig (Morgen ist wichtig – übermorgen ist gefordert).

- *Fähigkeit zur Erreichung realistischer langfristiger Ziele*
Vereinbaren Sie mit Ihren Mitarbeitern Ziele, welche auf einer realisti-

schen Grundlage aufgebaut sind. Fordern Sie dabei die Mitarbeiter, aber überfordern Sie sie nicht zu stark.

Sichern Sie die Existenz des Unternehmens auf Dauer und prüfen Sie permanent Ihre Entscheidungen auf ihre Auswirkungen – ob diese zur Existenzsicherung auf Dauer oder zu einer kurzfristigen Gewinnmaximierung beitragen.

● *Flexibilität in Planung, Entscheidung und Umsetzung*
Glauben Sie niemals vorschnell, den »Stein der Weisen« gefunden zu haben. Verändern können und verändern wollen zeichnen den unternehmerisch denkenden Manager aus. Bauen Sie Ihre Planungsüberlegungen auf einer fundierten Kenntnis der Ausgangssituation auf. Beziehen Sie Ihre Mitarbeiter in die Entscheidungen mit ein und sorgen Sie für eine reibungslose Umsetzung der getroffenen Entscheidungen. Sorgen Sie für unternehmerisches Denken und Handeln auf allen Ebenen.

● *Teamorientiertes, partnerschaftliches Handeln*
Aktivieren Sie Ihr Team. Suchen Sie den Dialog, die Kooperation durch aktive Kommunikation. Handeln Sie partnerschaftlich und fair. Schaffen Sie einen Ausgleich zwischen den Interessen der Mitarbeiter und denen des Unternehmens.

Intellektuelle Fähigkeiten

Auch in Zukunft werden an den Manager Anforderungen gestellt, die seinen Verstand, sein Wissen, Können und Wollen herausfordern und auf die Probe stellen. Management bedeutet daher:

● *Offen sein*
Gehen Sie auf die Menschen zu. Fordern Sie die Mitarbeiter zur Offenheit auf. Leben Sie vorbildlich.

● *Logisch denken*
Es gilt, Gesetzmäßigkeiten aufzudecken, Abläufe festzustellen, Schwachstellen zu erkennen und Pläne konsequent zu realisieren. Bauen Sie auf erprobte Methoden und Kenntnisse zur Lösung der auftretenden Schwierigkeiten auf.

● *Das Wesentliche erkennen*
Prüfen Sie sich selbst immer wieder, ob Sie sich nicht in Nebensächlichkeiten verstricken. Haben Sie Mut, die Dinge richtig zu sehen und offen anzusprechen. Riskieren Sie auch etwas.

● *Wissen, Können, Wollen und Verständnis*
Breites Fachwissen ist zur Erkennung betrieblicher Zusammenhänge notwendig. Wissen rund um das betriebliche Geschehen benötigt aber auch Kenntnisse über wirtschaftliche, rechtliche, politische, kulturelle, technische und soziale Gegebenheiten. Die Beherrschung wichtiger Grundregeln zur Förderung des Wollens und Könnens sind ebenso notwendig wie das Aufbringen von Verständnis. Informieren Sie zielgerichtet, etablieren Sie Informationsquellen, so daß man, was an Informationen benötigt wird, leicht abrufen kann.

Autorität durch Persönlichkeit

Der Manager der Zukunft läßt der Persönlichkeit viel Platz. Die Qualifikation eines wirklich guten Managers zeichnet seine menschliche Autorität im ausgewogenen Verhältnis zur Fachautorität aus.

● *Selbstsicherheit und Selbstkontrolle*
Das Team muß spüren, daß Sie die Sache im Griff haben und daß man sich auf Sie verlassen kann.

● *Belastbarkeit*
Je mehr Verantwortung Sie tragen, je mehr Entscheidungen Sie treffen, umso mehr müssen Sie auch mit Streß richtig umgehen können. Starke Nerven, Geduld und Toleranz sind die Basis des Erfolgs für jede Führungskraft. Sollten Sie dabei manchmal Schwierigkeiten haben, so denken Sie daran, daB jede persönliche Krise zugleich eine Chance zum Wandel ist.

● *Verständnis*
Versuchen Sie, die Dinge auch mit den Augen der anderen zu sehen. Nicht alles muß tatsächlich so sein, wie es für Sie auf den ersten Blick den Anschein hat. Der erfolgreiche Manager kann sich auf seine Partner einstellen, auf andere Meinungen eingehen, seine Emotionen in Einklang mit seinen Zielen bringen.

● *Spontaneität und Entscheidungsfreudigkeit*
Wenn Sie allzu lange überlegen, kommen Sie nicht weiter. Vertrauen Sie auch auf Ihre Eingebungen und lassen Sie sich nicht von allzuvielen »Pros« und »Kontras« verunsichern. Nutzen Sie Ihre Erfahrung und Ihr Wissen, aktivieren Sie Ihre Spontaneität. Stehen Sie zu einmal getroffenen Entscheidungen.

● *Zwischenmenschliche Beziehungen*
Von den zwischenmenschlichen Beziehungen hängt zu einem guten Teil
der Erfolg eines Unternehmens, und damit auch Ihr Erfolg als Führungskraft ab. Dies gilt, egal ob ein Team groß oder klein ist, ob die Unternehmenshierarchie ausgeprägt oder informell ist.

● *Vertrauen schaffen*
Vertrauen stellt die Basis für jede erfolgreiche Zusammenarbeit dar. Schaffen Sie ein vertrauensvolles Klima, indem Sie selbst den anderen Vertrau-
en entgegenbringen – durch Motivation und Delegieren von Verantwortung. Bauen Sie die Blockaden einer guten Zusammenarbeit, wie Intrigen
und Machtkämpfe, nach Möglichkeit ab.

● *Sinn und Spaß vermitteln*
Nur wer sich mit seinem Arbeitsplatz identifiziert, wer Freude und Spaß an
der Arbeit erlebt, wer einen persönlichen Sinn in der Tätigkeit sieht, wird
mittel- bis langfristig zum Unternehmen stehen. Versuchen Sie daher,
Ihren Mitarbeitern die Sinnhaftigkeit ihrer Tätigkeit zu vermitteln, am besten durch Einblick in größere Zusammenhänge. Helfen Sie ihnen dabei,
über sich selbst hinauszuwachsen und fördern Sie die Entwicklung nach
den vorhandenen Möglichkeiten. Das Ziel soll sein, die Mitarbeiter zu
kompetenten und erfahrenen Arbeitskräften zu entwickeln.

● *Konflikte austragen und bewältigen*
Mit Konflikten ist in jeder menschlichen Gemeinschaft zu rechnen. Versuchen Sie daher, Konflikte nicht zu unterdrücken, sondern nehmen Sie
Konflikte zum Anlaß, das positive Element zur beidseitigen Klärung zu
nützen. Konfliktlösungen bringen viele Chancen an die Oberfläche. Stellen Sie sich den Konflikten, sprechen Sie diese an und versuchen Sie mit
Geduld und Einfühlungsvermögen Konflikte positiv auszuräumen.

● *Den Mut zum Fehler aufbringen*
Strafen sind kaum zweckmäßig, wenn Verbesserungen erreicht werden sollen. Geben Sie sich und Ihren Mitarbeitern die Chance, aus Fehlern zu lernen – und gleich die nötige sachliche Unterstützung dafür. Schaffen Sie
eine Kultur, in der man auch Fehler machen darf, denn wie das Sprichwort
schon sagt: »Nur wer nicht arbeitet, macht keine Fehler!«

● *Durchsetzen und mitreißen*
Überzeugen Sie Ihre Mitarbeiter und Geschäftspartner von Ihren Zielen
und Vorstellungen. Aktivieren Sie die Mannschaft durch aktive Vorbild-

wirkung. Beachten Sie die genannten Anforderungsmerkmale, dann werden Sie auf Dauer eine sinnhafte Führungstätigkeit ausüben.

● *Auf den Menschen zugehen*
Zeigen Sie Interesse für Anliegen und Bedürfnisse Ihrer Mitarbeiter; sprechen Sie sie dabei offen an. Fordern Sie die Mitarbeiter zur Kommunikation auf. Versuchen Sie, die positiven Elemente des anderen zu sehen und fördern Sie diesen anderen.

1.4. Grundelemente von Spannungsfeldern und deren Auswirkungen beim Führen

Führen ist in unserer Zeit des raschen Wandels ebenfalls dynamischer und turbulenter geworden; es erzeugt viele Spannungsfelder, und Auswirkungen werden immer schwerer vorhersagbar.
Spannungssituationen können aufeinander, mitunter auch im gesamten System vernetzt wirken. Vereinfacht dargestellt, gibt es folgende vier Elemente, die sich laufend verändern, beeinflussen, benötigen und zueinander in dauernder Wechselwirkung stehen:

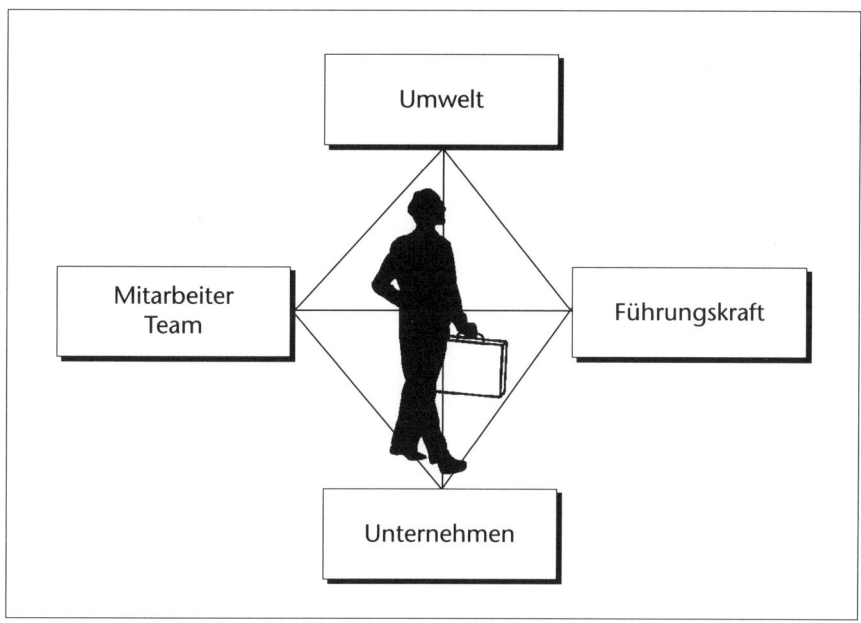

Diese vier Elemente (Umwelt, Unternehmen, Führungskräfte und Mitarbeiter) ergeben in sich und durch ihre Entwicklung ein sehr nützliches Spannungsfeld. Sie decken sich niemals ganz. Das Erkennen dieser Spannungssituationen ist eine Chance für jede Führungskraft, positive Veränderungen herbeizuführen. Management heißt, sich laufend mit der Wechselwirkung der einzelnen Spannungselemente auseinanderzusetzen. Dabei spielt die Fähigkeit zur Anpassung ebenso eine Rolle wie das Erarbeiten, Entwickeln und Umsetzen von Lösungen, um bewußt auf die Elemente aktiv einzuwirken. Folgende Spannungsfelder können in den Beziehungen von Mitarbeitern und Führungskräften auftreten:

a) Führungskraft zum Mitarbeiter

- mangelnde Akzeptanz einzelner Mitarbeiter
- Erteilung unklarer Anweisungen
- Überforderung der Mitarbeiter
- mangelhafte Einsatzplanung
- improvisierte Organisation
- zuwenig Netzwerk-Informationen
- persönliche Ziele der Mitarbeiter werden nicht akzeptiert
- keine Förderung und Entwicklung
- mangelhafte Anerkennung

b) Führungskraft zum Vorgesetzten

- Entscheidungsschwächen des Vorgesetzten
- Rückdelegation von Verantwortung bei Entscheidungen
- mangelhafte Kooperation und Kommunikation
- fehlende Unternehmens- und Abteilungsziele
- kein transparenter Geschäftsverteilungsplan (bei mehr als zwei Vorgesetzten)
- starke Machtkämpfe
- nicht »nein« sagen können

c) Vorgesetzter zur Führungskraft

- mangelnde Akzeptanz
- keine Delegation
- fehlendes Berichtswesen (Informationsfluß von oben nach unten funktioniert nicht)
- keine Förderung

– mangelhafte Unterstützung der Ideen der Führungskräfte
– keine Loyalität
– zu viele »Selbstverständlichkeiten«

d) Führungskräfte zu Führungskräften

  – Kompetenzübergriffe
  – Neid, Haß, Machtkämpfe
  – zu starkes Konkurrenzdenken untereinander
  – schlechtes Informationswesen
  – bewußt falsche Informationen
  – ungleiche Ziele und Erfolgshonorierung

e) Mitarbeiter zur Führungskraft

  – unrealistische Zielvereinbarungen
  – mangelnde Akzeptanz
  – keine Vorbildwirkung
  – fühlt sich alleine gelassen, keine Unterstützung, Förderung
  – weiß fachlich mehr als die Führungskraft

f) Mitarbeiter untereinander

  – unklare Aufgabenverteilung
  – Bevorzugung einzelner Teammitglieder
  – bewußtes Intrigieren
  – Kompetenzübergriffe
  – ungleiche Anerkennung
  – ungerechte Be- und Entlohnung

Weitere Beispiele sind dem Schaubild auf Seite 35 zu entnehmen.

Mit der folgenden Checkliste können Sie Ihren persönlichen Zufriedenheitsgrad mit Ihren jeweiligen Spannungsfeldern angeben und Maßnahmen zu deren positiver Beeinflussung überlegen:

Checkliste: Meine Spannungsfelder

Bewertung 1 bis 7
(1 = wenig zufriedenstellend, sehr gespannt;
7 = sehr zufriedenstellend, positiv)

Feld (Ich zu ...)	Bewertung	Maßnahmen
Umwelt:		
Unternehmen:		
Mitarbeiter/Team:		
Vorgesetzte:		
andere Führungskräfte:		

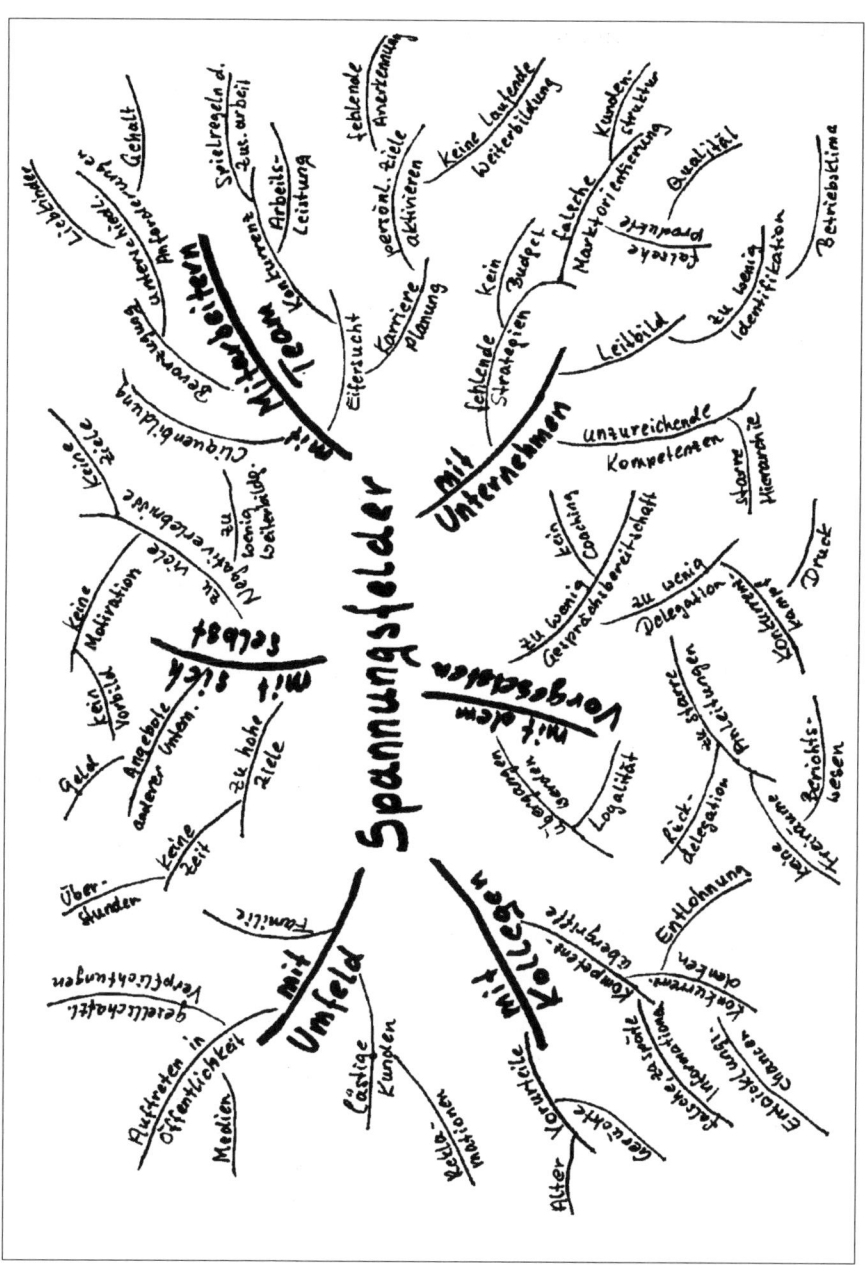

1.5. Der Prozeßablauf beim Führen

»Wer nur um Gewinn kämpft, erntet nichts, was der Mühe wert ist«.
(Antoine de Saint-Exupéry)

Unternehmerisch führen im Rahmen eines Prozeßablaufs setzt folgende
Schritte voraus:

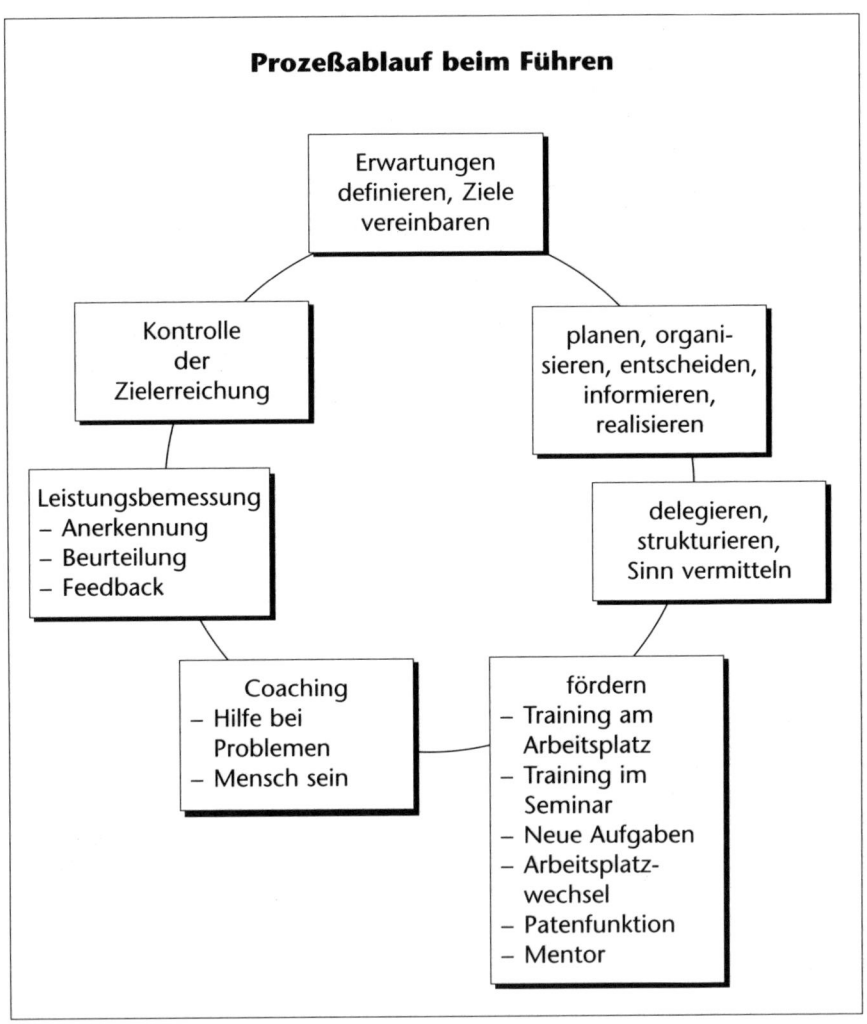

Prozeßablauf beim Führen

Erwartungen definieren, Ziele vereinbaren

Kontrolle der Zielerreichung

planen, organisieren, entscheiden, informieren, realisieren

Leistungsbemessung
– Anerkennung
– Beurteilung
– Feedback

delegieren, strukturieren, Sinn vermitteln

Coaching
– Hilfe bei Problemen
– Mensch sein

fördern
– Training am Arbeitsplatz
– Training im Seminar
– Neue Aufgaben
– Arbeitsplatzwechsel
– Patenfunktion
– Mentor

Jede Führungshandlung muß mit einer Erwartungshaltung und einer Zielvereinbarung beginnen. Die Ziele werden aus dem Unternehmensleitbild und dem »Leitbild jedes einzelnen Mitarbeiters« abgeleitet. Die Führungskraft sorgt für ein angemessenes »Chaos« zur Realisierung der Ziele. Das »Chaos« beinhaltet eine hohe Bereitschaft des »Zulassens und Vertrauens«. Für die gemeinsame Planung, Organisation und Entscheidung ist das teamorientierte Führen sehr bedeutend. Je mehr die Mitarbeiter in Entscheidungsprozesse mit einbezogen werden, umso mehr werden sie sich mit getroffenen Entscheidungen identifizieren und für eine qualitätsbewußte Umsetzung sorgen. Die Anleitung »Machen Sie das!« hat längst ausgedient. Wenn Sie das Thema »Unternehmerisch Führen« in Zukunft im Rahmen des Managementprozesses als »In-Begriff« verwenden, dann sollten Sie eine Mentalität im Team entwickeln, bei der die Person, die Aufgabe und das organisatorische Umfeld in einem ständigen Veränderungs- und damit Lernprozeß stehen. Die vorhandenen Potentiale der Mitarbeiter werden so noch intensiver genutzt.

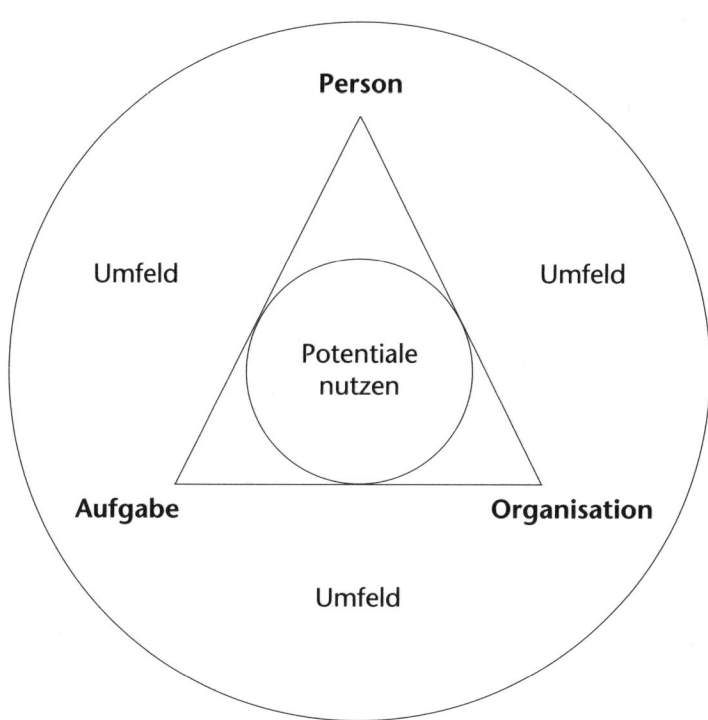

1.6. Führungsstile und -systeme

1.6.1. Welche wichtigen Führungsstile gibt es?

Führung bedeutet nicht allein, dauerhafte Regelungen zu treffen, sondern immer mehr ein flexibles Anpassen an veränderte Situationen, an unterschiedliche Mitarbeiter, Motivationen und Qualifikationen. Dabei ist der Führungsstil, den ein Manager in einer bestimmten Situation anwendet, abhängig von seinen persönlichen Eigenschaften, seiner Werteorientierung, seiner Einstellung, seinen Mitarbeitern, seiner Kompetenz und der Funktion, die er im Unternehmen zu erfüllen hat. Unter Führungsstil ist ein Führungsverhalten zu verstehen, das an einer einheitlichen methodischen Grundhaltung orientiert ist. Es handelt sich um regelmäßig wiederkehrende Verhaltensmuster des Vorgesetzten gegenüber dem Mitarbeiter. Führungsstile werden vor allem durch das Ausmaß der Beteiligung der Mitarbeiter am Entscheidungsprozeß gekennzeichnet.

Die wesentlichen Führungsstile lassen sich mit

● patriarchalisch
● charismatisch
● autoritär
● laissez faire und
● kooperativ

kennzeichnen.

Was macht nun die einzelnen Führungsstile aus?

Führungsstil	Definition
patriarchalisch	Der Führer steht in direktem Kontakt mit dem Kunden, ist über alles orientiert und sieht seine Mitarbeiter als vielseitig einsetzbare Helfer, die er väterlich zu beschützen hat.
charismatisch	Der Führer wird als absolute Autorität aufgrund seiner Ausstrahlung empfunden. Er entscheidet allein.
autoritär	Die Gefolgsleute sind vollständig untergeordnet und reine Vollzugsorgane. In Krisensituationen wird auch heute noch dieser Stil als einzig möglicher angesehen.

Führungsstil	Definition
laissez-faire	Der Führer agiert sehr zurückhaltend und läßt seinen Mitarbeitern weitgehend freie Hand.
kooperativ	Die Gruppe entscheidet mit oder trifft überhaupt die Entscheidung, wobei der Führer innerhalb der Gruppe gleichberechtigtes Mitglied ist.

1.6.2. »Autoritärer« und »kooperativer« Führungsstil

Das Gegensatzpaar »autoritärer« und »kooperativer» Führungsstil kennzeichnet die extremen Punkte einer Skala von Verhaltensmöglichkeiten bei der Personalführung.
In der Praxis gibt es diese reinen Ausprägungen von Führungsstilen nicht. In jeder Organisation und auch in deren verschiedenen Bereichen wird meist ein eigener Führungsstil praktiziert, der zwischen den beiden extremen Polen liegt.
Es gibt keinen Führungsstil, der von vornherein als der beste empfohlen werden kann, da erst die jeweiligen Situationsvariablen im Unternehmen berücksichtigt werden müssen.

Kriterien für die Unterscheidung der Führungsstile betreffen folgende Dimensionen:
● die Beteiligung der Mitarbeiter an den Ziel- und Mittelentscheidungen
● Unter- bzw. Überstellungsverhältnisse, insbesondere das Weisungssystem
● Einbeziehung der Mitarbeiter in den Informationskreislauf
● Detailliertheit der zugehenden Anweisungen
● Art und Umfang der ausgeübten Kontrollen

Auf den folgenden Seiten werden diese unterschiedlichen Ausprägungen dargestellt.

Führungselemente von:	
Autoritärem Führungsstil	Kooperativem Führungsstil
Führungsleitbild:	
Der Führer ist der Herr, die Mitarbeiter sind Untergebene und Gefolgsleute.	Der Führer lenkt und koordiniert die Zusammenarbeit der Mitarbeiter, die als Partner gesehen werden.
Autoritätsbasis:	
Die Autorität ist institutionell verankert; ihr wird ein hoher sittlicher Eigenwert zugeschrieben.	Die Autorität ergibt sich funktionell aus den Notwendigkeiten einer Kooperation und den Fähigkeiten des Führers.
Unterstellungsverhältnisse:	
Sie sind klar und streng hierarchisch definiert. Man versucht damit, die Autorität abzusichern und den Gehorsam der Mitarbeiter zu erzwingen.	Die hierarchischen Beziehungen werden durch informale Beziehungen teilweise überdeckt, teilweise ersetzt. Abweichungen vom Organigramm werden toleriert, solange Arbeitsabläufe und Arbeitserfolg nicht beeinträchtigt werden.
Organisation:	
Aufgaben werden stark konkretisiert.	Es gibt nur Rahmenregelungen für die Aufgabenerfüllung.
Den Mitarbeitern wird unterstellt:	
… daß sie eine Abneigung gegen Arbeit haben, und es ihnen an Intelligenz fehlt, ihre Arbeit selbst einzuteilen.	… daß sie Erfüllung in der Arbeit finden, wenn ihre persönlichen Ziele gleichzeitig realisierbar sind. Die Mitarbeiter sind fähig, den jeweils besten Weg zur Lösung einer Aufgabe zu finden.

Autoritärer Führungsstil	Kooperativer Führungsstil
Delegation:	
Der Führer delegiert nur Ausführungsaufgaben, aber keine Planungsaufgaben, Entscheidungs- und Kontrollaufgaben.	Neben Ausführungsaufgaben werden auch Planungs-, Entscheidungs- und Kontrollaufgaben delegiert. Die oberste Führung behält sich nur die Erfolgskontrolle vor.
Information:	
Die Mitarbeiter werden nur über das Notwendigste informiert (»Tagesbefehl«)	Informationen dienen als Führungsmittel. Sie werden durch die Delegation der Verantwortung erzwungen.
Erscheinungsbildung:	
Der Führer weiß und kann alles besser. Deswegen kann grundsätzlich auf Besprechungen und Beratung mit den Mitarbeitern verzichtet werden.	Der Führer ist auf die Mitwirkung der Mitarbeiter angewiesen, um sachgerechte Entscheidungen treffen zu können.
Durchsetzung von Erscheinungen:	
Das Mittel dazu ist der Befehl. Einwendungen sind grundsätzlich nicht erwünscht.	Zur Durchführung einer Entscheidung dient ein Auftrag. Einwendungen sind gestattet und führen, falls begründet, zur Änderung des Auftrags.
Kontrolle:	
Sachliche Kontrolle bis ins Detail (der Vorgesetzte sieht alles).	Kontrolle kann auch beim kooperativen Führungsstil nicht delegiert werden. Neben der sachlichen Kontrolle wird auch eine führungsbezogene durchgeführt.

1.6.3. Untaugliche Führungsstile
Auf einfache Art und Weise beschrieben

»Es kommt immer alles zurück«

Der Patriarch

Was wird vom Mitarbeiter verlangt?
– vollständige Kontrolle über Organisation
– absolute Loyalität aller Mitarbeiter

Welche Auswirkungen auf Führungskräfte und Mitarbeiter?
– Mitarbeiter haben für Routinearbeiten freie Hand
– Ziele werden von oben diktiert
– Selbstwertgefühl und Image eines Patriarchen bedürfen der ständigen Bestätigung, welche durch erfolgreich bestandene Konfrontationen mit Außenstehenden erreicht wird

Wie verhalten sich die Mitarbeiter?
– die Untergebenen müssen den Chef lediglich von den Plätzen außerhalb der Arena anfeuern
– Mitarbeiterverhalten entwickelt sich zu neuen Patriarchen oder anderes Extrem, unterwürfig und ineffizient
– Ziele sind nicht auf Interessen der gesamten Organisation bezogen, sondern auf Interessenslage der Person

Der fleißige Biber

Was wird vom Mitarbeiter verlangt?
– Produktivität wird anhand von Briefen und Berichten gemessen
– gelegentlich Arbeitswochenende erwünscht
– sehr gründliches Arbeiten gewohnt

Welche Auswirkungen auf Führungskräfte und Mitarbeiter?
– vergleichbar mit Nagetier –> große Dämme für Schutz – Arbeitsberge vor sich herschieben
– Überstunden sind ein Mittel zur Kontrolle der Produktivität
– mehr Mitarbeiter zum Abbau von Überstunden
– Produktivität wird verschleppt und behindert
– Massen von unbrauchbaren Informationen werden produziert, die oft nur im Papierkorb landen

Wie verhalten sich die Mitarbeiter?
– Nötigung zu Überstunden, obwohl normal nicht notwendig
– wirkt demoralisiert
– Arbeitsstreß laugt aus
– lassen alles den »Biber« machen
– keine Verantwortung, da Aufgabe in anderen Bereich gehört hat
– keine Basis für Leistung und Erfolg vorhanden

Der Politiker

Was wird vom Mitarbeiter verlangt?
– unechte Kontrolle
– übertriebene Zusammenarbeit
– viele Worte – wenig Taten
– Politiker mit guten Reflexen können eine Zeitlang erfolgreich sein, aber wenige schaffen es, immer wegzutauchen

Welche Auswirkungen auf Führungskräfte und Mitarbeiter?
– viele von ihnen arbeiten gerne für Politiker, da sie nur sagen, was diese hören möchten
– neigen zu Übertreibungen
– zuviel Lob und Anerkennung
– baut aufgrund der Neigung häufig Barrieren zwischen Management und Mitarbeiter auf
– wirft häufig Entscheidungen (eigene oder die der FK) über Bord

Wie verhalten sich die Mitarbeiter?
- da zuviel quantifiziertes Lob – negative Auswirkung
- Frustration und Verärgerung werden initiiert
- Mitarbeiter tauchen unter
- wenig Kreativität und Innovation

Der Pedant

Was wird vom Mitarbeiter verlangt?
- will bis ins letzte Detail wissen, was seine Untergebenen machen
- trifft Entscheidungen nach langen Überlegungen selbst
- lange Entscheidungsprozesse, dadurch wirken und hinken die Aktivitäten lange nach

Welche Auswirkungen auf Führungskräfte und Mitarbeiter?
- keine Führungsarbeit, sondern reine Beschäftigung über das Treiben und Geschehen im Haus
- glauben, daß sie weitsichtiger und kenntnisreicher sind als ihre Mitarbeiter
- es gibt keine Gruppenentscheidungen
- zwingen die FK und MA, Aufgaben immer wieder aufs Neue zu überarbeiten
- Mitarbeiter werden zu langsamen und umständlichen Arbeiten erzogen

Wie verhalten sich die Mitarbeiter?
- Aufgaben werden selten delegiert, wenn delegiert, dann bleiben die Vorgesetzten dicht am »Pelz«
- mangelndes Vertrauen schwächt zwischenmenschliche Entscheidungsarbeiten
- wenig Kreativität und Schwung in der Arbeit
- schlechtes Kontrollverständnis
- Tadel sehr häufig, Lob kaum vorhanden

Der Vogel Strauß

Was wird vom Mitarbeiter verlangt?
- steckt selbst den Kopf lieber in den Sand
- geht Konflikten aus dem Weg
- hemmt Kreativität und Wachstum

Welche Auswirkungen auf Führungskräfte und Mitarbeiter?
- liebt den Status quo und fürchtet Meinungsverschiedenheiten
- hofft, daß Probleme sich in Nichts auflösen
- vermeidet strittige Fragen und Debatten
- im eigenen Fachgebiet tüchtig und kenntnisreich
- Strauße verwenden mehr Gedanken darauf, wie ihre Arbeitsleistungen durch Vorgesetzte beurteilt werden, als darauf, welche Arbeitseinstellung ihre Mitarbeiter haben

Wie verhalten sich die Mitarbeiter?
- Mangel an Initiative, Kreativität und Produktivität
- wenig Eigenmotivation
- keine Entwicklungsinitiative
- Abschieben von Tätigkeiten, da keine Kontrolle
- negatives Betriebsklima

Der Do-it-yourselfer

Was wird vom Mitarbeiter verlangt?
- nur triviale Tätigkeiten werden delegiert
- sind hochbegabte Individualisten, oftmals Workaholics
- Tätigkeiten werden ausgeführt, ohne die Ziele zu definieren

Welche Auswirkungen auf Führungskräfte und Mitarbeiter?
- macht alle Dinge selbst, insbesonders anspruchsvolle Arbeiten
- unentbehrliche Führungskrafte
- wenn nicht da, kann ganze Abteilung lahm gelegt werden
- keine Mitarbeiteranerkennung
- keine interessanten Aufgaben

Wie verhalten sich die Mitarbeiter?
- Mitarbeiter erhalten nur triviale Aufgaben
- Motto im Haus: »Wenn du willst, daß eine Arbeit gut gemacht wird, mußt du sie selber machen.«
- Mitarbeiterverhalten wie bei »Vogel Strauß«
- machen möglichst wenig selbst und delegieren alles nach oben
- haben als Mitarbeiter keine Verantwortung und Kompetenz

1.6.4. Die Führungsstil-Analyse

Vereinfacht ausgedrückt kann man sagen, daß Führen eine Sender-Empfänger-Aufgabenstellung ist. Jeder Kommunikationsforscher kennt die Differenz zwischen Handlungsabsicht und subjektiv empfundener Empfänger-Wirkung. Das, was jemand zum Ausdruck bringt, ist nicht nur eine inhaltliche Botschaft, sondern auch seine Einstellung zum anderen, oft sogar die Einstellung zu sich selbst. Ähnlich geht es auch dem Empfänger. Sein Eindruck von der Botschaft hängt auch von seiner Einstellung zum Sender ab.

Da Sie als Führungskraft darauf angewiesen sind, daß das eigene Wort und Verhalten auch die beabsichtigte Wirkung erzielen, sollten Sie ab und zu den Empfänger, d. h. Ihren Mitarbeiter, fragen, was von der Sendung bei ihm angekommen ist, um die eigene Führungswirkung zu optimieren.

Die Führungsstil-Analyse (FSA) ist ein Feedback-Instrument zur Sensibilisierung und Effizienzsteigerung der Führungsleistung. Mit ihr kann jeder Vorgesetzte erfahren, wie sein Führungsverhalten auf seine Mitarbeiter/Kollegen/Kunden wirkt. Er kann diese Wirkung mit seiner Selbsteinschätzung vergleichen und Konsequenzen zur Verbesserung seiner Führungsleistung daraus ziehen.

Die hier vorgestellte Führungsstil-Analyse (FSA) wurde von der »Gesellschaft für Qualitative Personalarbeit mbh«, Dr. W. Jeserich, D – Bergisch Gladbach, entwickelt und hat bereits eine lange Tradition. Sie war von Anfang an gleichermaßen wissenschaftlich wie praxisrelevant ausgerichtet. Die Erfahrungen im Einsatz des Instrumentariums haben gezeigt, daß die FSA – wie kaum ein anderes Instrument – sensibilisiert und auf eine zwanglose Weise Möglichkeiten zur Mobilisierung von Energien und Effizienzreserven aufzeigt.

Im praktischen Einsatz der FSA konnten bisher folgende Ziele umgesetzt werden:

- Feedback des Managers zu Eigen- und Fremdbild
- 360°-Grad-Feedback – alle Ebenen haben die Möglichkeit, sich zu äußern
- FSA als Bedarfserhebung im Führungsentwicklungsbereich (Einzelauswertungen werden zusammengeführt – Stärken und Schwächen des Führungsteams daraus zusammengefaßt für interne Entwicklungen bzw. Coaching-Aktivitäten)
- Grundlage für ein Teamtraining
- Evaluierung ist durch neuerliche Analyse mit Vergleich sehr wirkungsvoll

- Motivation des Managers
- Frühwarnsystem – Entwicklungstendenzen werden aufgezeigt
- Bestätigung des richtigen Kurses
- Ermittlung von Potentialen und effizienzsteigernden Maßnahmen
- Messen der Akzeptanz innerhalb derselben Hierarchieebene
- Persönliche Wirkung auf Teams und in der Teamentwicklung wird aufgezeigt
- Erkennen, mit welchen Mitarbeitern Konflikte nicht gelöst sind
- Wirkung der Umsetzung der einzelnen Führungsaufgaben wie Delegation, Ziele vereinbaren und umsetzen, Mitarbeiter- und Teamentwicklung
- Entwickeln eines gezielten Führungskräfte-Trainings

In den letzten Jahren ist die Notwendigkeit von Prozeßoptimierung, Lean Management und Effizienzanalysen auch im Führungsbereich stark gewachsen und ebenso der Wunsch der Führungskräfte, das kommunikative Klima in ihrem Einflußbereich zu verbessern. Gewachsen und zugenommen hat auch die Fähigkeit der Manager, Feedback zu suchen und zu akzeptieren.

Die Anforderungen und Ansprüche an Führungskräfte haben sich auch wesentlich verändert. So sind heute die Dimensionen »Soziale Kompetenz« (Teamorientierung, Fairneß, Kommunikation), »Individuelle Leistungsfähigkeit« (Ziel- und Ergebnisorientierung, Lern- und Innovationsklima) und »Intrapersonale Kompetenz« (glaubwürdiges Auftreten, Konfliktfähigkeit/Belastbarkeit) von besonderer Wichtigkeit. Immer mehr Manager steigen innerlich aus Systemen aus, weil sie es einfach nicht schaffen, von der sehr oft vorhandenen hohen fachlichen Kompetenz auf die angeführten Anforderungen zeitgerecht zu reagieren.

Die FSA bietet weiters allen Führungskräften in einem Unternehmen einen Gesamtspiegel, wie sich die Führungskräfte selbst sehen und wie sie sowohl vom Vorstand/von der Geschäftsführung als auch den Mitarbeitern gesehen werden. Dadurch können Indoor- und Outdoor-Prozesse qualitativ wesentlich unterstützt werden.

1.6.4.1. Leitlinien der Führungsstil-Analyse

Führen und kommunizieren muß man erfahren

Führung ist in erster Linie Kommunikation. Ihre Wirkung soll man erfahren, um daraus lernen zu können. Dabei treten naturgegebene Differenzen zwischen Absicht und tatsächlicher Wirkung auf, die man nur verringern kann, wenn man sie kennt.

Tatsächliches Führungsverhalten messen

Gemessen werden Führungsleistungen meist in den Zahlen der Ziel- und Ergebnisbetrachtung. Wie hoch sind Steigerungsraten im Umsatz, Deckungsbeitrag, die Mitarbeiterproduktivität usw. – alles wird in Form von Zahlen bis ins kleinste Detail zerlegt. Die wahren Auswirkungen von Erfolg bzw. Mißerfolg werden oft (aus Zeitgründen) nicht mehr genau analysiert. Es interessiert ja den Aktionär nicht im Detail, warum ein Unternehmen erfolgreich ist, sondern die Rendite und Zukunftsperspektiven (Geldvermehrung) müssen stimmen. Ob jemand als Manager »menschlich arbeitet« oder nicht, ist egal – außer das Ausmaß der Fluktuation ist bereits bis zum Aufsichtsrat vorgedrungen.

Ein Diagnoseinstrument zur Erfassung der sozialen Auswirkungen der Führungsarbeit muß reale Situationen, konkretes Verhalten und vorhandene Leistungsblockaden messen und sollte nicht von ideologischen oder idealtypischen Gedankengebäuden eingeengt werden. Es muß das Zusammenwirken von Vorgesetzten, Mitarbeitern, Kollegen und situativen Verhältnissen berücksichtigen.

Diagnosen sollen helfen, die Führungswirkung weiter zu verbessern

Durch solch ein systematisches Feedback sollen Ansätze für weitere Leistungsverbesserungen sowohl bei Vorgesetzten als auch bei Mitarbeitern gesucht und verabredet werden. Das gilt unabhängig von dem schon erreichten Leistungsniveau. Schuldige zu suchen oder sich vordringlich mit der Vergangenheit zu beschäftigen ist nicht Anliegen der FSA.

Auf wissenschaftlich abgesichertes Vorgehen stützen

Die Glaubwürdigkeit eines Instrumentes und seine Akzeptanz werden erhöht, wenn das Instrument methodisch sorgfältig erarbeitet und auch für jede Führungskraft transparent ist sowie wissenschaftlichen Standards standhält. Die FSA mißt das, was sie messen soll, und zwar so, daß sie zur Umsetzung in reale Handlungen und zu entsprechenden Konsequenzen anregt.

Vertraulichkeit sicherstellen

Vertraulichkeit und Anonymität müssen in allen Phasen gewährleistet sein oder können nur durch ausdrückliche Zustimmung der Betroffenen aufgehoben werden.

1.6.4.2. Ablauf und Einsatz

Woraus besteht die FSA?

- Fragebögen für jeden Mitarbeiter/Kollegen/Kunden und für den Vorgesetzten bzw. die Führungskraft
- Standardisierte EDV-Auswertung mit ausführlichem Gutachten (entweder pro Führungskraft oder zusammengefaßt für alle bzw. bestimmte Führungsebenen)

Wie läuft die FSA ab?

- Offene Information der Teilnehmer über das Verfahren
- Ausfüllen der Fragebögen (ca. 25 bis 30 Minuten pro Bogen)
- Auswerten der Fragebögen
- Vertrauliche Erstellung eines Gutachtens

Wie wird das Ergebnis umgesetzt?

- Besprechen der Ergebnisse mit der Führungskraft (ca. 2 Stunden)
- Erstellung Stärken- und Schwächenbilanz
- Analyse der zukünftigen Lernfelder
- Erstellung Aktivitätenplan zur weiteren Entwicklung
- Gemeinsam mit den Mitarbeitern bzw. Kollegen einen Aktionsplan zur individuellen bzw. abteilungsorientierten Effizienzsteigerung erarbeiten (4 bis 6 Stunden)

1.6.4.3. Welche Kategorien beinhaltet die FSA?

Folgende Bereiche der Führungsarbeit werden untersucht:

1. Soziale Kompetenz
   - *Information und Kommunikation*
   - *Teamorientierung*
   - *Fairneß*

2. Denk- und Planungskompetenz
   - *Klare Organisationsverhältnisse und transparente Abläufe*
   - *Problemlösungsfähigkeit und Organisation der eigenen Arbeit*
   - *Unternehmerisches Denken und Handeln*

3. Intrapersonale Kompetenz
- *Glaubwürdiges Auftreten*
- *Konfliktfähigkeit/Belastbarkeit*

4. Individuelle Leistungsaktivität
- *Zielorientierung*
- *Lern- und Innovationsklima*

5. Führungsaktivität
- *Beteiligung Betroffener an Entscheidungsprozessen*
- *Hilfe und Förderung*
- *Kunden- und Qualitätsorientierung*

1.6.4.4. Beispiel eines Profilvergleichs Vorgesetzter/Mitarbeiter

Bei diesem Profilvergleich ist die Selbsteinschätzung der Führungskraft am dunklen Balken ersichtlich. Die Führungskraft hat sich selbst sehr vorsichtig eingeschätzt. Sie hat sich in keinem Kriterium im oberen Bereich bewertet. Der Normalbereich wird bei den Kriterien Fairneß, klare Organisationsverhältnisse und transparente Abläufe, unternehmerisches Denken und Handeln und Zielorientierung erreicht. Die Führungskraft hat sich selbst sehr niedrig bei der Beteiligung Betroffener an Entscheidungsprozessen und Konfliktfähigkeit/Belastbarkeit eingeschätzt.
Die Mitarbeiter haben die Führungskraft bei den Kriterien Fairneß (5,9), Konfliktfähigkeit/Belastbarkeit (5,4) und glaubwürdiges Auftreten (5,0) am wirkungsvollsten eingestuft. Schwächen hat die Führungskraft aus der Sicht der Mitarbeiter bei »Klare Organisationsverhältnisse und transparente Abläufe«, »Unternehmerisches Denken und Handeln« und »Beteiligung der Betroffenen an Entscheidungsprozessen«.

Subdimension	Bereich (unterer · 1 2 3 4 5 normal 6 · oberer)	F	MA
Soziale Kompetenz			
1) Information und Kommunikation		4,4	4,7
2) Teamorientierung		4,3	4,7
3) Fairneß		4,6	5,9
Denk- und Planungskompetenz			
4) Klare Organisationsverhältnisse und transparente Abläufe		4,8	3,7
5) Problemlösefähigkeit und Organisation der eigenen Arbeit		4,3	4,3
6) Unternehmerisches Denken und Handeln		4,7	4,2
Intrapersonale Kompetenz			
7) Glaubwürdiges Auftreten		4,3	5,0
8) Konfliktfähigkeit/Belastbarkeit		4,0	5,4
Individuelle Leistungsaktivität			
9) Zielorientierung		4,8	4,9
10) Lern- und Innovationsklima		4,0	4,6
Führungsaktivität			
11) Beteiligung Betroffener an Entscheidungsprozessen		3,4	4,2
12) Hilfe und Förderung		4,4	4,6

Selbstbild ▬▬▬

Fremdbild ▭▭▭

1.6.4.5. Was passiert mit dem Ergebnis?

Die Führungskraft bekommt eine detaillierte Auswertung der Ergebnisse. Die Auswertung beinhaltet auch Vorschläge zum Überdenken einzelner Punkte zur Veränderung bzw. Verbesserung. Folgende Schritte empfehlen wir aus der praktischen Erfahrung:

- *Persönliches Feedback-Gespräch mit internem Coach oder externem Berater*
- *Studium der Ergebnisse*
- *Erstellen eines persönlichen Maßnahmenplans zur Verbesserung*
- *Kurzes Abstimmungsgespräch mit dem internen Coach oder Berater*
- *Einzelgespräche oder Teambesprechung über die Ergebnisse mit Diskussion über mögliche Veränderungen (wichtig ist, dabei zu beachten, wie offen das Team bisher mit Feedback umgegangen ist bzw. ob aktuelle Spannungen im Team einem solchen Prozeß eher hinderlich sind)*
- *Besprechung der Ergebnisse mit dem Vorgesetzten (kann gemacht werden, ist nicht unbedingt erforderlich)*
- *Umsetzung der Überlegungen*

Nach einem Jahr soll eine neuerliche Analyse mit Vergleich der Entwicklungen als Evaluierungseffekt durchgeführt werden.

Bei der Analyse des Führungsverhaltens kann auch eine Bewertung durch den unmittelbaren Vorgesetzten, die Kollegen oder Kunden ergänzend durchgeführt werden (360°-Beurteilung). Beim angeführten Beispiel haben die Kollegen der Führungskraft folgende Bewertung abgegeben:

Subdimension	Bereich	F	Ko
	unterer 1 2 3 4 5 (normal) 6 oberer	■	□
Soziale Kompetenz			
1) Information und Kommunikation		4,3	5,5
2) Teamorientierung		4,4	4,9
3) Fairneß		4,6	5,4
Denk- und Planungskompetenz			
4) Klare Organisationsverhältnisse und transparente Abläufe		4,7	4,9
5) Problemlösefähigkeit und Organisation der eigenen Arbeit		4,8	4,7
6) Unternehmerisches Denken und Handeln		4,6	4,6
Intrapersonale Kompetenz			
7) Glaubwürdiges Auftreten		4,3	5,4
8) Konfliktfähigkeit/Belastbarkeit		4,6	5,1
Individuelle Leistungsaktivität			
9) Zielorientierung		5,3	5,4
10) Lern- und Innovationsklima		4,3	4,6
Führungsaktivität			
11) Beteiligung Betroffener an Entscheidungsprozessen		4,5	5,8
12) Hilfe und Förderung		4,7	5,2
13) Kunden- und Qualitätsorientierung		5,0	3,9

Selbstbild ■   Fremdbild □

Die Ergebnisse aus der Sicht der Kollegen der Führungskraft zeigen ihre Stärken bei

- *Beteiligung Betroffener an Entscheidungsprozessen (5,8)*
- *Information und Kommunikation (5,5)*
- *Fairneß (5,4)*
- *Glaubwürdiges Auftreten (5,4)*

Die Führungskraft integriert bei Entscheidungsprozessen eher Kollegen als die Mitarbeiter. Die Schwächen aus der Sicht der Kollegen sind:

- *Kunden- und Qualitätsorientierung*
- *Lern- und Innovationsklima*

Jede Führungskraft erhält mit der Führungsstil-Analyse ein interessantes Feedback zur persönlichen Standortbestimmung und Weiterentwicklung, kann damit die Wirkung der eigenen Persönlichkeit stärken und Energien noch wirkungsvoller einsetzen und steuern. Aus den Ergebnissen der Führungsstil-Analysen kann in einem Unternehmen, wo z. B. alle oder mehrere Führungskräfte bewertet wurden, ein anforderungsgerechtes Führungskräfte-Entwicklungsprogramm erarbeitet werden.

Ergebnisse der Bewertung aller Führungskräfte

Die angeführte Zusammenfassung zeigt zum Beispiel, wie die Stärken und Schwächen der Führungskräfte eines Unternehmens hinsichtlich ihrer Wirkung bei einzelnen Führungsaufgaben verteilt sind. Daraus können gezielt Schwerpunkte für ein Führungskräfte-Training oder für Coaching-Prozesse abgeleitet werden.

Führungsaufgaben

	− − (schlecht)	± (mittel)	+ + (gut)
● Zielvorgaben, Terminverein- barungen, Vorstellungen über Endergebnis		5	6
● Aufgabenstellung, Ziele nicht für alle MA interessant genug (−> Selbständigkeit, Mitwirkung)	1	5	5
● organisatorische Transparenz (klare Zuständigkeiten, keine Eingriffe in Arbeitsbereiche eines anderen)		6	5
● Selbständigkeit der MA bei der Aufgabenerfüllung		6	5
● Informationsfluß		8	3
● nicht Entscheidung treffen, für die MA zuständig sein		8	3
● Anerkennung	4	6	1
● zwischenmenschliche Konflikte, Probleme lösen	4	5	2
● Einhalten von Spielregeln, nicht Ausnahmen für sich selbst machen, autoritär sein	3	6	2
● Teilen der Erfolge mit den MA, Weitergabe von Leistungen an Vor- gesetzte	2	7	2
● Rückmeldungen, Feedback geben, Begründen von Entscheidungen	6	3	2
● Mitwirkungsmöglichkeit	8	3	
● Zielstrebigkeit und Durchsetzung ohne Druck	2	5	4
● Gewinner- statt Verlierersituation schaffen		5	6
● Durchführen von angemessenen Kontrollen		4	7

Die Zahlen geben an, wieviele der beurteilten Führungskräfte in welchem Bereich (gut, mittel, schlecht) liegen.

1.6.4.6. Beispiel des Vorgesetzten-Fragebogens

Anzahl der verteilten Fragebogen

Für Frau/Herrn

Die folgenden Fragen sollen Ihnen helfen, zu überdenken, wie Sie sich selbst als Vorgesetzte/r verhalten und warum Sie es so und nicht anders tun. Außerdem sollen Sie selbst – weil ähnliche Fragen Ihren Mitarbeitern vorgelegt werden – erfahren können, *wie das, was Sie tun und lassen, bei Ihren Mitarbeitern ankommt.* Das heißt, Sie sollen eine Rückmeldung darüber erhalten, wie Sie auf andere Menschen wirken und wie die anderen Ihr Verhalten verstehen.
Namen von Mitarbeitern tauchen dabei nicht auf. Es bleibt alles anonym. Es erscheint hier lediglich Ihr Name, um eingehende Bogen einander richtig zuordnen zu können.

Zu senden an:

Rücksendetermin:

Für jede Frage wird Ihnen eine Skala angeboten. Dabei sind die Endpunkte jeder Skala durch kurze Umschreibungen definiert, die gewissermaßen die Extreme ausdrücken.
Kreuzen Sie eine Ihrer Meinung nach passende Zahl an, und denken Sie dabei möglichst an konkrete Situationen.

Zum Beispiel: »*Ich treffe gemeinsam mit meinen Mitarbeitern klare Terminverein-barungen.*«

	trifft zu	
wenig		sehr
1	2	3	4	**X**	6	7

Sind Sie z. B. der Meinung, daß Sie mit Ihren Mitarbeitern nicht oder selten klare Terminvereinbarungen treffen, könnten Sie hier z. B. das Kreuz in die 1 oder 2 setzen. Wenn Sie aber meinen, daß Sie das in den weitaus meisten Fällen oder immer tun, dann kreuzen Sie vielleicht eine 6 oder 7 an. Die 4 sollten Sie nur in Ausnahmefällen ankreuzen.

Lesen Sie in jedem Fall immer zuerst die ganze Frage durch, bevor Sie Ihr Kreuz eintragen!

	wenig			trifft zu			sehr
1. Ich treffe mit meinen Mitarbeitern klare Terminvereinbarungen.	1	2	3	4	5	6	7
2. Ich überlege mir neben den kurzfristigen auch die langfristigen Auswirkungen unserer Aktivitäten.	1	2	3	4	5	6	7
3. Durch regelmäßige Besprechungen fördere ich den Informationsaustausch.	1	2	3	4	5	6	7
4. Ich informiere meine Mitarbeiter ausreichend darüber, welche übergeordneten Zielsetzungen bestehen und welchen Beitrag sie zur Zielerreichung leisten können.	1	2	3	4	5	6	7
5. Konferenzen/Besprechungen werden von mir gut vorbereitet und strukturiert durchgeführt.	1	2	3	4	5	6	7
6. Ich schaffe klar abgegrenzte Aufgabenbereiche mit den dazu notwendigen Entscheidungsbefugnissen.	1	2	3	4	5	6	7
7. Ich stelle aktiv Vertrauen und Akzeptanz her.	1	2	3	4	5	6	7
8. Ich ermögliche meinen Mitarbeitern die Mitwirkung an Entscheidungen, die sie betreffen.	1	2	3	4	5	6	7
9. Ich höre meinen Mitarbeitern zu und lasse sie aussprechen.	1	2	3	4	5	6	7
10. In Gesprächen mit meinen Mitarbeitern schaffe ich eine Atmosphäre, in der wir uns gelöst und entspannt fühlen.	1	2	3	4	5	6	7
11. Ich bin für meine Mitarbeiter da, wenn sie Unterstützung brauchen.	1	2	3	4	5	6	7

12. Ich beziehe klare Standpunkte und stehe dazu.

    1 2 3 4 5 6 7

13. Ich interessiere mich für die Ergebnisse der Arbeit meiner Mitarbeiter.

    1 2 3 4 5 6 7

14. Ich kommuniziere offen und glaubwürdig.

    1 2 3 4 5 6 7

15. Ich bleibe auch bei höheren Beanspruchungen sicher, überlegt und belastbar.

    1 2 3 4 5 6 7

16. Ich erarbeite mit meinen Mitarbeitern gemeinsame Spielregeln und halte mich auch selbst daran.

    1 2 3 4 5 6 7

17. Ich fördere meine Mitarbeiter und kümmere mich um ihre Entwicklung.

    1 2 3 4 5 6 7

18. Ich lasse auch andere Meinungen als meine eigene gelten.

    1 2 3 4 5 6 7

19. Ich kritisiere mit stichhaltigen und hilfreichen Argumenten.

    1 2 3 4 5 6 7

20. Ich erkenne frühzeitig neue Trends und formuliere daraus Ziele, Strategien und Visionen.

    1 2 3 4 5 6 7

21. Ich begründe Entscheidungen anderen gegenüber offen und ehrlich.

    1 2 3 4 5 6 7

22. Ich denke nicht nur an Kosten, sondern berücksichtige auch Nutzen und Ertrag eines Vorgangs.

    1 2 3 4 5 6 7

23. Ich gehe drängende Probleme sofort an.

    1 2 3 4 5 6 7

24. Ich spreche auch negative Aspekte des Verhaltens meiner Mitarbeiter umsichtig und rücksichtsvoll an.

    1 2 3 4 5 6 7

25. Ich stehe Neuerungsvorschlägen aufgeschlossen gegenüber.

| 1 | 2 | 3 | 4 | 5 | 6 | 7 |

26. Ich reagiere schnell und unbürokratisch auf Veränderungsnotwendigkeiten.

| 1 | 2 | 3 | 4 | 5 | 6 | 7 |

27. Persönlichen Ärger oder Ärger mit der Geschäftsleitung lasse ich nicht an anderen aus.

| 1 | 2 | 3 | 4 | 5 | 6 | 7 |

28. Ich vereinbare Ziele, anstatt sie vorzugeben.

| 1 | 2 | 3 | 4 | 5 | 6 | 7 |

29. Ich bin bereit, Erkenntnisse von Kunden und Kollegen zu nutzen, um sie in neue Aktionen umzusetzen.

| 1 | 2 | 3 | 4 | 5 | 6 | 7 |

30. Ich ermuntere meine Mitarbeiter zur offenen und ehrlichen Kommunikation.

| 1 | 2 | 3 | 4 | 5 | 6 | 7 |

31. Ich zögere nicht, notwendige Entscheidungen zu treffen.

| 1 | 2 | 3 | 4 | 5 | 6 | 7 |

32. Ich suche bei Konflikten nach annehmbaren Lösungen für alle Beteiligten.

| 1 | 2 | 3 | 4 | 5 | 6 | 7 |

33. Ich formuliere gemeinsam mit meinen Mitarbeitern klar und verständlich Ziele und Teilziele.

| 1 | 2 | 3 | 4 | 5 | 6 | 7 |

34. Ich leite meine Mitarbeiter dazu an, aus ihren Fehlern zu lernen und sie nicht als Mißerfolg zu betrachten.

| 1 | 2 | 3 | 4 | 5 | 6 | 7 |

35. Ich kann ein Team so führen, daß es gut zusammenarbeitet und gemeinsame Ziele verfolgt.

| 1 | 2 | 3 | 4 | 5 | 6 | 7 |

36. Ich scheue mich nicht, notwendige Konflikte einzugehen.

| 1 | 2 | 3 | 4 | 5 | 6 | 7 |

37. Ich äußere mich klar und deutlich über meine Erwartungen in bezug auf unsere Arbeit – jeder weiß, woran er/sie ist.

   | 1 | 2 | 3 | 4 | 5 | 6 | 7 |

38. Ich informiere meine Mitarbeiter über Personalentwicklungsmöglichkeiten und ermuntere sie dazu, diese in Anspruch zu nehmen.

   | 1 | 2 | 3 | 4 | 5 | 6 | 7 |

39. Ich stehe zu meinen Aussagen.

   | 1 | 2 | 3 | 4 | 5 | 6 | 7 |

40. Ich zeige meinen Mitarbeitern, wenn ich mit ihrer Arbeit zufrieden bin.

   | 1 | 2 | 3 | 4 | 5 | 6 | 7 |

41. Ich übernehme die Verantwortung für von mir getroffene Entscheidungen.

   | 1 | 2 | 3 | 4 | 5 | 6 | 7 |

42. Offene Kritik ist erwünscht und wird von mir gefördert.

   | 1 | 2 | 3 | 4 | 5 | 6 | 7 |

43. Ich schaffe es, daß meine Mitarbeiter sich mit den Zielen des Unternehmens identifizieren, sie zu ihren eigenen machen.

   | 1 | 2 | 3 | 4 | 5 | 6 | 7 |

44. Ich stelle die Lösung eines Problems in den Vordergrund und nicht die Suche nach dem Schuldigen.

   | 1 | 2 | 3 | 4 | 5 | 6 | 7 |

45. Ich vertrete die Anliegen meiner Mitarbeiter gegenüber anderen überzeugend.

   | 1 | 2 | 3 | 4 | 5 | 6 | 7 |

46. Ich fördere den kollektiven Gedankenaustausch im Team.

   | 1 | 2 | 3 | 4 | 5 | 6 | 7 |

47. Bei Entscheidungen, die meine Mitarbeiter und ihr Arbeitsgebiet betreffen, frage ich sie nach ihrer Meinung.

   | 1 | 2 | 3 | 4 | 5 | 6 | 7 |

48. Ich setze mich für meine Mitarbeiter ein.

| 1 | 2 | 3 | 4 | 5 | 6 | 7 |

49. Ich sorge dafür, daß sich bei der Diskussion alle Diskussionsteilnehmer einbringen (können).

| 1 | 2 | 3 | 4 | 5 | 6 | 7 |

50. Ich trage durch mein Verhalten dazu bei, daß die Arbeit auch Spaß macht.

| 1 | 2 | 3 | 4 | 5 | 6 | 7 |

51. Ich vermittle meinen Mitarbeitern das Gefühl, daß sie wichtig sind.

| 1 | 2 | 3 | 4 | 5 | 6 | 7 |

Hier haben Sie noch die Möglichkeit, zusätzliche Fragen zu formulieren, die nach Ihrer Meinung fehlten, oder Bemerkungen zu machen. Die Fragen müssen Sie bitte auch gleich beantworten bzw. das Kreuz entsprechend setzen.

52. _____

| 1 | 2 | 3 | 4 | 5 | 6 | 7 |

_____

53. _____

| 1 | 2 | 3 | 4 | 5 | 6 | 7 |

_____

54. _____

| 1 | 2 | 3 | 4 | 5 | 6 | 7 |

_____

Platz für Bemerkungen:

Danke!

1.7. Führungsgrundsätze und Führungsaufgaben

1.7.1. Führungsgrundsätze im Unternehmen

Die Führungskräfte im Unternehmen haben die große Verantwortung, ihre Mitarbeiter sinnorientiert zu fördern und zu entwickeln. Die Verantwortung bei den Führungskräften liegt einerseits im fachlichen und persönlichen Kompetenzbereich und andererseits in der Durchführung der gezielten strategierelevanten Kompetenzsteigerungsmaßnahmen bei den Mitarbeitern.

Die Voraussetzung für eine erfolgreiche Führungsarbeit im Unternehmen ist, daß das Zielsystem gemeinsam entwickelt wird und die operativen Maßnahmen in Form von Zielvereinbarungen getroffen werden.

Für die Führungskräfte ist es sehr wichtig, daß sie das Unternehmensleitbild, die Unternehmensstrategie und Jahresziele genau kennen und über ihre Aktivitäten und Umsetzungsschritte laufendes »Feedback« erhalten.

Eine Grundlage zur internen Verständigung zum Thema »Führung« ist die Entwicklung von gemeinsam erarbeiteten Führungsgrundsätzen.

Mit den Führungsgrundsätzen sollen folgende Ziele erreicht werden:

- Schaffung eines gemeinsamen Grundverständnisses zum Thema »Führung«
- Erstellung von Richtlinien der Zusammenarbeit
- Bewußtwerden von Prozessen gleichlaufender Führungshandlungen
- offenere Gesprächsbasis
- besseres Verständnis untereinander
- offenes Ansprechen von Problemen beim Führen
- einheitliche Denkhaltung und Vorgehensweise bei der Motivation, Förderung, Delegation, Beurteilung von Mitarbeitern
- offenes Ansprechen des »Umgangs mit Macht«
- einheitliches Begriffssystem – man spricht eine Sprache
- Schaffung von Grundlagen zur Beurteilung von Führungsfähigkeit und Führungsfunktion

1.7.2. Entwicklung und Einführung

Im Rahmen einer Führungskräfterunde wird das Thema »Führungsgrundsätze« angesprochen. Die ersten Hinweise zur Entwicklung kommen bereits aus der Strategieplanung. Die Führungsgrundsätze werden gemeinsam mit der ersten und zweiten Führungsebene im Unternehmen entwickelt (je nach Größe des Unternehmens kann es auch ein ausgewählter Führungskreis sein).

Wie erfolgt die Entwicklung von Führungsgrundsätzen?

1. Schritt

- Workshop mit den Führungskräften
- Erarbeitung der wichtigsten Führungsaufgaben einer Führungskraft
- Festlegung eines Anforderungsprofils einer Führungskraft
- Definition der einzelnen Führungsaufgaben nach:
  - Ziel der Führungsaufgabe
  - Inhalten
  - Umsetzungsschritten
  - Erfolgskontrolle
  - auftretenden Schwierigkeiten bei der Umsetzung der Führungsaufgabe
- Bearbeitung der wichtigsten Führungsaufgaben

2. Schritt

- anhand der erarbeiteten Führungsaufgaben werden die Führungsgrundsätze für das Unternehmen zusammengefaßt
- Analyse der Führungsschwächen aus heutiger Sicht
- Erstellung eines Maßnahmenplanes zur Verbesserung der vorhandenen Führungsschwächen

3. Schritt

- Korrektur des ersten Entwurfes der Grundsätze
- gemeinsame Akzeptanz der Grundsätze
- Festlegung eines Einführungsplanes
- Vereinbarung von Kontrollmechanismen zur konsequenten Umsetzung der Führungsgrundsätze

Was ist bei der Einführung von Führungsgrundsätzen zu beachten?

- Führungsgrundsätze allen Mitarbeitern bekanntgeben
- jede Führungskraft bespricht mit den Mitarbeitern die Führungsgrundsätze – Festlegung des Aktionsprogrammes
- Führungsgrundsätze in das Mitarbeiterhandbuch integrieren
- bei betrieblichen Veranstaltungen immer wieder auf die Grundsätze hinweisen

1.7.3. Führungsgrundsätze – Beispiele

Einleitung

Wir haben uns für den kooperativen Führungsstil entschieden, da dieser mit seinen Elementen den heutigen Gegebenheiten unseres Unternehmens am besten gerecht wird.
Die nachfolgend beschriebenen Führungsgrundsätze sollen dazu führen, daß mit dem vorhandenen Potential an dynamischen Mitarbeitern und Führungskräften gemeinsam durch optimale Aufgabenteilung und Entscheidungsfreudigkeit die gesteckten Unternehmensziele erreicht werden. Voraussetzung für eine durchgreifende Umsetzung dieser Führungsgrundsätze sind die Definition klarer Unternehmensziele und die Festsetzung eindeutiger Kompetenzrichtlinien.

Führungsgrundsatz »Ziele vorgeben und definieren«

Die Unternehmensziele müssen sowohl allen Führungskräften als auch allen Mitarbeitern bekannt sein. Diese setzen darauf aufbauend mit ihren Mitarbeitern Teilzielvorgaben fest.
Wir erreichen damit eine verstärkte Identifikation der einzelnen Mitarbeiter mit dem Unternehmen, da jeder Mitarbeiter weiß, was er zur Erreichung der Unternehmensziele beitragen kann.

Führungsgrundsatz »Delegation«

Aufgaben werden klar an Mitarbeiter übertragen, was Selbständigkeit und Verantwortung für die Erledigung der übertragenen Aufgaben mit sich bringt.
Ferner soll dadurch die Entwicklung von Eigeninitiativen zur effizienteren Bewältigung der übertragenen Aufgaben gefördert werden.
Den Führungskräften obliegt die Führungsverantwortung, Kontrolle, Information und Beurteilung der Mitarbeiterleistungen.

Führungsgrundsatz »Information«

Um die Führungsgrundsätze »Ziele vorgeben« und »Delegation« erfolgreich durchführen zu können, bedarf es der Umsetzung der Führungsaufgabe »Information«, und zwar sowohl der Informationsbeschaffung als auch der Informationsweitergabe.

Information muß wechselseitig geschehen, d.h. auf allen Ebenen und in alle Richtungen.
Durch mangelnde Informationen bzw. Fehlinformationen kann es zu Fehlentscheidungen kommen, die wiederum dazu führen können, daß die vorgegebenen Teilziele nicht erreicht werden und damit die angestrebten Unternehmensziele gefährdet sind.
Die Form der Informationsbeschaffung bzw. -weitergabe reicht vom persönlichen Gespräch über Abteilungsbesprechungen bis zum organisierten Informationsfluß (laut erstelltem Verteilerplan).
Es ist auch zu beachten, daß es nicht zu »Überinformation« kommt, indem der Informationsfluß für den einzelnen Mitarbeiter nicht mehr überschaubar wird. Das heißt, daß der Informationsfluß nicht ohne jegliche Kontrolle bleiben darf.

Führungsgrundsatz »Entscheidungen treffen«

Jeder Mitarbeiter trifft die in seinem Aufgabenbereich erforderlichen Entscheidungen in eigener Verantwortung.
Bei schwierigen Entscheidungen sind Mitarbeiter, die über entsprechende Fachkenntnis zum Thema verfügen, zur Beratung beizuziehen, bzw. haben die einzelnen Mitarbeiter sich mit ihren Führungskräften zu beraten.
Führungskräfte höherer Ebenen sollen nur in Ausnahmefällen im Verantwortungsbereich von Führungskräften der niedrigeren Ebene, diese nur in Ausnahmefällen im Verantwortungsbereich ihrer Mitarbeiter entscheiden.
Eine bedeutende Aufgabe der Führungskräfte bei der Umsetzung dieses Führungsgrundsatzes besteht darin, über die Aufgabenbereiche hinaus koordinierend zu wirken, d.h. bei Entscheidungen, die über den eigenen Aufgabenbereich hinausreichen, die notwendige Koordination zwischen den betroffenen Abteilungen zu erreichen und somit eine gemeinsame Entscheidung herbeizuführen. Kann einen gemeinsame Entscheidung nicht getroffen werden, so wird die Entscheidung vom Vorstand unter Einbeziehung sämtlicher betroffenen Abteilungen gefällt.

Führungsgrundsatz »Kontrolle«

Ein geordneter Verwaltungsablauf braucht auch Kontrollmechanismen. Es muß daher nach Bedarf überprüft werden, ob z.B. Zielvorgaben, Delegationsaufträge usw. erreicht werden.

Ziele vorgeben und definieren:

- Hat sich an den gesteckten Zielen etwas verändert? Wenn ja, Änderung der Zielvorgaben.
- Werden die gesteckten Ziele erreicht? Wenn nein - Überprüfung der Zielvorgaben der einzelnen Mitarbeiter – Zielvorgaben entsprechend den Fähigkeiten der Mitarbeiter auslegen.
- Mitarbeitergespräch unter Beachtung wesentlicher Besprechungsinhalte durchführen.

Delegation:

- Mitarbeitergespräch unter Beachtung wesentlicher Inhalte durchführen
- Stimmt die Arbeitseffektivität und -effizienz? Wenn nein – Mitarbeitergespräch führen und gegebenenfalls Delegation ändern.
- Sind Mitarbeiter überlastet oder nicht ausgelastet? Wenn ja – Delegation entsprechend anpassen, um eine ausgeglichene Auslastung der Mitarbeiter zu erreichen.

Information:

- Ständige Überwachung des Informationsflusses bezüglich Mangelhaftigkeit, Info-Schwemme, Fehlinformationen, Vertraulichkeit.
- Mitarbeitergespräch unter Beachtung wesentlicher Besprechungsinhalte durchführen.

Entscheidungen treffen:

- Kontrolle der Kompetenzeinhaltung
- Stichprobenkontrolle über getroffene Entscheidungen
- Mitarbeitergespräch unter Beachtung wesentlicher Besprechungsinhalte durchführen.
- Ständige Kontrolle des Arbeitsablaufes – werden Entscheidungen aufgeschoben?

Führungsgrundsatz »Förderung«

Um das Leistungsvermögen der Mitarbeiter zu stärken, wollen wir sie nach verschiedenen Gesichtspunkten fördern:

- Aus- und Weiterbildung in fachlicher Hinsicht
- Bereitschaft zur Weiterbildung unterstützen und fördern
- Durch interessante Aufgabenstellungen Motivation fördern
- Schaffung angenehmer äußerer Bedingungen am Arbeitsplatz

Um konkrete Ansatzpunkte für die individuelle Förderung des einzelnen Mitarbeiters zu erhalten, ist das unter Beachtung wesentlicher Inhalte durchgeführte Mitarbeitergespräch von großer Bedeutung.

(Abdruck der Führungsgrundsätze mit freundlicher Genehmigung der Kärntner Landesversicherung.)

1.8. Persönlichkeitsentwicklung als Manager – Führungsbausteine im Überblick

Eine erfolgreiche Führungskraft wird man, wenn der eigene Aufgabenbereich ziel- und ergebnisorientiert durchgeführt wird, das Auftreten sicher ist und die Ausstrahlung andere Menschen positiv beeinflußt.

Besonders wichtig ist dabei, die gestellten Anforderungen zu meistern und darüber hinaus Interesse für unternehmensweite Themen zu entwickeln. Werden noch mit dem nötigen Engagement gute Ideen umgesetzt und wird aktiver Kontakt zu den Vorgesetzten, Kollegen, Mitarbeitern und Kunden gepflegt, so sind wichtige Kriterien der Weiterentwicklung als Manager gegeben. Zur Übernahme von Verantwortung und zum Tragen von Konsequenzen bei der Lösung von auftretenden Konflikten und Problemen ist ein gesundes Selbstbewußtsein nötig. Dieses Selbstbewußtsein setzt ständiges Arbeiten an sich voraus. Jeder Tag ist anders, alles ist änderbar und befindet sich in einem laufenden Entwicklungsprozeß.

Motto: Erfolg = Energie = Grundlage für neuen Erfolg!

Die wichtigsten Führungsbausteine zur Persönlichkeitsentwicklung als Manager sind:

1. Energiearbeit zum Ausbau der eigenen Potentiale
2. Persönliches Marketing
3. Erfolgreiche Kommunikation und Verhandlungsführung
4. Sicheres Auftreten und Präsentieren
5. Sich erfolgreich durchsetzen

6. Probleme lösen
7. Mit der Zeit richtig umgehen
8. Mehr Verantwortung für die eigene Entwicklung übernehmen
9. Mit Kreativität persönliche Ziele wirkungsvoller realisieren
10. Sich auf Dauer selbst motivieren

Es macht Spaß, aktiv zu sein. Der Erfolg macht Spitzenleistungen erst so richtig möglich. Allerdings hat jeder auch seine Tiefen zu überwinden. Je mehr der Manager über sich selbst Bescheid weiß, desto mehr wird er andere Menschen akzeptieren.
Die einzelnen Bausteine beinhalten praktische Anregungen zur individuellen Reflexion. Gerne geben wir Ihnen auch darüber hinaus Tips bei anstehenden Problemen.

1.8.1. Energiearbeit zum Ausbau der eigenen Potentiale

Über emotionale Intelligenz wird sehr viel geschrieben. Was steckt eigentlich dahinter? Schon immer war es wichtig, Gefühle zu zeigen und damit auch umgehen zu lernen. Die Erziehung zu Ordnung, Pflichtbewußtsein und Arbeitstreue hat viel dazu beigetragen, daß ein Großteil der Mitarbeiter und Führungskräfte »brav« ihre Arbeit verrichtet und die eigenen Potentiale kaum ausleben kann bzw. sie gar nicht kennt.

Was bedeutet Energiearbeit?

Jeder Mensch hat ein Energiefeld, das auf seine Umgebung ausstrahlt. Diese Ausstrahlung wird auch AURA genannt. In dieser Ausstrahlung sind alle Informationen über den Menschen enthalten. Diese Informationen gliedern sich in Lebensprogramme, Potentiale, Wünsche, Ängste und Abhängigkeiten. Je klarer diese Informationen für den einzelnen sind, desto sicherer ist die Wirkung auf andere.
Energiearbeit bedeutet, sich selbst bewußt zu werden, welche Energieströmungen welche Wirkungen erzeugen und welche Lebensaufgaben und -programme aufzuarbeiten sind. Voraussetzung für gute Energiearbeit ist der Aufbau einer hohen inneren Konzentrationsfähigkeit. Diese kann durch Autogenes Training, meditative Übungen, Visualisierungstechniken, Sport und auch durch Gespräche mit vertrauten Menschen erreicht werden. Konzentration ist die Fähigkeit, mit sich selbst in Dialog zu treten, die innere Mitte zu finden und seine inneren Bilder aus dem Unterbewußtsein in den bewußten Zustand zu bringen.

Die Ausstrahlung des Menschen erfolgt im wesentlichen über die einzelnen Energiezentren. Diese Zentren werden auch »Chakren« genannt. Die tägliche Kontrolle – wie offen sind die einzelnen Energiezentren? – ist eine der wichtigsten Konzentrationsübungen. Jedes Energiezentrum steht für eine bestimmte Botschaft.

Die Energiezentren

Die einzelnen Zentren werden in unterschiedlichen Farben dargestellt. Wobei die wichtigsten verwendeten Farben folgende sind:

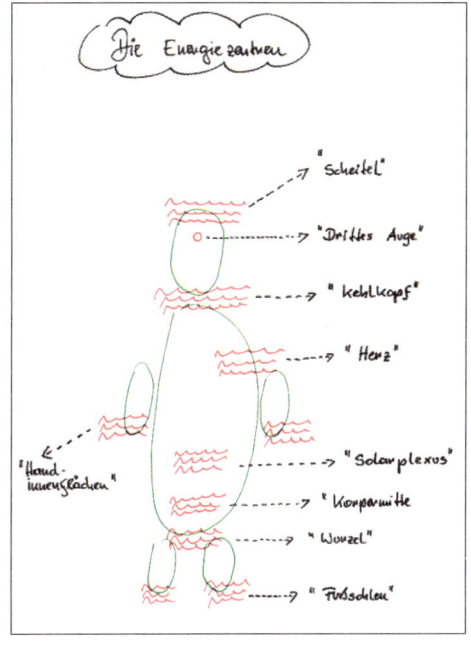

Grün   Harmonie, Ausgleich, Offenheit;
Rot   Feuer, Kraft, Energie;
Schwarz   Ausgebrannt sein, Verschlossenheit, Ängste, Rückzug;
Blau   Klarheit, reale Sicht der Wirkungen.

Wofür stehen die einzelnen Energiezentren?

Scheitel   Klarheit der Gedanken
Drittes Auge   Klarheit des Sehens
Kehlkopf   Klarheit des Sprechens
Herz   Klarheit des Gefühls
Solarplexus   Lebensenergie
Körpermitte   Innere Balance – Harmonie mit sich selbst
Wurzel   Harmonie im sexuellen Bereich

Die Energiezentren in den Handinnenflächen stehen für das Ausleben von Kreativität, die Zentren in den Fußsohlen für die Standfestigkeit im Leben. Wir in der westlichen Welt bekommen das Wissen über unseren Energiehaushalt und seine Auswirkungen kaum vermittelt. So ist es oft nicht überraschend, daß Menschen sich selbst nicht spüren und die eigene Ausstrahlung selten bewußt wahrnehmen.

Wie können die einzelnen Zentren gefühlt werden?

Setzen Sie sich in entspannter Atmosphäre hin und hören Sie beruhigende Musik. Schließen Sie dabei die Augen und konzentrieren Sie sich auf die beiden Handinnenflächen. Die Hände berühren sich dabei nicht. Der Abstand beträgt von der einen Innenfläche zur anderen nur zwei Zentimeter. Versuchen Sie nur, die Wärme der anderen Hand wahrzunehmen. Üben Sie so lange, bis Sie die Wärme (Energie) oder ein Kribbeln wahrnehmen. Sollten Sie nichts fühlen, dann kann es sein, daß die Zentren bereits blockiert sind. Sie können unterstützend in Ihrer Vorstellung auch visualisieren, daß sich z . B. Blüten in Ihren Handflächen öffnen.
So fühlen Sie jeden Tag ein anderes Energiezentrum. Sollten einzelne Energiezentren verschlossen sein, so bleiben Sie solange dort, bis Energie spürbar wird. Bei fortgeschrittener Übung bekommen Sie zu den einzelnen Zentren auch innere Bilder vermittelt, welche viele Informationen beinhalten.

Umsetzung der Energiearbeit in der Praxis

Im Rahmen unserer Beratungs- und Coachingtätigkeiten arbeiten wir sehr intensiv mit der Energie der Menschen. Wer es wünscht, dem erstellen wir zuerst ein farbiges Gesamtbild seiner Energien und -strömungen, wo auch die notwendigen Informationen über innere Konflikte, Blockaden, Abhängigkeiten und Ängste festgehalten werden. Dieses Bild kann mit einem Röntgenbild über sich selbst verglichen werden. Die Informationen werden am Energiebild zusammengefaßt und mit dem Manager besprochen.
Zur Ausarbeitung eines Energiebildes ist ein persönliches Gespräch von der Dauer einer Stunde notwendig. Das Bild wird in den ersten Minuten des Kennenlernens erstellt und mit Farbe zu Papier gebracht. Nach ca. zehn Minuten wird das erhaltene Bild präsentiert und mit dem Manager besprochen.
Mit diesen Informationen aus dem Erstgespräch erhält der Manager bereits wichtige Hinweise zur persönlichen Wirkung, zu offenen und verstopften Energiezentren, zu ungeklärten Fragen, zu inneren Ängsten und Abhängigkeiten und zur Wirkung auf sein berufliches und privates Umfeld. Daraus werden bereits eine erster Schwerpunkt für seine Persönlichkeitsarbeit abgeleitet und konkrete Fragen zur weiteren Bewußtmachung und Bearbeitung zusammengestellt.

Praktische Beispiele von Energiebildern einzelner Manager

1) Bild eines erfolgreichen Managers

Dieser Manager zeichnet sich durch einen hohen grünen Energieanteil aus (Harmonie, Ausgeglichenheit, hohes Körperbewußtsein). Die weiteren Stärken sind:

a) klare Denkstrukturen – sieht und denkt, was ist, und setzt es nach innerer Prüfung um
b) Gefühle klar und offen – geht offen auf jeden zu; es gibt keine Klassifizierung von Menschen, hat auch keinerlei Ängste vor bestimmten Menschen – hört gut zu!
c) Spontanität stark vorhanden – reagiert äußert spontan durch starke innere Verbindung – spricht sehr stark mit sich selbst, kontrolliert sich selbst gut
d) Erdung sehr stark – hat starken Bezug zum Leben und zur Erde
e) hohes Kreativpotential vorhanden – ist ständig in Bewegung, ohne Nervosität zu initiieren (durch Harmonieanteil)
f) starker Ausgleich – guter innerer Kontakt zum Körper, läuft regelmäßig, führt Mentaltraining täglich aus
g) Klare Sprache – keinerlei Blockaden im Kehlkopf bedeutet, daß die Spontanität sich frei entwickeln kann
h) Lebensprogramme klar – hat keinerlei Abhängigkeiten von erzieherischen Einflüssen – Eltern sind aufgearbeitet, mit dem Tod war er bereits konfrontiert und hat ihn gut verarbeitet
i) offener Selbstschutz – kann sich extrem gut abgrenzen, hilft dadurch auch wirklich, bringt jedes Gespräch auf den Punkt, sieht den anderen Menschen als Spiegel für eigenes Verhalten

2) Bild einer Managers mit Blockaden

Dieser Manager zeichnet sich durch eine enorme Power aus, welche allerdings extrem unterdrückt wird. Diese Unterdrückung ist auf eine starke Mutter zurückzuführen. Der Manager mußte in einem stark kontrollierten Umfeld aufwachsen und konnte kaum eigene Entscheidungen für sich selbst treffen – es ist ihm alles abgenommen worden. Durch diese Blockaden drückt er seine durchaus positive Energie in Aggressionen aus. Wie sind die einzelnen Einflüsse zu betrachten?

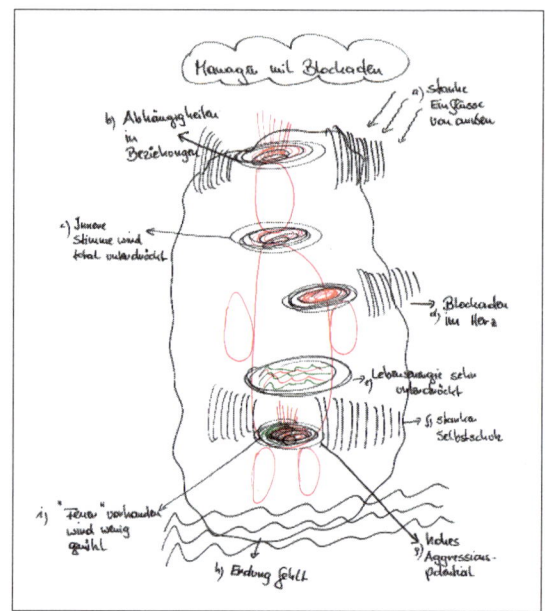

a) starke Einflüsse von außen – Familienbetrieb, Mutter führt das Geschäft, kann selbständig kaum Entscheidungen treffen
b) Abhängigkeiten in Beziehungen – alles funktioniert nach vorgegebenen Mustern, kann im Umgang mit Menschen nicht »NEIN«-sagen und hat eine anerzogene Konfliktscheu
c) innere Stimme wird total unterdrückt – große Blockade etwas gefühlsmäßig auszudrücken, wirkt nach außen aber sehr ruhig und freundlich (Maske wird perfekt aufgesetzt)
d) Blockaden im Herz – das Leben und Fühlen wird zum Alptraum, große Probleme, eigene und realistische Ziele zu setzen
e) Lebensenergie sehr unterdrückt – lebt und handelt im Auftrag, erkennt eigene Bedürfnisse nicht mehr, wird nicht gehört
f) starker Selbstschutz – durch ständigen Einfluß der Mutter hat der Manager einen gezielten Schutz nach außen aufgebaut – geführt wird durch autoritäre Anweisungen bzw. schriftliche Kommunikation
g) hohes Aggressionspotential – vorhandene Energie wird unterdrückt
h) Erdung fehlt – der Bezug zur Realität ist durch die Flucht (Träume, Fantasien) abgelöst worden

i) »Feuer« vorhanden, wird aber wenig genützt – Kreativität war nie gefordert

Maßnahmen:

* Bewußtmachen der Situation
* Lernen, auf sich selbst zu hören
* Eigene Vorstellungen realisieren lernen (am Beginn mit Kleinigkeiten anfangen)

Aus den zahlreichen Gesprächen und bereits erstellten Energiebildern von Führungskräften wissen wir, daß dieses Energiebild auch eine durchgeführte Führungsstil-Analyse sehr gut ergänzt und unterstützt. Ein persönliches Energiebild und die daraus abgeleiteten Entwicklungsmaßnahmen sind jedoch für jeden Menschen interessant; dabei ist es egal, ob jemand bereits sehr erfolgreich ist oder nicht. Wichtig ist, welchen Preis man für seine Erfolge und erreichten Positionen zahlen muß. Oft ist eine andere Denkweise oder das Treffen einer einzigen Entscheidung ausschlaggebend für innere Erfüllung und Zufriedenheit. Aus den Energiebildern ist sehr deutlich erkennbar, ob jemand in seinem Arbeitsbereich emotional unterfordert oder überfordert ist. Jeder hat eine bestimmte Lebensaufgabe mitbekommen. Es gilt diese zu lösen. Jeder hat auch genau die Menschen um sich versammelt, die er benötigt, um dieser Lebensaufgabe näher zu kommen. Anders gesagt, wenn dich bei einem anderen etwas ärgert oder du etwas an ihm ändern möchtest – dann ändere es erst bei dir selbst.

Interessant ist, wenn ganze Führungsteams sich offen diesem Prozeß stellen. Dabei werden im Rahmen einer Besprechung alle Führungskräfte auf ein Plakat gezeichnet und ihre bekannten oder unbekannten Beziehungen zueinander intensiv besprochen. Dadurch können Zusammenhänge besser erkannt, Konflikte und Spannungen durchschaut und bearbeitet werden. Das hilft, wieder neue Energien im Team freizusetzen.
Das Beispiel eines Energiebildes eines Handelsunternehmens mit sechs Führungskräften ist nachfolgend abgebildet.

Kurze Beschreibung der Führungsmannschaft:

Das Energiebild besteht aus dem Leader und den Leitern Vertrieb, Marketing, EDV, Buchhaltung und Controlling.

Wie sind die einzelnen Personen zu sehen:
1. Leader – viel Energie; starker Selbstschutz; regiert durch Anordnung;

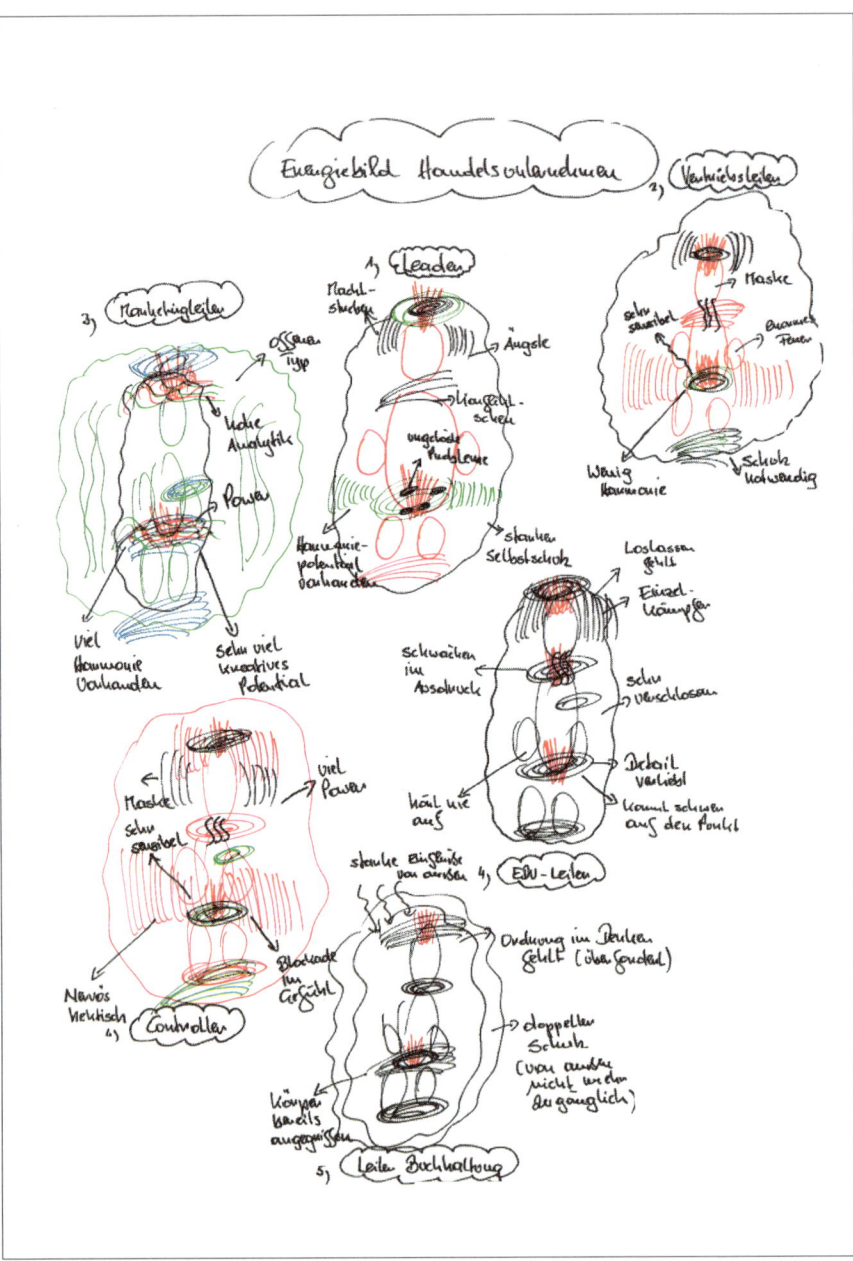

wenn gut aufgelegt – dann ist Selbständigkeit möglich; Konfliktscheu-
heit; innere Ängste des Versagens; strebt nach Macht – zeigt es auch mit
Prestigeverhalten; ständig unruhig, d. h., an der Organisation wird ständig gedreht; hört zuviel auf außenstehende Autoritäten; Erfolg durch
Kontinuität und Platzhirsch-Mentalität

2. Vertriebsleiter – viel Power; sehr sensibel – dadurch ausgezeichneter
   Umgang mit Kunden; dient dem Kunden, tritt aber nach innen; große
   Unsicherheiten – da keine inneren Grenzen; starke Maske – öffnet sich
   sehr selten; immer unzufrieden, kann Erfolge nicht wirklich feiern;
   wirkt durch starke Person (100 Kilo) – Zeichen für Unterdrückung – wenig Bezug zur Gegenwart

3. Marketingleiter – enormes Harmoniebedürfnis; sehr kreativ; gute analytische Fähigkeiten; sehr offen und geht auf alle zu; bringt Ziele und Vorhaben gut weiter; grenzt sich zuwenig ab – hilft jedem, egal wie stark er
   bereits eingesetzt ist; sehr ausgleichend und dadurch beliebt, aber zuwenig Durchsetzungskraft

4. EDV-Leiter – Fachmann; arbeitet rund um die Uhr; sehr verschlossen –
   kann nur fachlich über sich sprechen, nicht über seine Gefühle, Motto:
   Gefühle haben am Arbeitsplatz nichts verloren; Einzelkämpfer und dadurch immer wieder ungeklärte Konflikte im EDV-Team; detailverliebt,
   geht nur auf die Maschinen und nicht auf die Menschen ein; zu lang-
   atmig; hat sich im Leben verlaufen – erreicht Vorbild Vater nie – Vater
   als EDV-Spezialist mit eigenem Unternehmen in Konkurs gegangen und
   danach gestorben

5. Leiter Buchhaltung – körperlich angeschlagen, 55 Jahre, Magenkrebs –
   doppelter Selbstschutz, laufend in Behandlung; ist starken Einflüssen
   ausgesetzt, hat nie gelernt, sich abzugrenzen – denkt chaotisch und
   bringt wenig auf den Punkt; ist zu genau, hält alle Termine exakt ein –
   ist aber extrem unbeweglich, und jegliche Kreativität ist unterdrückt

6. Controller – viel Power, sehr dynamisch, bringt immer wieder neue
   Denkansätze; wirkt hektisch, eigene Gedanken bringen ihn in Zug-
   zwang; gefühlsmäßig ist starke Maske vorhanden; sehr hohe Sensibilität
   – dadurch Schwierigkeiten, unpopuläre Maßnahmen selbst durchzusetzen; braver Worker, erfüllt perfekt alle Aufträge; ist zuwenig bei den Mitarbeitern präsent

Welche Aufgaben kann die Führungsmannschaft anhand dieses Bildes für
die Zukunft ableiten?

- Schaffung von selbständigen Handlungs- und Entscheidungsbereichen
- Mehr kreatives Risiko eingehen und umsetzen
- Positive Energie besser einsetzen – Mehr Spontanität zeigen

- Interne Schriftlichkeit (Absicherungstendenzen) sofort und komplett einstellen
- Einzelgespräche mit externem Berater über individuelle Entwicklung und Aufarbeitung
- Zweier-Feedback-Gespräche zum persönlichen gemeinsamen Coaching (Leader mit Leiter Buchhaltung – Zukunft; Vertriebs- und Marketingleiter – Konflikte lösen/Kreativität mehr umsetzen/Auftreten; EDV Leiter und Controller – Gefühle öffnen)

Der Prozeß wird in Supervision durch den externen Berater weiterbegleitet.

1.8.2. Persönliches Marketing

Für jeden Manager ist es bedeutend, nicht nur die Ziele des Unternehmens, sondern auch eigene Ziele zu erreichen, indem er »sich selbst gut verkaufen« kann.
Jeder Manager hat daher in irgendeiner Form eine persönliche Marketingstrategie.
Zur Marketingstrategie zählen insbesondere:

1.8.2.1. Vorbild sein – persönliches Auftreten

Da der Mensch sehr zur Nachahmung von Auftreten und Verhaltensweisen anderer neigt, ist eine positive Vorbildwirkung der Vorgesetzten für das Verhalten der Mitarbeiter von großer Bedeutung. Die wichtigsten Strategien des »Vorbild-Seins« können folgendermaßen zusammengefaßt werden:

- korrektes, seriöses und glaubwürdiges Auftreten
- positive Denkhaltung leben
- Herausforderungen annehmen und etwas tun
- keine Gerüchte schüren
- Freundlichkeit, positive Ausstrahlung
- Arbeitseinsatz und Ergebnisorientierung vorleben
- Vorbild in jeder Hinsicht sein (menschlich, Charakter)

1.8.2.2. Umgangsformen

Gute und richtige Umgangsformen sind gefragter denn je, sie werden sowohl bei der Auswahl von Führungskräften als auch bei Entwicklungspotentialentscheidungen herangezogen.
Jede noch so bestechende fachliche Kompetenz verliert an Überzeugung, wenn sie nicht von der notwendigen Souveränität im Auftreten getragen wird.

Distanzzonen beachten

Bedeutend im Gespräch mit Vorgesetzten, Mitarbeitern, Geschäftspartnern, Kunden usw. ist die Wahrung der richtigen Distanzzone.

Vier Zonen werden unterschieden:	Introvertierte Menschen	Extrovertierte Menschen
Intimdistanz	0,4 bis 1,5 m	0 bis 0,4 m
Persönliche Distanz	1,5 bis 2 m	0,4 bis 1,5 m
Gesellschaftlich-wirtschaftliche Distanz	2 bis 4 m	1,5 bis 3 m
Ansprachedistanz	ab 4 m	ab 3 m

In die Intimdistanz eines anderen Menschen einzudringen, ist nicht empfehlenswert, da der Blickkontakt besonders schwierig wird und es leicht aufdringlich wirkt. Personen, die die Intimdistanz des Gesprächspartners nicht respektieren, erreichen damit nur, daß der Gesprächspartner immer mehr zurückweicht.
Der wichtigste Bereich ist der Bereich der persönlichen Distanz. In diesen

sollte man eindringen, wenn man zielorientiert verhandeln oder sprechen will.
Die gesellschaftlich-wirtschaftliche Distanz wird bei offiziellen Anlässen vorgezogen. Für ein normales Gespräch ist diese Zone nicht entscheidend. Von Vorgesetzten wird sie meist unbewußt bei Kritikgesprächen eingenommen.
Die Ansprachedistanz ist bei Vorträgen, Reden, Referaten usw. zu beachten. Ein ausreichend großer räumlicher Abstand soll dafür sorgen, daß man alle Zuhörer im Blickfeld hat.

1.8.2.3. Zielorientierung

Im Rahmen der Zielhierarchie des Unternehmens nimmt der Manager bei der Entwicklung und Realisierung von Zielen eine entscheidende Rolle ein. Die Realisierung von Zielen betrifft solche des Unternehmens, des Teams, der Mitarbeiter und eigene Ziele des Managers.

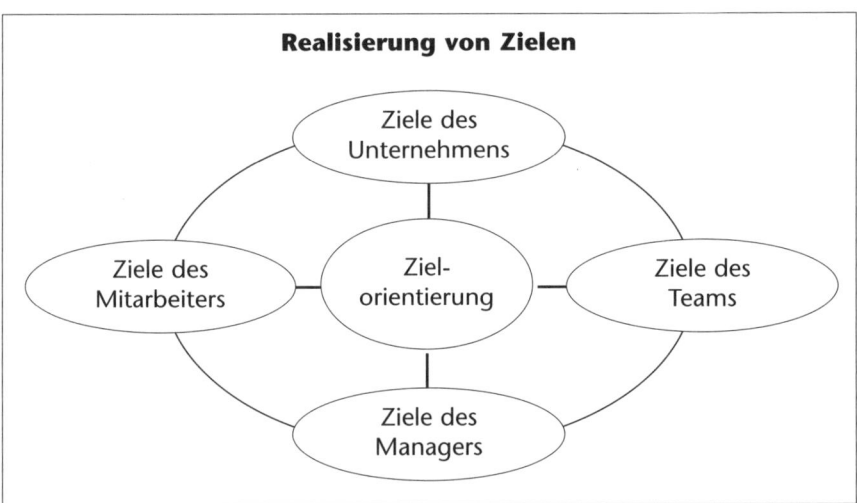

Realisierung von Zielen

- Ziele des Unternehmens
- Ziele des Mitarbeiters
- Zielorientierung
- Ziele des Teams
- Ziele des Managers

Natürlich kommt es immer wieder zu Spannungssituationen bei der Vereinbarung und Realisierung von Zielen. Für den Manager ist es ein Handlungsauftrag, Zielkonflikte kompetent zu lösen. Selbstverständlich muß jeder Manager auch lernen, mit Zielkonflikten zu leben, denn alle Ziele sind selten optimal für alle Beteiligten zu erreichen.
Mit der nachstehenden Aufstellung kann die Zufriedenheit mit einzelnen Zielhierarchien bewertet werden:

Zufriedenheit mit einzelnen Zielhierarchien

	nicht zufrieden				sehr zufrieden		
● den Unternehmenszielen für die nächsten Jahre	1	2	3	4	5	6	7
● dem Leitbild des Unternehmens	1	2	3	4	5	6	7
● den Abteilungszielen	1	2	3	4	5	6	7
● den Teamzielen	1	2	3	4	5	6	7
● den Entwicklungszielen	1	2	3	4	5	6	7
● der Zielentwicklung einzelner Mitarbeiter	1	2	3	4	5	6	7
● den eigenen beruflichen Zielen	1	2	3	4	5	6	7
● den eigenen persönlichen Zielen	1	2	3	4	5	6	7
● der Handhabung der Spannungsfelder	1	2	3	4	5	6	7
● den Zielvereinbarungsgesprächen mit den Mitarbeitern	1	2	3	4	5	6	7
● den Zielvereinbarungsgesprächen mit den Vorgesetzten	1	2	3	4	5	6	7
● den Anpassungsprozessen bei Zielkorrekturen	1	2	3	4	5	6	7
● der Innovation	1	2	3	4	5	6	7

1.8.3. Erfolgreiche Kommunikation und Verhandlungsführung

1.8.3.1. Grundlagen der Kommunikation

Kommunikation ist das elementare Mittel zur Verständigung zwischen Menschen. Sie dient zur Übertragung von Informationen und damit auch zur Einflußnahme im weitesten Sinn.
Zum Zustandekommen von Kommunikation sind mindestens zwei Partner notwendig: Der Sender sendet eine Information aus. Der Empfänger empfängt sie.

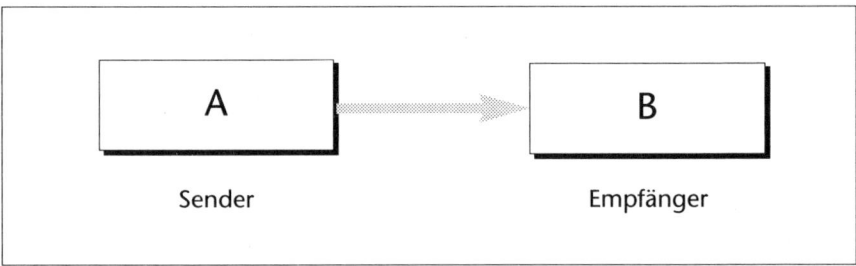

Reagiert der Empfänger auf die Information des Senders, so entsteht eine Wechselbeziehung, die wir Kommunikation nennen.

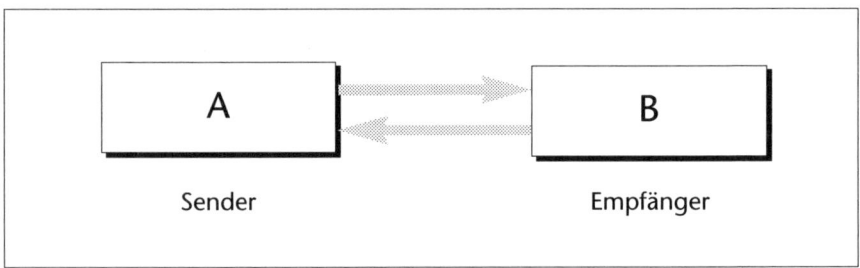

In einer zwischenmenschlichen Beziehung ist es unmöglich, nicht zu kommunizieren. Jedes Verhalten hat Mitteilungscharakter.
Auch ein Mann im Eisenbahnabteil, der nur aus dem Fenster oder auf den Boden sieht, kommuniziert. Er sagt durch sein Schweigen, daß er nicht angesprochen und gestört werden will. Dies ist nicht weniger Austausch von Information als ein angeregtes Gespräch.
Das uns bekannteste Kommunikationsmittel ist die Wortsprache. Gleichbedeutend in ihrer Wichtigkeit ist aber die sogenannte Verhaltenssprache.

Diese bedient sich averbaler (sprachfreier) Ausdrucksmittel wie Gestik, Mimik, Körperhaltung, Lachen, Kleidung usw. Auch unwillkürliche Körpervorgänge wie Erröten, Bleichwerden, erhöhter Pulsschlag, Handschweiß zählen zu den averbalen Kommunikationsmitteln.

Inhalts- und Beziehungsebene

Fast jeder Kommunikationsvorgang spielt sich auf zwei Ebenen ab:
● einerseits auf der Inhaltsebene,
● andererseits auf der Beziehungsebene.

Was ich wörtlich sage

Inhaltebene (rational)
Das Sachliche, objektiv Gesagte, das man mit Tonband aufnehmen könnte; meist durch Wortsprache ausgedrückt.

Was ich dem Sender gegenüber empfinde

Beziehungsebene (emotional)
Das Unausgesprochene (Erwartungen, Ängste, Sympathien, Antipathien usw.). Das Gefühlsmäßige, das mitschwingt, das zwischen den Worten liegt; meist durch Verhaltenssprache ausgedrückt, seltener durch Wortsprache.

Sender (Empfänger)   Empfänger (Sender)

Wenn ich zu einem Mitarbeiter sage: »Bringen Sie mir die Unterlagen zu Auftrag X«, so teile ich ihm einerseits mit, daß ich die Unterlagen sehen will, gleichzeitig sage ich ihm etwas über meine momentane Beziehung zu ihm (je nach Tonlage der Aufforderung), z. B., daß ich ihm nicht besonders freundlich gesinnt bin, daß ich erwarte, daß er der Aufforderung sofort folgt, daß ich mit seiner Leistung nicht zufrieden bin usw.
Es ist uns gar nicht möglich, eine verbale Botschaft, die wir auf der In-

haltsebene weitergeben, nicht zu bewerten. Sie wird ja immer in einer bestimmten Stimmlage weitergegeben, wir haben immer eine bestimmte Körperhaltung, unsere Mimik spricht immer mit. Ich kommuniziere also auf der Inhaltsebene, qualifiziere aber gleichzeitig diese Kommunikation auf der Beziehungsebene.

Überall wo sich zwei Menschen begegnen, müssen sie zwangsläufig herausfinden, in welcher Beziehung sie zueinander stehen. Nur zu einem kleinen Teil erfolgt dies über die Wortsprache. Viel wichtiger für die Beziehungsklärung ist die Verhaltenssprache, welche sich der vieldeutigen averbalen Ausdrucksmittel bedient.

Die Wahrscheinlichkeit, sich nicht oder falsch zu verstehen, ist auf der Beziehungsebene größer als auf der Inhaltsebene. Vermutlich auch deshalb, weil die Wortsprache für uns ein so viel geläufigeres, eindeutigeres Kommunikationsmittel ist als die oft vieldeutigen averbalen Kommunikationsmöglichkeiten. Tränen können z. B. Freude, aber auch Trauer ausdrücken. Ein Lächeln kann für Sympathie, aber auch für Verachtung stehen.

Nun stellt sich natürlich die Frage, wie es am besten gelingt, den emotionalen, beziehungsmäßigen Gehalt einer zwischenmenschlichen Kommunikation zu erspüren.

Das einfachste und zugleich schwierigste Rezept ist: **Zuhören lernen!**

- Nicht sprechen
  Sie können nicht zuhören, während Sie selber sprechen.
- Entspannte Gesprächsatmosphäre schaffen
  Zeigen Sie dem Gesprächspartner, daß er frei sprechen kann, daß Sie Zeit und Geduld haben.
- Interesse zeigen
  Stellen Sie klärende Fragen; zeigen Sie, daß Sie verstanden haben.
- sich in den Gesprächspartner hineindenken
  Versuchen Sie die Dinge so zu sehen, wie Ihr Gesprächspartner sie sieht.
- Achten Sie auf die Verhaltenssprache Ihres Gesprächspartners
  Versuchen Sie bewußt zu erkennen, was er Ihnen damit mitteilen möchte.

Diese Art von Zuhören nennt sich »Aktives Zuhören«, weil der Zuhörer nicht nur passiv aufnimmt, was gesagt wird, sondern sich aktiv bemüht, Tatsachen und Empfindungen, die er wahrnimmt, zu erfassen. Er hilft damit dem Sprechenden, seine eigenen Probleme herauszuarbeiten, und schafft ihm auch bessere Bedingungen, auf der Inhaltsebene seine Gefühle offen zu äußern, wodurch eine Beziehung tragfähig gemacht wird.

Auf sich selbst hören lernen

Auch Sie selbst haben gefühlsmäßige Einstellungen und Haltungen Ihrem Gesprächspartner gegenüber. Sie drücken diese Haltungen und Gefühle mit Ihrer Verhaltenssprache aus, ob Sie das nun wollen oder nicht. Lernen Sie auf sich selbst zu hören:

- Wie ist Ihre gefühlsmäßige Haltung dem Gesprachspartner gegenüber? Ist er Ihnen sympathisch oder unsympathisch? Fühlen Sie sich ihm gegenüber unterlegen oder überlegen?
- Welche Erfahrungen haben Sie mit dem Gesprächspartner schon gemacht?
- Wie reagieren Sie auf seine Erscheinung, seine Redeweise, seine Ansichten usw.?

1.8.3.2. Behandlung von Einwänden

In jedem Gespräch gibt es Einwände von seiten des Gesprächspartners. Einwände zeigen das Interesse des Gesprächspartners an z. B. mehr Information, einer Weiterführung von Argumenten, an mehr Aufklärung und weiteren Fragen.

Folgende Grundregeln sind bei der Einwandbehandlung zu beachten:

- Bleiben Sie ruhig und sachlich. Drücken Sie nicht schon durch Ihre Mimik, Gestik oder Haltung Ihren Unwillen über den Einwand aus (positive Grundeinstellung).
- Lassen Sie den anderen unbedingt ausreden, und hören Sie ihm interessiert zu.
- Legen Sie unbedingt eine (Denk-)Pause ein, bevor Sie antworten. Oder stellen Sie sofort eine Gegenfrage, um Zeit zu gewinnen.
- Überlegen Sie, was der Gesprächspartner will. Handelt es sich um einen emotionalen oder rationalen Einwand? Denn: Emotionale Einwände werden Sie kaum rational entkräften können.
- Antworten Sie knapp und präzise. Versuchen Sie immer ruhig und sachlich zu sprechen und Ihre Emotionen unter Kontrolle zu halten.
- Schließen Sie an den Einwand eine Frage an, damit Ihr Gesprächspartner antworten muß, denn: Wer fragt – der führt – und gewinnt.
- Setzen Sie die richtige Einwandtechnik zur Entkräftung des Einwandes ein.

Welche Wege der Einwandbehandlung gibt es?

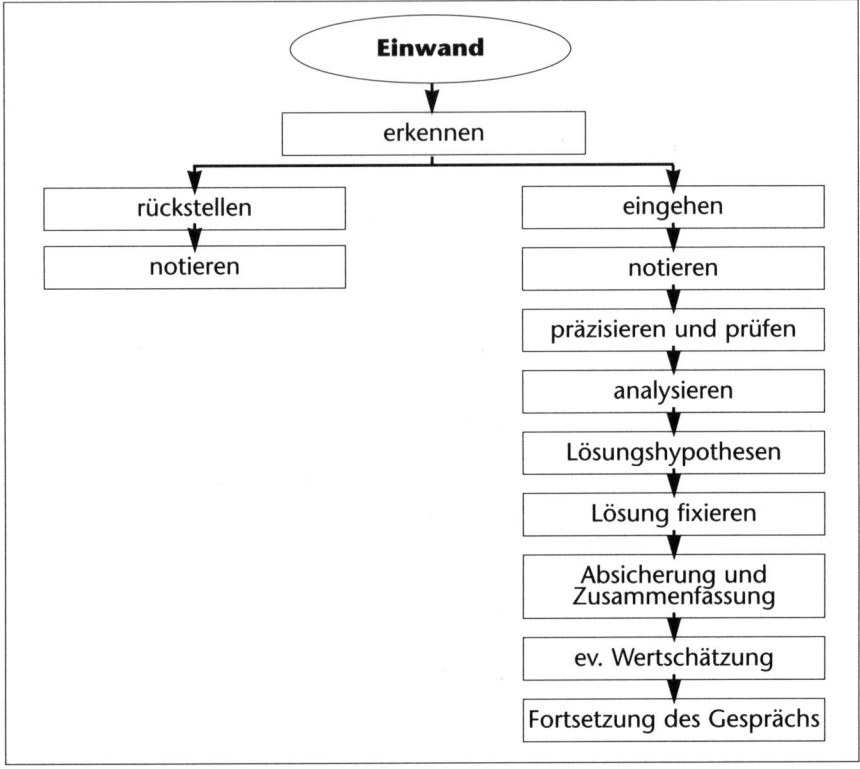

Wichtig ist:
● den Einwand im Gespräch, in der Präsentation, in der Verhandlung zu erkennen
● die Entscheidung zwischen »darauf eingehen« oder »rückstellen« zu treffen
● wenn auf den Einwand eingegangen wird, dann
   – notieren
   – präzisieren und prüfen, ob der Einwand richtig verstanden wurde
   – Analyse des Hintergrundes, bevor eine Lösung angeboten wird
   – Lösungshypothesen anbieten mit genauer Definition der Lösung
   – Absicherung des behandelten Einwandes mit eventueller Wertschätzung
   – Fortsetzung des Gesprächs

● wenn der Einwand zurückgestellt wird, bei passender Gelegenheit ins Gespräch bringen und behandeln

Folgende Einwandtechniken sind für den Manager von Bedeutung:

Technik	Ziel	Beispiel
Vorweg-nahme-Technik	Ein möglicher Einwand wird vorweggenommen und im Laufe des Gesprächs beantwortet	● Sie werden vermutlich gleich fragen, ob ... ● Eine Frage, die oft gestellt wird, ist, ... ● Die Erfahrung zeigt uns, daß an dieser Stelle immer die Frage nach ... kommt. ● Es ist Ihnen sicher nicht entgangen, daß ...
Zurückstell-Technik	Hier versucht man, durch Zurückstellen der Frage oder des Einwandes des Gesprächspartners auf einen späteren (günstigeren) Zeitpunkt den Gesprächsablauf zu verbessern	● Mit Ihrem Einverständnis möchte ich die Frage vorerst zurückstellen, da ... ● Interessante Feststellung, ich möchte bewußt erst später darauf eingehen ... ● Ihre Frage paßt genau zum Gespräch, allerdings ist vorher noch die Klärung von ... notwendig.
Umfor-mulie-rungs-Technik	Bei dieser Technik versucht man durch Umformulierung eines Einwandes diesem das Gewicht und die Schärfe der Aussage zu nehmen	● Können Sie sich vorstellen, die Frage auch aus dieser Sicht zu verstehen? ● Wenn Sie die Angelegenheit nicht nur so betrachten, was steht an Alternativen bereit? ● Also so sehe ich die Situation nicht, nämlich ...
Referenz-Technik	Hier versucht der Manager, durch Bezug auf bereis gut umgesetzte Konzepte oder Beispiele Fragen zu entkräften	● Herr Maier, gerade weil auch in anderen Branchen hohe Akzeptanz zu diesen Themen vorhanden ist, empfehlen wir Ihnen ...

Technik	Ziel	Beispiel
Plus-Minus-Technik	Es wird bewußt ein gewisser Nachteil eingestanden. Diesem Nachteil werden die großen Vorteile für den Gesprächspartner gegenübergestellt (±-Checkliste)	• Fassen wir die positiven und negativen Punkte zusammen und stellen wir das einmal gegenüber ... • Obwohl es hier z. B. 2 bis 3 Nachteile gibt, überwiegen doch die Vorteile, nämlich ... • Ich sehe, daß es hier auch Nachteile für Sie gibt, doch betrachten Sie einmal die positiven Faktoren ...
Beispiel-Technik	Durch die Angabe von Beispielen soll der Gesprächspartner dahingehend beeinflußt werden, daß er derartige Beispiele auch für seine Situation positiv empfindet	• Nehmen wir einmal als Beispiel an, ... • Ein konkretes praktisches Beispiel schafft Klarheit ... • Ich helfe Ihnen mit einem Beispiel ... • Versuchen Sie doch einfach dieses Beispiel aus dieser Ebene zu betrachten ...
Ja-aber-Technik	Diese Technik soll durch eine anfängliche Zustimmung dann die Aussage des Gesprächspartners rechtfertigen	• Bis hierher stimmen Sie mir noch zu – aber wie sieht es mit ... aus? • Ja, Sie haben recht, aber sehen Sie diese Angelegenheit auch einmal aus dieser Perspektive ... • Ja, aber was nützt diese Erfahrung, wenn Sie ... nicht bereit sind, dieses ... auch zu akzeptieren?
Gegenfrage-Technik	Durch eine Gegenfrage versucht man, den Gesprächspartner zu einer Begründung seiner Aussage zu bewegen; zudem gewinnt man Zeit für neue Argumente	• Welche Überlegungen stehen hinter Ihrer Frage? • Interessant, was Sie sagen, können Sie noch mehr darüber berichten? • Warum fragen Sie gerade jetzt?

Technik	Ziel	Beispiel
Ent-lastungs-Technik	Bei dieser Technik bringt man die Aussage des Gesprächspartners in primitiver Form vor und entlastet ihn zugleich von der Aussage	● Wenn ich Sie richtig verstanden habe, dann meinen Sie ... ● ..., o. k., es belastet Sie also diese Situation. ● Interessant, was Sie beschäftigt – kommen wir später darauf zu sprechen.
Verklei-nerungs-Technik	Durch Division wird z. B. die Gesamtsituation verkleinert oder auf kleinere Einheiten bezogen	● Betrachten wir einmal nicht das Ganze, sondern z. B. die Hälfte von ... Wie sieht es dann aus? ● Nehmen wir zuerst einmal einen Teil als Beispiel heraus ...
Vergrö-ßerungs-Technik	Hier wird das Gegenteil versucht. Man bezieht relativ kleine Werte auf größere Einheiten, um dadurch den Aussagewert zu erhalten	● Bei einer Größe von ... gibt es immerhin ... an Begünstigung.

1.8.3.3. Einsatz von Fragetechniken

Jeder Manager braucht die richtige Informationen zur Vorbereitung von Entscheidungen und zur Durchführung von Veränderungsmaßnahmen. Mit dem gekonnten Einsatz der unterschiedlichsten Fragenarten kann ein gewünschtes Ziel viel rascher erreicht werden.

Die Ziele einer gut eingesetzten Fragetechnik

Wer fragt,
● aktiviert den Gesprächspartner
● führt weg vom Monolog und hin zum Dialog
● erfährt die Einstellung und Meinung des Gesprächspartners
● kann den Gesprächspartner besser einschätzen (Intelligenz, Vorurteile, Fachwissen, Bildung, Interesse)
● erweitert sein Wissen

- kommt schneller an den Bedarf, die Wünsche und Probleme seiner Gesprächspartner heran
- führt und steuert das Gespräch
- beweist seine Bescheidenheit (drängt sein Wissen nicht auf)
- erweckt Sympathie
- meistert Einwände besser
- erhält mehr Information
- kann rascher Übereinstimmung erzielen
- stellt eine positive Gesprächsatmosphäre her
- muß keine Behauptungen aufstellen, die bewiesen werden müssen
- kommt schneller auf den Punkt
- spricht seinem Gesprächspartner die Kompetenz zu, die richtige Antwort zu finden
- kann durch geschickte Fragen heikle Situationen abfangen
- kann durch Versachlichen und auf das Wesentliche reduzieren emotionale Partner auf eine realistische Ebene zurückführen
- kann Schwätzer durch seine Fragen sinnvoll straffen und steuern
- kann durch geschicktes Fragen Ideen verkaufen
- macht den Gesprächspartner zum Mitgestaltenden, läßt ihn die richtigen Lösungen »mitfinden«
- kann gewünschte Antworten oder Reaktionen herausfordern
- kann dadurch Zustimmung erwirken
- gewinnt Zeit, um Entscheidungen nicht unter Druck treffen zu müssen
- kann, ohne zu schulmeistern, Kritik anbringen, Standpunkte richtigstellen
- entdeckt neue unerwartete Möglichkeiten, die sonst nicht genützt werden könnten
- kann damit den Einfluß Dritter abtasten
- bringt Anregungen für neue Argumente
- kann die Initiative wieder auf seine Seite bringen

Voraussetzungen guter Fragetechnik

- gute geistige Vorbereitung des Gesprächs
- Intelligenz des Argumentierenden
- Menschenkenntnis
- Interpretationsfähigkeit (man muß manchmal zwischen den Zeilen lesen oder auch Hintergründe gefühlsmäßig erfassen können, um den anderen oder dessen geistige Haltung interpretieren zu können. Daneben sollte man die eigenen Auffassungen und Vorschläge so für den Partner interpretieren, daß er alles schnell und gut verstehen kann)

- Erfahrung und Fachwissen, um Praxis mit Theorie erfolgreich verbinden zu können
- Formuliervermögen, um nicht plumpe, ungeschickte, mißverständliche Fragen zu stellen (das Formulieren von Fragen ist bereits eine anspruchsvolle Aufgabe sprachlicher Gestaltung)
- Einfühlungsvermögen (wer sich in andere einzufühlen versteht, begreift sie nicht nur besser, sondern kann sie auch gezielter ansprechen)
- Reaktionsvermögen/Schlagfertigkeit (mit Fragen kann man gut kontern und elastisch abfangen, aber nur wenn der Denkweg jeweils ein kurzer ist, also schnell und richtig, vielleicht sogar schlagfertig gefragt werden kann)

Fehlerhafte Fragestellungen, die es zu vermeiden gilt

- Aufdringliches Fragen (»Haben Sie nicht selbst das Gefühl, hier auf dem falschen Weg zu sein?«)
- Kompliziertes Fragen (»Wenn Sie in Anbetracht der Tatsache, daß ... und im Hinblick auf den Umstand, daß ... bedenken wollten, wie gefährlich es ist, die Erfahrungen anderer einfach in den Wind zu schlagen, so geben Sie mir sicher recht, wenn ich sage, daß ...?«)
- Fragestellungen, die den anderen abwerten, ihn herabwürdigen (»Wie konnten Sie eigentlich damals eine so überholte Einrichtung anschaffen?«)
- Fragen, die den anderen als dumm verkaufen (»Ich kann Ihnen da nicht folgen – es weiß doch heute jeder, daß ... oder was denken Sie?«)
- Fragen, die den Partner brüskieren (»Da hat doch einer bei Ihnen einfach Mist gebaut? Oder wollen Sie das etwa leugnen?«)
- Fragen, die ein Geständnis erpressen sollen (»Hätten Sie unsere Betriebsanleitung wirklich gelesen, so hätte so was doch nicht passieren können, nicht wahr?«)
- Indiskrete Fragen (»Sind Sie denn unserer Konkurrenz so sehr verpflichtet, daß Sie unverdrossen am Alten festhalten?«)
- Negativ statt positiv formulierte Fragen (»Glauben Sie nicht auch, daß ...?« – »Finden Sie nicht, daß ...?« – »Sind Sie nicht der Meinung, daß ...?« statt: »Sie glauben doch wohl auch, daß ...?« – »Sie haben bestimmt auch die Erfahrung gemacht, daß ...?« – »Sie können doch sicher aufgrund Ihrer Praxis bestätigen, daß ...?« – »Sicher legen Sie Wert darauf, daß ...?« – »Bestimmt sind auch Sie der Meinung, daß...?«)
  Wenn man mit diesen Suggestivfragen arbeitet, muß man schon absolut davon überzeugt sein, daß der andere sich der eigenen Meinung pro-

blemlos anschließen kann – notfalls müßte man für die eigene Auffassung den Beweis tadellos antreten können.

• Fragen, die so kinderleicht zu beantworten sind, daß der andere Hemmungen bekommt, darauf zu reagieren (»Fenster sind doch zum Hinaussehen da?« – um ihm danach eine andere Perspektive aufzutun)

• Plumpe Fragestellungen (»Warum wollen Sie denn nicht kaufen?«)

• Fragen, durch welche man dem anderen nachher ins Messer läuft (»Gerade unter Katholiken ist doch die Fehlhaltung verbreitet, daß ..., nicht wahr?«) – (wenn der Partner nun selbst zufällig Katholik ist, wird der Fragesteller nichts Gutes zu erwarten haben)

• Fragen, die nach fehlender Erfahrung oder nicht vorhandenem technischem Wissen riechen (»Aber Preßluft ist doch praktisch immer der billigste Antrieb für solche Geräte«) – (wenn z. B. der elektrische Antrieb kostenmäßig günstiger zu stehen kommt und dies anerkannte Tatsache ist)

Fragetypen im Überblick

Fragetyp	Ziel	Inhalte	Beispiele
Gegenfragen	• eröffnen die Möglichkeit, auf eine Frage wieder die Initiative zurückzugewinnen	• die Gegenfrage hilft Zeit zu gewinnen • zusätzliche Informationen können eingeholt werden • Konkretisieren eines Sachverhaltes ist leichter möglich	»Was steckt hinter Ihrer Frage?« »Wie ist dies zu verstehen?«
Geschlossene Fragen	• Sachverhalte werden konkretisiert • Ja/nein-Antworten werden initiiert	• wird sehr stark in Entscheidungsprozessen eingesetzt	»Entspricht diese Vereinbarung Ihren Vorstellungen?« »Sind Sie mit dem vereinbarten Vorgehen einverstanden?« »Haben Sie noch Ergänzungen anzubringen?« »Können wir so verbleiben?«
Aufschließende Fragen	• mit ihnen schließt man den Partner für ein Gespräch oder eine Idee auf	• Aktivierung des Partners • zusätzliche Informationen • man erkennt, ob sich der Partner damit überhaupt schon beschäftigt hat	»Darf ich fragen, wie Sie das Problem zu lösen versucht haben?« »Welchen Eindruck haben Sie bisher von der Sache?«

Fragetyp	Ziel	Inhalte	Beispiele
Suggestivfragen	• versuchen, den Gesprächspartner im eigenen Sinne zu beeinflussen	• der Manager beeinflußt den Gesprächspartner durch Vorformulierung einer möglichen Meinung • es ist stets darauf zu achten, daß diese Frageart den Partner nicht negativ berührt • Suggestivfragen sollten sparsam eingesetzt werden • man kann damit eine positive Antwort aus dem Gesprächspartner herausholen	»Sie als Fachmann auf dem Gebiet des ... haben sicher schon gehört, daß ...?« »Sie wissen doch auch, daß ...« »Sie wollen doch gewiß nicht, daß ..., oder ...?« »Das ist doch sicher die richtige Lösung für Sie?« »Sicher haben Sie auch schon darüber nachgedacht, daß ...«
Alternativfragen	• lassen dem Gesprächspartner die Möglichkeit zwischen zwei Entscheidungen, die beide für den Manager positiv sind	• stellen mindestens zwei Varianten dar • helfen dem Partner, eine Entscheidung zu treffen • führen zum Erfolg, wenn nicht zu oft und zu auffällig gefragt wird • lassen sich im Prinzip in allen Gesprächsphasen einsetzen	»Sollten wir uns am Dienstag, 10.15 Uhr, oder am Mittwochvormittag treffen?« »Sehen Sie die Entwicklung auch in dieser oder jener Richtung gegeben?« »Wo sehen Sie mehr Erfolgschancen, mit ... oder ...?«

Fragetyp	Ziel	Inhalte	Beispiele
Bedarfs-fragen	• möglichst viele Informationen vom Gesprächspartner erhalten • dienen der Annäherung über ein möglichches Problem des Partners	• offene Fragen (W-Fragen) • Fragen nach a) Wünschen, Vorstellungen b) Problemen c) Änderungen d) Gründen • Einsatz des Fragetrichters • immer nur eine Bedarfsfrage stellen, Antwort des Partners notieren	»Wie kann ich Ihnen helfen?« »Welche Ziele streben Sie mit … an?« »Welche Wünsche möchten Sie sich erfüllen?« »Was benötigen Sie dazu?« »Welche Gründe sprechen Ihrerseits für …?« »Was hemmt Ihre Entwicklung?« »Was sollte anders gemacht werden?« »Worin zeigt sich das Problem?«
Prüf-fragen	• man prüft die Auffassung des Partners zuerst, bevor weiter argumentiert wird • sie sollen möglichst eine Zustimmung des Gesprächspartners erbringen	• wecken Verständnis beim Gesprächspartner • die eigene Wahrnehmung wird kontrolliert • man erhält dadurch neue Informationen, Signale für mögliche Bedürfnisse oder Probleme	»Wie sind denn Ihre Versuche inzwischen ausgefallen?« »Wie denken Sie über …?« »Bringt Ihnen diese Lösung, was Sie sich erhofften?« »Was halten Sie davon?« »Wie sehen Sie nun Ihren Auftrag?«

Fragetyp	Ziel	Inhalte	Beispiele
Motivationsfragen	• helfen, daß der Gesprächspartner seine wirklichen Beweggründe (Motive) offenbart und/oder bewegt wird, aktiv zu werden	• der Gesprächspartner wird aktiviert • die Motivskala wird klarer • positive Art zu fragen, da positiver Grundgedanke vorhanden	»Als erfahrener Mitarbeiter kennen Sie sicher am besten die Probleme, die sich bei der Einführung … ergeben?« »Wenn man sich heute nicht für diese Technologie entscheidet, verschwindet man bald vom Markt. Das will doch kein Unternehmen?« »Diese Gedanken sind sehr interessant. Wie sind Sie darauf gekommen?« »Welche Erfahrungen haben Sie bisher damit gemacht?«
Rhetorische Fragen	• dienen primär dazu, die Aufmerksamkeit des Gesprächspartners zu erhalten bzw. zu gewinnen • die Antwort gibt der Fragende selbst	• helfen das Gesprächsziel schneller zu erreichen • zu viele rhetorische Fragen verunsichern • der Gesprächspartner kann nicht mehr folgen • Monolog-Gefahr ist sehr groß	»Welches Problem ergibt sich somit? Das Hauptproblem ist doch …?« »Wer kennt nicht die Angst vor neuen Lösungen. Wenn Sie sich für diese Lösung entscheiden, dann …« »Was können wir in diesem Fall tun? Das beste wäre für Sie, …«

Fragetyp	Ziel	Inhalte	Beispiele
Hypo- thetische Fragen	• der Frager stellt An- nahmen (Hypothesen) an	• gewünschte Vorstellungen werden hypothetisch darge- stellt • hilft dem Gesprächspartner ungezwungen über die An- nahmen nachzudenken • die Vorstellungswelt des Ge- sprächspartners wird aktiviert und erweitert • mögliche, zu erwartende Re- aktionen des Gesprächspart- ners werden vorweggenom- men • Zusammenhänge lassen sich unaufdringlich darstellen	»Gesetzt den Fall, Sie würden das … so entscheiden, was bedeutet das dann für Sie?« »Was wäre, wenn wir uns einigen könnten?« »Wenn Sie sich einfach positiv dazu entschließen, was würde das bei Ih- nen bewegen?«
Anti- thetische Fragen	• sind gegensätzliche Fragestellungen, die dazu anregen, daß der Gesprächspartner sei- ne eigene Meinung bekannt gibt	• Aktivierung des Gespräch- spartners • gibt Argumente vor • Entscheidungsspielraum ist offen	»Viele Fachleute würden behaupten, daß … andere würden sagen, es sei durchaus möglich, so oder so vorzu- gehen. Was ist eigentlich richtig? Wie beurteilen Sie die Möglichkei- ten?«

Fragen nach Unterschieden	• Analyse der Unterschiede • mögliche Einstufung von Gedanken durch Skalen forcieren	• unterstützen die Entscheidungsfähigkeit • können konkretisierende Vorteile aufweisen • helfen neue Perspektiven zu relativieren • regen Einwände an, die danach leichter lösbar sind	»Welche Variante steht Ihnen am nächsten?« »Was folgt auf …?« »Würden Sie es genauso sehen?« »Wer würde das am ehesten anzweifeln?« »Wenn Sie eine Skala von 0 bis 100 hernehmen für das Ganze, wo schätzen Sie Ihre bisherige Entscheidung ein?« »Wie sieht das … aus Ihrer bisherigen Perspektive aus?«
Zirkuläre Fragen	• zirkuläres Fragen bedeutet: Jemanden über einen Dritten in dessen Gegenwart zu befragen • es entsteht eine simultane Betrachtungsweise der Situation	• durch die simultane Betrachtungsweise aus mehreren Blickwinkeln werden die realen Vernetzungen eines Problems (Symptome) im Gesprächssystem klarer • komplexe Probleme können in ihrer Vielschichtigkeit leichter dargestellt werden • durch die Fragetechnik wird für alte Probleme eine neue Darstellungsweise vorgeschlagen	»Wenn ich Ihren Mann dazu fragen würde, was würde er sagen?« »Wie sieht das wohl aus der Perspektive Ihres Vorgesetzten aus?« »Wie ist wohl die Meinung Ihres Vorgesetzten über den Generaldirektor?« (Ansicht eines Dritten über einen Vierten) »Gesetzt der Fall, Sie … Was würde dann passieren?«

(Fortsetzung Seite 96)

Fragetyp	Ziel	Inhalte	Beispiele
Zirkuläre Fragen (Fortsetzung)		• durch die neue Perspektive wird verhindert, immer die gleichen Antworten auf gleiche Fragen zu erhalten • es kommt Bewegung in eingefahrene Wahrnehmungsmuster • durch die zirkuläre Frage bleibt der Fragende neutral • unabhängig von den Antworten erhöht diese Fragetechnik die Sensibilität für den Gesprächsprozeß • es wird oft nur eine Wahrheit in Frage gestellt • zirkuläre Fragen geben doppelte Information auf der Inhalts- und Beziehungsebene	
Fagen nach Erklärungen	• Hintergründe für bestimmte Überlegungen analysieren	• Einstellungen und Werte kennenlernen • Konkretisierung von Aussagen • Beispielhaftes darstellen	»Wie erklären Sie sich das?« »Wie kommen Sie zu der Auffassung?« »Das ist ja überraschend, was Sie mir da erzählen. Wie erklären Sie sich den Widerspruch?«

1.8.3.4. Richtig verhandeln

Die richtige Verhandlungsführung ist eines der wichtigsten Führungsinstrumentarien für einen Manager. Bei der Zielformulierung mit den Mitarbeitern, bei der Durchsetzung von Strategien, bei der Lösung von vernetzten Problemstellungen, bei der Kundengesprächsführung usw. sind Verhandlungstechniken notwendig. Die Grundvoraussetzungen für eine erfolgreiche Verhandlungsführung sind:

● die Zeichen einer gelungenen Kommunikation erkennen
● aktiv zuhören können (siehe Seite 82)
● Warnsignale im Gespräch wahrnehmen, reagieren oder agieren, damit sie erst gar nicht aufkommen
● Kommunikationssperren vermeiden

1.8.3.4.1. Die Zeichen gelungener Kommunikation

Geduld, Akzeptanz, Hilfsbereitschaft

– dem anderen helfen, sich auszudrücken
– geduldig zuhören
– sich Zeit nehmen
– nicht unterbrechen
– Pausen und Bedenkzeit einräumen
– die positiven Möglichkeiten heraushören
– nicht über Widerspruch gekränkt sein

Konfliktbereitschaft und -toleranz

– Konflikte offen ansprechen
– eigene Wünsche und Forderungen anmelden

Echtheit und Verständlichkeit

– Ehrlichkeit, Offenheit
– keine Fassaden, keine Shows abziehen
– sich verständlich und eindeutig ausdrücken

Verantwortungsbereitschaft

– sich nicht vor der Verantwortung drücken
– Fehler auf die eigene Kappe nehmen

Kontaktbereitschaft

– Engagement, Interesse, Einsatz zeigen
– jede Gelegenheit zum Gespräch suchen

Konstruktivität

– auf Interessenausgleich bedacht sein
– nicht auf vergangenen Fehlern herumhacken
– eigene Gefühle und Wünsche vorbringen
– Meinungsvielfalt bewahren und fordern
– Mut zum Widerspruch

Ganzheitlichkeit

– nicht nur rational kommunizieren, auch das körperliche Geschehen beachten
– Blickkontakt suchen
– ruhig atmen
– nicht stottern oder gehetzt wirken

Direktheit

– sprechen Sie Probleme direkt an
– nicht in sich »hineinfressen« und anschließend darüber ärgern

Ich-Bezug herstellen

– sich hinter die eigenen Aussagen stellen (»Ich-Botschaften«)
– nicht »man« oder »wir« verwenden
– andere direkt ansprechen

1.8.3.4.2. Warnsignale im Gespräch

Achten Sie auf die Reaktionen Ihres Gesprächspartners, und zwar sowohl auf verbale als auch körpersprachliche Signale. Es passiert oft, daß man durch »falsche« Aussagen und unbewußtes Verhalten den Gesprächspartner dazu bringt, sich zurückzuziehen, auf stur zu schalten oder ähnliches, und man damit nicht zum erwünschten Ergebnis kommt. Werden die ersten Warnsignale beachtet, so kann oft noch eine entsprechende Kurskorrektur eingeleitet werden.

Folgendes Verhalten kann als Warnsignal verstanden werden:

Ablehnung, Widerstand und Auflehnung äußern sich durch:
- »Jetzt erst recht«-Haltung
- ständiges Widersprechen
- zu allen Vorschlägen nein sagen
- mürrische Bemerkungen

Aggression und Vergeltungsmaßnahmen sind zu erkennen an:
- spitzen Bemerkungen
- dominieren und tyrannisieren
- absichtliches Mißverstehen
- den anderen »auflaufen« lassen
- intrigieren
- andere schlecht machen
- laut werden
- sarkastischen Einwürfen

Die Fixierung auf bestimmte Vorgehensweisen zeigt sich in:
- Sturheit, Hartnäckigkeit, Uneinsichtigkeit
- vom Standpunkt nicht abzubringen
- Rechthaberei
- Dienst nach Vorschrift
- buchstabengetreue Ausführung von Anweisungen

Projektion kann wahrgenommen werden durch:
- Fehler anderen in die Schuhe schieben
- Gerüchte verbreiten
- Ärger an Kleinigkeiten auslassen
- auf Nebensächlichkeiten unangemessen reagieren

Mitarbeiter können flüchten und ausweichen durch:
- utopische Ideen vorbringen
- sich Anforderungen und Kritik nicht stellen
- Ausreden finden
- sich selbst etwas vormachen
- angeben, prahlen
- Unpünktlichkeit, Fehlen

Ein deutliches Warnsignal sind Resignation oder Depression:
- Apathie, Desinteresse
- »es hat ja doch keinen Sinn!«
- »mir ist alles egal«
- Niedergeschlagenheit
- Wortkargheit
- Fügsamkeit

Soziale Absicherung äußert sich in:
- andere vorschieben
- »meine Hände sind gebunden«
- Bündnisse schließen
- sich als Sprachrohr darstellen
- die allgemeine Stimmung artikulieren
- sich Rückversicherung gegen Mißerfolge geben lassen

1.8.3.4.3. Kommunikationssperren

Die nachfolgend dargestellten, beispielhaften Verhaltensweisen bzw. Äußerungen sind zu vermeiden, da sie eine konstruktive, auf beidseitige Interessen rücksichtnehmende Kommunikation nicht zulassen. Sie beinhalten nämlich den Wunsch, den Gesprächspartner zu verändern, anstelle ihn zu akzeptieren. Ein Klima, in dem einer der Gesprächspartner aber nicht bejaht wird, verhindert seine persönliche Entfaltung und Entwicklung.

Befehlen, anordnen

- Das können Sie nicht tun!
- Hören Sie auf damit!
- Ich erwarte von Ihnen, daß ...

Mahnen, drohen

- Wenn Sie das nicht getan hätten, wäre ...
- Das hätten Sie besser unterlassen.

Beraten, Vorschläge machen

- Wenn Sie mich fragen, es wäre am besten, wenn Sie ...
- Nach meiner Auffassung sollten Sie ...

Urteilen, kritisieren

– Sie sind auf dem falschen Weg!
– Wie dumm von Ihnen, so etwas zu sagen.

Schmeicheln

– Sie sind ein intelligenter Mensch
– Bisher haben Sie es immer geschafft.

Lächerlich machen, beschämen

– Sie können keinen klaren Gedanken fassen.
– Sie reden, als hörten Sie das erste Mal davon.

Interpretieren

– Das sagen Sie, weil Sie verärgert sind.
– Sie wollen Eindruck schinden.

Trösten, aufrichten

– Es wird schon besser werden.
– Nehmen Sie sich das nicht so zu Herzen.
– So schlimm ist es doch gar nicht.

Ausweichen, aufziehen

– Sie haben vielleicht Probleme.
– Das erinnert mich an den Fall, als ...

1.8.4. Sicheres Auftreten und Präsentieren

Jede Führungskraft steht ständig im Zentrum von Information und Kommunikation. Die persönliche Präsentation findet praktisch überall statt. Zu den Aufgaben einer Führungskraft gehören laufend die Präsentation und Visualisierung von Konzepten und Ergebnissen (der Mitarbeiter, der Abteilung, eigene Erfolge und auch negative Entwicklungen). Dabei sind folgende Grundlagen zu beachten:

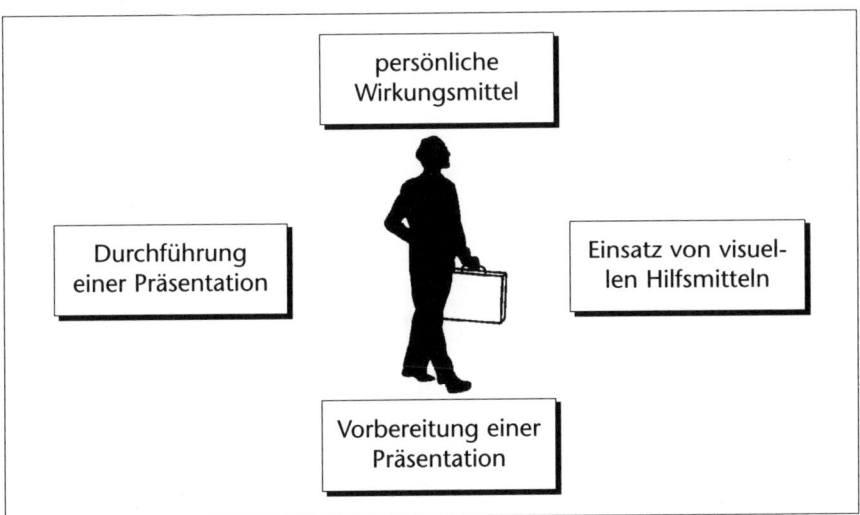

persönliche
Wirkungsmittel

Durchführung
einer Präsentation

Einsatz von visuellen Hilfsmitteln

Vorbereitung einer
Präsentation

1.8.4.1. Persönliche Wirkungsmittel

Die Kenntnis der persönlichen Wirkungsmittel ist bedeutend für den Erfolg des eigenen Auftretens, sowohl im beruflichen als auch privaten Bereich.

Zu den persönlichen Wirkungsmitteln zählen:
- Gestik
- Mimik
- Körperhaltung
- Gesichtsausdruck
- Sprache
- Tonfall
- Inhalt usw.

Die Glaubwürdigkeit einer Person hängt in hohem Maße von den Wirkungsmitteln Blickkontakt, Mimik und Tonfall ab. Zu diesem Ergebnis kam eine Untersuchung von Mehrabian & Ferris, in der Versuchspersonen den Gesamteindruck der Glaubwürdigkeit einer Person zu beurteilen hatten.

Für die Glaubwürdigkeit waren am wichtigsten:

Inhalt der Aussage:	7%
Tonfall:	38%
Blickkontakt/Mimik:	55%

Wenn Sie einen Vortrag oder eine Präsentation halten, sollten Sie auf folgende Wirkungspunkte achten:

Beurteilungsblatt

Kriterien:	Zielerreichungsgrad: Minimum –> Maximum			
	1	2	3	4
1. Einstiegsmotivation/Aufhänger	☐	☐	☐	☐
2. strukturierter Aufbau erkennbar	☐	☐	☐	☐
3. mit Beispielen argumentieren	☐	☐	☐	☐
4. bildhafte Sprache	☐	☐	☐	☐
5. verständliche Darstellung	☐	☐	☐	☐
6. Redemenge und Inhalt stimmen überein	☐	☐	☐	☐
7. Sätze sind kurz und klar	☐	☐	☐	☐
8. Pausen machen	☐	☐	☐	☐
9. ausgewogener Blickkontakt links/rechts	☐	☐	☐	☐
10. Engagement zeigen	☐	☐	☐	☐
11. sicher wirken	☐	☐	☐	☐
12. frei sprechen	☐	☐	☐	☐
13. Gestik und Mimik wirken natürlich	☐	☐	☐	☐
14. die vorgegebene Zeit einhalten	☐	☐	☐	☐
15. rhetorische Unarten (äh, mh) vermeiden	☐	☐	☐	☐
16. Zusammenhänge darstellen	☐	☐	☐	☐
17. Präsentationsmedien einsetzen	☐	☐	☐	☐
18. Schlußappell an die Teilnehmer	☐	☐	☐	☐
19. Gruppe zur Mitarbeit aktivieren	☐	☐	☐	☐
20. _____	☐	☐	☐	☐
21. _____	☐	☐	☐	☐
22. Gesamteindruck	☐	☐	☐	☐

1.8.4.2. Einsatz von visuellen Hilfsmitteln

»Ein Bild sagt mehr als tausend Worte«
– nicht nur ein Sprichwort, sondern eine wahre Aussage.

Die Wissensaufnahme des Menschen erfolgt zu 78% über das Auge.

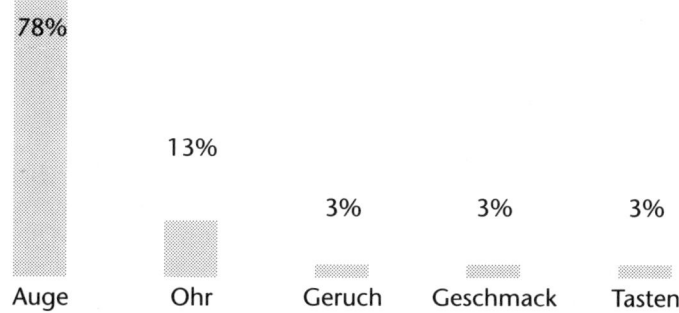

Der Behaltegrad einer Information steigt, wenn die Botschaft sowohl mit dem Ohr als auch mit dem Auge wahrgenommen wird.

Behaltensquote

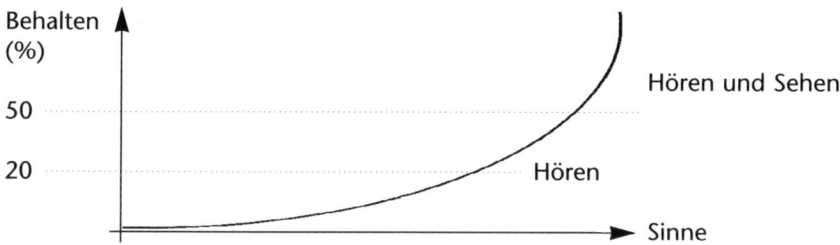

Die Visualisierung von Informationen, gleich welcher Art sie sind, bedeutet also, Inhalte nicht nur auszusprechen, sondern unmittelbar sichtbar zu machen, um den Behaltegrad zu steigern.

Weitere Vorteile der Visualisierung sind:

● Verkürzung des Redeaufwandes, Gewinnung von Zeit
● Vermeidung von Wiederholungen
● Informationen werden schnell erfaßbar dargestellt

- Probleme können konkreter diskutiert werden
- Wesentliches wird von Unwesentlichem getrennt
- Ergebnisse und Meinungen werden sofort dargestellt
- Mißverständnisse bei den Zuhörern werden vermieden
- komplexe Sachverhalte können besser vermittelt werden
- die rechte Gehirnhälfte wird konsequent genützt
- Behaltensleistungen werden erhöht
- die Zuhörer identifizieren sich mit einem visuell dargestellten
- Ergebnis, jeder sieht seinen Beitrag und die Entstehung des Ergebnisses

Vorgangsweise bei der Visualisierung

Bei der Aufbereitung eines Themas sollten Sie nach dem Trichterprinzip vorgehen. Zuerst sammeln Sie Stoff und selektieren die wichtigsten Informationen (was, wozu, für wen). Diese Informationen werden komprimiert, sodaß die Kernaussage, das Problem usw. kurz und prägnant dargestellt werden kann. Zum Schluß steht die visuelle Aufbereitung dieser Informationen, wobei Sie überlegen sollten, welche Mittel und Darstellungsform sie zweckgerichtet einsetzen.

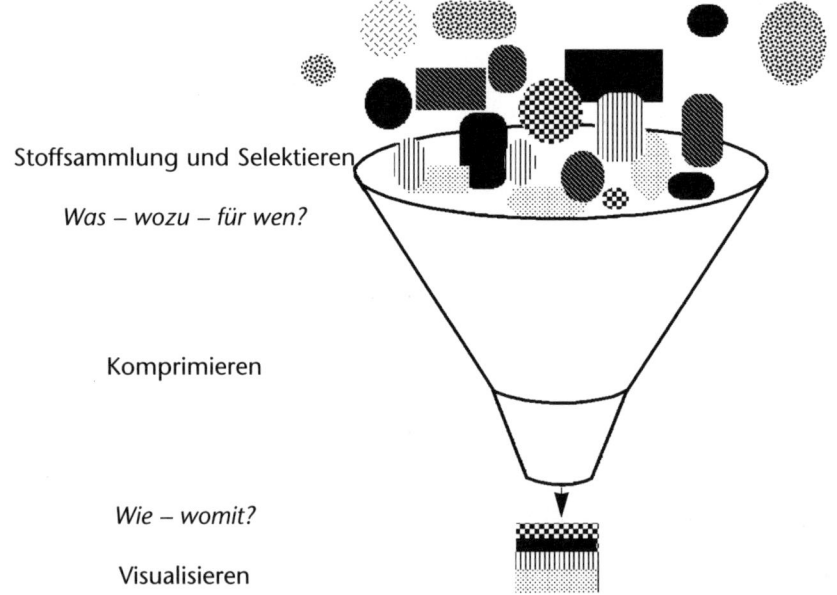

Stoffsammlung und Selektieren

Was – wozu – für wen?

Komprimieren

Wie – womit?

Visualisieren

(Quelle: »Visualisieren – Präsentieren – Moderieren«, J. W. Seifert, Gabal Verlag, 4. Auflage S. 51)

Regeln der Visualisierung:

● einfach:
- Verwendung von verständlichem Deutsch
- Vermeidung von Fremdwörtern
- Formulierung in kurzen Sätzen
- Themenbereiche mit Oberbegriffen kennzeichnen
- Überforderung der Zuhörer vermeiden
- keine Perfektion anstreben
- bildreiche Aussagen formulieren
- Beispiele aus der Praxis bringen

● knapp und prägnant:
- wenig erklären – viel Nutzen geben
- Vorschäge machen, Für und Wider gegenüberstellen, Vor- und Nachteile aufzeigen
- komplizierte Zusammenhänge vereinfachen
- den Zuhörern »Aha-Erlebnisse« verschaffen
- komplizierte Vorgänge in Grafiken umsetzen – schematische Übersichten schaffen

● gegliedert:
- Ziele, Ausblicke, Zusammenfassung geben
- Gliederung in Stufen, Phasen, Blöcke, Gruppen, Segmente und Aufgaben
- Haupt- und Nebenpunkte bilden
- nacheinander vorgestellte »Bilder« in ein »Gesamtbild« stellen
- nicht zu viele Einzelideen aufstellen
- keine Inhalte »zerstückeln«

Die wichtigsten und am häufigsten eingesetzten visuellen Hilfsmittel sind:
- Overhead-Projektor
- Flipchart
- Pinwand
- Personal-Computer mit Videobeam, Transview
- Video

Im folgenden werden die wichtigsten Vor- und Nachteile dieser Medien und deren Einsatzmöglichkeiten dargestellt:

Der Overhead-Projektor

Vorteile:

- platz- und zeitsparend
- Muster, Texte, Grafiken usw. können effizient dargestellt werden
- Präsentator steht zum Publikum gewandt
- starke Vergrößerungsmöglichkeit
- Folien können vor und während der Präsentation erstellt werden
- unterschiedliche Folientechniken erhöhen die Effizienz
- Zusammenfassungen und Wiederholungen sind jederzeit möglich
- Erstellung von Folienkopien ist einfach
- leicht transportierbar

Nachteile:

- Der Präsentator ist an einem Platz »angenagelt«
- falscher Einsatz der Folientechnlk vermindert wesentlich die Effizienz

Was ist beim Einsatz des Overhead-Projektors zu beachten?

- Projektionsfläche muß groß genug sein
- möglichst kräftige Farben verwenden
- Vortragender darf dem Plenum nicht die Sicht versperren!
- Schrift muß groß genug und deutlich sein (normale Schreibmaschinen-schrift ist nicht geeignet). Groß- und Kleinbuchstaben verwenden, Druckschrift ist leichter lesbar als Schreibschrift.
- Folientechnik

Folientechnik

Es gibt Einblattfolien und Folien auf Rollen. Der Vorteil der Einblattfolien besteht darin, daß bei Wiederholungen die Folie rasch gefunden und auf-gelegt werden kann.

Wie sollen Folien gestaltet werden?

- einfach:
einsichtige, unkomplizierte Darstellung, transparente Sätze, Bild unter-stützt das Wort
- übersichtlich:
gegliedert, folgerichtig, gute Unterscheidung von Wesentlichem und Un-wesentlichem, sichtbarer roter Faden

- kurz:
aufs Wesentliche beschränkt, knapp aber nicht gedrängt
- anregend:
erweckt Autmerksamkeit, interessant, abwechslungsreich

Häufige Fehler beim Einsatz von Folien:

- die Folien enthalten nur Text
- der Referent benutzt Folien nur, um sich das Leben zu erleichtern
- es werden keine Bilder benutzt
- es werden nur Großbuchstaben verwendet
- es werden keine Farben eingesetzt
- es werden zu viele Farben verwendet
- die Folie ist unübersichtlich
- die Folie wird verdeckt (nicht mit der Hand, mit einem Stift auf die Folie zeigen)
- das Gerät bleibt andauernd eingeschaltet

Der Flipchart

Vorteile:

- leichter Transport
- überall aufstellbar
- große Schreibreserve
- über lange Zeit eine Visualisierungshilfe
- ideal für 8rainstorming und sonstige aktivierende Lernmethoden
- geeignet zum Entwickeln spezieller Lösungen, Argumente
- bleibt stehen
- starke Motivationswirkung
- Unterlagen können vorher vorbereitet oder während einer Präsentation entwickelt werden
- Nebeneinanderhängen mehrerer Charts ermöglicht Darstellung von Entwicklungsphasen

Nachteile:

- Format der Charts sehr klein
- Löschen nicht möglich
- Einteilung des vorhandenen Schriftraums bedarf Übung
- Schriftgröße
- Rücken zu den Teilnehmern

Die Pinwand

Die Pinwand wird sowohl zur Präsentation fertiger Ergebnisse als auch zur Moderation (Entwicklung, Bearbeitung und Darstellung von Gruppenabfragen, Problemlösungsprozessen, Meinungsumfragen) eingesetzt. Sie ist geeignet, sehr viel Stoff in kurzer Zeit zu sammeln.

Vorteile:

- Ergebnis bleibt stehen
- der Moderator arbeitet aktiv mit den Teilnehmern, alle sind eingebunden
- das Zustandekommen eines Ergebnisses kann mitverfolgt werden
- starke Motivationswirkung
- Beiträge der Teilnehmer können umgruppiert und strukturiert werden

Nachteile:

- zeit- und platzaufwendig

Zur Anwendung der Kartenabfrage:

Der Moderator teilt an alle Teilnehmer Karten in der Größe eines Drittels von DIN A4 aus. Die Teilnehmer müssen nun zu einem bestimmten Thema, einer vorformulierten Frage etc., die an der Pinwand zu visualisieren ist, Karten ausfüllen – beliebig viele oder eine bestimmte Anzahl – in einer vorgegebenen Zeit.
Die Karten werden eingesammelt, gemischt und vom Moderator oder einem Teilnehmer, der dem Moderator hilft, gemeinsam mit den Teilnehmern auf die Pinwand geheftet. Dabei ist die Zuordnung zu bestimmten Gruppierungen den Teilnehmern überlassen. Das Ergebnis wird nun diskutiert, eventuell noch umgruppiert und die Gruppen mit Überschriften versehen.

Regeln für den Teilnehmer:

- Groß- und Kleinschreibung verwenden
- Schriftgröße lesbar wahlen
- Faserschreiber mit dunkler Farbe verwenden
- pro Karte nur ein Argument
- Karten immer quer beschreiben
- Schlagworte präzisieren

Regeln für den Moderator:

– Vorgehensweise erklären
– Thema an die Pinwand schreiben (dicke Schrift)
– Anzahl der zu beschriftenden Karten angeben
– jede einzelne Karte vorlesen und deutlich im Plenum zeigen
– einen Co-Moderator suchen
– zur Entscheidung stellen: Karten gruppieren oder nicht
– Gruppierungen zusammen mit der Gruppe vornehmen
– bei Karten, die nicht verständlich sind, fragen, was damit gemeint war
– Oberbegriffe für die Gruppen mit den Teilnehmern suchen
– alle Karten an die Pinwand, auch wenn sie doppelt sind (kein Teilnehmer darf ignoriert werden!)
– keine doppelten Karten übereinanderhängen
– keinen Kommentar zu den Karten abgeben
– keine Fragen gelten lassen
– Moderator ist Hebamme des neutralen Prozesses
– Ergebnis zusammenfassen
– beim Co-Moderator bedanken

Videobeam, Transview

Eine Vorführtechnik in Zusammenhang mit PCs stellen Videobeams und Transviews dar, mit denen Bilschirminhalte des PCs auf eine Wand projiziert werden können. Vor allem bei der Erklärung von Modellen, bei der Vorstellung von Produkten (Video-Schau auf PC) usw. einsetzbar.
Vorteile:

Vorteile:

● Aha-Effekt
● Modelle können transparent und anwendungsorientiert dargestellt werden

Nachteile:

● rasche Ermüdung der Teilnehmer
● Videobeam teuer in der Anschaffung

Die Video-Anlage

Video kann eingesetzt werden, um z. B. ein Unternehmen zu präsentieren (nach außen und innen), die Entwicklung von Produkten, Leistungen und Standorten darzustellen, das Corporate Design den Kunden näher zu bringen, aber auch zur Durchführung von Verhaltensschulungen (Schulungsfilme, Aufnahme und anschließende Analyse von Lernsituationen wie z. B. Verkaufsgespräch, Mitarbeitergespräch, Teamverhalten).

Vorteile:

● Verständnis kann durch Sehen und Hören wesentlich gesteigert werden
● eine gute Abfolge der Bilder wirkt motivierend
● mit gekonnten Effekten sind komplexe Situationen einfacher und wirksam darzustellen
● flexible Einsatzmöglichkeit
● bei Verhaltensschulungen: Feedback-Möglichkeit über die Wirkung und Durchführung bestimmter Lernsituationen

Nachteile:

● Kosten der Anlage
● begrenzte Bildfläche (außer bei Einsatz eines Großprojektors)
● aufwendige Entwicklung z. B. einer Firmenpräsentation

Bewertung der visuellen Hilfsmittel

Kriterien	Overhead-Projektor	Flipchart	Pinwand	PC-Transview	Video
Anschaffungs-kosten	–	+	+	– –	–
Unterhaltungs-kosten	+	+	+	+	+
Dauerhafte Dokumentation	±	+	±	–	–
Duplizier-fähigkeit	+	+	+	±	–
Anforderungen an den Raum	±	+	–	–	–
Vorbereitungs-zeit	+	+ +	+	–	– –
mehrere Darstellungen möglich	–	+	+	+	+
Platz-bedarf	–	+	–	±	±
Aktivierung der Teilnehmer	–	+	++	–	±
Entwickeln von Aussagen	+	+	+	–	–
Transport-fähigkeit	±	+	–	–	–

1.8.4.3. Vorbereitung einer Präsentation

Die gründliche Vorbereitung einer Präsentation garantiert:
● mehr Informationen, Detailwissen ...
● die Chance für einen störungsfreien Ablauf
● mehr persönliche Klarheit
● größere Sicherheit im Auftreten
● die Möglichkeit zu gezielter Visualisierung
● das Vorhandensein von eventuell benötigten Materialien

Eine gute Vorbereitung macht zwar noch keine erfolgreiche Präsentation aus, aber eine schlechte Vorbereitung kann eine Präsentation zum Scheitern verurteilen.

Eine umfassende Vorbereitung berücksichtigt:
● Thema
● Ziel der Präsentation
● anzusprechende Zielgruppe
● Inhalt
● einzusetzende Medien
● Ablauf
● Organisation (Ort/Raum, Sitzordnung, Einladung, Pausen)
● Unterlagen für die Teilnehmer

Da eine Präsentation an sich in drei Teile, nämlich Einleitung, Hauptteil und Schluß zerfällt, soll auch im folgenden diese Dreiteilung berücksichtigt werden.

Vorbereitung der Einleitung

Zu Beginn jeder Veranstaltung steht die Begrüßung der Teilnehmer. Diese Begrüßung kann je nach Teilnehmerkreis sachlich oder persönlich sein. Machen Sie sich schon vorab Gedanken, wie Sie Ihre eigene Person vorstellen wollen.

Auch wenn die Teilnehmer ohnedies wissen sollten, worum es geht und warum sie anwesend sind, fassen Sie Anlaß, Thema und Ziel der Veranstaltung noch einmal zusammen.

Anschließend geben Sie den genauen »Fahrplan« bekannt. Darunter fallen:
● die Hauptgliederungspunkte der Präsentation,
● der zeitliche Ablauf mit Pausen.

Um die Bereitschaft der Teilnehmer zum Zuhören zu wecken, müssen Sie sie nun auf das Thema einstimmen. Dies können Sie erreichen durch:
- Provozieren, Aufstellen von kuriosen Thesen
- Fragen stellen – persönliche Betroffenheit aufzeigen (das geht auch den Zuhörer etwas an)
- persönlichen Nutzen aufzeigen (was hat der Teilnehmer davon?)

Denken Sie auch daran, die einzelnen Punkte der Einleitung zu visualisieren (durch vorbereitete Pinwand, Flipcharts usw.).

Vorbereitung des Hauptteils

Im Hauptteil einer Präsentation wird das Thema systematisch vorgestellt. Dabei sollten Sie in Ihrem Konzept Haupt- und Unterpunkte bilden. Die Argumentation ist logisch und für die Teilnehmer nachvollziehbar aufzubauen.
Ein wichtiger Faktor besteht darin zu überlegen, wieviel Stoff die Zuhörer in einer bestimmten Zeit aufnehmen können. Denken Sie an die Aussage: »Weniger ist oft mehr«!
Um die Konzentration und Aufmerksamkeit der Zuhörer aufrechtzuerhalten, können Sie:
- Fragen stellen
- Inhalte visualisieren
- unterschiedliche Medien einsetzen
- Pausen einlegen
- den Stoff in kurze Abschnitte gliedern
- die Präsentation zu zweit durchführen

Am Ende des Hauptteils steht die kurze Zusammenfassung der wesentlichsten Inhalte. Diese Zusammenfassung können Sie vorab vorbereiten, indem Sie z. B. schon fertige Plakate visualisieren oder zum Teil fertiggestellte Plakate in der Präsentation ergänzen.

Vorbereitung des Schlußteils

Der Abschluß einer Präsentation ist ein sehr wichtiger Bestandteil, denn »Der erste Eindruck ist entscheidend und der letzte bleibt«.
Ein eindringlicher Appell ist angebracht, wenn die Teilnehmer anschließend an die Präsentation zu konkretem Handeln veranlaßt werden sollen – überlegen Sie sich Ihre Wortwahl.
An die Präsentation kann sich auch eine Diskussion anschließen, die ebenso vorüberlegt werden sollte hinsichtlich:
- der Eröffnungsfrage,

● der zu erwartenden Fragen oder Widerstände und
● Ihrer Argumentation.
Die Veranstaltung wird mit dem Dank an die Teilnehmer für ihr Kommen
mit einem Gruß abgeschlossen.

1.8.4.4. Durchführung einer Präsentation

Der Erfolg einer Präsentation hängt ganz entscheidend vom Präsentator
ab, nämlich von seinem Vermögen, den Teilnehmerkreis sowohl fachlich
zu überzeugen als auch für sich als Person einzunehmen.
Im folgenden werden nun einige Verhaltenstips gegeben und eventuelle
Störungen behandelt.

Einleitung

Tips:
● Achten Sie auf ein gepflegtes Äußeres.
● Stimmen Sie sich positiv ein.
● Beginnen Sie pünktlich.
● Nehmen Sie Blickkontakt zu den Zuhörern auf, bevor Sie zu sprechen be-
ginnen.
● Wählen Sie für den Blickkontakt jemanden, der Ihnen vertraut ist. Das
gibt zusätzliche Sicherheit.
● Beginnen Sie laut und deutlich zu sprechen.

Mögliche Störungen:	*Behandlung:*
Teilnehmer kommen zu spät	Lassen Sie sich nicht aus der Ruhe bringen. Eine kurze Begrüßung durch Blickkontakt ist ausreichend.
Teilnehmer stellen Fragen	Fragen zu Ablauf, Thema und Inhalt beantworten Sie sofort. Fragen, die an dieser Stelle unangemessen oder störend sind, stellen Sie durch einen freundlichen Verweis auf später zurück.

Hauptteil

Tips:
- Geben Sie einen Überblick über diesen Teil der Präsentation (eventuell Visualisierung).
- Sprechen Sie frei, verwenden Sie Ihr Manuskript nur als Unterstützung.
- Bilden Sie kurze, verständliche Sätze.
- Variieren Sie Lautstärke, Sprechtempo und Stimmlage, um Aufmerksamkeit zu erwecken.
- Stellen Sie sich auf Ihren Teilnehmerkreis ein; sprechen Sie also auch im Dialekt.
- Sprechen Sie »ich-bezogen«, d. h. nicht mit »man«, »würde«, »glaube«.
- Setzen Sie Ihre Gestik gezielt ein.
- Verwenden Sie Filzstifte, Zeigestab usw. nur zum Zeigen, nicht zum Spielen.
- Gliedern Sie Ihren Vortrag mit (rhetorischen) Fragen, um die Aufmerksamkeit zu aktivieren.

Mögliche Störungen:	*Behandlung:*
Sie versprechen sich	Fahren Sie fort bzw. korrigieren Sie sich, um Mißverständnisse zu vermeiden; keine Entschuldigung.
Teilnehmer stellen Fragen	Auf Verständnisfragen eingehen, da Ihre Ausführungen möglicherweise nicht für alle gleichermaßen verständlich waren; nicht zum Thema gehörende Fragen mit dem Hinweis zurückstellen, daß sie an entsprechender Stelle behandelt werden.
Teilnehmer unterhalten sich	Versuchen, durch Blickkontakt die Aufmerksamkeit der Teilnehmer zurückzugewinnen oder die Störung ansprechen (»Ist Ihre Diskussion für alle interessant? Sollten wir jetzt darüber sprechen?«)
Killerphrasen der Teilnehmer (»Das ist in der Praxis unmöglich!«)	Nicht direkt darauf eingehen, wenn es um keinen sachlichen Beitrag geht, oder »Was müßten wir unternehmen, damit es doch geht?«

Schlußteil

Tips:
● Fassen Sie die wesentlichen Punkte noch einmal kurz zusammen.
● Fordern Sie die Teilnehmer mit einem Appell zum konkreten Tun auf.
● Bieten Sie konkrete Unterstützung an.
● Richten Sie Ihren persönlichen Dank an die Teilnehmer.
● Für eine abschließende Diskussion legen Sie Zielsetzung und Zeitrahmen fest und übergeben eventuell an einen Diskussionsleiter.

Mögliche Störungen:	*Behandlung:*
unsachliche Beiträge in der Diskussion	Als Diskussionsleiter jeden Beitrag ernst nehmen; nachfragen, was der Teilnehmer wirklich will. Bleiben Sie sachlich, auch wenn Sie sich persönlich angegriffen fühlen.
Teilnehmer drängt sich in den Vordergrund	Beziehen Sie weitere Teilnehmer mit ein, indem Sie Fragen stellen (»Was halten die anderen davon?«, »Ist dieser Beitrag für alle interessant?«).

1.8.4.5. Tips für die Nachbearbeitung einer Präsentation

Lassen Sie eine Präsentation, die abgeschlossen ist, an Ihrem inneren Auge vorüberziehen und stellen Sie sich folgende Fragen:
● Haben Sie das vorgegebene Ziel erreicht? Wenn nicht, was war schuld daran?
● Stimmte die inhaltliche Aufbereitung mit den Anforderungen der Zielgruppe überein?
● Konnte der Ablauf planmäßig durchgeführt werden oder mußten Sie Änderungen vornehmen?
● Wie ist die Einleitung angekommen? (zu lang, zu unübersichtlich usw.)
● Gab es im Hauptteil kritische Situationen? Wenn ja, wie haben Sie sie gemeistert? Was müssen Sie das nächste Mal beachten?
● Wie funktionierte die Organisation?
● Gab es Pannen beim Medieneinsatz? Waren die Medien für die inhaltliche Darstellung richtig gewählt?
● Wie war die Beziehung zwischen Ihnen als Präsentator und den Teilnehmern?
Die Beantwortung dieser Fragen soll helfen, Ihre nächste Präsentation noch erfolgreicher zu machen.

1.8.5. Durchsetzungsvermögen

Sich erfolgreich durchsetzen

Eine Hauptaufgabe jeder Führungskraft ist, geplante Strategien zur Zielerreichung durch- und umzusetzen.
Durchsetzungsvermögen zu haben bedeutet nicht, aggressiv zu sein. Die Balance zwischen Überzeugung und Durchsetzung hängt von den jeweiligen Einflußmöglichkeiten und vom dosierten Einsatz von Macht (aus der Führungshierarchie heraus) ab.

Daraus ergibt sich folgendes Bild:

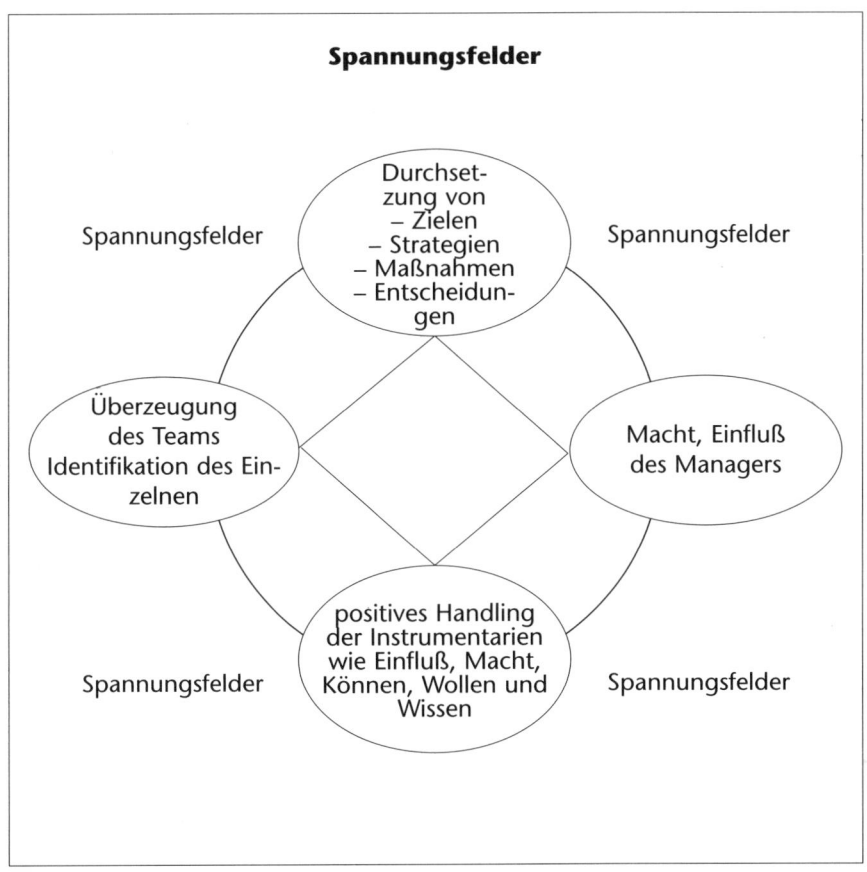

Ein Manager wirkt bei der Durchsetzung von Entscheidungen, Maßnahmen usw. aggressiv, wenn er:
- Entscheidungen selbständig trifft, ohne ausführliche Information und Einbeziehung des Teams
- mit hartem Ton die Umsetzung verlangt
- autoritäre Anweisungen erteilt
- dem einzelnen »auf den Pelz« rückt
- gefühlsgeladen reagiert
- Verständnisfragen nicht akzeptiert
- schnell von der Entscheidung bzw. Anweisung ablenkt
- mangelhaftes Selbstbewußtsein durch Lautstärke und Auftreten überspielt
- mit unterschiedlichen Ansichten nicht fertig wird
- keine Kompromißlösung duldet

Einflußnahme auf Durchsetzungskraft

Wie kann auf das Durchsetzungsvermögen Einfluß genommen werden?
- klare Entscheidungen treffen
- für verständnisvolle Umsetzung sorgen
- Team mit einbeziehen
- Aufgaben und Verantwortung delegieren
- Identifikation schaffen
- Selbstbewußtsein aufbauen
- Feedback geben und nehmen
- Auswirkungen und Widerstände von Entscheidungen vorab klären
- aktive Weiterbildung betreiben
- Meinung des Umfeldes (Vorgesetzte, Mitarbeiter, Kunden) zur Entscheidungsfindung einholen

Chancen und Gefahren

Chancen und Gefahren beim Durchsetzungsvermögen liegen sehr eng nebeneinander. Derjenige Manager wird erfolgreich sein, welcher an seine innere Stimme beim Treffen von Entscheidungen glaubt. 95% aller Entscheidungen werden aus dem »Bauch heraus« getroffen.
Wenn Sie von etwas überzeugt sind, dann übertragen Sie diese Überzeugung auf das Team und die Mitarbeiter. Zweifeln Sie an Ihrer Entscheidung, so suchen Sie ein klärendes Gespräch oder holen Sie weitere Information ein. Jede Entscheidung, die Sie hinausschieben, hindert das Entstehen von neuen Ideen und Situationen.

1.8.6. Probleme lösen

Vom Problem zur Lösung

»Es gibt keine Probleme, sondern nur Chancen« – manche mögen darüber lächeln, viele sollten sich diese Aussage zu Herzen nehmen. Eine positive Grundeinstellung und nicht schon das »Abwürgen« neuer Ideen und Möglichkeiten von vornherein (»Das geht nicht, weil …«) könnte viele Unternehmen und Manager heute besser dastehen lassen, als sie es sind. Leider wird oft mehr Zeit und Energie investiert, um zu begründen, warum etwas nicht geht, anstatt sofort nach dem Wie, den Lösungen zu suchen und sich auf etwas Neues einzulassen.

Jeder Manager sollte daher die wichtigsten Schritte zur Lösung von Problemen beherrschen.

Diese lassen sich wie folgt zusammenfassen:

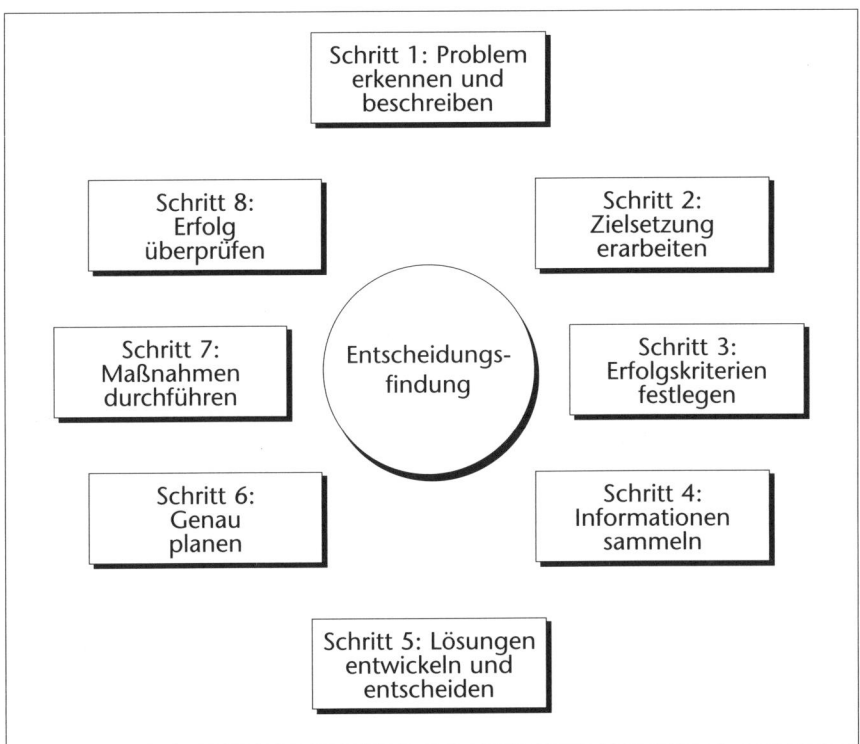

1. Das Problem erkennen und beschreiben

Ein Problem liegt immer dann vor, wenn ein vorgegebenes Ziel, ein Standard oder eine Norm nicht oder nicht im gewünschten Ausmaß erreicht wird. Bei der Beschreibung des Problems sollten zwei Zustände, das »Ist« und das »Ist nicht« berücksichtigt werden. Dabei geht man nach den vier Grundfragen: was? – wo? – wann? – wieviel? vor.

Durch die Frage nach dem »was?« werden das betroffene Objekt, die Problematik, der Fehler usw. erfaßt. Das »wo« bezieht sich auf die Lage des Problems, nicht nur geografisch gesehen. Durch »wann« werden Zeitpunkt oder Zeitraum des Auftretens des Problems erfaßt. Die Fragen nach dem »wieviel« gibt die Häufigkeit und den Umfang des Auftretens des Problems an

Durch die Beantwortung dieser vier Fragen werden die Symptome des Problems deutlich beschrieben. Die Beschreibung des »Ist nicht« kennzeichnet den an das Problem umittelbar angrenzenden Bereich, der von der Abweichung auch betroffen hätte sein können, es aber nicht ist. Dies bringt zwei große Vorteile mit sich:

● der betroffene Bereich kann scharfer abgegrenzt werden,
● denkbare Ursachen des Problems können ausgeschaltet werden, wenn sie auch für den Ist-nicht-Bereich zutreffen.

2. Zielsetzung erarbeiten

Mit den Zielen werden die erwünschten Ergebnisse der Problemlösung formuliert (Soll-Zustand). Ziele sollten gemeinsam und so genau wie möglich vereinbart werden.

3. Erfolgskriterien festlegen

Um eine Problemlösung hinsichtlich ihres Erfolges überhaupt bewerten zu können, müssen Kriterien festgelegt werden, anhand derer die Zielerreichung gemessen werden kann.

4. Informationen sammeln

Nachdem das Problem erkannt und beschrieben wurde, Ziele und deren Erfolgskriterien definiert wurden, sind umfassende Informationen zu Ursachen und Lösungsmöglichkeiten des Problems zu sammeln.

Nach der Beschreibung des Ist- und des Ist-nicht-Zustandes sind Besonderheiten zwischen den beiden Zuständen zu ermitteln. Gäbe es keine Unterschiede, so müßte das Problem ja auch beim »Ist-nicht« auftreten. Mit dem Auffinden dieser Besonderheiten ist der Bereich fixiert, in dem die Ursache zu finden ist. Die Ursachen sind daraufhin zu prüfen, ob sie das Problem auch wirklich hervorgerufen haben. Ist der Beweis erbracht, daß eine oder mehrere Ursachen für das Problem verantwortlich sind, werden als nächstes Lösungsansätze gesucht. Ausgehend von den Zielvorstellungen werden Möglichkeiten zusammengetragen, die aus Erfahrung, logischer Einsicht, vergleichbaren Problemstellungen usw. in Frage kommen. Sollen neue, unkonventionelle Lösungen gefunden werden, so werden zur Lösungssuche Kreativitätstechniken eingesetzt.

5. Lösungen entwickeln und entscheiden

Bei den in Frage kommenden Lösungsmoglichkeiten kann man unterscheiden zwischen:
- vorlaufigen Lösungen (die dazu beitragen, Zeit zu gewinnen. Ohne die Ursache(n) auszuschalten, mildert man die negativen Auswirkungen)
- anpassenden Losungen (wenn auf Bedingungsanderungen kein Einfluß genommen werden kann; hier sind Auswirkungen zu mildern bzw. neue Ziele anzustreben)
- abstellenden Lösungen (sie beseitigen die Ursache einer Abweichung und stellen den angestrebten Soll-Zustand wieder her)

Vor der Entscheidung für eine Lösung sind die aufbereiteten Informationen aus Schritt 4 zusammenzutragen und zu verdichten. Aus den Lösungsmöglichkeiten erfolgt eine grobe Vorauswahl, die nach folgenden Kriterien erfolgt:
- Erfüllen die Lösungsvarianten die Muß-Ziele, also die unerlässlichen Zielvorstellungen?
- Verstoßen die Varianten gegen zwingende Nebenbedingungen (Rahmenvorschriften, gesetzliche Vorschriften usw.)?

Die übriggebliebenen Lösungsalternativen sind zu bewerten, wobei z. B. folgende Verfahren eingesetzt werden können:
- verbale Bewertung durch Aufzählung von Vor- und Nachteilen der Alternativen
- Kostenvergleiche, Gewinn- und Rentabilitätsvergleiche zur Bewertung quantitativer Lösungskriterien
- Simulation
  Komplexe Fragestellungen werden vorausberechnet, z. B. Planung für die nächsten Jahre.

- Punktbewertungsverfahren
Sie eignen sich für alle Maßnahmen, wo neben finanziellen Kosten und Leistungen auch qualitative Vor- und Nachteile zu beachten sind. Nur selten sind Lösungen ausschließlich einer quantitativen Bewertung zugänglich. Zunächst werden die Ziele ermittelt, d. h. jene Kriterien, die eine erfolgreiche Lösung erfüllen soll. Diese Kriterien werden in Muß- und Kann-Kriterien aufgeteilt und gewichtet. Bei den einzelnen Lösungsvarianten wird jedes Kann-Kriterium mit Punkten bewertet und anschließend aus Punkten und Gewichtung ein Gesamtergebnis pro Lösungsvariante errechnet. Somit ist eine begründbare Entscheidungsfindung möglich.
- Nutzwertanalyse
Die Lösungsvarianten werden hinsichtlich ihrer Wirksamkeit, der zeitlichen Umsetzung und der Kosten bewertet.

6. Genau planen

Ist die Entscheidung für eine Lösung gefallen, so ist festzulegen, was zu tun ist, um die Lösung durchzuführen (Aktivitatenplan):

- was muß getan werden?
- wann muß es getan werden?
- wie muß es getan werden?
- wo muß es getan werden?
- was müssen wir tun, damit es geschieht?
- wie wollen wir den Fortschritt kontrollieren?

7. Maßnahmen durchführen

Die Qualität der Durchführung hängt in hohem Maße von der bisherigen Vorbereitung und der Qualität der Entscheidungsfindung ab.

8. Überprüfen

Der letzte Schritt eines systematischen Problemlösungsverfahrens muß sein, den Erfolg oder Mißerfolg der Problemlösung zu überprüfen, um aus den Erfahrungen zu lernen und es in Zukunft besser und anders zu machen.

1.8.7. Mit der Zeit richtig umgehen

Zeit ist das wertvollste Gut, das wir besitzen. Zeit ist wichtig. Jeder hat gleich viel davon zur Verfügung. Es wird enorm viel über »Zeit« geschrieben, doch kaum jemand schafft es, seine Zeit zufriedenstellend einzuteilen. Wichtig beim erfolgreichen Zeitmanagement ist:

- *Gezielte Lebensplanung durchführen*
- *Inneres Zeitgefühl durch Entspannungstraining bewußtmachen*
- *Schriftliche Zeitplanung einführen*
- *Prioritäten setzen*
- *Unterscheidung Wichtigkeit und Dringlichkeit*
- *Unangenehmes zuerst erledigen*
- *NEINsagen lernen*
- *Den Arbeitstag bewußt am Abend abschliessen (offene Arbeiten auf den nächsten Tag übertragen)*
- *Den Tag mit einem Motto beginnen, z. B.:* »*Heute ist ein guter Tag!*« *Lächeln vor dem Spiegel!*
- *Für stille Stunden während des Tages sorgen*
- *Kontakte wie Telefonate und Kundengespräche bündeln*
- *Elektronische Zeitsysteme einsetzen – das erspart Übertragungen*
- *Das persönliche Zeitgefühl von Zeit zu Zeit selbst kontrollieren*
- *Das persönliche Ablagesystem automatisieren*
- *Eine Stärken- und Schwächenbilanz des bisherigen Zeitmanagements durchführen*

Zur persönlichen Entwicklung haben wir einen umfassenden Fragebogen zum Zeitmanagement abgebildet, welcher Ihnen hilft, richtige Veränderungsstrategien einzuleiten.

Einflußfaktoren der Zeitgestaltung eines Managers

Arbeitszeit = größter Anteil an Lebenszeit

Persönliche Werteorientierung

Arbeitsplatzanfor- derungen und Ziele

Einsatz von Arbeitsmitteln

Laufbahnziele

Lebensziele

Manager und Zeitmanagement

Ökonomische Tageszeitplanung

Persönliches Umfeld

Abhängigkeit Kundenkontakt

Gesundheit

Vorgesetzten- verhalten

Besprechungs- kultur

Analyse Ihrer persönlichen Werte

1. Persönliche Werteorientierung

Halten Sie die für Sie wichtigsten fünf Werte hinsichtlich Ihrer Arbeits-zufriedenheit mittels Ankreuzen fest (Sie können auch eigene Werte zusätzlich ergänzen).

- Sinnvolle Arbeitsinhalte
- Weniger Streß
- Mehr Gehalt/Lohn
- Erweiterung der Handlungsspielräume
- Entscheidungen selbst treffen können
- Mehr Freizeit
- Flexiblere Arbeitszeitgestaltung
- Mehr Anreize
- Andere Aufgaben kennenlernen
- Bessere technische Ausstattung
- Unabhängiger arbeiten können
- Bessere Zusammenarbeit
- Wirksameres Betriebsklima
- Bessere Entwicklungsmöglichkeiten
- Positives Image des Unternehmens
- Effizienteren Vorgesetzten

2. Arbeitsanforderungen und -ziele

Meine jetzige Arbeitszeitgestaltung sehe ich ...

- voll ausgenützt, wobei keinerlei Entwicklungsfreiräume vorhanden sind
- könnte besser genützt werden, wenn Vorgesetzter sich ändern würde
- noch nicht ausgenützt, es fehlt aber ein Konzept dahinter
- wesentlich verbesserungswürdig, indem folgende Veränderungen vorgenommen werden:

- dann noch effizienter gestaltet, wenn ich folgendes
  dazulernen könnte ...

Die Arbeitsplatzanforderungen sind für mich ...

- ausreichend
- in Zukunft mit folgenden zusätzlichen
  Anforderungen verbunden:

- schon heute zu hoch, da ich ...

- nicht mehr in Relation zur eingesetzten Arbeitszeit
  und meinem Gehalt, da ...

- erst dann wieder interessant, wenn ...

Die Umsetzung meiner beruflichen Arbeitsziele ...

- ist mir bis heute gut gelungen
- ist mir bis heute weniger gut gelungen, da ...

- wenn ich es vergleiche mit meinen Einstiegsvorstellungen
  im Unternehmen, dann habe ich

− bisher alles erreicht, was ich wollte

– etwas völlig anderes erreicht, bin aber zufrieden
– etwas völlig anderes erreicht und bin unzufrieden, da ...

3. Ökonomische Tagesplanung

Die Gestaltung meines Arbeitstages ...

● ist für mich kein Problem
● wird bereits am Vorabend geplant
● wird schriftlich gemacht (Tagesplan)
● wird mit Prioritäten versehen
● läßt Pufferzeiten zu
● wird so veranlaßt, daß unerledigte Aufgaben neu
  übertragen werden
● wird täglich auf den Erledigungserfolg hin
  kontrolliert
● umfaßt auch persönliche Entwicklungsarbeiten
● bewirkt tägliches Lernen
● wird mit persönlichem Tagesmotto versehen
● gelingt mir kaum, da ich ...

● gelingt deshalb nicht, weil mich täglich stört, daß ...

4. Vorgesetztenverhalten

Mein Vorgesetzter ...

● beeinflußt sehr stark meinen Zeitplan mit:

- hat selbst kein Zeitmanagement
- plant seine Aktivitäten nicht effizient genug
- geht sehr verschwenderisch mit der Zeit um, da er ...

- könnte effizienter sein, wenn ...

- könnte seine Arbeitsqualität steigern, wenn er ...

5. Einsatz von Arbeitsmitteln

Meine zur Verfügung stehenden Arbeitsmittel ...

- sind optimal und werden von mir auch
  ausreichend genützt
- sind optimal und werden von mir wenig
  genützt
- gehören erweitert um ...

- sind unbrauchbar, da ...

- lassen Selbstorganisation zu
  (z. B. eigenes Ablagewesen)

6. Gestaltung der Lebenszeit in Verbindung mit Arbeit

Wenn ich meine bereits abgearbeitete Arbeitszeit und die noch bevorstehende Arbeitszeit bis zur Pension rechne, dann ...

- möchte ich so weiterarbeiten wie bisher
- werde ich andere Aufgaben noch suchen
- will ich weniger Druck bzw. Streß haben
- möchte ich am liebsten wieder folgende
  Aktivitäten machen ...

- will ich wieder psychisch gesund werden
- will ich mehr vom Leben haben
- will ich mehr in der Natur sein
- will ich meine Lebenszeit besser »selbst managen«
  können

7. Zeit und Gesundheit

Wenn ich meine persönliche, gesundheitliche Situation reflektiere, dann fühle ich mich ...

- optimal (zufrieden und gesund)
- ausgebrannt
- ausgenützt
- krank, da ich bereits leide unter:

- hektisch
- alleine gelassen
- ohne Perspektiven
- überbezahlt, würde lieber etwas Ruhigeres tun und
  dafür auch weniger bezahlt bekommen

- unterbezahlt, im Verhältnis zu dem, was ich bisher
  geleistet habe
- psychisch krank, da ich bereits in ärztlicher Behandlung
  stehe

8. Persönliches und privates Umfeld

Mit meinem persönlichen, privaten Umfeld bin ich ...

- sehr zufrieden, wirkt auf mich ausgleichend
- eher unzufrieden, da ...

- dann zufrieden, wenn sich folgende Änderungen
  einstellen:

9. Abhängigkeiten

- ich habe keinerlei Abhängigkeiten
- ich bin abhängig von ...

- dabei stört mich, daß ...

- in Zukunft will ich Abhängigkeiten vermeiden durch ...

1.8.8. Mehr Verantwortung für die eigene Entwicklung übernehmen

Jeder Manager ist für seine Laufbahnentwicklung selbst verantwortlich. Die Laufbahn richtet sich einerseits nach den individuellen persönlichen Zielen und Interessen, andererseits nach den vorhandenen Möglichkeiten im Unternehmen.

Was unternehmen Spitzenkräfte bei der Planung ihrer Laufbahn?

● Sie arbeiten konsequent auf ein Ziel hin.
● Sie wissen, was sie erreichen wollen.
● Sie setzen sich initiativ ein.
● Sie rechnen sich die Möglichkeiten aus.
● Sie suchen einen starken Mentor im Unternehmen.
● Sie brauchen ganz spezielle Herausforderungen.
● Sie planen ihre Laufbahn in Entwicklungsschritten und Zeitbedarf.
● Sie stehen Herausforderungen jederzeit offen und positiv gegenüber.
● Sie sind mobil und flexibel in entsprechenden Situationen.
● Sie haben meist eine gute Kenntnis von »Strategischem Lernen«.

1.8.8.1. Anforderungsprofil und Eignungsprofil

Wenn Manager auf ihre Laufbahn zurückblicken, dann stellen sie fest, daß viele berufliche Situationen mit Veränderungen verbunden waren. Die Anforderungen der Arbeitswelt ändern sich ständig. Ein erfolgreicher Manager ist der, der die geforderte Anpassung an die jeweilige Situation schafft. Jeder Manager sollte bei seiner Laufbahnplanung seine Tätigkeit zukunftsbezogen betrachten. Dabei sollten folgende Fragen beantwortet werden:

● Welche zukünftigen Veränderungen wird die jetzige Tätigkeit erleben?
● Wohin kann sich die Tätigkeit entwickeln?
● Wie gut schätze ich mich selbst ein?
● Wo habe ich Defizite aus
  – heutiger
  – zukünftiger Sicht?
● Wie will ich meine Eignung aktivieren?
● Wer soll mein Lernpate sein?

Die einzelnen Überlegungen münden in einen Laufbahnplan. Dieser dient der systematischen, schriftlich vereinbarten Entwicklung von bestimmten Anforderungskriterien.

Entwicklungsplan

Name: _____

Position: _____

Entwicklung zur Position: _____

Zeitplan Aktivitäten	20 . .	20 . .	20 . .	20 . .	20 . .
Job rotation					
Systematische Weiterbildung					
Projekte/Sonderaufgaben					
Job enrichment					
Stellvertretungen					
Entsendungen					

Entwicklungspate:

Erstellt am:

Zur Kenntnis genommen:

1.8.8.2. Top-Manager als Mentor für Laufbahnentwicklung

Ein Top-Manager ist der, der sich als Mentor seiner Mitarbeiter sieht.

Die Aufgaben eines Mentors umfassen:

● Karrierefördernde Aktivitäten
  – Sponsorentum
  – Coaching
  – Öffentlichkeit und Sichtbarkeit ermöglichen
  – Schutz und Sicherheit geben
  – Herausfordernde Aufgaben übertragen
● Hilfestellung zur Identitätsentwicklung
  – Rollenmodell
  – Persönlicher Ratgeber sein
  – Akzeptanz und Bestätigung geben
  – Freundschaft ausstrahlen

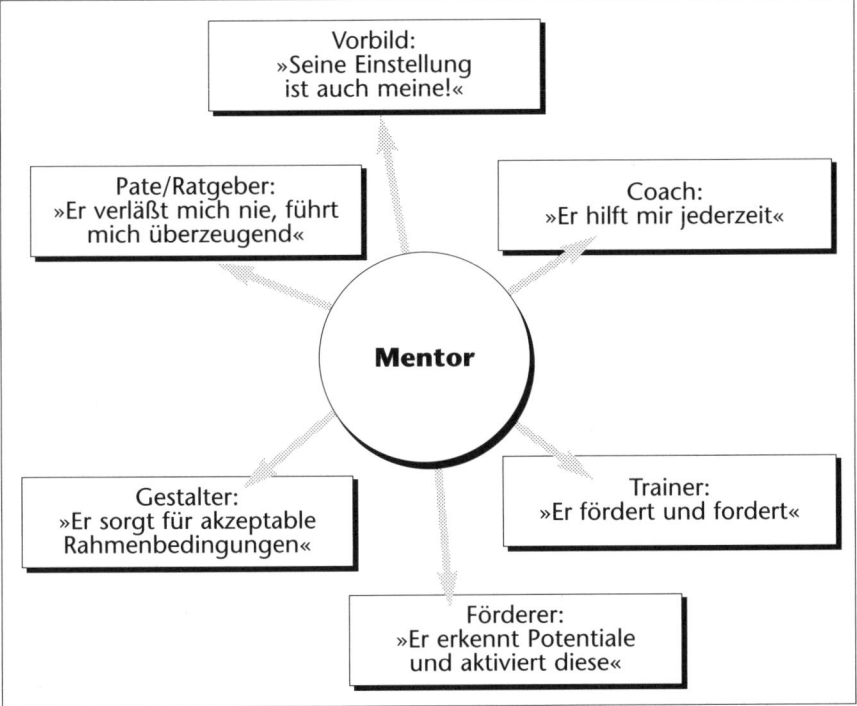

Voraussetzungen, um ein erfolgreicher Mentor zu sein:

- das Unternehmen und seine Möglichkeiten kennen
- pädagogische und psychologische Ausbildung
- auf Menschen eingehen können
- bereit sein, Zeit für Gespräche zu investieren
- starke, anerkannte Führungspersönlichkeit sein
- öfter auch »Opfer« bringen
- sich nicht in den Mittelpunkt stellen, sondern andere fördern
- Vorbild in jeder Hinsicht sein
- Türöffner und Meinungsbildner sein
- Sicherheit und Kontinuität geben können

1.8.8.3. Personalentwicklungs-Maßnahmen

Gerade als Manager ist es wichtig, über die wesentlichsten Personalentwicklungsmaßnahmen Bescheid zu wissen.

Diese sind:
- Aufbau eines Trainee-Programmes
- Job rotation
- Job enlargement
- Job enrichment

Aufbau eines »Trainee-Programms«

Speziell bei neuen Mitarbeitern wird im Rahmen der Personalentwicklung bereits in einigen Unternehmen für spezielle Positionen ein Trainee-Programm entwickelt. Im Rahmen des Trainee-Programms wird gewährleistet, daß die Mitarbeiter planmäßig verschiedene Bereiche (Abteilungen) im Unternehmen durchwandern, ein abgestimmtes Aus- und Weiterbildungsprogramm und im Rahmen eines vorgegebenen Zeitrahmens eine umfassende, vernetzte Qualifikation erhalten.
Bei der Entwicklung eines Trainee-Programms sind folgende Fragen zu beachten:
- Zielsystem des Unternehmens, d. h. welches Ziel soll mit dem Trainee-Programm erreicht werden?
- Sollen Führungskräfte mit hoher Verwendungsbreite geschaffen werden, oder sollen Nachwuchskräfte auf bestimmte Positionen gezielt vorbereitet werden?

- Welche Lern- und Ausbildungsziele in den einzelnen Ausbildungsschritten soll der Trainee erreichen?
- Wie sieht die Personalentwicklungskonzeption dazu aus?
- Welcher Ausbildungsverlauf soll gewählt werden?
- Welche Aufgaben haben die einzelnen Bereichsleiter und Führungskräfte bei der Ausbildung der Trainees?
- Wie lange soll das Trainee-Programm dauern?
- An welchen Standorten soll die Trainee-Ausbildung erfolgen (Unternehmensbereiche im In- und Ausland)?
- Welche Einzelschritte beinhaltet die Aus- und Weiterbildung der Trainees?
- Wie sollte idealerweise die Aufteilung von »on the job-training« (Arbeitsplatz) und »off the job-training« (Seminare) sein?
- Welche begleitenden Weiterbildungsmaßnahmen sind in welcher Phase des Trainee-Planes geplant?
- Gibt es spezielle Seminare für Trainees oder erfolgt die Einbindung in das innerbetriebliche Weiterbildungsangebot?
- Welche Betreuung erfährt der Trainee während seiner Ausbildung von seiten der Personalverantwortlichen und welche Ansprechpartner (Trainee-Pate) stehen ihm von den Abteilungen zur Seite?
- Wie, wann und von wem sollte der Trainee beurteilt werden und nach welchen Beurteilungskriterien ist vorzugehen?

Job rotation

Job rotation ist der geplante Einsatz eines Lehrlings, Mitarbeiters, einer Führungs- oder Nachwuchskraft an verschiedenen Stellen in verschiedenen Funktionen. Die Job rotation muß geplant werden, da gerade bei kleineren Unternehmen meist durch die Job rotation Arbeitskräfte verloren gehen, die nachbesetzt werden müssen.

Folgende Vorteile hat die Job rotation:

- Kennenlernen verschiedener Unternehmensbereiche und Abteilungen
- Forcierung der Lernfähigkeit und -bereitschaft
- vernetztes Denken wird durch das Kennenlernen von betrieblichen Zusammenhängen gefördert
- durch immer neue Abteilungen und Mitarbeiter wird die kommunikative Fähigkeit gefördert
- mehr Verständnis für betriebliche Abläufe und Personen
- Innovation der Lernfähigkeit bleibt ständig erhalten
- Learning by doing

- rasche Entwicklungsmöglichkeit, da konkret praxisorientiert gearbeitet wird
- schnellerer Wissenstransfer von themenübergreifenden Seminaren
- hohe Flexibilität bei der Personaleinsatzplanung

Job enlargement

Job enlargement ist die geplante Vergrößerung des Tätigkeitsfeldes des Mitarbeiters. Es kommen bei der jeweiligen Stelle oder Person – systematisch geplant – neue Tätigkeiten ohne zusätzliche Verantwortung dazu.

Folgende Vorteile lassen sich daher erkennen:

- Fähigkeiten werden durch Vergrößerung des Tätigkeitsfeldes forciert und genützt
- bei positiver Erledigung kann auch schrittweise mehr Verantwortung übertragen werden (Job enrichment)
- Aufwertung und Wertschätzung
- Qualifikationssteigerung »on the job«
- Lernbereitschaft wird durch die neuen Aufgaben gefördert

Job enrichment

Beim Job enrichment wird das Tätigkeitsfeld des Mitarbeiters geplant vergrößert: z. B. ein Abteilungsleiter für Fliesen im Baustoffhandel erhält auch den Sanitärbereich in seine Verantwortung übertragen.
Beim Job enrichment erhöhen sich die Anforderungen, Kompetenzen und Verantwortungsbereiche.

Folgende Vorteile lassen sich mit Job enrichment zusammenfassen:

- Systematisch geplante Steigerung von Aufgaben und Verantwortung
- gutes Nachwuchsförderungsinstrument (zur Übertragung von Projekten mit Verantwortung)
- geplantes Entwickeln »on the job«
- Freispielen des Vorgesetzen durch Übertragung von Aufgaben und Verantwortung
- durch mehr Verantwortung – mehr Akzeptanz und Motivation des Mitarbeiters
- eigene Entscheidungsfähigkeit wird gefördert
- Selbstentwicklung des Mitarbeiters wird durch die Übertragung von Verantwortung gefördert

Diese Personalentwicklungs-Instrumentarien werden in der Praxis leider zu selten systematisch eingesetzt. Sie bieten eine raschere und praxisbezogenere Qualifikationsmöglichkeit, da das Lernen direkt durch die Aufgabenerfüllung am Arbeitsplatz erfolgt.

Welche Gründe hemmen den erfolgreichen Einsatz von »Job rotation«, »Job enrichment« und »Job enlargement«?

- mangelndes Wissen über Einsatzmöglichkeiten und Chancen
- Personalentwicklungskonzeption nicht vorhanden
- keine Nachfolgeplanung
- Angst, Altes, Bekanntes aufzugeben
- mangelnde organisatorische Flexibilität des Systems
- Ausreden von Mitarbeitern und Führungskräften, z. B. »ein Stellenwechsel des Filialleiters ist unseren Kunden nicht zuzumuten«
- aktives Lernen im Unternehmen ist untersagt (Zeitverschwendung)
- kein strategisch ausgereiftes Denken und Handeln in der Führungsmannschaft vorhanden (kein definiertes Zielsystem vorhanden)
- zu knappe Personaleinsatzplanung (Freispielen von Mitarbeitern nicht möglich)
- Unternehmen ist mit Minimalqualifikation seiner Mitarbeiter und Führungskräfte zufrieden
- Angst der Vorgesetzten vor zu kompetenten Nachwuchsleuten

1.8.9. Mit Kreativität persönliche Ziele wirkungsvoller realisieren

1.8.9.1. Grundregeln kreativen Denkens

Umbruchzeiten verlangen kreatives Handeln – eine Herausforderung für Manager, die eher gewohnt sind, Ressourcen zu verwalten und Bewährtes zu erhalten. Kreatives Denken wird dann erleichtert, wenn folgende Voraussetzungen geschaffen werden:

● *Erfahrung*
  Durch die Erfahrung werden negative und positive Erlebnisse in ihrer gesamten Dimension und Auswirkung als Lerngrundlage aufbereitet. Erarbeiten Sie einmal bewußt Ihre Erfahrungslandkarte in Form einer Zeichnung, mit der Sie sämtliche diesbezüglichen Erlebnisse für sich selbst transparent machen.

● *Entlernen aktivieren*
  Stiften Sie Unruhe bei sich selbst. Eignen Sie sich Techniken an, mit deren Hilfe Sie nach erfolgreicher Bearbeitung der Vergangenheit diese auch vergessen können. Stellen Sie sich dem Unbekannten. Haben Sie Mut, Neues aufzunehmen und gezielt in Ihren Gedanken zu verarbeiten. Vergessen Sie mit Methode.

● *Wollen als Kreativitätsansporn*
  Steigern Sie Ihre persönliche Initiative. Arbeiten Sie an Ihrer Einstellung. Bauen Sie persönliche Killerphrasen ab, wie z. B. »Ich kann nicht«, »Das haben wir immer schon so gemacht«.

● *Visualisierung von Erfolgen*
  Sehr wichtig für die Kreativität ist der aktive Versuch, die eigenen Erfolge visualisiert (bildlich) transparent zu machen. Dazu gehört eine Ideenbox, wo Sie Ihre Ideen sammeln, bearbeiten und verarbeiten. Führen Sie schriftliche Aufzeichnungen. Diese aktivieren durch Stichworte automatisch zusätzliche Ideen.

● *Methodeneinsatz*
  Mit Brainstep schaffen Sie eine übersichtliche Landkarte Ihrer derzeitigen Probleme. Brainstep funktioniert als Methode folgendermaßen: Es werden auf einzelne Charts (A 5-Karten) Ideen, Problemfelder aufgelistet und auf eine Pinwand aufgesteckt. Zu jeder Karte werden im Laufe einer bestimmten Zeit zusätzliche Ideen oder Lösungsansätze festgehalten.

Die Karten bleiben längere Zeit im Raum hängen, bis sich ein konstruktiver Ideenbaum entwickelt hat.

● *Bewußte Aktivierung beider Gehirnhälften*
In Büchern wird immer nur von der Aktivierung der rechten Gehirnhälfte berichtet. Zur kreativen Auseinandersetzung ist die gezielte Aktivierung beider Hemisphären notwendig. Die linke Hemisphäre fördert das rationale, zielorientierte, analytische und verbale Denken, die rechte Hemisphäre aktiviert das ganzheitliche, visuelle, räumliche und mathematische Denken.

● *Können*
Setzen Sie sich kritisch mit Ihrem Wissen auseinander. Das Können hängt von Ihrem Willen ab, etwas zu tun. Entwickeln Sie täglich einen Aufhänger bzw. eine Idee oder eine Problemlösung.

● *Einsatz von Brain-Entspannungs-Maschinen*
Durch die Entwicklung von Entspannungsgeräten (Brain Maschinen) werden bestimmte Wellen der Gehirnströme bewußt aktiviert. Über die Entspannungsphasen können neue Ideen geboren werden.

1.8.9.2. Was zeichnet kreative Manager aus?

Kreativität ist eine Mischform von Emotion und Intelligenz, von Information, Wissen und Erfahrung. Sie umfaßt die gesamte Individualität des einzelnen Gehirns.
Kreative Manager zeichnen sich aus durch:
● vernetztes Aufbereiten von Themen- und Problemlandschaften
● gezieltes Hinterfragen von Situationen
● hohe Belastbarkeit und Aufmerksamkeit
● permanente Initiative
● die Beherrschung der Methodenkompetenz (Kreativitätstechniken)
● eine hohe innere Spannungsebene
● Selbstdisziplin
● Systematik
● Zulassen von Chaos
● Freude und Einsatzbereitschaft
● Beherrschung der Materie

1.8.9.3. Die wichtigsten Kreativitätstechniken im Überblick

Die wesentlichen Techniken zur Ideenfindung sind:
- Brainstorming
- Brainwriting
- Moderations- oder Metaplantechnik (siehe Kapitel 3)
- Mind Mapping

1.8.9.3.1. Brainstorming

Mehrere Personen setzen sich zusammen und versuchen, möglichst spontan und in freier Rede innerhalb eines bestimmten Zeitraumes möglichst viele Ideen zur Lösung eines definierten Problems zu finden.

Grundsätze der Methode

Teilnehmer

- Gruppenstärke 5 bis 12 Personen
- Empfehlenswert sind Gruppen von 5 bis 6 Teilnehmern
- die Teilnehmer sollten aus verschiedenen Fachbereichen kommen
- große Hierarchiespannen zwischen den Teilnehmern sind nicht empfehlenswert
- direkte Vorgesetzten-/Unterstellungsverhältnisse sind zu vermeiden

Projektleiter

- Sitzungsvorbereitung
- Einladung der Teilnehmer
- schriftliche Vorabinformation
- Terminabstimmung
- Bereitstellung des Raumes, Medien, Arbeitsmittel und Unterlagen
- Vorstrukturierung des Problems
- Auswahl des Moderators

Moderator

- nicht der Projektleiter sondern eigener Moderator (neutral)
- eröffnet die Sitzung und trägt Problem vor
- stellt die Einhaltung der Regeln und des Themas sicher
- aktiviert und motiviert die Teilnehmer

- verhindert Killerphrasen, gleicht Spannungen aus
- gibt neue Impulse bei nachlassendem Ideenfluß
- gibt Anweisungen für den Protokollführer
- schließt die Sitzung

Protokoll

- der Protokollführer nimmt nicht an der Ideenfindung teil
- die Protokollierung kann stichwortartig auf einem normalen Block, Wandtafel oder Flip Chart erfolgen
- zusätzlich kann auch ein Tonbandprotokoll erstellt werden
- der Protokollführer verliest auf Anweisung des Moderators

Problemformulierung

- das Problem muß jedem Teilnehmer klar und bewußt sein
- Zielvorstellung ist nicht notwendig in diesem Stadium

Spontaneität der Ideen

- Ideen sind unkontrollierte Assoziationen
- Ideen werden spontan geäußert

Quantität geht vor Qualität

- Ziel ist, möglichst viele Ideen zu erhalten
- Schnelligkeit wirkt ansteckend
- je mehr Ideen kommen, desto größer ist die Wahrscheinlichkeit spontaner Einfälle

Verbot von Beurteilung und Kritik

- keine Beurteilung der Ideen
- Kritik wird verhindert
- wesentlicher Aspekt der Ideenfindung ist das zurückgestellte Urteil

Zeitdauer

- je nach Thematik 15 bis 45 Minuten, in Ausnahmefällen maximal bis zu einer Stunde
- Faustregel: wenn der Ideenfluß nach zweimaliger Aktivierung durch den Moderator versiegt, ist die Sitzung zu beenden

Umgebung

● ausreichend großer Raum mit positiver Atmosphäre
● keine Störungen von außen (Telefonate, Besucher u.s.w.)

Grobauswahl

● die gesamten Ideen werden noch einmal verlesen
● die Formulierungen werden auf Verständlichkeit geprüft
● die Ideen werden Kategorien zugeordnet
● üblich ist eine Einteilung in:
  – unmittelbar verwertbar
  – verwertbar – weiteruntersuchen
  – Verwertbarkeit fraglich
● möglich ist auch eine Vorbewertung, graduell abgestuft nach:
  – Neuheitswert/Originalität
  – Durchführbarkeit
  – Abteilungen usw.

Zusammenfassung – Ablauf Brainstorming

● Vorbereitung durch Projektleiter
  – Problemstellung
  – Auswahl der Teilnehmer, des Moderators und Protokollanten
  – Termin und Raum bestimmen
  – Hilfsmittel zur Verfügung stellen
● Erste Brainstorming-Sitzung
  – Problemdiskussion (Analyse und Umstrukturierung)
  – spontane Ideenfindung
  – Ideenformulierung vervollständigen
  – Ideeneinteilung – Grobauswahl
● Zwischenphase
  – Protokoll erstellen und verteilen
  – Nachlese (Protokoll mit nachträglichen Ideen ergänzen)
● Folgesitzung(en)
  – Auswahl der Ideen zur Weiterverfolgung
  – Vertiefung der Ideen über Brainstorming
  – Bearbeitung der Ideen (Ist-Zustand +/–, Ursachen, Sollzustand, Maß-
    nahmenplan)
● Entscheidung
  – Auswahl der anzuwendenden Lösungen

– Ausarbeitung der Lösung (Ziel, Inhalte, Umsetzung, Kontrolle)
– Präsentation
– Realisierung
– Erfolgskontrolle

1.8.9.3.2. Methode 6-3-5 – Brainwriting

6 Personen schreiben je 3 Ideen in 5 Minuten zur Lösung eines Problems auf. Dieser Vorgang wird sechsmal durchgeführt.
Zu diesem Zweck erhält jeder Teilnehmer ein Blatt, welches in 6 x 3 Kästchen aufgeteilt ist.
Nach jeweils 5 Minuten (und Niederschrift von 3 Ideen) wird es im Uhrzeigersinn weitergegeben. Die Ideen sollen sich möglichst an die auf dem Blatt bereits vorhandenen anlehnen und diese weiterentwickeln.
Wenn alle Blätter einmal herumgelaufen sind, hat jeder Teilnehmer maximal 18 Ideen aufgeschrieben; alle Teilnehmer zusammen: 6 x 18 = 108 Ideen

Vorteile der Methode:

● Sie kann durch ungeübte Gruppen und »kritische Gruppen« angewandt werden.
● Es können sehr viele Personen (auch mehrere Gruppen) eingeschaltet werden.
● Es werden in kurzer Zeit (30 Minuten) viele Ideen produziert.

Grobbewertung der Ideen

● Die Blätter laufen noch einmal rundum (nachdem alle ihre Ideen bereits vermerkt haben); jeder Teilnehmer kreuzt 3 Ideen an, die ihm am besten gefallen.
● Die Ideen mit den meisten Nennungen werden weiter untersucht.
● Mittels Diskussion oder wieder im Rundlauf eine Einteilung der Ideen in:
– verwertbar!
– verwertbar – weiterentwickeln!
– Verwertbarkeit fraglich!
● Zusammenfassung und Aktivitätenplan erstellen für weitere Analyse der Ideen auf deren Ursachen, Stärken und Schwächen, Umsetzbarkeit und Maßnahmenplan.

Brainwriting Methode 635

Thema/Problem: Aktivierung der Vertriebstätigkeit

Marketingkonzept überarbeiten	Kundenportfolio	Produktschulung aktivieren			
Prospekte neu gestalten	Tourenplanung des Außendienstes verbessern	Bildungsbedarf erheben			
Budgetgrundlagen definieren	Kundenzufriedenheits-Analyse	Ausbildung eigener Trainer			

1.8.9.3.3. Mind Mapping (Denkmuster für Kreativität)

Unser Gehirn ist eine komplexe und stark vernetzte Denkmaschine. Wollen wir unserem Gehirn eine Information besonders effizient zuführen, so müssen wir die Information so strukturieren, daß sie so leicht wie möglich in den verschiedenen Gehirnstrukturen Platz findet. Durch die strukturierte Darstellung einer neuen Information kann diese leichter an bereits im Gehirn gespeicherte Inhalte angekoppelt werden. Das Mind Mapping ist ein Denkmuster, mit dem ein in sich abgeschlossener Themenkreis klarer definiert werden kann. Dieses Buch enthält drei Mind-Mapping-Darstellungen, die Sie als Beispiele heranziehen können (siehe Seiten 35, 169, 279).

Folgende Punkte sind bei der Anwendung von Mind-Mapping zu beachten:

● Der Denkprozeß sollte im Zentrum einer Hauptidee beginnen und sich dann vom jeweiligen Themenkreis zu den äußeren Enden verzweigen, anstatt sich von oben nach unten durch eine gedachte Themenliste durchzuarbeiten.
● Wichtigere Ideen/Erkenntnisse befinden sich im Gehirn näher beim Zentrum des Themenkreises, weniger wichtige Dinge liegen hingegen an den Ausläufern. Damit kann die Wertigkeit einer Erkenntnis deutlicher festgesetzt werden.
● Die Verbindungen zwischen den Themenkreisen sind durch ihre Zugehörigkeit und Anordnung erkennbar.
● Daher erfolgt das Abrufen und Sondieren von Informationen wesentlich schneller.
● Ein leichteres Speichern neuer Informationen ist möglich, da nicht erst nach ähnlichen Erfahrungspunkten gesucht werden muß.
● Jedes Muster, das angelegt wird, soll sich von anderen Mustern unterscheiden, damit das Abrufen von Informationen erleichtert wird.
● Die Netzstruktur der Denkmuster soll ein offenes Ende haben. Dadurch wird dem Gehirn ermöglicht, neue Verbindungen schneller herzustellen und mit bereits vorhandenen Informationen zu verknüpfen.

1.8.10. Sich auf Dauer selbst motivieren

Positive Selbstmotivation bedeutet, die eigenen Kräfte/Energien richtig einzusetzen. Dabei kommt es auf die Ausgewogenheit von

an. Ist die Erwartung höher als die Erfüllbarkeit, dann wird es bald zu einer negativen Energieverteilung (Frustration) kommen. Ist die Erwartung den Erfüllungsmöglichkeiten angepaßt, dann entwickeln sich positive Kräfte.

Selbstmotivation hängt vom individuellen Können, dem sozialen Dürfen, dem persönlichen Wollen und der situativen Möglichkeit ab.

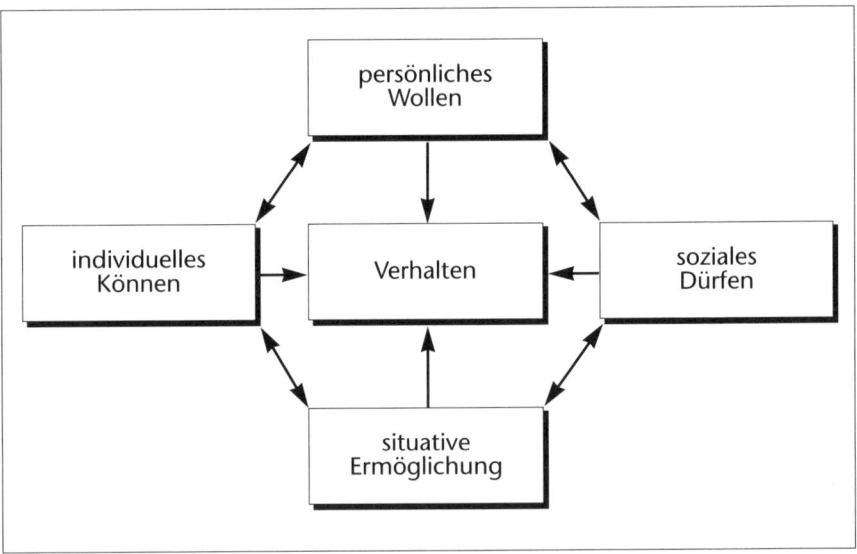

Sie können persönlich überprüfen, inwieweit hier bereits ein Mangelzustand vorhanden ist. Schätzen Sie in Form einer Zufriedenheitsskala Ihren Stand der Selbstmotivation ein.

Checkliste »Selbstmotivation«

Zustände   Bewertung: 1 = nicht zufrieden, 7 = sehr zufrieden

Zufriedenheit mit:

	1	2	3	4	5	6	7
● Tätigkeit	1	2	3	4	5	6	7
● bisheriger Entwicklung (Karriere)	1	2	3	4	5	6	7
● Gehalt	1	2	3	4	5	6	7
● Unternehmenskultur	1	2	3	4	5	6	7
● Incentives	1	2	3	4	5	6	7
● zukünftigen Entwicklungsmöglichkeiten	1	2	3	4	5	6	7
● Kontakten zum Vorgesetzten	1	2	3	4	5	6	7
● Betriebsklima	1	2	3	4	5	6	7
● Teamgeist	1	2	3	4	5	6	7
● persönlichen Arbeitsergebnissen	1	2	3	4	5	6	7
● Anerkennung, Lob	1	2	3	4	5	6	7
● Arbeitsbedingungen	1	2	3	4	5	6	7
● Gesprächsmöglichkeiten mit Vorgesetztem	1	2	3	4	5	6	7
● Einbringung von persönlichem Können	1	2	3	4	5	6	7
● Führungsverhalten der Vorgesetzten	1	2	3	4	5	6	7
● Sicherheit des Arbeitsplatzes	1	2	3	4	5	6	7
● Entscheidungs- und Verantwortungsbereich	1	2	3	4	5	6	7
● Flexibilität des Unternehmens	1	2	3	4	5	6	7
● Leistungsorientierung im Unternehmen	1	2	3	4	5	6	7
● Kontakt zu Kollegen	1	2	3	4	5	6	7
● innerer Einstellung zum Unternehmen	1	2	3	4	5	6	7
● Spaß an der Arbeit	1	2	3	4	5	6	7

Bewerten Sie die einzelnen Kriterien kritisch und unternehmen sie bei denjenigen Punkten etwas, bei denen Ihre Einschätzung unter 4 liegt. Gehen Sie dabei so vor:

Beispiel: Innere Einstellung zum Unternehmen

● Was läuft gut/weniger gut?
● Was stört mich?
● Wodurch ist meine Einstellung verändert worden?
● Inwieweit bin ich positiv/negativ beeinflußbar?
● Wer wirkt auf mich ein?

● Welche Schwierigkeiten gilt es zu meistern?
● Was trage ich selbst/mein Vorgesetzter/das Team dazu bei?
● Welche Veränderungen müßten eingeleitet werden, um meine innere Einstellung positiv zu entwickeln?

Nach der Bearbeitung der entsprechenden Kriterien empfiehlt sich auch ein umfassendes Gespräch mit einem kompetenten, vertrauten Mitmenschen. Danach sollten Sie einen Aktivitätenplan zur Realisierung von Selbstmotivationsstrategien zusammenfassen.

Meine Aktivitäten zur Verbesserung meiner persönlichen Motivation

Maßnahme	Inhalt	Wer hilft dabei?	zu überwindende Widerstände	Zeitplan

Der richtige Umgang mit Streß hilft, den »psychologischen Druck«, der in vielen Arbeitssituationen auftreten kann, zu verringern und damit die Selbstmotivation (Eustreß) zu fördern. (Eustreß = positiver Streß, Disstreß = negativer Streß).

Folgende häufige Stressoren gilt es zu bekämpfen:

Streßverursacher	Maßnahmen zur Vermeidung
Physische Stressoren	
● Lange Anfahrt zur Arbeit ● Tagesrhythmusverschiebung ● Trockene Büroluft	
Geistige Stressoren:	
● Ständig sehr schwierige Fragen zu bearbeiten ● Problemlösungen unter Zeitdruck ● Mehrfachbeanspruchung der Aufmerksamkeit	
Seelische Stressoren:	
● Sehr hohe Verantwortung ● Isolierung in der Firma ● Unzufriedener Ehepartner ● Sinnfragen ● Existenzsorgen, Zukunftssorgen	

Motivieren – so lieber nicht!

Checkliste »Ausgebrannt sein«

Zustände
Bewertung: 1 = niemals 2 = ein- oder zweimal 3 = selten 4 = manchmal
        5 = oft 6 = meistens 7 = immer

Geben Sie an, wie oft Sie:

	1	2	3	4	5	6	7
1. müde sind	1	2	3	4	5	6	7
2. sich niedergeschlagen fühlen	1	2	3	4	5	6	7
3. einen guten Tag haben	1	2	3	4	5	6	7
4. körperlich erschöpft sind	1	2	3	4	5	6	7
5. emotional erschöpft sind	1	2	3	4	5	6	7
6. glücklich sind	1	2	3	4	5	6	7
7. »erledigt« sind	1	2	3	4	5	6	7
8. »ausgebrannt« sind	1	2	3	4	5	6	7
9. unglücklich sind	1	2	3	4	5	6	7
10. sich abgearbeitet fühlen	1	2	3	4	5	6	7
11. sich gefangen fühlen	1	2	3	4	5	6	7
12. sich wertlos fühlen	1	2	3	4	5	6	7
13. überdrüssig sind	1	2	3	4	5	6	7
14. bekümmert sind	1	2	3	4	5	6	7
15. über andere verärgert oder enttäuscht sind	1	2	3	4	5	6	7
16. sich schwach und hilflos fühlen	1	2	3	4	5	6	7
17. sich hoffnungslos fühlen	1	2	3	4	5	6	7
18. sich zurückgewiesen fühlen	1	2	3	4	5	6	7
19. sich optimistisch fühlen	1	2	3	4	5	6	7
20. sich tatkräftig fühlen	1	2	3	4	5	6	7
21. Angst haben	1	2	3	4	5	6	7

Berechnung der Werte:
Addieren Sie die für die folgenden Fragen angegebenen Werte:
1, 2, 4, 5, 7, 8, 9, 10, 11, 12, 13, 14, 15, 16, 17, 18, 21 (= Kennzahl A)
Addieren Sie auch die für diese Fragen angegebenen Werte:
3, 6, 19, 20 (= Kennzahl B)
Subtrahieren Sie (B) von 32 (= C), addieren Sie (A) und (C) (= Kennzahl D)
Dividieren Sie (D) durch 21, und Sie haben Ihren »Überdrußwert«.
Auswertung auf der folgenden Seite.

Auswertung der Checkliste von Seite 152:

Wenn Ihr errechneter Wert zwischen 2 und 3 liegt, geht es Ihnen gut. Allerdings möchten wir Ihnen nahelegen, sich den Fragebogen noch einmal vorzunehmen und zu überprüfen, ob Sie wirklich aufrichtig geantwortet haben.
Wenn Sie einen Wert zwischen 3 und 4 errechnet haben, erleben Sie Ausbrennen oder Überdruß und müssen unbedingt etwas dagegen unternehmen.
Wenn Ihr Wert höher als 5 liegt, ist Ihre Krise akut und Sie benötigen dringend Hilfe.
(Quelle zum Fragebogen: A. M. Pines, Elliot Aronson, Ditsa Kafry, »Ausgebrannt – vom Überdruß zur Selbstentfaltung«, Klett-Cotta 1989, S. 236)

2. Praktische Führungssituationen Manager/Mitarbeiter

2.1. Führungssituationen in der Beziehung Führungskraft/Mitarbeiter und Führungskraft/Vorgesetzter

Nachdem im ersten Kapitel die persönlichen Faktoren einer Führungskraft beleuchtet wurden, geht es im zweiten Kapitel um Führungsaufgaben in den Zweierbeziehungen Führungskraft/Mitarbeiter und Vorgesetzter der Führungskraft/Führungskraft.

Die Grundlage für die Wahrnehmung diverser Führungsaufgaben bildet das Gespräch mit den Mitarbeitern oder dem Vorgesetzten. Die Ausgewogenheit eines derartigen Gesprächs hängt davon ab, wie intensiv sich der Manager auf seinen Gesprächspartner einstellen und sich in dessen Lage versetzen kann. Dabei sind die Grundregeln der Dialogführung Sender/Empfänger in gleichen Intervallanteilen zu beachten.

Das Mitarbeitergespräch bietet eine enorme Chance, Veränderungen durchzusetzen, Ziele zu erreichen oder Probleme erfolgreich zu lösen.

Im zweiten Kapitel sind unterschiedliche Führungssituationen derart aufbereitet, daß zuerst die Situation allgemein nach möglichen Spannungsfeldern und Lösungsansätzen betrachtet wird. Anschließend wird ein Fallbeispiel zur Verdeutlichung angeführt.

Gehaltsgespräch   Veränderungen   Feedback

Delegation   Fehlzeiten

Beförderung   Einführung eines neuen Mitarbeiters

Motivation

                                 Rationalisierung

Kritik   praktische Führungssituationen Führungskraft/Mitarbeiter   Qualitätsverlust

Anerkennung   Kündigung

Seminarvorbereitung und -nachbereitung

Produktivität

                                 Coaching

persönliches Anliegen eines Mitarbeiters   Beurteilung

                                 Konflikte

2.2. Grundlagen des Mitarbeitergesprächs

2.2.1. Das Mitarbeitergespräch

Das regelmäßige Gespräch mit dem Mitarbeiter ist das wichtigste Führungsinstrument des Vorgesetzten. Anstatt einseitige und sporadische Weisungen zu erteilen, tritt der Vorgesetzte in einen Dialog mit seinen Mitarbeitern ein. Das Mitarbeitergespräch dient unter anderem der gegenseitigen Information, der Entscheidungsvorbereitung und der Meinungsbildung. Es trägt wesentlich zum Betriebsklima und zur Effektivität geplanter Maßnahmen bei.

Das Mitarbeitergespräch betrifft sowohl Vier-Augen-Gespräche des Vorgesetzten mit einem Mitarbeiter, in denen der Vorgesetzte seinen Führungsaufgaben (delegieren, anerkennen, kritisieren, beurteilen, fördern usw.) nachkommt, als auch Mitarbeiterbesprechungen, an denen mehrere oder alle Mitarbeiter einer Gruppe/Abteilung teilnehmen.

Wie führt man ein Mitarbeitergespräch richtig?
Ein Vorgesetzter, der autoritär führt, befiehlt aufgrund seiner Beschlüsse. Sollen die Mitarbeiter jedoch initiativ werden und mitdenken, dann muß ein anderer Weg eingeschlagen werden, nämlich die Rückkopplung der getroffenen Entscheidungen durch die Mitarbeiter an den Vorgesetzten oder eine Vorgehensweise, bei der die Mitarbeiter schon bei der Entscheidungsfindung mitwirken. Hierbei bedient sich der Vorgesetzte zur Vorbereitung seiner Entscheidung in schwierigen Fällen des Rates seiner Mitarbeiter. Er bezieht deren Ansichten, Wissen und Erfahrung in seine Entscheidungsbildung mit ein. Der Mitarbeiter wird motiviert, da er an der Entscheidung mitgewirkt hat, und er wird sich besser mit ihr identifizieren.

Wann wird nun das Mitarbeitergespräch eingesetzt?
Das Mitarbeitergespräch wird in Fällen eingesetzt, die über normale und alltägliche Routinearbeiten hinausgehen. Dazu gehören Angelegenheiten, die für den Mitarbeiter eher außergewöhnlich sind. Außerdem wird es eingesetzt, wenn neue Vorhaben, die Einführung neuer Produkte auf dem Markt, organisatorische Änderungen im Unternehmen, Vorschläge zur Verbesserung der Arbeitsweise, Fragen zur Mitarbeiterführung und ähnliches anstehen. Aber auch die Wahrnehmung der Führungsaufgaben des Vorgesetzten (delegieren, anerkennen, motivieren, fördern usw.) erfolgt am effizientesten mit gezielt durchgeführten Mitarbeitergesprächen.

2.2.2. Vorteile des Mitarbeitergesprächs

Vorteile für den Vorgesetzten

● Der Mitarbeiter ist keine Maschine, sondern ein denkender und fühlender Mensch, der sich durch seine Tätigkeit Erfahrungen und Kenntnisse angeeignet hat und dadurch dem betrieblichen Geschehen oft näher steht als sein Vorgesetzter. Dieses Wissen kann der Vorgesetzte für seine Entscheidungen nützen.
● Der Vorgesetzte kann seine eigenen Vorstellungen auf ihre Wirksamkeit und Durchführbarkeit hin überprüfen.
● Der Vorgesetzte kann testen, wie eine Entscheidung bei den Mitarbeitern »ankommen« wird. Er kann Entscheidungen der Unternehmensleitung begründen und erläutern und die Mitarbeiter dafür gewinnen. Auf diese Weise können Widerstände von vornherein vermieden oder abgebaut werden.
● Das Mitarbeitergespräch bietet dem Vorgesetzten die Möglichkeit, die Arbeitsweise und das unternehmerische Verhalten seiner Mitarbeiter zu beurteilen. Im Mitarbeitergespräch kann man herausfinden, ob der Mitarbeiter sich am richtigen Platz befindet und ob er qualifiziert ist.

Vorteile für den Mitarbeiter

● Der Mitarbeiter wird in den Entscheidungsfindungsprozeß mit einbezogen.
● Er hat die Möglichkeit, Ideen und Verbesserungsvorschläge einzubringen, die auch berücksichtigt werden. Dadurch fühlt er sich dem Betriebsgeschehen verbunden.
● Der Mitarbeiter kann erwünschterweise Kritik am Verhalten seines Vorgesetzten üben, ohne daß er Folgen zu befürchten hätte. Seine Meinung soll er offen und uneingeschränkt zum Ausdruck bringen.
● Der Mitarbeiter wird veranlaßt, unternehmerisch zu denken und nicht nur seinen Tätigkeitsbereich zu sehen. Dadurch wird er persönlich gefördert, und seine Identifikation mit dem Unternehmen wird erhöht.

2.2.3. Vorbereitung und Gesprächsführung

Es gibt einige Regeln, die beachtet werden sollten, wenn das Mitarbeitergespräch erfolgreich und effizient durchgeführt werden soll.
An erster Stelle steht die Vorbereitung des Vorgesetzten, und zwar hinsichtlich des Teilnehmerkreises, der Information, der Themen und des eigentlichen Gesprächsablaufs. Lädt der Vorgesetzte den Mitarbeiter zum

Gespräch ein, so sollte er ihn auch schon über das Thema informieren, so
daß sich der Mitarbeiter vorbereiten kann.
Der Vorgesetzte muß das Gespräch so führen, daß er tatsächlich etwas
über die Meinungen seines Mitarbeiters erfährt. Sein Verhalten muß daher
den Mitarbeitern ermöglichen, ihre Meinung offen und ehrlich zu sagen
und nicht dem Vorgesetzten nach dem Mund zu reden. Die Grundregel
für den Vorgesetzten lautet daher: Zuhören und nicht selbst reden!

Weitere Verhaltensregeln:

- Der Vorgesetzte sollte das Mitarbeitergespräch nicht vom Schreibtisch
  aus führen, sondern als »primus inter pares« mit den Mitarbeitern am
  runden Tisch Platz nehmen.
- Ein Gespräch soll nie mit einer Kritik eröffnet werden. Auch Unangenehmes läßt sich so darstellen, daß nicht von vornherein eine frostige
  Atmosphäre entsteht.
- Der Vorgesetzte tritt grundsätzlich nicht meinungsbildend auf. Er hält
  sich mit seiner Meinung zurück und hört zu. Wenn er seine Meinung sofort zu erkennen gibt, wird sich ein Teil der Mitarbeiter sofort daran orientieren und nicht mehr widersprechen. Somit wird der Meinungsbil-
  dungsprozeß verhindert.
- Der Vorgesetzte hat die Aufgabe eines Diskussionsleiters, der für die
  sachgerechte Erörterung des Themas sorgt und sich dann aufgrund des
  Gehörten eine Meinung bildet.
- Am Ende eines Gesprächs faßt der Vorgesetzte die Ergebnisse zusammen
  und fällt dann, je nach Sachlage, sofort oder später seine Entscheidung.
- Der Vorgesetzte stellt sicher, daß die Mitarbeiter die Ergebnisse und vereinbarten Maßnahmen auch richtig verstanden haben, indem er Verständnisfragen stellt, die Mitarbeiter zu Zusammenfassungen auffordert
  usw.

Grundsätzlich ist zu beachten, daß Mitarbeitergespräche und -bespre-
chungen regelmäßig stattfinden sollten. Die Mitarbeiter sind über Wesen
und Bedeutung derartiger Besprechungen vorher aufzuklären und entsprechend zu informieren. Damit wird vermieden, daß sie Besprechungen
skeptisch gegenüberstehen.

2.3. Delegation als Führungsaufgabe

2.3.1. Vorteile und Widerstände

Es ist erstaunlich, welche Chancen in der Übertragung von Aufgaben und Kompetenzen an die Mitarbeiter liegen. Delegation bedeutet, Kompetenz und Fähigkeiten des Mitarbeiters zu entwickeln, indem man ihm neue Aufgaben anvertraut.

Die Vorteile der Delegation werden von den Managern kaum systematisch genutzt. Günde dafür sind mögliche Spannungen und Blockaden, die von Seiten des Vorgesetzten als auch der Mitarbeiter auftreten können. Diese ergeben sich aber oft daraus, daß eben nicht »richtig« delegiert wird.

Vorteile der Delegation

Aus der Sicht des Vorgesetzten:

● Mehr Zeit
● Nutzung des Spezialwissens der Mitarbeiter
● Starke Motivation der Mitarbeiter
● Neue Ideen und Anregungen
● Erkennen sachlicher Bedenken des Mitarbeiters, dadurch neue Perspektiven für den Vorgesetzten
● Mehr Effektivität im Team
● Höhere Transparenz der Aufgabenvielfalt
● Verteilung der Verantwortung
● Mehr Zeit zur Wahrnehmung anderer Führungsaufgaben

Aus der Sicht des Mitarbeiters:

● Größere Transparenz des Aufgabenbereiches
● Aufwertung des Mitarbeiters
● Selbständiges Denken und Handeln
● Learning by doing
● Entwicklungschance
● Größere Erfolgserlebnisse
● Zielorientiertes Handeln
● Aktive Entscheidungsvorbereitung
● Höherer Informationsstand
● Kritische Stellungnahme möglich
● Steigende Flexibilität

Es treten aber immer wieder Widerstände gegenüber der Delegation sowohl von seiten der Führungskräfte als auch der Mitarbeiter auf.

Motive für Ablehnung

Aus der Sicht der Führungskraft:

● Zeichen für Führungsschwäche
● Schlechtere Information
● Weniger Erfolgserlebnisse
● Höherer Zeitaufwand (zu Beginn der Delegations-Wahrnehmung)
● Mehr Stichprobenkontrollen
● Zu selbständige Mitarbeiter

Aus der Sicht des Mitarbeiters:

● Mehr Verantwortung
● Zuviel zusätzliche Arbeit
● Größeres Risiko
● Fehlende Informationen
● Überforderung
● Zwang zur Weiterentwicklung
● Neid der Kollegen
● Zuwenig Gehalt für zusätzliche Aufgaben
● Totalkontrolle
● Neues = Ungewohntes

2.3.2. Die Delegationsmatrix

Jede Führungskraft sollte mindestens einmal pro Jahr eine Delegationsmatrix erstellen, in der die Haupt- und Nebenaufgaben zusammengefaßt, die Erreichung der Ziele überprüft und die täglichen durchschnittlichen Zeitanteile ausgerechnet werden.
Anschließend sollte überlegt werden, welche Aufgabe von welchem Mitarbeiter in welchem Zeitraum übernommen werden kann, so daß zuletzt für die Führungskraft eine Zeiteinsparung von zumindest 30% der durchschnittlichen Tages-Soll-Zeit erreicht werden kann.

Delegationsmatrix

Auflistung der Aufgaben	%	Inwieweit hilft Aufgabe bei persönlicher Zielerreichung?	mögliche Veränderungen	mit Vorgesetztem zu besprechen	Mitarbeiter 1	Termin	Mitarbeiter 2	Termin Kontrolle

2.3.3. Aufbau eines Delegationsgesprächs

2.3.3.1. Gesprächsschwerpunkte

Vorbereitung

- Ausgangssituation
- Zielsetzung des Gesprächs
- Inhalte
- Besonderheiten

Gespräch

- Positiver Einstieg
- Wertschätzung
- Arbeitszufriedenheit erkunden
- Ziele der Tätigkeit des Mitarbeiters zusammenfassen
- Hinweis auf Entwicklungsmöglichkeiten
- Lernen im Unternehmen definieren
- Neue Aufgabe beschreiben
- 6-W-Regeln für den Delegationsauftrag einsetzen
- Prüfung des Mitarbeiters (Verständnis)
- Aufforderung zur Tat
- Ergebnisse gemeinsam festlegen
- Konkrete Vereinbarung mit Zeitangabe
- Positiver Abschluß
- Gemeinsame Zusammenfassung, Prüfung, ob alles klar ist
- Verstärkung
- Motivation

Nachbearbeitung

- Vereinbarung im Zeitplanbuch bei Projekten eintragen
- Kontrolltermine berücksichtigen
- Eventuell Hilfestellung überlegen

2.3.3.2. 6-W-Regeln für den Delegationsauftrag

Was?   Was ist alles zu tun? Welche Teilaufgaben sind im einzelnen zu erledigen? Welches Ergebnis wird angestrebt (Soll)? Welche Abweichungen vom Soll können in Kauf genommen werden? Welche Schwierigkeiten sind zu erwarten?

Wer?	Wer ist am ehesten geeignet, diese Aufgabe oder Tätigkeit auszuführen? Wer soll bei der Ausführung mitwirken?
Warum?	Welchem Zweck dient die Aufgabe oder Tätigkeit (Motivation, Zielsetzung)? Was passiert, wenn die Arbeit nicht oder unvollständig ausgeführt wird?
Wie?	Wie soll bei der Ausführung vorgegangen werden? Welche Verfahren sollen angewendet werden? Welche Vorschriften und Richtlinien sind zu beachten? Welche Stellen/Abteilungen sind zu informieren? Welche Kosten dürfen entstehen?
Womit?	Welche Hilfsmittel sollen eingesetzt werden? Womit muß der Mitarbeiter ausgerüstet sein? Welche Unterlagen werden benötigt?
Wann?	Wann soll/muß mit der Arbeit begonnen werden? Wann soll/muß die Arbeit abgeschlossen sein? Welche Zwischentermine sind einzuhalten? Wann will ich über den Fortschritt der Arbeit vom Mitarbeiter informiert werden? Wann muß ich was kontrollieren, um gegebenenfalls eingreifen zu können?

2.3.3.3. Häufige Fehler bei der Gesprächsführung

- Delegation erfolgt zwischen »Tür und Angel«
- 6-W-Regeln werden nicht eingehalten
- Mitarbeiter wird »überfahren«
- Die Zeit von der Übertragung der Aufgabe bis zur eigenständigen Bearbeitung und Erledigung ist oft zu kurz bemessen
- Keine Feedback-Kontrollen
- Mitarbeiter übernimmt Aufgabe ohne Fragen/Kritik
- Mißverständnisse
- Angst des Mitarbeiters vor Versagen
- Gesprächsklima ist hektisch

2.3.4. Fallbeispiel

Der Vorgesetzte Herr Maier ist Leiter und Koordinator verschiedener Baumärkte. In seinen Aufgabenbereich fällt unter anderem die Planung von produktivitätssteigernden Maßnahmen.

Herrn Maiers Zeit ist vollkommen vom Tagesgeschäft ausgefüllt. Seine Baumarktleiter delegieren alles an ihn zurück. Herr Maier ist sowohl bei Aufnahmegesprächen mit neuen Mitarbeitern als auch bei Gehaltsgesprächen dabei. Er führt viele wichtige Mitarbeitergespräche, nicht nur mit der unmittelbar nächsten Ebene. Es kann durchaus auch passieren, daß Herr Maier mit Leuten der Kassa, mit Regalbetreuern usw. spricht und deren Anliegen selbst einer Lösung zuführt. Herr Maier ist im Unternehmen sowohl bei seinen Vorgesetzten als auch bei den Mitarbeitern sehr beliebt. Für seine eigentlichen Aufgaben hat Herr Maier zu wenig Zeit, er klagt über die Häufung zu erledigender Aufgaben. Seine persönliche Weiterbildung und von der Firma angebotene Seminare lehnt er mit der Begründung ab, nicht genügend Zeit zu haben. Sein Assistent ist bereits bemüht, Arbeiten zu übernehmen, aber das Motto des Herrn Maier ist: »Die Arbeit selbst erledigen, denn da lernt man am meisten und bleibt damit fest im Tagesgeschehen verankert! Außerdem weiß ich dann, daß keine Fehler gemacht werden.«

Versuchen Sie, sich in Herrn Maier hineinzuversetzen, und beantworten Sie für sich folgende Fragen:

– Was würden Sie anstelle von Herrn Maier tun?

– Was und an wen könnte delegiert werden?

– Welche Aufgaben müßten die Baumarktleiter mittelfristig übernehmen, und welche Hilfestellung muß ihnen dazu gegeben werden?

– Wer ist verantwortlich für das Verhalten von Herrn Maier?

– Was passiert, wenn nichts passiert? (Entwerfen Sie ein oder zwei mögliche Szenarien.)

2.4. Motivation eines Mitarbeiters

2.4.1. Was ist Motivation?

Fragt man nach den Motiven eines Menschen, so will man wissen, warum er in bestimmten Situationen ein bestimmtes Verhalten zeigt. Dabei wird vorausgesetzt, daß dieses Verhalten aktiv vom Menschen ausgeht und nicht von außen bedingt ist.

Motivation bedeutet zweierlei:

● Motivation dient zur Erklärung von Verhaltensweisen eines Menschen, die man beobachten kann. Die dem Verhalten zugrunde liegenden Motive kann man unmittelbar nicht sehen, oft sind sie auch demjenigen, der ein bestimmtes Verhalten zeigt, nicht bewußt. Man versucht jedoch, das beobachtete Verhalten zu erklären, indem man Motive angibt.
● Motivation dient auch als Bezeichnung für direkt Erlebtes. Eigene Bedürfnisse, wie z. B. Durst, kann man unmittelbar erleben und benennen. Will man das Erlebte jedoch beschreiben, so abstrahiert man. Durst kann je nach Person und Situation unterschiedlich erlebt werden, dennoch verwendet man das gleiche Wort dafür. Das sprachlich gefaßte Motiv ist somit eine Abstraktion des konkreten Erlebens und Verhaltens.

2.4.2. Was ist der Unterschied zwischen Motiv und Motivation?

Andere Ausdrücke für Motiv sind Bedürfnis, Trieb, Drang, Wunsch usw. Damit wird ein isolierter Beweggrund für ein bestimmtes Verhalten bezeichnet.
Da menschliches Verhalten aber sehr komplex ist, wird kaum je nur ein Motiv dafür ausschlaggebend sein. Man vereinfacht die Wirklichkeit, wenn man nur ein Motiv für ein bestimmtes Verhalten verantwortlich macht. Von Motivation spricht man daher, wenn in konkreten Situationen aus dem Zusammenspiel unterschiedlich aktivierter Motive das Verhalten entsteht. Man kann in einer konkreten Situation motivationale Beweggründe von nichtmotivationalen kaum trennen. In die Motivation gehen somit nicht nur die Motive ein, die auf ein bestimmtes Ziel gerichtet sind, sondern auch andere Einflußfaktoren, die für das Verhalten wichtig sind. Ausschlaggebend ist vor allem die subjektive Einschätzung des Handelnden, mit welcher Wahrscheinlichkeit er sein Ziel erreichen wird.

2.4.3. Was bedeutet Mitarbeitermotivation?

Motivation, auf ein Unternehmen übertragen, ist von vielen Faktoren abhängig. Eine Aufstellung möglicher Faktoren zur Beeinflussung der Leistungsmotivation ist aus dem auf der nächsten Seite folgenden Analysebogen ersichtlich.

Jeder Mitarbeiter wird eigene Prioritäten bezüglich der Faktoren setzen, die ihn persönlich motivieren, und seine eigene Meinung darüber haben, inwieweit das Unternehmen diesen Anforderungen genügt. Ein junger Mitarbeiter wird ganz andere Motive, Ängste und Ziele haben als ein Mitarbeiter, der bereits seit Jahren im Unternehmen tätig ist.

Jede Führungskraft sollte in ihr Team »hineinhorchen«, sich um diese Motivationsfaktoren kümmern und von Zeit zu Zeit eine neutrale Bewertung durchführen lassen.

Die Harmonisierung der Wünsche und Ziele der Mitarbeiter mit den Visionen und Zielen des Unternehmens bildet die Grundlage für den Erfolg aller.

Das folgende Mind-Mapping-Schaubild zeigt die Einflüsse auf Mitarbeitermotivation; diese Betrachtungsweise ist wie in der Realität sehr vernetzt. Schaffen Sie als Führungskraft offene und positive Rahmenbedingungen und geben Sie Ihren Mitarbeitern das Gefühl, daß sie mit Ihnen über diese Faktoren offen reden können.

Die folgende Tabelle wurde entnommen aus: »Motivierungshilfen aus der Praxis«, G. Stoewer, Sauer Verlag, Heidelberg, 1986, Seite 42.

Analyse der Leistungsfaktoren Abteilung/Filiale: Faktoren (Motive) der Motivation	persönliche Einschätzung der Motivationsfaktoren unwichtig — äußerst wichtig	Erfüllungsgrad durch Ihre Firma/Ihre Vorgesetzten unerfüllt — erfüllt
1. Krisensicherer Arbeitsplatz (zukunftssichere Branche/Firma)	1 2 3 4 5 6 7	1 2 3 4 5 6 7
2. Sicherheit meiner Position (keine Intrigen und Machtkämpfe)	1 2 3 4 5 6 7	1 2 3 4 5 6 7
3. Altersvorsorge durch die Firma (Pensionskasse, Pension ...)	1 2 3 4 5 6 7	1 2 3 4 5 6 7
4. Sonstige Sozialleistungen (Kantine, Zusatzversicherung usw.)	1 2 3 4 5 6 7	1 2 3 4 5 6 7
5. Entlohnung	1 2 3 4 5 6 7	1 2 3 4 5 6 7
6. Erfolgsbeteiligung (Leistungslohn, Prämien, Provisionen)	1 2 3 4 5 6 7	1 2 3 4 5 6 7
7. Äußere Arbeitsbedingungen (räumlich, technisch, organisatorisch, sicherheitsmäßig)	1 2 3 4 5 6 7	1 2 3 4 5 6 7
8. Aufgabenstellung (Befriedigung durch die Arbeit/Aufgabe)	1 2 3 4 5 6 7	1 2 3 4 5 6 7
9. Aufstiegsmöglichkeiten	1 2 3 4 5 6 7	1 2 3 4 5 6 7
10. Fort-/Weiterbildungsmöglichkeiten	1 2 3 4 5 6 7	1 2 3 4 5 6 7
11. Anerkennung persönlicher Leistung (erhaltene Motivation)	1 2 3 4 5 6 7	1 2 3 4 5 6 7
12. Status, Prestige, Titel	1 2 3 4 5 6 7	1 2 3 4 5 6 7
13. Information (Einbeziehung in den Informationskreislauf)	1 2 3 4 5 6 7	1 2 3 4 5 6 7
14. Mitsprache-/Mitwirkungs-/ Mitgestaltungsmöglichkeiten	1 2 3 4 5 6 7	1 2 3 4 5 6 7
15. Führungsklima (Führungsstil und -verhalten des Vorgesetzten)	1 2 3 4 5 6 7	1 2 3 4 5 6 7
16. Zusammenarbeit in der Abteilung (kollegiale Atmosphäre)	1 2 3 4 5 6 7	1 2 3 4 5 6 7
17. Beziehung zum Vorgesetzten (speziell zum direkten Vorgesetzten)	1 2 3 4 5 6 7	1 2 3 4 5 6 7
18. Ansehen bei den Kollegen	1 2 3 4 5 6 7	1 2 3 4 5 6 7
19. Betriebsklima in der gesamten Firma (»Geist des Hauses«)	1 2 3 4 5 6 7	1 2 3 4 5 6 7
20. Image (Ansehen, Erfolg) der Firma in der Öffentlichkeit	1 2 3 4 5 6 7	1 2 3 4 5 6 7

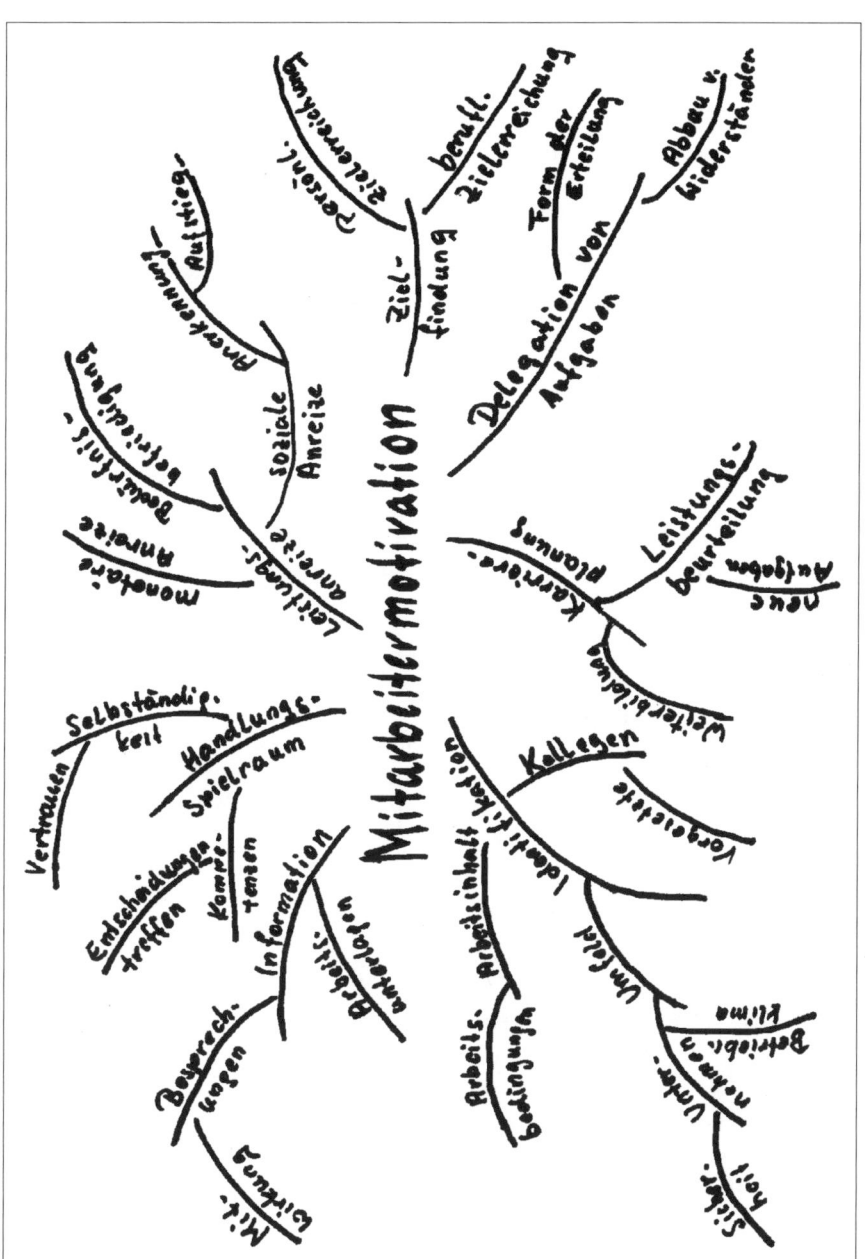

2.4.4. Voraussetzungen für Mitarbeitermotivation

- In Zukunft werden jene Unternehmen erfolgreich sein, die eine überzeugende Vision nach innen und außen vermitteln.
- Ein transparentes, verständliches und vor allem »gelebtes« Leitbild gibt den Mitarbeitern und Kunden das Gefühl der Zugehörigkeit.
- In jedem Mitarbeiter stecken Leistungsreserven und ein Potential, das es nur zu aktivieren gilt.
- Die Schaffung von Eigenverantwortung, Überschaubarkeit und flexiblen Strukturen werden in Zukunft den Reifegrad der Mitarbeitermotivation eines Unternehmens zeigen.
- Die Basis einer motivierenden Zusammenarbeit wird durch Entwicklung eines offenen Führungs- und Gesprächsklimas gelegt.
- Die Unternehmen, welche die Konfliktfähigkeit des einzelnen fördern, werden auf Dauer eine tragfähige Tätigkeitsbasis erreichen.
- Werden Mitarbeiter und Führungskräfte in Entscheidungsprozesse miteinbezogen – und damit Betroffene zu Beteiligten gemacht –, so erhöht sich ihre Identifikation mit dem Unternehmen und damit letztlich dessen Erfolg bei der Umsetzung diverser Maßnahmen.
- Unternehmen, welche die Selbstentwicklung des einzelnen fördern, schaffen mehr Produktivität.
- Die Anerkennung von guten Leistungen sollte in jedem Unternehmen selbstverständlich sein.
- Wenn die Arbeitsbedingungen die menschlichen Bedürfnisse berücksichtigen, entsteht ein Umfeld, in dem der Mitarbeiter seine persönlichen Fähigkeiten besser entfalten kann.
- Unternehmen, welche ihre Mitarbeiter in die Grundsatzüberlegungen über Mitarbeiterentwicklung, -förderung, -beurteilung, und -entlohnung einbinden, schaffen eine gute Grundlage für Kreativität, Innovation und Flexibilität.

2.4.5. Das Motivationsgespräch

2.4.5.1. Ziele des Motivationsgesprächs

Aus der Sicht des Vorgesetzten:

- Wertschätzung der Zusammenarbeit
- Überprüfung der Zufriedenheit des Mitarbeiters mit den ihm übertragenen Aufgaben, dem Arbeitsbereich, den Kompetenzen usw.
- Analyse möglicher Hemmnisse/Probleme/Konfliktfelder
- Zusammenfassung der Ziele und Vereinbarungen

Aus der Sicht des Mitarbeiters:

● Kritik an bestehenden Aktivitäten
● Offene Äußerung von Veränderungswünschen
● Chance zum Hinweis auf Störungen/Konflikte/Probleme

2.4.5.2. Der Gesprächsaufbau

Vorbereitung

● Ausgangssituation
● Zielsetzung des Gesprächs
● Inhalte
● Besonderheiten

Gespräch

● Positiver Einstieg
● Anerkennung bisher erreichter Ziele
● Mitteilung eines neuen, konkreten Ziels
● Frage nach Motiven, Vorstellungen des Mitarbeiters
● Bitte um Meinungsäußerung
● Aufforderung zur Tat
● Gemeinsame Festlegung der Ziele
● Vereinbarung konkreter Maßnahmen mit Zeitangabe
● Gemeinsame Zusammenfassung, Prüfung, ob alles klar ist
● Positiver Abschluß
● Verstärkung

Nachbearbeitung

● Vereinbarung mit Mitarbeiter im Zeitplanbuch festlegen
● Kontrolltermine berücksichtigen

2.4.5.3. Häufige Fehler bei der Gesprächsführung

● Zuviel Lob des Vorgesetzten
● Probleme/Konflikte werden nicht ordentlich angesprochen und gelöst
● Zuwenig Gesprächszeit
● Probleme werden vom Vorgesetzten vertagt oder nach oben delegiert
● Vereinbarungen erfolgen nicht einheitlich
● Wenig Emotionen im Gespräch
● Gesprächsklima ist nicht offen

2.4.6. Fallbeispiel

Beispiel aus dem Bankenbereich:

Direktor Huber ist ein erfolgreicher Geschäftsführer seiner Bankfiliale. Sein Team umfaßt sechs Führungskräfte und 42 Mitarbeiter.
Er hat eine stetige Aufwärtsentwicklung in allen Geschäftszweigen erreicht, und sein Team steht mit dem Gesamterfolg der Filiale immer an der Spitze der Gesamtbank.
Frau Stadler ist seine Spitzenkraft im Vertrieb. Sie gewinnt alle Wettbewerbe, ist überdurchschnittlich motiviert und fühlt sich im Unternehmen sehr wohl.

– Was empfehlen Sie Herrn Dir. Huber, um auf Dauer die Motivation von Frau Stadler hoch zu halten?

– Welche Schwierigkeiten könnten auftreten, wenn nichts unternommen wird?

– Was wird das Team in dieser Situation bewegen?

Beispiel aus dem Produktionsbereich:

Herr Ing. Wegscheider ist Produktionsleiter. Einer seiner Mitarbeiter, Herr Schreiner, hat in letzter Zeit in der Produktivität nachgelassen. Seine Leistungen und Ergebnisse liegen trotzdem noch über dem Durchschnitt des Bereiches.

– Welche Empfehlung geben Sie Herrn Ing. Wegscheider?

– Welche möglichen Widerstände könnten bei Herrn Schreiner auftreten?

2.4.7. Fragebogen zur Analyse der Leistungsfaktoren

Im folgenden wird eine Form der Analyse beschrieben, deren Ergebnis einen wesentlichen Beitrag dazu leisten kann, jene Leistungsfaktoren im Team/Unternehmen, die für die Motivation von Mitarbeitern ausschlaggebend sind, von ihren Ausprägungen her zu erkennen und Schwächen gemeinsam mit dem Team zu verbessern.

Ziel und Inhalt

Zur Unternehmenskultur gehören unter anderem ein gutes Betriebsklima mit einer gut ausgeprägten Mitarbeitermotivation.
Es ist nicht nur das Geld, das einen Mitarbeiter zu höheren Leistungen anspornt. Es gibt eine Reihe anderer Faktoren, die die Motivation Ihrer Mitarbeiter beeinflussen können (Mitsprachemöglichkeiten, Betriebsklima, Vorgesetztenverhalten usw.).
Der Fragebogen zur Leistungsfaktorenanalyse enthält 20 dieser Faktoren, die in einer Skala von 1 bis 7 beurteilt werden sollen (siehe Seite 168).
In der linken Spalte gibt der Mitarbeiter an, für wie wichtig er persönlich jeden dieser Faktoren als Anreizmöglichkeit hält. In der rechten Spalte wird angezeigt, inwieweit die Firma diesen Erwartungen des Mitarbeiters entgegenkommt. Aus der Differenz zwischen Erwartung und ihrer Erfüllung kann abgeleitet werden, wo anzusetzen ist, um mehr Motivation und Engagement in die Belegschaft zu bringen.

Umsetzung

Die Fragebögen sind anonym auszufüllen und werden zentral mittels PC ausgewertet.

Ergebnis

Die Auswertungen werden pro Team/Gruppe/Abteilung/Filiale und für das Gesamtunternehmen durchgeführt. Sie bestehen zunächst aus einer quantitativen Analyse, d. h. einer Gegenüberstellung der gewichteten, durchschnittlichen Abwägung von »Persönlicher Einschätzung« gegen »Erfüllungsgrad im Unternehmen«. Dieses Ergebnis wird auch grafisch aufbereitet. Eine daran anschließende qualitative Analyse geht auf die einzelnen Abweichungen und möglichen Ursachen ein. Die Lücken, die sich zwischen persönlicher Erwartung und Erfüllung durch das Unternehmen ergeben, deuten auf Leistungsblockaden hin, die aber auch Reserven sein können. Die Abweichungen zeigen an, wo anzusetzen ist, um das Ergebnis in der Praxis zu verwerten und die Arbeitsbedingungen zu verbessern.

2.4.7.1. Präsentation der Analyseergebnisse mit Entwicklung von Verbesserungsmaßnahmen

Das wichtigste bei einer Befragung der Mitarbeiter ist, daß die Ergebnisse nicht einfach in einer Schublade verschwinden, sondern bekannt gemacht und weiter bearbeitet werden.

Als erster Schritt erfolgt die Präsentation der Ergebnisse vor den Mitarbeitern. Diese sind ja gespannt, »was dabei herausgekommen ist«. Diese Präsentation kann im Rahmen einer Mitarbeiterbesprechung abteilungsweise durch den Vorgesetzten erfolgen. Wir gehen bei der Umsetzung der Ergebnisse so vor, daß zunächst ein Workshop stattfindet, an dem die obersten Führungsebenen teilnehmen. Diese werden zuerst mit den Resultaten konfrontiert. Gleichzeitig wird bei diesem Workshop schon begonnen, die größten Abweichungen auf Gesamtunternehmensebene zu bearbeiten und erste Verbesserungsmaßnahmen zu überlegen. Weiters wird analysiert, welche Punkte abteilungsmäßig zu erledigen sind und welche Maßnahmen nur auf Gesamtunternehmensebene in Angriff genommen werden können.

Bei der späteren Präsentation der Ergebnisse vor den Mitarbeitern können vom Vorgesetzten bereits im Workshop vereinbarte Maßnahmen vorgestellt werden. Dies hebt natürlich die Motivation der Mitarbeiter, an ihrem Abteilungsergebnis zu arbeiten, da sie sehen, daß das Management wirklich gewillt ist, Verbesserungen vorzunehmen.

Ablaufplan für Ergebnis-Präsentation vor den Mitarbeitern

Schritte	Funktionale Wirkungen	Dysfunktionale Wirkungen
1. Wertschätzung	• Dank für Mitarbeit • Einstiegsmotivation	• Interessante Aussagen • Stellenwert jedes einzelnen im Unternehmen hervorheben • Chancen nutzen • Ergebnis dient zur Verbesserung der internen Situation
2. Präsentation der Leistungsfaktoren des Gesamtunternehmens	• Ergebnis-Chart kopieren und verteilen • Mit Erklärung beginnen • Stärken zuerst • Schwächen nachfolgend	• 10 bis 15 Minuten das Gesamtergebnis interpretieren • Leistungsfaktoren immer zuerst erklären • Im Workshop vereinbarte Aktivitäten vorstellen • Feedback zum Ergebnis einholen
3. Präsentation des Filial-/Abteilungsergebnisses	• Chart verteilen • Sehr genau auf Stärken und Schwächen eingehen	• Jeden einzelnen Leistungsfaktor genau ansehen und interpretieren • Zuerst Stärken • Abweichungen gemeinsam mit Team zusammenfassen
4. Festlegung eines internen Maßnahmenplans mit Zeitplan und eventuell Budgetierung	• Schwächen der Filiale/Abteilung im Team abarbeiten	• Checkliste zur Bearbeitung a) Welche Ursachen hat die Abweichung beim Faktor »Betriebsklima« bei uns? b) Was bedeutet für uns »Betriebsklima«? – Ist-Stärken/Schwächen – Sollzustand – Aktivitätenplanung – Widerstände

		c) Entwicklung eines Konzepts zur erfolgreichen Realisierung der Ergebnisse d) Prioritätenplan erstellen
5. Vorstellung der weiteren Schritte im Unternehmen	● Hinweis auf Veränderung, Bitte um Mitarbeit	● Inhalte ansprechen ● Motivation
6. Abschlußmotivation	● Zusammenfassung der Ergebnisse ● Wiederholung des Aktivitäten- und Zeitplans ● evtl. Projektverantwortung klären	● Für Interesse bedanken ● Sich auf das Engagement freuen ● Auf Veränderungen gespannt sein ● Verabschiedung

2.4.7.2. Bearbeitungsblatt für Leistungsfaktoren-Abweichung

Zeigt sich bezüglich eines Leistungsfaktors eine Abweichung zwischen persönlicher Einschätzung und Erfüllungsgrad, die größer als 1 ist, empfehlen wir folgende Bearbeitungsschritte:

● Festlegung der Prioritäten bei der Bearbeitung der Abweichungen
● Definition der Stärken und Schwächen bezüglich des Leistungsfaktors aus heutiger Sicht
● Analyse der möglichen Ursachen für die Abweichung
● Definition des Leistungsfaktors für die Zukunft (Soll-Zustand)
● Erarbeitung von Verbesserungsmaßnahmen mit genauem Aktivitäten-, Zeit- und Kontrollplan
● Vorwegnahme möglicher Widerstände/Schwierigkeiten und deren Lösung
● Nominierung eines Verantwortlichen, der die Koordinationsfunktion übernimmt
● Beschluß und Durchführung der Maßnahmen

Bearbeitung der Leistungsfaktoren

Bei einer Abweichung von 1 bearbeiten

Leistungsfaktor:

Ist-Situation (Wie ist es aus heutiger Sicht zu sehen?)
Stärken

Schwächen

Soll-Situation (Wie soll es in Zukunft sein?)

Aktivitätenplan (Welche Aktivitäten müssen wir zur Erreichung des
Soll-Zustands in den nächsten Jahren durchführen?)

Maßnahmen	Wer/Wem	Bis wann	Kontrolle

Zu überwindende Widerstände bei der Umsetzung

2.5. Der Umgang mit Kritik

Kritik am Arbeitsplatz ist oft Ursache für Mißverständnisse, Motivations-
verluste oder gar ein gestörtes Betriebsklima. Viele Führungskräfte scheu-
en aus diesen Überlegungen davor zurück, ihre Mitarbeiter und auch Vorgesetzten offen zu kritisieren. Der Kritisierte widerum fühlt sich persönlich
verletzt und ungerecht behandelt. Kritik durch Vorgesetzte/Mitarbeiter
wird vor allem dann besonders auffällig, wenn nicht auf der anderen Seite auch entsprechendes Lob gespendet wird.

2.5.1. Vorteile offener Kritik

Für die Führungskraft:

● Verhalten der Mitarbeiter kann korrigiert werden
● Fehlerquellen werden eingeschränkt
● Quantitativ und qualitativ bessere Leistungen werden möglich
● Verbesserung der Beziehungen
● Offene Hinweise auf Fehlverhalten fördern die Fähigkeit zur Selbstkritik

Für den Mitarbeiter:

● Der eingeschlagene Weg kann rechtzeitig geändert werden
● Bessere Orientierung möglich
● Verfahrene Situationen können bereinigt werden
● Großer Lerneffekt
● Bessere Arbeitsqualität und Förderung der eigenen Entwicklung

2.5.2. Fehler im Umgang mit Kritik

● Kritik zielt auf die Person und nicht auf das beobachtete Verhalten
● Es wird nicht mehr kritisiert, da der Manager überzeugt ist, daß es nicht
  mehr hilft
● Kritik ist unberechtigt, wird aber bewußt ausgesprochen
● Nach erfolgter Kritik wird dem Mitarbeiter keine Reaktionsmöglichkeit
  geboten
● Es wird bewußt gegen die Grundregeln verstoßen
● Den Mitarbeitern wird die Angst vor der Äußerung von Kritik nicht ge-
  nommen

2.5.3. Grundregeln

Für den Kritisierenden:

● Kritisiert werden sollte das beobachtete Fehlverhalten eines Mitarbeiters, nicht seine Person
● Kritik muß begründet werden können (6-W-Regel: wer, was, wann, wo, wie, warum)
● Keine Berücksichtigung von Gerüchten
● Keine Kritik an Dritten, Kritik an der betreffenden Person hat stets persönlich unter vier Augen zu erfolgen
● Nicht von Stimmungen, Vorurteilen leiten lassen
● Kritikgespräche nicht aufschieben
● Wiederholte Kritik vermeiden – jedes Argument, jedes Verhalten sollte nur einmal im Gespräch genannt werden
● Keine Umschweife, rasch »auf den Punkt kommen«
● Keine Kritik am Telefon
● Keine Altlasten, keine Schuldsuche
● Kritik schonend vorbringen, nicht verletzend
● Kritik als positive Hilfestellung darstellen
● Lassen Sie den Mitarbeiter Fehler selbst finden

Für den Kritisierten:

● Auf Gegenangriffe verzichten
● Ausreden, Schweigen vermeiden
● Nicht nur zum Schein zustimmen
● Keine Abwehrreaktionen
● Nicht ins Wort fallen
● Die Kritik nicht dramatisieren
● Nicht anderen die Schuld geben
● Einsicht statt Entschuldigungen
● Nicht den Kritiker kritisieren
● Die innere Einstellung entscheidet
● Lösungsvorschläge von sich aus anbieten
● Zusammenfassung der Situation

2.5.4. Aufbau des Kritikgesprächs

Vorbereitung

- Ausgangssituation
- Zielsetzung des Gesprächs
- Inhalte
- Besonderheiten

Gespräch

- 1. Phase: Motivation
  - Positive Einführung:»Es ist ja eigentlich das erste Mal, daß es da Probleme gibt. Gerade deshalb glaube ich, daß wir darüber reden sollten.«
- 2. Phase: Präsentation
  - Definition des Problems:»Es ist folgendes passiert: Kunde X beklagte sich darüber, daß ...«
  - Kritik offen und präzise ansprechen
  - Enttäuschung äußern
- 3. Phase: Reaktion
  - Stellungnahme des Mitarbeiters
- 4. Phase: Argumentation
  - Begründung, Klärung des Sachverhalts
  - Veranschaulichung der Konsequenzen von Fehlverhalten
  - Neue Erwartungshaltung (Ziele, Verbesserungsvorschläge) definieren
  - Meinung des Mitarbeiters zu Erwartungshaltung einholen
  - Ja-Reaktion abwarten (Prüffrage stellen)
  - Verständnis prüfen
- 5. Phase: Abschluß
  - Unbedingt positiv
  - Vereinbarung über zukünftige Vorgangsweisen
  - Vorschläge des Mitarbeiters dazu einholen

Nachbearbeitung

- Vermerk im Zeitplanbuch, Mitarbeiterblatt – für Beurteilungs- bzw. Jahresgespräch
- Überprüfungstermine festlegen (bei schwerwiegendem Fehlverhalten)
- Neuen Termin für Feedback vereinbaren

2.5.5. Fallbeispiel

Die Effizienz bei der Ausführung von Tätigkeiten ist Herrn Wedenig als Abteilungsleiter ein persönliches Anliegen. Seit einiger Zeit hat er bei zwei Mitarbeitern feststellen müssen, daß diese ihre Arbeit sehr nachlässig verrichten. Es kommen immer häufiger Fehler, Terminverzögerungen, Reklamationen usw. vor.
Einer der Mitarbeiter, Herr Dorfner, geht in letzter Zeit häufig in den Krankenstand. Er zeigt sehr wenig Motivation bei der Arbeit. Beim letzten Jahresgespräch hatte Herr Wedenig mit beiden Mitarbeitern keinerlei Probleme.

– Welche allgemeinen Ursachen könnte diese Situation haben?

– Was würden Sie an Herrn Wedenigs Stelle unternehmen?

– Wie sieht Ihre Gesprächsstrategie aus?

2.6. Einführung und Einarbeitung neuer Mitarbeiter

2.6.1. Grundlagen

Sehr oft hört man Klagen von Mitarbeitern über die Art ihrer Einführung und Einarbeitung im für sie neuen Unternehmen. Empirische Untersuchungen haben gezeigt, daß bis zu 30% der Mitarbeiter bereits in der Probezeit ihre neue Firma wieder verlassen, und daß ca. 70 bis 80% derjenigen, die während oder kurz nach der Probezeit wieder kündigen, diesen Entschluß bereits am ersten Tag gefaßt haben.

Wenn man bedenkt, wie hoch die Kosten für das Mitarbeiter-Recruiting sind, dann wird die Bedeutung von Einführungs- und Einarbeitungsprogrammen klar. Die Maßnahmen, die bei der Einführung und Einarbeitung zu treffen sind, sollten bereits im voraus genau geplant und festgelegt werden.

Von der richtigen Einführung im Unternehmen hängen insbesondere ab:

- die allgemeine Motivation des Mitarbeiters aufgrund des ersten Eindrucks
- sein Verhalten gegenüber Vorgesetzten und Kollegen
- seine Leistungsbereitschaft
- seine Arbeitsmoral
- sein persönliches Wohlbefinden
- seine Neigung zu bleiben oder wieder auszutreten

Zum ersten Eindruck gehört, wieviel Zeit sich der Vorgesetzte nimmt, um den »Neuen« persönlich zu begrüßen und ein erstes Gespräch zu führen. Neben der menschlichen Behandlung des neuen Mitarbeiters durch den Vorgesetzten und die neuen Kollegen ist es wichtig, ihn mit den wichtigsten Informationen zu versorgen. Ein Mitarbeiterhandbuch ist z. B. eine gute Möglichkeit, dem neuen Mitarbeiter erste Informationen über das Unternehmen zu geben, etwa über:

- Hausordnung, Feuerlöschordnung
- Betriebsärztlichen Dienst, Unfall und Krankheit
- Betriebliche Einrichtungen: Bibliothek, Sport, Kantine, Parkplatz
- Anreizsysteme: Leistungszulagen, Erfolgsbeteiligung, Aufstiegsmöglichkeiten
- Verschwiegenheitspflicht, Datenschutz

- Rechte und Pflichten aus dem Arbeitsvertrag, Lohn- und Gehaltszahlung, Gratifikationen, Unterstützungen usw.
- Zeiterfassung, Personalkontoführung
- Betriebliches Vorschlagswesen
- Aus- und Fortbildung
- Führungsgrundsätze, Management (Namen), Dienstweg
- wirtschaftliche Situation des Unternehmens, Marktstellung, Ertragskraft, Leistungsprogramm, Zukunftsperspektiven
- Betriebsrat

Je gründlicher die Einführung am Arbeitsplatz erfolgt, desto früher werden neue Mitarbeiter sich ihren Aufgaben effizient widmen können.

Hauptaufgaben des Vorgesetzten bei der Einführung und Einarbeitung neuer Mitarbeiter

- Er begrüßt und führt in die Arbeitsaufgaben, die Arbeitsgruppen, das Unternehmen ein.
- Er motiviert zur Leistung.
- Er leistet Hilfe bei der Erfüllung fachlicher Aufgaben, fördert die Integration in die Gruppe und nützt das Potential des Neueingestellten.
- Er kontrolliert die Leistung der neuen Mitarbeiter und deren Integration.
- Er beurteilt die Leistung, das Arbeits- und Sozialverhalten und liefert damit die wichtigsten Grundlagen für die Aufnahmeentscheidung.

2.6.2. Mögliche Aktivitäten zur Einführung neuer Mitarbeiter

Einführungsbroschüre

Eine Einführungsbroschüre für neue Mitarbeiter hilft bei der Einarbeitung. Sie ist ein Nachschlagewerk für die Neuen und soll eine alphabetische Aufstellung mit den wichtigsten Schlagworten bezüglich formeller Regelungen im Unternehmen enthalten. Existiert ein Mitarbeiterhandbuch im Unternehmen, so kann auch dieses Erstinformation für die neuen Mitarbeiter enthalten.

Einführungs-Checkliste für Vorgesetzte

Eine derartige Checkliste soll ein Leitfaden für die Führungskraft sein, mit deren Hilfe sie die nicht alltägliche Führungsaufgabe der Einführung und Einarbeitung neuer Mitarbeiter besser bewältigen kann. Diese Checkliste sollte zwei A4-Seiten nicht überschreiten, da sonst die Handhabung schwierig werden kann.

Mögliche Inhalte:

- Aktivitäten vor dem Eintritt des neuen Mitarbeiters
  – Team informieren
  – Einarbeitungsprogramm erstellen
  – Arbeitsplatz vorbereiten usw.
- Aktivitäten am Eintrittstag
  – Informationen über Aufgaben und Kompetenzen
  – Informationen über Sicherheitsbestimmungen
  – Vorstellung bei Vorgesetzten und Kollegen usw.
- Aktivitäten in der Einarbeitungszeit
  – Einarbeitungsabschnitte festsetzen und kontrollieren
  – Gespräche führen usw.
- Aktivitäten bei Übernahme in ein dauerndes Arbeitsverhältnis
  – Beurteilungsgespräch
  – Gespräch mit der Personalabteilung usw.

Einführungsseminar mit neuen Mitarbeitern

Viele Unternehmen gehen bereits erfolgreich den Weg, ihre neuen Mitarbeiter in Form eines Seminars zu begrüßen, das eine Dauer von 1 bis 1,5 Tagen haben kann.
Damit soll erreicht werden, daß die neuen Mitarbeiter das Unternehmen anhand zunächst allgemeiner Informationen kennenlernen. So wird mit diesem Seminar ein erster Schritt zur Identifikation mit dem Unternehmen und zur Bildung eines Zusammengehörigkeitsgefühls unternommen.

Mögliche Inhalte des Seminars:

- Ziele des Unternehmens
- Produkte, Leistungsprogramm
- Aktuelle Situation der Branche
- Geschichte des Unternehmens
- Kennzahlen (Umsatz, Ertrag, Mitarbeiter, Standorte)
- Vorstellung der einzelnen Organisationsbereiche
- »Spielregeln« der Zusammenarbeit
- Aufgaben und Zuständigkeiten der Personalabteilung
- Aufgaben und Funktionen des Betriebsrats
- Rundgang durch das Unternehmen

Workshop für Vorgesetzte

Durch die Veranstaltung eigener Workshops soll die Sensibilität und Motivation der Führungskräfte für eine geplante und effiziente Mitarbeitereinführung gefördert werden. Dieser Workshop kann ein bis zwei Tage dauern.

Inhalte:

● Vorbereitung auf einen neuen Mitarbeiter
● Probleme des neuen Mitarbeiters am ersten Tag
● Hilfestellung durch den Vorgesetzten am ersten Tag
● Einarbeitung des neuen Mitarbeiters durch den Vorgesetzten oder einen dazu beauftragten Mitarbeiter
● Halbzeit- und Abschlußgespräche in der Einführungsphase durch den Vorgesetzten

2.6.3. Das Einführungsgespräch

2.6.3.1. Struktur

Vorbereitung

● Arbeitsbeginn und Zeit für Einführung vormerken
● Genauen Einsatz planen
● Arbeitsplatz vorbereiten
● Arbeitsunterlagen überprüfen
● Vorgesetzten und Kollegen unterrichten
● Eventuell Einarbeitung an Mitarbeiter übertragen

Gespräch

● Begrüßung
● Persönliche Laufbahn (Werdegang und Ziele)
● Überblick über die Betriebsorganisation geben
● Arbeit des neuen Mitarbeiters im betrieblichen Gesamtrahmen erklären
● Schwerpunkte des Arbeitsgebietes erläutern
● Vorstellung
  – beim unmittelbaren Vorgesetzten
  – bei den künftigen Kollegen
  – bei dem Mitarbeiter, der ihn einarbeiten wird
  – bei anderen Mitarbeitern, mit denen der »Neue« zu tun haben wird

- Orientierung
  - Arbeitsplatz zeigen
  - Garderobe
  - Waschräume, Toiletten
  - Kantine
- Information
  - Arbeitsunterlagen
  - Arbeitszeit, Pausen, Urlaubsregelung usw.
  - Eventuell Mitarbeiterhandbuch, Einführungsbroschüre
- Einarbeitung
  - Stellenbeschreibung oder Funktionsbeschreibung aushändigen
  - Einarbeitungsplan besprechen
  - Über Arbeitsgänge im einzelnen unterweisen
  - Arbeitsausführung prüfen
  - Arbeitsergebnisse besprechen
- Motivation, Verstärkung
- Freude über künftige Zusammenarbeit ausdrücken

Nachbereitung

- Nachfassen
  - Sich um den Neuen systematisch kümmern
  - Seinen unmittelbaren Vorgesetzten und ihn selbst nach seinen Erfahrungen fragen
  - Fortschritte anerkennen
  - Fragen beantworten, Hilfestellung geben
- Beurteilung
  - innerhalb der Probezeit die Eignung oder Nichteignung feststellen

2.6.3.2 Einführungsplan

Name des Mitarbeiters		Einführungsplan				

Art der Einarbeitung des neuen Mitarbeiters	Durchführung	Termin von	bis	abgeschlossen am	Kurzzeichen
Grundinformation					
Firmengeschichte; Bedeutung und Größe der Firma					
Organisation und Ordnung des Gesamtbetriebs					
Marktstellung, Produkt- und Leistungspalette; Eigenheiten des Unternehmens					
Soziale Leistungen und Einrichtungen					
Art und Umfang interner und externer Information					
Mitarbeiterhandbuch					
Hauspate					
Betriebsbesichtigung					
Einstellungsuntersuchung					
Einarbeitung					
Information über Abteilungsorganisation					
Einführung in die Abteilung					
Einführung am Arbeitsplatz					
Bekanntmachen mit Arbeits- richtlinien und -grundsätzen					
Unterrichtung über Sicherheitsbestimmungen					
Zusätzliche Maßnahmen					
Präsentation der Arbeitsplätze					

Unterschrift des eingearbeiteten neuen Mitarbeiters	Hauptverantwortlicher	Einarbeitung abgeschlossen	Unterschrift

2.6.4. Beurteilung eines neuen Mitarbeiters

Der angeführte »Mitarbeiterbeurteilungsbogen« soll nach Absolvierung der Einführungs- bzw. Probezeit vom Vorgesetzten verwendet werden.

Mitarbeiterbeurteilungsbogen

Name: Einführungsplan vorhanden:
eingetreten am: ja
als: nein
                           Einführungspate:
                           Einarbeitungszeit:

Bisherige Einführungspaten:

Abteilung	Pate	Zeitrahmen	Aufgabenprofil

1. Potential für die Weiterentwicklung

wenig, kein Potential für vorgesehene Aufgaben
Potential für geplante Stelle vorhanden
Potential für geplante Stelle vorhanden mit Weiter-
entwicklungsmöglichkeit
überdurchschnittliches Potential vorhanden

2. Persönliches Auftreten
(Bewertung 1-7, 1 = minimal erfüllt, 7 = maximal erfüllt)

	1	2	3	4	5	6	7
Offenheit	1	2	3	4	5	6	7
Engagement	1	2	3	4	5	6	7
Interesse	1	2	3	4	5	6	7
Outfit	1	2	3	4	5	6	7
Überzeugtes Auftreten	1	2	3	4	5	6	7
Aktives Hinterfragen	1	2	3	4	5	6	7
Persönliche Präsentationsfähigkeiten	1	2	3	4	5	6	7

3. Teamverhalten (Bewertung 1-7)

Kommunikationsverhalten	1	2	3	4	5	6	7
Umgang mit Menschen	1	2	3	4	5	6	7
Kritikfähigkeit	1	2	3	4	5	6	7
Konfliktfähigkeit	1	2	3	4	5	6	7
Integrationsfähigkeit	1	2	3	4	5	6	7
Verhalten gegenüber Vorgesetzten	1	2	3	4	5	6	7

4. Arbeitsqualität (Bewertung 1-7)

Sorgfältige Erledigung der übertragenen Aufgaben	1	2	3	4	5	6	7
Termingerechte Erledigung	1	2	3	4	5	6	7
Arbeitsqualität	1	2	3	4	5	6	7
Selbständigkeit	1	2	3	4	5	6	7
Eigener Ideenschatz	1	2	3	4	5	6	7

5. Fachwissen (Bewertung 1-7)

Gesamteinblick	1	2	3	4	5	6	7
Spezialwissen	1	2	3	4	5	6	7
Entwicklungsfähigkeit	1	2	3	4	5	6	7

Gesamtbeurteilung/Durchschnitt von Pkt. 2 bis Pkt. 5	1	2	3	4	5	6	7

6. Was ist Ihnen beim Mitarbeiter/bei der Führungskraft

a) ganz besonders positiv

b) besonders negativ

aufgefallen ?

7. Ist der Mitarbeiter/die Führungskraft für die Stelle

geeignet

nicht geeignet – Begründung:

für andere Stelle im Unternehmen geeignet
Stelle:
Begründung:

8. Wurde dieser Bogen mit dem Mitarbeiter bzw. der Führungskraft besprochen ?
ja
nein
wenn nein: Begründung

9. Stellungnahme des Mitarbeiters zum Ergebnis:

Datum

Unterschrift des Mitarbeiters   Unterschrift des Paten

Kenntnisnahme durch den Personalmanager

2.6.5. Fehler bei der Einarbeitung neuer Mitarbeiter

● Dem Mitarbeiter werden die ungeschriebenen »Gesetze« des Unternehmens nicht mitgeteilt, z.B. betreffend:
  – Anrede von Vorgesetzten (Titel)
  – Form des Grüßens
  – Anklopfen vor dem Betreten von Zimmern
  – Händeschütteln bei der Begrüßung
  – Telefonbenutzung, insbesondere für private Zwecke
  – Führung und Aufbewahrung von Akten
  – Rauchen am Arbeitsplatz und in der Kantine
  – Konsum von Alkohol am Arbeitsplatz
  – Zusammenarbeit mit anderen Bereichen
● Es wird kein Einführungsplan erstellt
● Führungskraft nimmt sich keine Zeit für den »Neuen«
● Mitarbeiter wird hin und her geschoben
● Mitarbeiter hat nur »niedrige« Arbeiten zu verrichten
● Mitarbeiter bekommt keinerlei Ansprache und Unterstützung

2.6.6. Fallbeispiel

Frau Gruber hat sich bei der Firma Stiefel & Co als Sekretärin beworben. Unter zahlreichen Interessentinnen wurde Frau Gruber als diejenige ausgewählt, die die breiteste Erfahrung für die zukünftigen Aufgaben mitbringt. Frau Gruber wird eine Einarbeitungszeit von drei Monaten zugestanden.

Frau Gruber hinterläßt in den ersten beiden Monaten einen sehr positiven Eindruck bei Herrn Dr. Höfer (Chef des Unternehmens). Die Einarbeitung wurde sofort »on the job« begonnen, da die Vorgängerin sich beruflich verändert hatte. Die Übergangszeit, in der beide Sekretärinnen anwesend waren, betrug 1,5 Monate.

Eines Tages kommt Frau Gruber plötzlich zu Herrn Dr. Höfer und teilt ihm mit, daß sie von sich aus nicht über die Einarbeitungszeit hinaus bleiben wird.

– Welche möglichen Motive könnten Frau Gruber dazu bewegen, das Unternehmen wieder zu verlassen?

– Wie würden Sie anstelle von Herrn Dr. Höfer in der Situation reagieren?

– Wie wird Ihre Strategie aussehen (speziell für das Gespräch)?

2.7. Gespräche zur Vor- und Nachbereitung von Seminaren

Um den Erfolg von Aus- und Weiterbildungsmaßnahmen zu garantieren, sind Gespräche vor Seminarbeginn und nach Absolvierung eines Seminars sehr wichtig, da dadurch gezielte Transferarbeit geleistet werden kann. Die Gespräche werden vom jeweiligen Vorgesetzten geführt. Nur in Ausnahmefällen (Krankheit des Vorgesetzten) führt der Personalentwicklungsverantwortliche (PE'ler) diese Gespräche.

2.7.1. Inhalte des Seminar-Vorbereitungsgesprächs

Zielsetzung des Gesprächs

● Motivation und Einstimmung auf das Seminar
● Ziele und Inhalte des Seminars zusammenfassen
● Praxisbezug herstellen
● Lernerwartungen wecken

- Problemfelder im Arbeitsbereich ansprechen
- Seminarvorbereitung überprüfen (Vorbereitungsunterlagen, bearbeitete Fallbeispiele usw.)

Gesprächsablauf

- Wertschätzung
- Bisherigen Entwicklungsplan zusammenfassen
- Bisherige Seminare auf Nutzen und Umsetzung überprüfen (kurze Zusammenfassung)
- Besprechung der Inhalte des bevorstehenden Seminars
- Diskussion über mögliche Widerstände bei der Realisierung des neuen Wissens
- Derzeitige und zukünftige Anforderungen zusammenfassen
- Ziele und Inhalte des Seminars im Hinblick auf die praktische Umsetzung erläutern
- Arbeits- und Lernfeld besprechen (Lernen am Arbeitsplatz – Transfer)
- Seminarvorbereitung zusammenfassen (Unterlagen kurz besprechen)
- Ausdrückliches Abklären der Frage, ob und wieviel Arbeitszeit der Teilnehmer zur Vorbereitung auf das Seminar verwenden darf
- Hinweis auf Bedeutung der Weiterbildung
- Ansprechen von Befürchtungen hinsichtlich der »liegenbleibenden Arbeit«
- Benennung eines Stellvertreters für die Seminarzeit
- Besprechung des Transferbogens (Seminarbericht)
- Termin für Seminarnachbearbeitung vereinbaren
- Form der Zusammenfassung der Seminarinhalte vereinbaren (nach dem Seminar)
- Motivation und Verstärkung

2.7.2. Worüber wird nach der Rückkehr vom Seminar gesprochen?

Wenn der Mitarbeiter das Seminar besucht hat und zurückkommt, wird mit ihm das Seminarnachbereitungsgespräch geführt. Als Grundlage für dieses Gespräch dient der Transferbogen, auf dem der Mitarbeiter seine Erkenntnisse vorbereitend zusammenfaßt.

Inhalte des Seminar-Nachbereitungsgesprächs

Zielsetzung des Gesprächs

- Wirksame Umsetzung des Gelernten absichern
- Problembewußtsein des Seminarteilnehmers nützen
- Aktivitätenplan vereinbaren und absichern
- Transferleitlinien vereinbaren

Gesprächsablauf

- Positive Einstimmung
- Frage: »Wie ist das Seminar gelaufen?«
- Analyse des Seminarberichtes
- Kurze Seminarzusammenfassung durch den Teilnehmer
- Besprechung seines Transferbogens im Hinblick auf die Umsetzung
- Festlegung der genauen Umsetzungsschritte mit möglichen Maßnahmen
- Vereinbarung von Kontrollen
- Überprüfung, ob die Lernziele im Seminar verständlich formuliert waren
- Gab es Abweichungen hinsichtlich der Inhalte und des Informationsmaterials?
- Welche nicht geplanten Lernerfolge wurden erzielt?
- Klärung der Erfordernisse aus Sicht des Vorgesetzten und des Teilnehmers (»Was ist zur Umsetzung notwendig?«)
- Festlegung eventueller zusätzlicher Bildungsschritte
- Abklärung, ob Seminar auch für andere Mitarbeiter interessant ist
- Ergänzung des Laufbahnplans (Ausbildungspaß)
- Überprüfung der Kosten laut Budget
- Anfertigung eines Gesprächsprotokolls

2.7.3. Beurteilung von Weiterbildungsmaßnahmen

Es ist empfehlenswert, die Mitarbeiter nach der Rückkehr vom Seminar zu einer Beurteilung nach folgenden Kriterien aufzufordern:

Seminar-Bewertungsbogen

Name:
Abteilung:
Seminar:
von – bis:
Trainer:

Lernziele:
Lerninhalte:

● Ihre Erwartungen wurden:

  weit übertroffen
  übertroffen
  erfüllt
  teilweise erfüllt
  nicht erfüllt

● Bekamen Sie Anregungen?

  Sehr viele
  Viele
  Wenige
  Sehr wenige
  Keine

● Wenn Anregungen erhalten:
  Halten Sie diese Anregungen für praktisch anwendbar:

  Ja
  Teilweise
  Nein

  Was halten Sie für praktisch anwendbar?

  Was halten Sie für praktisch nicht anwendbar?

Mit welchen Widerständen ist bei der Anwendung zu rechnen?

● Der fachliche Inhalt war:

sehr interessant
interessant
teilweise interessant
wenig interessant
uninteressant

Was sollte eingehender behandelt werden?

Welche Themen sollten zusätzlich behandelt werden?

Was sollte im Rahmen von internen Schulungen weiter vertieft werden?

Welche Themen wurden vom Trainer überbewertet?

Was hat Ihre besondere Zustimmung gefunden?

● Halten Sie ein weiterführendes Seminar für notwendig?

Ja
Nein
Begründung:

Sie wünschen sich mehr:

Diskussionen
Rollenspiele
praktische Beispiele
Arbeitsunterlagen
Schaubilder/Grafiken

Literaturangaben
Fallstudien
Präsentationen

● Das Seminar ist:

zu lang
angemessen lang
zu kurz

● Die Vortragsweise des Trainers war:

sehr gut
gut
befriedigend
ausreichend
unbefriedigend

● zusätzliche Anmerkungen:

2.7.4. Vorteile von Seminarvor- und Nachbereitungsgesprächen

Für die Führungskraft:

● die Führungskraft ist über die Weiterbildungsmaßnahmen der Mitarbeiter informiert
● Schwerpunkte in der Weiterbildung können gezielt gemeinsam festgelegt, erneuert und überarbeitet werden
● Führungskraft lernt mit und »bleibt am Ball«
● Motivation des Mitarbeiters überträgt sich auch auf die Führungskraft
● Führungskraft erhält qualifiziertere Mitarbeiter
● Seminareignung für andere Mitarbeiter kann geprüft werden

Für den Mitarbeiter:

● Wird gezielt auf das Seminar eingestimmt
● Hat die Möglichkeit, Fragen zu stellen und sich vorzuinformieren
● Kann eigene Probleme vorab besprechen
● Kann Ideen aus dem Seminar weitergeben

- Hat sofort nach der Rückkehr einen Lern- und Umsetzungspartner
- Erkannte Schwierigkeiten für die Umsetzung können sofort angesprochen werden
- Feedback über das Seminar wird sofort verarbeitet
- Zusätzliche Weiterbildungswünsche wie z. B. Literatur, sonstige Unterlagen, weiterführende Seminare können sofort besprochen werden

2.7.5. Fallbeispiel

Eine systematische Personalentwicklung ist bei vielen Unternehmen der Versicherungsbranche Grundlage für die Ausbildung ihrer Mitarbeiter. In einem mittelständischen Versicherungsunternehmen kommt es zu folgender Situation: Im Rahmen des Personalentwicklungskonzepts ist die Ausbildung von hauseigenen Nachwuchstrainern geplant. Die Termine wurden ausgeschrieben. Es haben sich zwölf Interessenten gemeldet. Darunter auch Herr Schweiger aus der Abteilung »Personenversicherung«. Herr Schweiger arbeitet seit vier Jahren in diesem Bereich.
Im Rahmen eines Mitarbeitergesprächs wird mit dem Vorgesetzten von Herrn Schweiger dieser Entwicklungsschritt ausführlich besprochen. Der Termin der ersten Ausbildungseinheit rückt näher. Auf dem Schreibtisch des Vorgesetzten liegt die Seminareinladung für Herrn Schweiger, die der Vorgesetzte fünf Wochen vor Beginn erhalten hat.

– Wie würden Sie das Gespräch mit Herrn Schweiger führen?

– Was besprechen Sie, wenn Herr Schweiger vom Seminar zurückkommt?

– Welchen Nutzen ziehen Sie als Vorgesetzter aus solchen Gesprächen?

2.8. Das Anerkennungsgespräch

2.8.1. Grundsätze bei der Anerkennung von Leistungen

Lob ist vermutlich das effizienteste Führungsinstrument, das man anwenden kann. Jeder Mensch hört gern ein anerkennendes Wort. Daher kann man Anerkennung spontan aussprechen. Man braucht nicht viel Zeit dafür, denn Anerkennung muß im Regelfall nicht sorgfältig begründet werden. Viele Vorgesetzte vergessen aber, daß sie ihre Mitarbeiter auch loben *sollen,* denn gute Leistungen werden gern als selbstverständlich hingenommen, während Fehler sofort kritisiert werden. Anerkennung steigert Zufriedenheit und Leistung. Wer kein Lob erhält, wird gleichgültig und schraubt seine Leistungen zurück. Auch wenn es grundsätzlich sehr einfach ist, Anerkennung auszusprechen, sollten doch einige Punkte beachtet werden, um es richtig zu machen. Zu häufiges oder auch heuchlerisches Lob kann gerade den gegenteiligen Effekt haben.

Was beim Aussprechen von Anerkennung zu beachten ist:

● *Der Anlaß*

Gelegenheit für Anerkennung kann eine positive, aus dem Rahmen fallende Einzelleistung oder die das Prädikat »gut« verdienende Dauerleistung sein. Anerkennung zielt darauf ab, die Leistung zu stabilisieren oder zu steigern. Aber nicht nur Leistung verdient Anerkennung, sondern auch andere im Unternehmen erwünschte Verhaltensweisen wie Freundlichkeit, Geduld u.a.

● *Unter vier Augen*

Anerkennung soll in der Regel unter vier Augen ausgesprochen werden. Die Belobigung eines einzelnen vor seinen Kollegen kann mehrere Nachteile mit sich bringen: Unangenehme Situation für den Mitarbeiter, Neid der Kollegen usw.

● *Ohne Verzug*

Anerkennung muß möglichst bald nach der Leistung ausgesprochen werden. Verzögerte Anerkennung kann so aussehen, als sei die Leistung doch nicht so bedeutend gewesen. Vor allem hat verspätete Anerkennung keine bekräftigende und verstärkende Wirkung auf das gewünschte Verhalten oder die Leistung.

● *Nicht delegierbar*

Anerkennung auszusprechen ist eine nicht delegierbare Führungsaufgabe. Würde der Vorgesetzte durch einen Dritten Anerkennung weitergeben lassen, obwohl er sie selbst vornehmen könnte, so müßte der Mitarbeiter denken, seine Leistung sei es nicht wert, vom Vorgesetzten persönlich angesprochen zu werden.

- *Kein Lob im Zusammenhang mit Kritik*

Lob und Kritik müssen zeitlich auseinander liegen. Loben Sie einen Mitarbeiter und gehen Sie dann sofort zu Kritik über, so geht die Anerkennung völlig unter. Sie dient nur dazu, die Stimmung zu verfälschen.

- *Keine Superlative*

Lob im Superlativ macht Mitarbeiter skeptisch; der Mitarbeiter erkennt, wenn man ihm »Honig ums Maul schmiert«. Er muß bei überzogenem Lob mißtrauisch werden. Anerkennung soll in erster Linie die Leistung und nicht die Person des Mitarbeiters betreffen.

- *Gut dosieren*

Zuviel Lob, vor allem ungerechtfertigtes Lob, kann schaden.

- *Keine Vergleiche*

Es ist gefährlich, Leistungen der Mitarbeiter miteinander zu vergleichen.

- *Anerkennung soll verdient sein*

Grundlose und persönlich unverdiente Anerkennung lehnen Mitarbeiter ab. Wer ohne Anlaß gelobt wird, fühlt sich schnell manipuliert. Konstruktive Anerkennung bezieht sich immer darauf, welche konkrete Arbeit überdurchschnittlich gut war.

2.8.2. Der Gesprächsaufbau

Vorbereitung

- Ausgangssituation
- Zielsetzung des Gesprächs
- Inhalte
- Besonderheiten

Gespräch

- Positiver Einstieg
- 6-W-Regeln beachten
- Präzises Lob
- Appell, sich weiterhin so zu verhalten
- Verstärkung, Wertschätzung

Nachbearbeitung

● Vermerk auf Mitarbeiterblatt im Zeitplanbuch
● Lob gegebenenfalls wiederholen
● Neue, höhere Ziele überlegen

2.8.3. Vorteile von Anerkennungsgesprächen

Für die Führungskraft

● Lob = Motivation und Produktivitätssteigerung
● Anerkennung rentiert sich durch noch bessere Leistung
● Anerkennung schafft Vertrauen
● Spontane Anerkennung schafft oft einen Überraschungseffekt

Für den Mitarbeiter

● Bestätigung der erbrachten Leistung
● Zusätzliche Motivation
● Anerkennung schafft zusätzliche Energien
● Anerkennung hebt das Selbstvertrauen
● Anerkennung fördert Entwicklung und Identifikation

2.9. Das Gespräch über persönliche Anliegen eines Mitarbeiters

In der täglichen Führungsarbeit ist jederzeit mit »persönlichen Anliegen«
von Mitarbeitern zu rechnen.

Persönliche Anliegen sind beispielsweise:

– Versetzungswunsch in eine andere Abteilung
– Mitarbeiter will keine Überstunden machen, die Freizeit ist ihm mehr
  wert
– Mitarbeiter hat andere Vorstellungen/Meinungen zu bestimmten Sach-
  verhalten
– Mitarbeiter kann mit dem Vorgesetzten nicht mehr zusammenarbeiten

2.9.1. Gesprächsaufbau und -inhalt

Zielsetzung:

• Schaffung eines offenen Gesprächsklimas
• Analyse möglicher Gründe und Ursachen
• Tatsachen und Meinungen trennen
• Situation klären
• Gemeinsame Lösung finden
• Mißverständnisse ausräumen
• Hilfestellung anbieten

Gesprächsstruktur:

Vorbereitung

• Termin, Ort, Thema vereinbaren
• Situation klären

Gespräch

• Zuhören
  – aktiv zuhören
  – sprechen lassen
  – nicht alles besser wissen
  – unparteiisch bleiben
  – eigene Meinung nicht vorschnell aussprechen

• Klären
  – Gründe klären
  – sachliche und persönliche Komponenten auseinanderhalten
  – Tatsachen und Meinungen trennen
  – tatsächliche Probleme erkennen
  – eigene Sicht begründen und Mitarbeiter motivieren

• Weg weisen
  – keine vorschnellen Urteile fällen
  – versuchen, alle Probleme anzuhören
  – Problemschwerpunkte setzen
  – Mitarbeiter mitentscheiden lassen
  – Probleme abwägen

- Beistehen
  - Gesprächspartner selbst Lösungen finden lassen
  - Anregung zur Selbstbeurteilung und Selbsteinschätzung geben
  - Wege und Ziele zur Lösung der Probleme anbieten
  - Diskretion schafft Vertrauen

Nachbereitung

- Vereinbarung bestätigen
- Zusätzliche Hilfe anbieten

2.9.2. Fallbeispiel

Franz Bauer ist Marketingleiter eines Handelsunternehmens. Sein Team umfaßt zehn Mitarbeiter. Die Stellen sind mit jungen Mitarbeitern besetzt (Durchschnittsalter 36 Jahre). Die Mitarbeiter sind je zur Hälfte Männer und Frauen.
Eines Tages kommt Herr Sager zu Herrn Bauer und ersucht um einen Gesprächstermin. Herr Sager ist ein äußerst kompetenter und verläßlicher Mitarbeiter. Herr Bauer nimmt sich sofort Zeit. Das Gespräch beginnt sehr schleppend. Herr Bauer spürt, daß etwas nicht in Ordnung ist. Daraufhin fordert er seinen Mitarbeiter auf, offen zu sein.
Nach kurzer Pause teilt Herr Sager seinem Vorgesetzten mit, daß er mit ihm nicht gut zusammenarbeiten kann und deshalb überlegt, sich einen neuen Job zu suchen.

- Was würden Sie unternehmen, wenn Sie Herr Bauer wären?

- Welche Themen würden Sie ansprechen?

- Wie könnte Ihre Gesprächsstrategie aussehen?

2.10. Feedback-Gespräch über Führungsverhalten des Vorgesetzten

Was ist Feedback?
Feedback ist eine Mitteilung an eine Person, die diese Person darüber informiert, wie ihre Verhaltensweisen von anderen wahrgenommen und verstanden werden. Das Maß und die Wirksamkeit von Feedback werden weitgehend vom Ausmaß des Vertrauens zwischen den jeweils betroffenen Personen bestimmt.

Die Vorteile von Feedback für Mitarbeiter und Führungskräfte

● Es unterstützt und fördert positive Verhaltensweisen durch Anerkennung.
● Es korrigiert Verhaltensweisen, die dem Betreffenden und der Gruppe nicht weiterhelfen oder der eigentlichen Intention nicht entsprechen.
● Es klärt die Beziehungen zwischen den Personen und hilft ihnen, einander besser zu verstehen.
● Es schafft ein besseres Wir-Gefühl im Unternehmen.

Wenn alle Teammitglieder und Führungskräfte bereit sind, sich gegenseitig solche Hilfen zu geben, können sie mehr voneinander lernen. Nur auf diesem Wege ist es möglich, die Fremdwahrnehmung mit der Selbstwahrnehmung systematisch zu vergleichen.

2.10.1. Wie geht Feedback vor sich ?

● Man läßt die andere Person wissen, was man über sich selbst denkt und fühlt.
● Man läßt die andere Person wissen, was man über sie denkt und fühlt (Konfrontation).
● Man sagt sich gegenseitig, was man über sich selbst und über einander denkt und fühlt (Feedback-Dialog).

Die Feedback-Information kann auf verschiedene Weise gegeben werden:

Bewußt: Zustimmend nicken. – Unbewußt: einschlafen.
Spontan: »Vielen Dank«. – Auf Aufforderung: »...?« »Ja, es hat geholfen.«
Mit Worten: »Nein«. – Wortlos: Das Zimmer verlassen.
Formal: Fragebogen. – Nicht formal: Beifall klatschen.

2.10.2. Feedback-Regeln

Allgemeine Regeln

Einfach

Aussagen über positiv und negativ erlebte Verhaltensweisen sollen in einfacher und verständlicher Form zusammengefaßt werden.

Beschreibend

Feedback soll beispielhaft gegeben werden und sowohl das gezeigte Verhalten als auch die notwendige Veränderung beinhalten, wobei praktische Beispiele sehr hilfreich sind.

Bestimmt

Nicht »um den heißen Brei herumreden«; Veränderungen direkt ansprechen; Motto: »Aus wenig – mehr machen«.

Gesagtes nicht ständig wiederholen

Einmal besprochene Veränderungen nicht ständig wieder aufgreifen. Bei Feedback im Team (in Seminaren, Workshops usw.) keine Wiederholungen bereits bekannter Kritikpunkte.

Verhalten des Feedback-Gebers

● Der Feedback-Geber soll seine Meinung konstruktiv und offen äußern
● Zuerst Positives verstärken, dann Veränderungen ansprechen
● Feedback nicht auf sich persönlich beziehen
  – z. B. Mir persönlich geht es in diesem Beispiel genau so wie Ihnen!
● Einfühlungsvermögen bei Kritik
  – Jeder Feedback-Geber soll sich auf die Verträglichkeit des Feedback-Nehmers einstellen, d. h. darauf, wieviel Rückkoppelung dieser ohne Unterbrechung verträgt.
● Keine Belehrungen
  – Beiträge sollen wertneutral gebracht werden.

Verhalten des Feedback-Nehmers

● Den Feedback-Geber ausreden lassen
● Keine Rechtfertigungen
  – Der Feedback-Nehmer soll Dinge nur dann rechtfertigen, wenn diese unrichtig dargestellt worden sind.
● Eigenes Feedback mitteilen
  – Wie habe ich mich persönlich in dieser Situation gefühlt?
  – Was war gut beziehungsweise weniger gut?
  – Was muß besser werden?
  – Welche Maßnahmen wären hierbei für mich von Vorteil?

● Offene Fragen an die Feedback-Geber stellen
  – Die Aussagen der Feedback-Geber kritisch hinterfragen
  – Aktiv Aussagen zusammenfassen und Unklarheiten klären
  – Erhaltenes Feedback verstehen lernen
  – Eigene Erkenntnisse und Anregungen des anderen miteinander in Einklang bringen und daraus einen Veränderungsvorschlag ableiten
  – Wertschätzung für erhaltenes Feedback ausdrücken

2.10.3. Das Feedback-Gespräch

Vorbereitung

● Ausgangssituation
● Zielsetzung des Gesprächs
● Inhalte
● Besonderheiten

Gespräch

● Positiver Einstieg
● Erklärung des Feedback-Gesprächs – Motivation
● Wie sehen Sie mich als Vorgesetzten?
● Notizen machen
● Was ist gut?
● Was muß verbessert werden?
● Welche Probleme liegen zwischen uns?
● Was muß geschehen, um Klarheit diesbezüglich zu bekommen?
● Welche Eigenschaften sollte Ihrer Meinung nach ein Vorgesetzter haben? Wie soll er vorgehen?
● Aktivitäten- und Zeitplan festlegen
● Wertschätzung für offenes Feedback
● Verstärkung
● Hinweis auf Vertraulichkeit

Nachbearbeitung

● Vermerk im Zeitplanbuch »Persönliche Ziele«
● Nach allen Feedback-Gesprächen Aktivitätenplan zusammenstellen
● Kontrollgespräche einplanen
● Verhaltensveränderungen gegebenenfalls mit Vorgesetzten oder Kollegen besprechen
● Erfahrungsaustausch einplanen

2.10.4. Fehler und Hindernisse beim Feedback-Gespräch

- Mitarbeiter sind zu ängstlich und gehemmt
- Mitarbeiter sagen nicht die Wahrheit
- Feedback artet in ein Streit- und Rechtfertigungsgespräch der Führungskraft aus
- Mitarbeiter kann sich sprachlich nicht gut ausdrücken
- Zu häufige Einholung von Feedback kann als »Eitelkeit« ausgelegt werden
- Gefahr von Gerüchten unter den Mitarbeitern
- Wenn das Gespräch zu lange dauert, wird zu viel »Persönliches« ausgetauscht
- Zu zahlreiche Veränderungswünsche werden von der Führungskraft ignoriert
- Feedback wird nicht ernst genommen

2.10.5. Fallbeispiel

Sie haben vor einiger Zeit eine Analyse Ihres Führungsstils durchführen lassen. Dabei haben Sie selbst Ihr Führungsverhalten beurteilt, andererseits haben Ihre Mitarbeiter eine Beurteilung Ihres Führungsverhaltens, wie sie es täglich erleben, abgegeben. Aufgrund dieses Ergebnisses haben Sie versucht, Ihre Stärken beizubehalten und Ihre Schwächen so weit wie möglich in den Griff zu bekommen.

Nun haben Sie vor, Ihre persönlichen Verbesserungsmaßnahmen im Rahmen von »Feedback-Gesprächen« mit Ihrem Vorgesetzen und Ihren Mitarbeitern auf ihre Wirksamkeit zu überprüfen.

– Was müssen Sie bei diesen Gesprächen berücksichtigen?

... gegenüber Ihrem Vorgesetzten?

... gegenüber Ihren Mitarbeitern?

– Wie sieht Ihr Stichwortkonzept zu den Gesprächen aus?

– Mit welchen inneren Widerständen müssen Sie fertig werden?

– Welche Widerstände könnten bei den Mitarbeitern vorhanden sein?

2.11. Gehaltsgespräch – Initiative geht vom Mitarbeiter aus

Häufig kommen Mitarbeiter zur Führungskraft und verlangen eine Erhöhung ihres laufenden Gehalts, einer Leistungszulage, einer Prämie oder einer sonstigen Leistung. Viele Führungskräfte sind in dieser Situation unsicher und gehemmt. Sie haben keine passenden Strategien zur Bewältigung einer derartigen Situation, ohne daß Demotivation und Frustration beim Mitarbeiter entstehen.

Folgende Gründe können den Mitarbeiter veranlassen, mehr Gehalt zu fordern:

- Mitarbeiter fühlt sich nicht leistungsgerecht bezahlt
- Die üblichen Gehälter am Markt sind wesentlich höher – bei gleichen Bedingungen
- Die letzte außerordentliche Gehaltserhöhung liegt schon sehr lange zurück
- Der Mitarbeiter kompensiert fehlende Motivation mit Geld
- Bei schlechtem Führungsstil sind die Mitarbeiter automatisch mit dem Gehalt unzufrieden
- Kollege(in) verdient mehr bei gleichen/ähnlichen Aufgaben
- Die Führungskraft kann das Entgelt nicht selbst regeln, sondern nur ihr Vorgesetzter
- Es gibt keine Richtlinien für die Bemessung von Zielerreichung und Arbeitsqualität
- Es gibt im Unternehmen keine formulierten Grundsätze für Be- und Entlohnung
- Es fehlt ein transparentes Anreizsystem über die grundsätzliche Be- und Entlohnung hinaus

2.11.1. Aufbau des Gehaltsgesprächs

Vorbereitung

In der Regel nicht möglich, da Mitarbeiter direkt auf die Führungskraft zugeht
- Information über Betriebszugehörigkeit/Einstufung/Entwicklung des Gehalts
- bisheriges Aufgabengebiet/Karriereplan
- Beurteilungsergebnisse bisher
- Mitarbeiter – Vergleich – Mitarbeiter derselben Leistungsebene – Gehalt

Gesprächsstruktur

- Begrüßung, Atmosphäre
- Anliegen des Mitarbeiters notieren
- Dank für offene Worte, Wertschätzung
- Veränderungsbereitschaft des Mitarbeiters abklären (neue Aufgaben, mehr Verantwortung, Entwicklung – Bedeutung usw.)
- Berufliche und private Ziele erfragen (Lebensalter entscheidend)
- Gehaltsvorstellungen konkretisieren
- Grundsätzliche Bereitschaft des Unternehmens signalisieren (wenn guter Mitarbeiter)
- Möglichkeiten des Unternehmens aufzeigen
- Termin für Entscheidung vereinbaren
- Prüfung, ob Mitarbeiter mit Vorgangsweise auch einverstanden ist
- Interesse an weiterer Zusammenarbeit bekunden
- Motto »Wir wollen zufriedene Mitarbeiter«

Nachbereitung

- Rücksprache mit Führungskraft und/oder Vorgesetzten
- Aufbereitung der Entscheidung
- Bei nein – klare Begründung mit praxisbezogenen und verständlichen Argumenten

2.11.2. Maßnahmen zur Vorsorge für ein Gehaltsgespräch

- Regelmäßige Jahres-Zielerreichungsgespräche einführen; einmal jährlich wird über folgende Themen gesprochen:
  - Arbeitsdurchführung
  - Zusammenarbeit im Team
  - Eignung/Qualifikation/Karriere
  - Ziele des Unternehmens, der Abteilung, des Mitarbeiters
  - Zufriedenheit mit Be- und Entlohnung
  - neue Projekte und Anreize dafür
- Regelmäßige Abklärung der Zufriedenheit mit Aufgaben und Situation im Unternehmen
- Interne Projekte anbieten und belohnen
- Vorschläge der Mitarbeiter werden prämiert
- Job rotation fördern – durch Übernahme neuer Aufgaben und Verantwortung steigt das Einkommen
- Leistungsorientiertes, transparentes Entlohnungssystem einführen

2.11.3. Fallbeispiel

In Klein- und Mittelbetrieben ist die Be- und Entlohnung weitgehend vom Kollektivvertrag abhängig. So auch im Installationsbetrieb »Maschek & CO«.
Herr Maschek ist der erfolgreiche Inhaber des Unternehmens. Das Unternehmen beschäftigt 80 Mitarbeiter. Herr Maschek hat einen Assistenten, Herrn Ing. Wöber, der eine echte Stütze für Herrn Maschek ist.
Herr Ing. Wöber ist sehr gut bezahlt, er erhält auch eine außerordentliche Leistungszulage. Seine Überstunden sind pauschaliert. Die letzte Gehaltserhöhung (öS 2.000 per Monat) liegt jetzt ein gutes Jahr zurück.
Herr Maschek und Herr Ing. Wöber sprechen gerade über ein bestehendes Projekt, da wird Herr Maschek mit folgender Situation konfrontiert: Herr Ing. Wöber stellt Herrn Maschek folgende Frage: »Herr Maschek, ich nehme an, daß Sie mit mir und meiner Arbeit zufrieden sind. Auch mir gefällt es sehr gut in Ihrem Unternehmen. Wie denken Sie über eine Verbesserung meines Gehalts, nachdem ich doch einige äußerst schwierige Projekte erfolgreich abgeschlossen habe?«

– Was kann nun in Herrn Maschek vorgehen?

– Welche Motive könnte Herr Ing. Wöber haben?

– Wie würden Sie in dieser Situation reagieren?

– Was sagen Sie Herrn Ing. Wöber (Gesprächsstrategie)?

2.12. Beförderung eines Mitarbeiters

Bei der Beförderung eines Mitarbeiters aus den eigenen Reihen sind folgende Überlegungen anzustellen:

● Welche Stelle wird frei?
● Wie sieht das Anforderungsprofil der Stelle aus?
● Welcher Mitarbeiter entspricht diesem Profil? (Ergebnisse aus der Mitarbeiterbeurteilung)
● Welche speziellen Kenntnisse, Verhaltensweisen, Techniken werden an dieser Stelle benötigt?
● Wie soll die Suche nach geeigneten Mitarbeitern erfolgen?

- Mit Hilfe welcher Objektivierungsverfahren wird eine Auswahl getroffen, wenn sich mehrere Mitarbeiter anbieten?
- Mit welchen Spannungsfeldern muß der beförderte Mitarbeiter umzugehen lernen?
- Welche Maßnahmen wären für den entsprechenden Mitarbeiter vor der Beförderung noch notwendig?
- Liegt die Beförderung im Rahmen der definierten Grundsätze des Unternehmens?
- Wurde die Beförderung mit der Firmenleitung abgestimmt?
- Auf welchem Weg wird die Beförderung bekannt gemacht?
- Zu welchen Anfangsschwierigkeiten kann es kommen?
- Wo wird der beförderte Mitarbeiter meine persönliche Hilfe benötigen?

2.12.1. Aufbau des Beförderungsgesprächs

Vorbereitung

- Zielsetzung festlegen
- Rahmenbedingungen abstecken
- Gesprächstermin mit Mitarbeiter vereinbaren
- Falls notwendig, Rückversicherung beim Vorgesetzten über:
  - Position, Bezeichnung, Titel
  - Gehaltseinstufung
  - Projekte während der Übergangs- und Einarbeitungsphase

Gespräch

- Wertschätzung
- Zufriedenheit mitteilen
- Zufriedenheit aus der Sicht des Mitarbeiters mit
  - Unternehmen
  - Aufgabe
  - Team
- Beförderung aussprechen
- Rahmenbedingungen mitteilen
- Verständnis und Einverständnis prüfen
- Einarbeitungsplan besprechen
- Verstärkung
- Wunsch nach weiterhin guter Zusammenarbeit äußern

Nachbereitung

- Einarbeitungs-Maßnahmenplan kontrollieren
- Zusätzliche Hilfe anbieten

2.12.2. Widerstände im Team

Bei der Beförderung eines Mitarbeiters aus dem Team können immer wieder Widerstände der »übrig gebliebenen« Mitarbeiter auftreten:

- Möglicherweise gibt es einen »Verlierer«
- Neid der Kollegen
- Der beförderte Mitarbeiter wird alleine gelassen
- Wird der Mitarbeiter in eine andere Abteilung befördert, fehlt der Kontakt mit den alten Kollegen und es können verstärkt Gerüchte auftreten
- Boykott der Entscheidung des Vorgesetzten

2.13. Mitarbeitergespräch zur Produktivitätssteigerung

Jedes Programm zur Steigerung der Produktivität des Teams sollte eine signifikante Verbesserung der Relation von Input und Output zum Ziel haben.

Erfolgreiche produktivitätssteigernde Maßnahmen sind von folgenden Faktoren abhängig:

- Sorgfältige Analyse der Ausgangssituation unter Einbeziehung der Mitarbeiter
- Sorgfältige Planung des Programms/der Maßnahmen
- Genaue Ziel- und Maßnahmendefinition
- Integration der Mitarbeiter festlegen
- Management muß voll hinter dem Programm stehen
- Nutzen des Programms muß klar erkennbar sein
- Gespräch dazu sollte mindestens einmal pro Jahr geführt werden, und zwar mit jedem einzelnen Mitarbeiter sowie mit dem Team

2.13.1. Gesprächsaufbau

Vorbereitung

- Überprüfung und Vergleich der Leistungsmaßstäbe und -trends bei Mitarbeitern in vergleichbaren Bereichen
- Gründe für unzureichende Produktivität suchen:
  - ineffiziente Arbeitsmethoden
  - unzureichende Mechanisierung oder inadäquate Maschinen- und Werkzeugausstattung
  - schlechte Selbstorganisation der Mitarbeiter
  - schlechtes Management
  - unzureichende Arbeitsbedingungen
  - schlecht bezahlte Sonderleistungen
  - zu viele restriktive Vorschriften
  - übermäßiger Materialverschleiß
- Zusammenfassung der möglichen Ursachen
- Gesprächsfahrplan festlegen
- Termin/Ort/Zeitdauer vereinbaren

Gespräch

- Wertschätzung
- Zufriedenheit abklären
- Gesprächsziel mitteilen, Thema »Steigerung der Produktivität«
- Analyse der Möglichkeiten nach der 6-W-Grundregel: wer, wo, wie, wieviel, wann, womit
- Zusammenfassung der Informationen
- Eigene Vorstellungen dazu ergänzen
- Gemeinsame Veränderungsstrategie vereinbaren (Ziele, Maßnahmen, Zeitplan)
- Vorschläge des Mitarbeiters anregen
- Neue Aufgabensituation besprechen
- Mitarbeiter eventuell einschulen bzw. fördern
- Produktivitätssteigerung in Zahlen definieren
- Zuversicht im Hinblick auf positives Ergebnis ausdrücken
- Gemeinsame Vereinbarung absichern

Nachbereitung

- Termine im Zeitplanbuch eintragen
- Widerstände abbauen
- Rahmenbedingungen schaffen und erhalten

2.13.2. Vorteile von produktivitätssteigernden Maßnahmen

- Einsparung von Zeit und Kosten
- Eliminierung von unnötigen Arbeiten, Doppelarbeiten
- Neugestaltung oder Beendigung unwirtschaftlicher Aktivitäten
- Bekämpfung von Alltagstrott und Betriebsblindheit
- Freisetzung von Manpower für neue interessante Aktivitäten
- Systematische Steigerung der Produktivität, wenn diese Überprüfungen und Gespräche regelmäßig durchgeführt werden

2.13.3. Fehler bei der Durchführung von Maßnahmen zur Produktivitätssteigerung

- Empfehlungen, die sich auf ungenaue Informationen oder Schlußfolgerungen stützen (Gerüchte)
- Empfehlung neuer Ausstattung, Methoden oder Verfahren, ohne die Kostenwirksamkeit dieser Vorschläge ausgewertet zu haben
- Empfehlungen, ohne die Auswirkung der Veränderungen auf andere Abteilungen/Bereiche beurteilt zu haben
- Keine Bestrebung zur Integration
- Vorschlag von Veränderungen, ohne die Reaktion der Betroffenen genügend zu berücksichtigen

2.13.4. Widerstände seitens der Mitarbeiter

- Angst, die Leistungsgrenze zu erreichen
- Eingefahrene Gewohnheiten
- Mehr Arbeit durch neue Aktivitäten
- Entstehung von Gerüchten
- Starkes Konkurrenzdenken im Team und im Unternehmen – der Bessere gewinnt

2.13.5. Fallbeispiel

In einem Industrieunternehmen wird Kostenmanagement groß geschrieben. Der technische Direktor ist permanent bestrebt, bei gleichzeitiger Steigerung der Produktivität Kosten einzusparen.
Er holt seinen Betriebsleiter in sein Büro und teilt ihm mit, daß der Kostensatz in der Produktion um 15% zu hoch ist.

– Wie würden Sie den Auftrag zur Kostensenkung »mit Interesse und Motivation« weitergeben?

– Was geht im Betriebsleiter vor, wenn sich das Gespräch nur auf die 15% reduziert?

2.14. Coaching als Führungsaufgabe – der Manager als Entwickler seiner Mitarbeiter

Je höher eine Führungskraft in der betrieblichen Hierarchie steigt, um so schwieriger wird es für sie, einen kompetenten und neutralen Gesprächspartner zu finden, um berufliche Barrieren, Veränderungswünsche, Ideen, Ziele usw. besprechen zu können.

Jede Führungskraft sollte aber ihre Mitarbeiter coachen. Der Begriff »Coaching« kann als ein Prozeß beschrieben werden, in dem ein Manager durch direkte Diskussion und gelenkte und überwachte Aktivitäten einem Mitarbeiter hilft, ein Problem besser lösen oder eine Aufgabe besser erfüllen zu lernen.

Gründe für den Einsatz von Coaching bei Mitarbeitern und Vorgesetzten:

● Karriere-Reflexion
● Generationskonflikte an der Unternehmensspitze
● Standortbestimmung
● Selbstbildklärung durch offenes, das heißt Gruppen-Feedback
● Auswahl geeigneter Entwicklungsmaßnahmen
● Streßbewältigung (Burnout und Überforderung)
● Mentale Vorbereitung auf schwierige Aufgaben
● Reflexion des Kommunikations- und Führungsverhaltens
● Kündigen oder weitermachen?
● Vorbereitung und Begleitung bei Bewerbung
● Persönliche Probleme (Familie, Partnerschaft, Abhängigkeiten)

Jede Führungskraft sollte als Coach folgende gleichwertige Rollen aktiv ausfüllen:

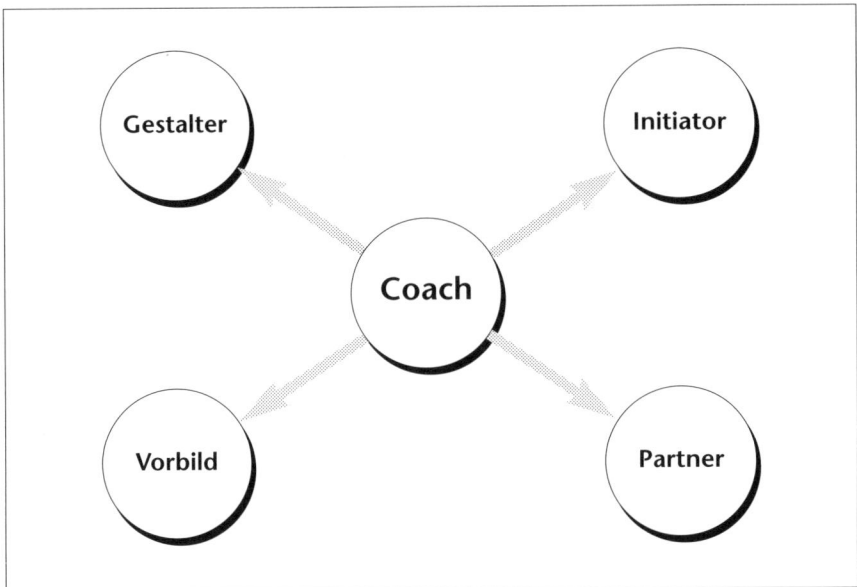

Die Hauptschwierigkeiten liegen dabei vorwiegend auf der emotionalen Ebene, so daß der Coach folgendes beherrschen muß:

● Techniken der Kommunikation
● Psychologische Streßtechniken
● Problemlösungstechniken
● Konfliktstrategien

2.14.1. Grundlagen des Coaching

1. Stufe: Schaffung des notwendigen Klimas

● Ein Vorgesetzter, der hohe Leistungsziele setzt, muß die Zustimmung der Mitarbeiter zu den Leistungsstandards erreichen. Das kann durch viel Kommunikation, Diskussion, Vermittlung von Sinnhaftigkeit und Wichtigkeit usw. herbeigeführt werden. Den Mitarbeitern wird Hilfe und Unterstützung zur Erreichung dieser Ziele gewährt, dabei wird aber klargemacht, daß von den Zielen nicht abgegangen wird.

- Der Mitarbeiter muß erkennen, daß er sich zur Zielerreichung manchmal anpassen oder weiterentwickeln muß. Er weiß, daß dem Vorgesetzten seine persönliche Entwicklung wichtig ist und daß er mit der Unterstützung des Vorgesetzten rechnen kann. Dabei kann er aktiv auf den Vorgesetzten zugehen und muß nicht befürchten, daß dieser seine Schwäche negativ beurteilen wird.
- Der Vorgesetzte ermutigt den Mitarbeiter, seine Fähigkeiten einzusetzen und mit Selbstvertrauen an neue Projekte heranzugehen. Begangene Fehler werden als Lernchance gesehen.

2. Stufe: Vereinbarung des neuen Führungsstils mit dem Mitarbeiter

Die neuen Vorgehensweisen werden zwischen dem Vorgesetzten und dem Mitarbeiter besprochen. Dadurch gewinnt der Mitarbeiter ein besseres Verständnis für die Absichten und Aktivitäten des Vorgesetzten.

3. Stufe: Zielsetzung

Der Aufbau des Zielsystems umfaßt Aufgabenziele (inhaltliche und sachliche Vorgaben) und Entwicklungsziele, die die persönliche Entwicklung des Mitarbeiters betreffen. Entwicklungsschritte und Zeiträume werden vereinbart.

4. Stufe: »Gelebter« Führungsstil

Die Durchführung der Maßnahmen zur Erreichung der (Entwicklungs-)Ziele wird hinsichtlich des Fortschritts des Mitarbeiters laufend überprüft. Diese Überprüfung stellt aber keine Kontrolle im herkömmlichen, »regulierenden« Sinn dar, sondern erfolgt im Rahmen des Coaching in Form von Unterstützungs- und Förderungsmaßnahmen durch den Vorgesetzten.

2.14.2. Ablauf einer Coaching-Aktivität

Schritte	Ziele
● Selbstüberprüfung des Vorgesetzten: Kann er dem Mitarbeiter offen und ohne Vorurteile gegenübertreten? Gibt es unausgesprochene Dinge, die das Gespräch belasten würden? Thematisierung und Klärung der Störungen.	Das eigentliche Coaching-Gespräch wird nicht unnötig belastet und kann sich auf die wesentlichen Themen beziehen.
● Rückmeldung und Feedback bezüglich einer subjektiv wahrgenommenen Situation oder Abweichung.	Abstimmung von Selbstbild und Fremdbild. Erreichen eines gemeinsamen Zielverständnisses.
● Abstimmung der unterschiedlichen Sichtweisen	Klärung von Vorurteilen. Der Vorgesetzte macht deutlich, daß er die Sichtweise des Mitarbeiters ernst nimmt.
● Gründe für eine Veränderung und mögliche Hindernisse dafür herausarbeiten	Motivation zur Veränderung entwickeln
● Erarbeitung von Maßnahmen, um eine Veränderung in Gang zu bringen.	Veränderungsfähigkeit entwickeln
● Vereinbarung der angestrebten Ziele	Aktiv werden
● Vereinbarung der Unterstützungsmaßnahmen	Erfolgschancen der Veränderung erhöhen

2.14.3. Anforderungen für das Coaching

Um Coaching wirksam einsetzen zu können, muß sowohl das Unternehmen, d. h. die Organisation, als auch der jeweilige Vorgesetzte bestimmte grundlegende Eigenschaften mitbringen:

Grundhaltungen von Vorgesetzten und Mitarbeitern:

● Der Vorgesetzte ist bereit, mit seinem Mitarbeiter einen Entwicklungsprozeß zu durchlaufen und Zeit dafür zu investieren.
● Die Mitarbeiter sind grundsätzlich entwicklungsfähig, sie müssen nur motiviert werden.
● Der Entwicklungsprozeß verläuft möglichst angst- und sanktionsfrei. Der Vorgesetzte akzeptiert seine Mitarbeiter und strebt nach fairen Lösungen. Er nimmt ihre Bedürfnisse wahr und respektiert sie.

Persönliche Anforderungen an den Vorgesetzten:

- Persönliche Reife, Kenntnis der eigenen Stärken und Schwächen
- Diagnose- und Analysefähigkeit hinsichtlich des Entwicklungspotentials der Mitarbeiter
- Emotionale Distanz, um Vorgänge vorurteilsfrei beobachten zu können
- Fähigkeit, die eigenen Bedürfnisse mitzuteilen und Bedürfnisse anderer wahrzunehmen (soziale Kompetenz)
- Probleme vollständig wahrnehmen können, um richtig einzugreifen
- Offenheit, ohne zu verletzen
- Richtige Einstellung zu Fehlern (Fehler = Chance zum Lernen)
- Visionen für den eigenen Aufgabenbereich entwickeln und sie an die Mitarbeiter weitervermitteln können

Anforderungen an die Organisation:

- Die Personal- und Personalentwicklungspolitik des Unternehmens muß Coaching ermutigen.
- Die Funktionsbeschreibung/Stellenbeschreibung jedes Managers sollte Coaching als Führungsaufgabe enthalten.
- Die Entwicklung von Mitarbeitern liegt in der Verantwortung jeder einzelnen Führungskraft.
- Es gibt einen Verantwortlichen für die Entwicklung eines Coaching-Konzeptes im Unternehmen.
- Das Unternehmensklima begünstigt das Lernen.
- Coaching ist ein integrierter Bestandteil des Beurteilungswesens, der Nachfolgeplanung und des Management-Trainings.

2.14.4. Coaching-Barrieren

- Ziele sind nicht klar definiert und im Unternehmen nicht präsent
- Feedback ist nicht erwünscht oder Mitarbeiter erhalten erst Feedback, wenn es zu spät ist
- Angst vor Beurteilungen
- Über Gefühle darf im Unternehmen nicht gesprochen werden
- Keine gegenseitige Anerkennung, sondern Mißachtung
- Vorgesetzte lähmen ihre Mitarbeiter
- Vorgesetzte können mit ihrem Status und mit ihrer Position nicht umgehen
- Vorgesetzte und Mitarbeiter sind in kontraproduktiver Art und Weise voneinander abhängig
- Konkurrenz und nicht Zusammenarbeit wird gefördert

2.14.5. Coaching im Unterschied zu anderen hilfreichen Verhaltensweisen des Vorgesetzten

Coaching ist von anderen verwandten hilfreichen Formen des Vorgesetztenverhaltens abzugrenzen.
In Anlehnung an Megginson und Stiefel sei nun die Unterscheidung zwischen

● Unterweisung
● Coaching und
● Mentorverhalten
dargestellt.

Vorgesetztenverhalten

Dimension	Unterweisung	Coaching	Mentorver-halten
Fokus	Aufgabe	Arbeitsergebnisse	Eine einzelne Person, die sich entwickelt
Zeitspanne/ Dauer	Ein oder zwei Tage	Von einem Monat bis zu einem Jahr	Über eine gesamte Karriere oder das gesamte Leben hinweg
Ansatz	Zeigen und anweisen/ Vorgabe von Praxissituationen, die dann durchgesprochen werden	Gemeinsames Durcharbeiten eines Problems/ Schaffung von Möglichkeiten, neue Fähigkeiten auszuprobieren und zu erwerben	Handelt als Freund und Partner und ist auch bereit, gegensätzliche Positionen einzunehmen/ Hört zu und stellt Fragen, um den Bewußtseinsstand des anderen zu heben
Verwandte Aktivitäten	Analyse der Aufgabe, klare Anweisung, Überprüfung, Praxis, sofortiges Feedback	Gemeinsame Problemklärung, Schaffung und Einrichtung von Entwicklungsmöglichkeiten, Durchsprechen	Verbindungen herstellen zwischen der Arbeit und anderen Bereichen des Lebens, Klärung von grund-

Dimension	Unterweisung	Coaching	Mentorver-halten
		des neuen Entwicklungsstands	sätzlichen Antriebskräften und langfristigen Zielen
Einstellung gegenüber uneindeutigen und unklaren Situationen (Ambiguitäten)	Sie werden eliminiert	Sie werden als Herausforderung zum Lernen eingesetzt	Sie werden als stimulierender Teil des Lebens schlechthin akzeptiert
Beabsichtigte Ergebnisse für den Lernenden	Prognostizierbare Leistungsfähigkeit für eine bestimmte Aufgabe zu einem bestimmten Zeitpunkt; Lernender weiß, wo er mit seinen Fähigkeiten steht	Ergebnisverbesserung und Erweiterung der Kompetenz des einzelnen, unabhängig zu arbeiten; Lernender weiß, was er erreichen kann	Infragestellung von bisherigen Annahmen über »Arbeits- und Lebenspositionen«; Standortbestimmung führt zu einem höheren Bewußtseinsstand; Lernender weiß, was in Zukunft auf ihn zukommt
Mögliche Ergebnisse für den Helfer	Erfüllung und Kontrolle von Standards	Genugtuung über Lernenden, der sich mit Motivation und Eigeninitiative entwickelt	Fragen für den Mentor selbst; Erfüllung
Nutzen für das Unternehmen	Standardisierbares und einschätzbares Leistungsverhalten von Mitarbeitern	Zielorientiertes Leistungsverhalten, das auf Verbesserung ausgerichtet ist und es ermöglicht, neue Probleme kreativ zu lösen	Bewußtes Hinterfragen der Ziele, der Vision und des Leitbilds des Unternehmens.

(Quelle: Stiefel R., MAO-Briefe Nr. 3/88, St. Gallen)

2.14.6. Coaching–Fragebogen für die Entwicklung von Mitarbeitern

Anhand dieses Fragebogens können Sie Ihre Mitarbeiter beurteilen lassen, inwieweit Sie bereits Ihrer Aufgabe als »Coach« gerecht werden. Sie ihrerseits können die Coaching-Aktivitäten Ihres Vorgesetzten bewerten. Je niedriger die durchschnittliche Bewertung liegt, desto eingehender sollten Sie sich mit der Frage befassen, wie Sie Ihre Coaching-Aufgaben in Zukunft wahrnehmen wollen und können.

Name des Mitarbeiters:

Tätigkeit:

Vorgesetzter:

Kriterien   (Bewertung: 1 = nie; 7 = häufig)

1. Mein Vorgesetzter und ich reden offen
   über die zu erreichenden Ziele | 1 | 2 | 3 | 4 | 5 | 6 | 7 |

2. Mein Vorgesetzter und ich strukturieren
   und planen die Umsetzung der Ziele gemeinsam

3. Bei der Aufgabenerfüllung ist mein Vorge-
   setzter ein Vorbild für mich | 1 | 2 | 3 | 4 | 5 | 6 | 7 |

4. Mein Vorgesetzter und ich legen bei neu-
   en Aufgaben die einzelnen Schritte ge-
   meinsam Punkt für Punkt fest | 1 | 2 | 3 | 4 | 5 | 6 | 7 |

5. Mein Vorgesetzter und ich können offen
   über Schwierigkeiten und Probleme reden | 1 | 2 | 3 | 4 | 5 | 6 | 7 |

6. Mein Vorgesetzter gibt mir in regelmäßigen Abständen die Chance, über meine
   persönlichen und beruflichen Ziele zu
   sprechen | 1 | 2 | 3 | 4 | 5 | 6 | 7 |

7. Mein Vorgesetzter fördert meine Fähigkeiten ganz gezielt im Hinblick auf meine zukünftigen Anforderungen

| 1 | 2 | 3 | 4 | 5 | 6 | 7 |

8. Mein Vorgesetzter präsentiert meine Arbeit auch nach oben bzw. nach außen

| 1 | 2 | 3 | 4 | 5 | 6 | 7 |

9. Mit Kritik geht mein Vorgesetzter offen und konstruktiv um

| 1 | 2 | 3 | 4 | 5 | 6 | 7 |

10. Mein Vorgesetzter schafft innerhalb unserer Abteilung ein offenes und konstruktives Arbeits- und Zusammengehörigkeitsklima

| 1 | 2 | 3 | 4 | 5 | 6 | 7 |

11. Mein Vorgesetzter geht mit Feedback zu seiner Person und Feedback an die Mitarbeiter kompetent um

| 1 | 2 | 3 | 4 | 5 | 6 | 7 |

12. Mein Vorgesetzter schafft mir die zur Aufgabenerfüllung notwendigen Freiräume

| 1 | 2 | 3 | 4 | 5 | 6 | 7 |

13. Mein Vorgesetzter beteiligt mich an Entscheidungsprozessen, welche mich bzw. die Abteilung betreffen

| 1 | 2 | 3 | 4 | 5 | 6 | 7 |

14. Mein Vorgesetzter geht mit Arbeitstechniken und Zeitmanagementinstrumentarien vorbildhaft um

| 1 | 2 | 3 | 4 | 5 | 6 | 7 |

15. Mein Vorgesetzter schafft im Team ein positives Klima mit gesundem Konkurrenzdenken unter den Teammitgliedern

| 1 | 2 | 3 | 4 | 5 | 6 | 7 |

2.14.7. Coaching-Fragen für den Manager

Je öfter auf die folgenden Fragen mit »ja« geantwortet wird, desto dringender ist Coaching erforderlich!

Ich würde gerne meinen beruflichen/persönlichen Standort mit jemandem besprechen und reflektieren.	ja	nein
Ich möchte ganz objektiv von jemandem wissen, wie ich eigentlich auf andere wirke.	ja	nein
Ich würde in Streß-Situationen sehr gern aus meinem alten Schema herauskommen.	ja	nein
Auf eine neue Aufgabe, die in Kürze auf mich zukommt, würde ich mich gerne mit jemandem im nichtfachlichen Bereich vorbereiten.	ja	nein
Ich möchte mein Kommunikations- und Führungsverhalten in ganz konkreten Alltagssituationen einmal hinterfragen, um zu befriedigenderen Lösungen zu kommen.	ja	nein
Ich habe viel erreicht in meiner jetzigen Position; doch wie die Dinge augenblicklich liegen, weiß ich nicht, ob ich auf »dem richtige Dampfer« bin.	ja	nein
Ich möchte meine berufliche Neuorientierung als persönliche Chance für meinen weiteren Lebensweg nutzen.	ja	nein
Meine private Situation würde ich gerne mit einem Außenstehenden reflektieren, der als Psychologe auch Kontakt zu Führungskräften und deren Problemen hat.	ja	nein

2.14.8. Aufbau eines Coaching-Gesprächs

Vorbereitung

● Kurzes Gespräch mit dem Mitarbeiter über das Thema
● Termin/Ort/Dauer des Gesprächs vereinbaren
● Vier-Augen-Gespräch

Gespräch

● Wertschätzung
● Positive Atmosphäre schaffen
● Zu Beginn folgende Situation abfragen:
   – Vorausgesetzt, dieses Gespräch hätte sich am Ende als nützlich erwiesen, woran würden Sie das merken?

- Was hätte sich verändert?
- Was würden Sie mitnehmen?
- Ihr Problem ist ... Woran merken Sie das?
  Wer leidet am meisten darunter?
- Situation darstellen lassen
  - Notizen machen
  - ausreden lassen
  - zustimmen
  - Gehörtes zusammenfassen
  - Verständnisfragen stellen
- Zusammenfassung des Gehörten mit eigenen Worten, nach Schwerpunkten, Themen, Problemen geordnet
- Analysefragen zum Problem und zur möglichen Lösung
  - Was haben Sie bisher unternommen, um das Problem aus eigener Kraft zu lösen?
  - Wie erklären Sie sich das Problem, woher kommt es?
  - Wann tritt das Problem weniger häufig/nicht auf?
  - Was war da anders?
  - Was soll so wie bisher bleiben?
  - Wenn ein Wunder geschehen würde, und das Problem über Nacht weg wäre, was wäre für Sie anders? Was wäre für beteiligte Personen anders? Was wäre die beste und was die schlimmste Folge davon?
  - Was könnte das Problem noch verschlimmern?
  - Sollte sich das Problem als unlösbar herausstellen, wer würde sich am leichtesten damit abfinden?
- Zusammenfassung der Ergebnisse
- Lösungshypothesen ansprechen
- Den Mitarbeiter durch Fragen zur Lösung hinführen und zur Einbringung eigener Ideen anregen
- Einwände behandeln
- Eingehen auf Widerstände und Unstimmigkeiten
- Positives Ergebnis ansteuern
- Feedback über Ergebnis, Gespräch, Gefühlssituation einholen
- Gemeinsame nächste Schritte vereinbaren
- Wertschätzung

Nachbereitung

- Ergebnis notieren
- Kontrollgespräch vereinbaren
- Termine wahrnehmen

2.14.9. Fallbeispiel

Versetzung eines Mitarbeiters mangels erforderlicher Arbeitsleistung.
Frau Geiger ist langjährige Mitarbeiterin in der Buchhaltung. Sie hat bis
vor ca. einem Jahr ihre Arbeit optimal erledigt. Nach der Umstellung auf
ein neues EDV-System hat ihre Leistung rapide nachgelassen. Frau Geiger
wurde, wie alle anderen Mitarbeiter auch, intensiv für die Arbeit mit dem
neuen System eingeschult.
Bei Fragen an Frau Geiger, was denn los sei, kommt meist die »Alles o.k.«-
Antwort. Nachdem Sie dreimal mit Frau Geiger – ohne Erfolg – über Veränderungen ihres Arbeitsverhaltens gesprochen haben, stellen Sie den Antrag auf Versetzung von Frau Geiger in eine andere Abteilung. Wenn das
O.K. von oben kommt, werden Sie mit Frau Geiger sprechen.

– Wie werden Sie Ihr diesbezügliches Gespräch aufbauen?

– Mit welchen Widerständen müssen Sie rechnen?

– Wie werden Sie sich gegenüber dem Team verhalten?

2.15. Mitarbeiter-Erfolgsanalyse: Beurteilungs- und/oder Jahresgespräch (Fördergespräch)

2.15.1. Grundlagen

Im täglichen Leben, ob beruflich oder privat, wird man permanent beurteilt. Der Erfolg eines Unternehmens wird heute mehr denn je von den
Mitarbeitern und Führungskräften bestimmt.
Die Erreichung der Unternehmensziele hängt von der persönlichen Leistung jedes einzelnen Mitarbeiters ab. Voraussetzung dafür ist, daß der
Mitarbeiter selbst leistungsmotiviert ist und daß ihm das soziale Umfeld
des Unternehmens einschließlich der Arbeitsbedingungen genügend Motivation bietet.
Dazu gehört aber auch die Bereitschaft des Unternehmens, jeden Mitarbeiter klar und deutlich über seine Leistung und sein Leistungsvermögen
aus der Sicht des Vorgesetzten und des Unternehmens zu informieren.
Mehr und mehr verlangen auch die Mitarbeiter zu erfahren, wie ihre Leistung gesehen, anerkannt und honoriert wird.

Warum und wann wird beurteilt?

Personalführung ohne Beurteilung ist nicht denkbar. Anerkennung und Kritik, leistungsgerechte Entgeltgestaltung, Einsatz, Förderung und Entwicklung von Mitarbeitern setzen zwangsläufig eine abgeschlossene Meinungsbildung über Leistung und Arbeitsverhalten des einzelnen voraus. Eine systematische und regelmäßige Beurteilung der Mitarbeiter ist aus folgenden Gründen notwendig:

● Die Entscheidungsträger des Unternehmens benötigen fundierte und möglichst richtige Informationen über die Mitarbeiter. Es gilt, das Potential, die Entwicklungsmöglichkeiten und die Entwicklungserwartungen jedes einzelnen Mitarbeiters zu erfassen.
● Der Mitarbeiter verlangt zu erfahren, wie seine Leistung beurteilt wird. Es geht ihm darum, seinen Beitrag zur Erreichung der ihm, dem Bereich und dem Unternehmen gesetzten Ziele zu erkennen. Dazu benötigt er Zielvorgaben und Maßstäbe, sodaß der Leistungsbeitrag objektiv meßbar wird. Es gilt, dem Mitarbeiter Informationen über ihn zu geben, damit er seine eigenen Weiterentwicklungsmöglichkeiten erkennt bzw. sie ihm aufgezeigt werden können.
● Die Führungskräfte benötigen Hilfsmittel zur Personalführung. Hier sind Mitarbeiterbeurteilungssysteme besonders geeignet, da einerseits eine Stärken-/Schwächenbilanz hinsichtlich Mitarbeiterpotential, Eignung und Leistungsbeitrag erstellt wird und andererseits der Vorgesetzte sich zwischenmenschlich mit dem Beurteilten, d. h. dem Mitarbeiter, in einem Beurteilungsgespräch auseinandersetzen muß.

Bei der Entwicklung und Durchführung betrieblicher Beurteilungssysteme ist von den folgenden Fragen auszugehen, auf die Antworten gegeben werden müssen:

● Hat der Mitarbeiter die mit ihm vereinbarten Ziele erreicht?
● Wie haben sich Leistungen und Leistungsbereitschaft des Mitarbeiters entwickelt?
● Hat der Mitarbeiter besondere Fähigkeiten erworben?
● Hat der Mitarbeiter den richtigen Arbeitsplatz?
● Ist der Mitarbeiter förderungswürdig; könnte er an einer anderen Stelle des Unternehmens mehr leisten?
● Wo und wie sind vorhandene Mängel bei Leistung und Führung zu beheben?
● Welche Personalentwicklungsmaßnahmen sind dem Mitarbeiter zu empfehlen?

Wann wird im Unternehmen beurteilt? – Anlässe sind im wesentlichen:

- Bestandsaufnahme des Mitarbeiter-Potentials
- Interne und externe Personalbeschaffung und -auswahl (Rekrutierung)
- Auswahl von Nachwuchskräften
- Ablauf der Probezeit
- Zyklische Beurteilung, z. B. alle 1/3/5 Jahre (auch Potentialbeurteilung)
- Versetzung
- Aufgabenwechsel und Wechsel des Arbeitsgebietes
- Vorgesetztenwechsel
- Wunsch des Mitarbeiters
- Besonderer Anlaß, z. B. besondere/schlechte Leistung, Fehlverhalten
- Anforderung der Personalabteilung, um Potential und Eignung zu erfassen und um personelle Entscheidungen vorzubereiten
- Personaleinsatz; Vergleich von Anforderungs- und Eignungsprofil
- Leistungsbeurteilung, um leistungsgerecht zu entlohnen
- Befragungen zur Zusammenarbeit und zum Betriebsklima (Mitarbeiterbefragung, Vorgesetztenbeurteilung)
- Ausscheiden aus dem Unternehmen (Zeugniserstellung)
- Grundlage schaffen für unterschiedliche Entgeltgestaltung (z. B. Prämien, Zulagen usw.)
- Analyse des Fortbildungsbedarfs
- Förderung von Mitarbeitern und Führungskräften

2.15.2. Wege zum Mitarbeiterbeurteilungssystem oder zum Erfolgsanalysegespräch

1. Schritt: Erarbeitung der Beurteilungsunterlagen

- Stellenanalysen (aus Funktionsbeschreibungen)
- Anforderungsprofile
- Leistungsmaßstäbe
- sach- und personenbezogene Ziele festlegen

2. Schritt: Beobachtung des Leistungsverhaltens

- Erarbeitung von Kriterien zur Beobachtung
- Bewertungssystem
- Schnittstellen zu anderen betrieblichen Funktionen (z. B. Be- und Entlohnung, Personalentwicklung usw.)
- Erstellung einer Ereigniskartei
- ±- Faktoren pro Mitarbeiter

3. Schritt: Begutachtung der erbrachten Leistungen

- Pilotbeispiel innerhalb der Führungsrunde
- Soll/Ist-Vergleich laut Zielvereinbarungsgespräch
- Erarbeitung der internen Richtlinien und Unterlagen
- Analyse des Mitarbeitergesprächsbogens

4. Schritt: Handling des Mitarbeitergesprächs

- Faktische Untermauerung der Urteile (praktische Beispiele)
- Ursachenanalyse
- Klärung der Entwicklungsmöglichkeiten
- Festlegung der Personalentwicklungsgrundsätze
- Zielgruppendefinition
- Zentrale Koordination
- Ergebnisbearbeitung

5. Schritt: Umsetzung der Gespräche

- Training der Führungskräfte
- Mitarbeiterinformation
- Mitarbeitergespräch

2.15.3. Merkmalkatalog zur Auswahl und Festlegung von Beurteilungskriterien

Persönlichkeit

- Outfit
- Auffassungsgabe
- Körperhaltung
- Mimik, Gestik
- Charakterliche Grundhaltung
- Persönliches Auftreten
- Sprache und Darstellungsformen
- Ausdrucksfähigkeit
- Intuitives Denken und Handeln
- Selbstkritikfähigkeit
- Selbstbewußtsein
- Selbstvertrauen
- Durchsetzungsvermögen

● Entwicklungsfähigkeit

Teamverhalten

● Fortschritte von Gruppen fördern
● Gruppenzusammenhalt fördern
● Teambildung
● Integrationsfähigkeit
● Zielorientierung
● Verhandlungsgeschick
● Umgang mit Menschen
● Kooperationsfähigkeit
● Kommunikationsfähigkeit
● Einstellung zu Menschen

Arbeitsmethode

● Analytisches Denken
● Rationelles Arbeiten
● Qualitätsbewußtsein
● Termintreue
● Zeitmanagement
● Einsatz von Arbeitstechniken
● Arbeitsvorbereitung
● Selbstkontrollmechanismen
● Technisches/kaufmännisches Verständnis
● Problemlösungsorientierung
● Ergebnisorientierung

Eigenschaften

● Beharrlichkeit
● Belastbarkeit
● Initiative
● Kreativität
● Überzeugung
● Loyalität
● Konsequenz
● Ausdauer
● Ausgeglichenheit
● Einfühlungsvermögen

Führungsverhalten

- Autorität
- Delegationsfähigkeit
- Gesprächsführung
- Anerkennung
- Fördern und schulen
- Vorbildwirkung
- Planungsfähigkeit
- Kritisieren
- Konflikte lösen
- Moderieren
- Besprechungen halten
- Probleme lösen
- Ergebniskontrolle
- Motivieren von Mitarbeitern

2.15.4. Methoden und Anlässe der Mitarbeiterbeurteilung im Überblick

Ziel der Mitarbeiterbeurteilung ist es, bei den Mitarbeitern eine

- Leistungsfeststellung,
- Leistungsbewertung,
- Zufriedenheits- und Leistungsanalyse und
- Entwicklung von Potentialen

vorzunehmen.

Je nach Anlaß der Beurteilung können unterschiedliche Verfahren und Beurteilungsmethoden herangezogen werden. Die wichtigsten Beurteilungsanlässe werden im folgenden erläutert:

2.15.4.1. Auswahl eines neuen Mitarbeiters

Ziele:

- Beurteilung der vorhandenen Potentiale
- Vergleich des Eignungsprofils des Mitarbeiters mit dem Anforderungsprofil der Stelle
- Persönliche »Kulturprägung« des neuen Mitarbeiters erfassen
- Auswahlinstrumentarien zur Beurteilung einsetzen (Assessment Center, Testbatterien, strukturierte Interviewgespräche usw.)

Beurteilung wird durchgeführt von:

- Personalabteilung
- Vorgesetztem der zu besetzenden Stelle
- Mitarbeiter im Team (noch Ausnahmefall)

Vorteile:

- Objektivere Einschätzung durch Mehrfachbeobachtung
- Auseinandersetzung mit unterschiedlichen Verhaltenskriterien zur Analyse der Eignung
- Hohe Identifikation bei Vorgesetztem und Team durch Mitentscheidung bei der Auswahl und Beurteilung
- Gegenseitiges Kennenlernen während des Auswahlverfahrens (Reduzierung des Kulturschocks)

Nachteile:

- Aufwendiges Verfahren, je nach Auswahl- und Beurteilungsmethode
- Zu unterschiedliche Meinungen von den einzelnen Beurteilern
- Fehlendes psychologisches Grundverständnis führt zu Fehleinschätzungen

2.15.4.2. Beurteilung eines neuen Mitarbeiters während/ nach der Einarbeitungszeit

Ziele:

- Prüfung der persönlichen Eignung
- Differenz zwischen Anforderung und Eignung ermitteln
- Feststellung möglicher Defizite als Ansatzpunkte für Förderung und Entwicklung
- Integrationsprozeß gezielt umsetzen
- Beurteilung der Einarbeitungsleistung

Beurteilung wird durchgeführt von:

- Abteilungsleiter, wenn der neue Mitarbeiter eine Traineeausbildung durchläuft
- Einführungspaten oder -mentor
- Vorgesetztem der zu besetzenden Stelle

Vorteile:

- Frühzeitige Einschätzung der vorhandenen Potentiale möglich
- Gezielterer Karriereaufbau möglich
- Förderung wird überschaubar gestaltet
- Trennung vom Mitarbeiter, wenn Potential nicht vorhanden
- Imagesteigerung der Abteilung, wenn diese in Entscheidungsprozeß integriert wird

Nachteile:

- Zeitaufwand für Systementwicklung
- Schulung der Vorgesetzten notwendig
- Konsequentes Controlling notwendig

2.15.4.3. Beförderung von Mitarbeitern in Führungspositionen

Ziele:

- Unternehmensinterne Entwicklung von Mitarbeitern zur Besetzung von Schlüsselpositionen
- Identifizierung von ausbaufähigen Potentialen
- Beförderung aus eigenen Reihen – Ziel jeder individuellen Entwicklungsarbeit
- Potentialbeurteilung des zukünftigen Stelleninhabers durch Mitarbeiterbeurteilung der vergangenen Jahre, Auswahlverfahren (Assessment-Center, Entwicklungsseminare usw.)
- Förderung der Eigenmotivation einzelner Nachwuchsleute im Unternehmen zur Selbstorganisation des »Lernens«
- Schaffung transparenter Karrieremechanismen

Beurteilung wird durchgeführt:

- Vom Vorgesetzten im Rahmen der Leistungsfeststellung und Potentialeinschätzung (Mitarbeiterbeurteilung)
- Mit Hilfe von Auswahl- oder Entwicklungsworkshop bei verschiedenen Bewerbern
- Durch Auswahlentscheidung mit Hilfe externer Personalberater

Vorteile:

- Objektives Verfahren bietet dieselbe Chance für alle Bewerber, da Ausgangssituation für alle die gleiche ist

- Karrierevorstellungen der Mitarbeiter werden realisiert – Vertrauen in das Unternehmen steigt
- Beförderung aus eigenen Reihen hat den Vorteil, daß Arbeitsstil und -verhalten des Mitarbeiters bereits bekannt sind

Nachteile:

- Verlierersyndrom bei denjenigen, welche nicht zum Zug kommen
- Ohne externe Unterstützung ist Fehleinschätzung möglich
- Auswahl und Entwicklung aus eigenen Reihen setzt kompetentes und akzeptiertes Mitarbeitermanagement-Konzept voraus

2.15.4.4. Gehaltsfestsetzung

Ziele:

- Bestimmung der Kriterien für leistungsorientiertes Gehalt oder variable Vergütungsmodelle
- Festlegung und Bewertung der Ist-Eignung im Verhältnis zu den zukünftigen Anforderungen (Grundlage des Basisgehalts)
- Überprüfung der Entwicklungsmöglichkeiten des Mitarbeiters sowohl aufgaben- als auch gehaltsmäßig

Beurteilung wird durchgeführt von:

- Vorgesetztem
- Vorgesetztem des Vorgesetzten – bei kleineren Unternehmen (direkter Vorgesetzter hat oft nur Vorschlagsrecht)

Vorteile:

- Unmittelbarer Vorgesetzter kann Leistung am ehesten einschätzen
- Durch Beurteilungsgespräch ist die Mitgestaltung des Mitarbeiters gewährleistet
- Unabhängige Entscheidungen möglich
- Unterstützung der zielorientierten Aufgabenerfüllung

Nachteile:

- Persönliche Ungerechtigkeiten im Team
- Neid
- Wenn kein Leistungsbewertungsverfahren, dann oft unverständliche Entscheidungen

• Für jede besondere Leistung wird sofort Gegenleistung verlangt (wenn kein Konzept zugrunde liegt)

2.15.4.5. Regelbeurteilung

Ziele:

• Innerhalb festgelegter Zeiträume erfolgt eine regelmäßige schriftliche Beurteilung
• Feststellung des Leistungs- und Zielerreichungsgrades
• Analyse von Förderungsnotwendigkeiten
• Abklärung der Zufriedenheit
• Beurteilung des Arbeitsverhaltens

Beurteilung wird durchgeführt von:

• Vorgesetztem, welcher die disziplinäre Verantwortung hat

Vorteile:

• Feedback über Arbeitsleistung des Mitarbeiters
• Potentialaussagen und -ergebnisse werden gezielt bearbeitet
• Probleme werden zeitgerecht gelöst
• Systematische Maßnahmenplanung hilft, Kontinuität zu erreichen,

Nachteile:

• Beurteilungssystem wird möglicherweise nicht ernst genommen
• Konflikte zwischen Vorgesetztem und Mitarbeiter bleiben ungelöst
• Möglicherweise keine erkennbaren Änderungen trotz Vereinbarung
• Ziele unrealistisch vereinbart oder vorgegeben

2.15.4.6. Neudefinition von Stellen im Rahmen einer strategischen Reorganisation eines Unternehmens

Ziele:

• Klärung der Veränderungsbereitschaft einzelner Mitarbeiter
• Vergleich zukünftiger Aufgaben/Anforderungen mit bisher gesammelten Erfahrungen einzelner Mitarbeiter
• Analyse möglicher interner Veränderungsblockaden
• Definition der Schlüsselpositionen mit genauer Zusammenfassung des »Wunsch-Anforderungsprofils«

Beurteilung wird durchgeführt von:

- Strategieteam
- Personalabteilung – erhält Vorschlagsrecht
- Einzelnen Vorgesetzten direkt

Vorteile:

- Transparenz zukünftiger Stellen – Entwicklungschancen
- Gezielte Aufbauarbeit kann einsetzen
- Förderung des eigenen bereits vorhandenen Mitarbeiterpotentials auf ein mittelfristiges Ziel hin
- Erfahrungswerte werden gezielt für Weiterentwicklung genutzt
- Karriere im eigenen Unternehmen

Nachteile:

- Veränderungsnotwendigkeit kann in der vorhandenen Zeit nicht mit den Zielen in Einklang gebracht werden
- Kostenintensive Aufbauarbeit
- Eigenförderung setzt sehr kompetente Vorgesetzte voraus
- Ohne externe Unterstützung kaum durchführbar

2.15.4.7. Vorgesetztenbeurteilung

Ziele:

- Mitarbeiter erhalten die Chance, ihre Vorgesetzten zu beurteilen
- Vorgesetzter erhält Feedback zu seinem Führungsverhalten
- Ergebnisse lassen wichtige Rückschlüsse in bezug auf Fördermaßnahmen des Vorgesetzten zu

Beurteilung wird durchgeführt von:

- Unmittelbar unterstellten Mitarbeitern
- Eventuell auch Vorgesetztem des Vorgesetzten
- Oder auch Führungskräften derselben Hierarchie-Ebene (in eingeschränktem Rahmen und getrennt von der MA-Beurteilung)

Vorteile:

- Individuelles Feedback
- Gezielte Veränderungen sind möglich
- Intensive Auseinandersetzung mit den Führungsaufgaben und dem vorhandenen Führungsverständnis

- Beurteilungsverfahren werden sowohl von Führungskräften als auch Mitarbeitern als Chance zu Weiterentwicklung gesehen

Nachteile:

- Rechtfertigung der Vorgesetzten
- Nicht kontrollierbare Auswirkungen bei Negativbeurteilung
- Zeitaufwand ist oft Ausrede für Nichtdurchführung
- Mangelnde Innovationsfreudigkeit behindert Beurteilung

2.15.5. Schwächen herkömmlicher Beurteilungssysteme

- Unklare Beurteilungskriterien
- Rahmenbedingungen sind nicht abgestimmt (PE-Konzeption, Zielsystem)
- Mangelhafte Schulung und Identifikation der Führungskräfte
- Beidseitige Überforderung (Führungskräfte und Mitarbeiter)
- Keine Verknüpfung mit anderen Maßnahmen wie z. B. mehr Entgelt, Karrierepläne; keine Grundsätze vorhanden
- Wenig Systematik
- Bewertungssysteme von anderen Unternehmen übernommen, nicht adaptiert oder selbst entwickelt
- Verantwortungsbewußtsein zu gering
- Kaum Konsequenzen überlegt
- Mangelhafte Mitarbeiter-Aufklärung und schlechtes internes Marketing
- Fehlerhafte Musterblätter

2.15.6. Voraussetzungen für eine erfolgreiche Mitarbeiter-Beurteilung

- Die Beurteilung der Mitarbeiter darf nicht zur Formalität werden.
- Das Beurteilungssystem muß den betrieblichen Verhältnissen angepaßt werden.
- Vorgesetzte und Mitarbeiter sollten bei der Erarbeitung des Beurteilungssystems intensiv miteinbezogen werden.
- Die verwendeten Kriterien müssen verständlich und den Anforderungen entsprechend formuliert werden.
- Nicht nur die Gestaltung, sondern vor allem die Einführung und Handhabung des Beurteilungssystems muß beachtet werden.
- Beobachtungen und Beurteilungen sollen periodisch während des ganzen Jahres erfolgen.

- Beobachtungen und Beurteilungen werden im Quervergleich innerhalb des Personals durchgeführt.
- Der zu beurteilende Mitarbeiter wird in möglichst vielen Arbeitssituationen beobachtet.
- Die Beurteilung sollte in ausgeglichener Stimmung stattfinden.
- Die Beurteilungsergebnisse müssen mit dem Mitarbeiter besprochen werden.

2.15.7. Ablauf der Mitarbeiterbeurteilung

Damit eine objektive Beurteilung der Leistungen des Mitarbeiters erfolgen kann, muß dessen Arbeitsleistung anhand der vorher festgelegten Kriterien beobachtet und bewertet werden. Für die einzelnen Stufen der Beurteilung stehen unterschiedliche Hilfsinstrumente zur Verfügung:

Ablauf	Instrumente
1. Beobachten	Hilfsblätter
	(Fakten über positive und negative Leistungen, Verhalten)
2. Beurteilen	Rangreihenblätter
	(zur Durchführung relativer Quervergleiche)
3. Bewerten	Beurteilungsbogen
	(Kriterien, Stufen, Skalen)
4. Besprechen	Mitarbeitergespräch
	(Kernstück der Mitarbeiterbeurteilung)

2.15.8. Das Mitarbeiterbeurteilungs-Gespräch

Den Abschluß der Mitarbeiterbeurteilung bildet das Gespräch, in dem der Vorgesetzte dem Mitarbeiter die Beurteilung mitteilt und sie gemeinsam mit ihm erörtert.

Folgende Schritte lassen sich für die Durchführung des Gesprächs zusammenfassen:

Vorbereitung:

● Frühzeitige Einladung (Ort, Zeit)
● Unterlagen bereitstellen
● Gesprächsziele formulieren
● »Roten Faden« festlegen

Gespräch:

● Eröffnung
  – Begrüßung, Wertschätzung
  – Ziele und Inhalt des Gesprächs bekanntgeben
  – Ablauf darstellen
  – Positives Klima schaffen
● Verlauf
  – Zielerreichung bekanntgeben
  – Zufriedenheit mit der Aufgabenerfüllung darstellen
  – Stärken/Schwächen hervorheben
  – Kritik sachbezogen anbringen
  – Verbesserungsvorschläge unterbreiten
  – Maßnahmen dazu gemeinsam mit dem Mitarbeiter entwickeln
  – Notwendige Entwicklungsmaßnahmen besprechen
  – Verständnis des Mitarbeiters prüfen
  – Zustimmung des Mitarbeiters einholen
  – Darauf achten, daß ein Dialog geführt wird
● Abschluß
  – Zusammenfassung der Ergebnisse
  – Begründung der Bewertung
  – Konsequenzen darstellen
  – Maßnahmen mit Zuständigkeiten, Zeit definieren
  – Vereinbarungen im Mitarbeiter-Gesprächsbogen (2.15.9.) festhalten
  – Positiver Abschluß, Verstärkung

Nachbearbeitung:

● Eindrücke festhalten
● Vereinbarte Maßnahmen einleiten, organisieren und überwachen
● Terminevidenz

2.15.9. Der Mitarbeitergesprächsbogen

Zur Dokumentation der Ergebnisse der Beurteilung und des Gesprächs soll im Unternehmen ein einheitlicher Gesprächsbogen eingesetzt werden. Dieser könnte folgendermaßen aussehen:

Mitarbeitergespräch

Datum

Führungskraft

letztes Mitarbeitergespräch am

Name   Vorname   Abteilung

Tätigkeitsbezeichnung   seit   eventuelle weitere Gesprächspartner

Das Mitarbeitergespräch soll dem Mitarbeiter und der Führungskraft Gelegenheit geben, mit Abstand zum Tagesgeschehen Zielvorstellungen zum Aufgabengebiet, Fragen der Zusammenarbeit, Entwicklungsmöglichkeiten und -erfordernisse zur Sprache zu bringen.

I. Zielvereinbarungen

Welches waren Zielvereinbarungen im zurückliegenden Zeitraum? (Schwerp.)

Wie lassen sich die Ziele quantitativ und qualitativ zusammenfassen?

Welches waren zusätzliche Vereinbarungen im zurückliegenden Zeitraum?

Welche besonderen Projekte waren vereinbart?

II. Rahmenbedingungen

Welche Rahmenbedingungen waren für die Zielerreichung vereinbart?

Welche Rahmenbedingungen waren für die Zielerreichung besonders förderlich?

Welche Rahmenbedingungen waren für die Zielerreichung besonders hemmend?

III. Ergebnisse im zurückliegenden Zeitraum

Welche Ziele wurden erreicht?
Welche Ziele/Aufgaben wurden abgeschlossen?
Welche Ziele/Aufgaben sind in Arbeit?
Welche Projekte wurden abgeschlossen?
Welche Projekte sind noch in Arbeit?
Welche besonderen Anforderungen sind im Zielvereinbarungszeitraum aufgetreten?

IV. Beurteilung der Arbeitsleistung

Begründen Sie Ihr Urteil anhand konkreter Ergebnisse/Vorkommnisse des zurückliegenden Zeitraums.

	Tendenz < Ø >	Begründungen und Bemerkungen (an konkrete Ereignisse anknüpfen)
### *1. Arbeitsergebnisse*		
Qualität		
Sorgfältige Durchführung der Arbeit. Wenige Fehler. Vollständige Berücksichtigung der wesentlichen Aspekte.	Unsorgfältige Durchführung. Viele Fehler. Es fehlen wichtige Teile.	
Effektivität		
Arbeitet produktiv und ist dem Arbeitsvolumen in jeder Hinsicht gewachsen.	Arbeitet unproduktiv. Braucht zuviel Zeit zur Ausführung der ihm übertragenen Arbeiten.	
### *2. Planung und Organisation*		
Plant und disponiert gut; setzt Prioritäten. Hält Termine ein.	Unrationelle Disposition der Arbeit. Hält Termine nicht ein.	
### *3. Fachkompetenz*		
Sein Fachwissen ist umfassend und entspricht den gestellten Anforderungen.	Sein Fachwissen reicht kaum aus, um den Anforderungen zu entsprechen.	

	Tendenz < Ø >		Begründun- gen und Be- merkungen (an konkrete Ereignisse anknüpfen)

4. Arbeitsmotivation

Kreativität

Entwickelt wertvolle und originelle Lösungen für die gestellten Aufgaben/Ziele.

Übernimmt kritiklos bekannte Lösungen oder entwickelt unvollständige oder nicht voll durchdachte Lösungen.

Innovation

Bemüht sich um die Weiterentwicklung des Aufgabengebietes.

Keine Bemühungen um die Weiterentwicklung des Aufgabengebietes.

Initiative/Verantwortungsbereitschaft

Zeigt Initiative. Unterbreitet Vorschläge. Ist interessiert an Verbesserungen.

Läßt sich treiben. Arbeitet nach Routine und Schema. Kein Interesse an Verbesserungen.

5. Soziale Kompetenz

Zusammenarbeit

Ist bereit, anderen zu helfen. Kooperativ.

Arbeitet immer nur für sich. Schwierig in der Zusammenarbeit

	Tendenz < Ø >		Begründungen und Bemerkungen (an konkrete Ereignisse anknüpfen)

Informationsverhalten

a) Informiert offen, rechtzeitig, umfassend und klar seine Kollegen und Vorgesetzten.		Hortet Informationen. Informiert unklar, zu spät, zu selektiv.
b) Holt sich die benötigten Informationen rechtzeitig und zielstrebig.		Wartet darauf, daß die benötigten Informationen ihn erreichen.

Teamarbeit

Beteiligt sich aktiv an Gruppenprozessen.		Bleibt passiv gegenüber dem Gruppengeschehen; übergeht andere.

Kritik- und Konfliktfähigkeit

a) Nimmt Kritik als Lernchance und äußert Kritik als Lernhilfe (konstruktiv).		Versteht Kritik als Angriff; äußert Kritik als Strafe und Tadel.
b) Erkennt Konflikte und greift sie auf.		Geht Konflikten aus dem Weg.

6. Lernbereitschaft

Zeigt Initiative, sich in fachlicher und sozialer Hinsicht zu entwickeln. Nimmt Lernmöglichkeiten (Entwicklung —>		Zeigt eher Ablehnung, sich weiterzuentwickeln. »Kann schon alles«. Lehnt Lernmöglichkeiten und —>

	Tendenz < Ø >	Begründun- gen und Be- merkungen (an konkrete Ereignisse anknüpfen)
im Aufgabengebiet) und/oder Fortbildungs- angebote wahr.	Fortbildungsangebote für sich und/oder andere ab.	

7. CI-Orientierung

Kundenorientierung

Denkt und handelt marktorientiert. Zeigt Einfühlungsvermögen in Kundenbeziehungen und -problemen. Berät mit Alternativen.	Denkt und handelt innenorientiert. Übergeht Probleme, Bedürfnisse und Gefühle der Kunden. Erwartet, daß seine Lösungen vom Kunden übernommen werden.	

Zuverlässigkeit

Erfüllt alle wichtigen Er- wartungen des Kun- den. Macht keine falschen Zusagen, hält sich an Vereinbarungen mit dem Kunden.	Verspricht Dinge, die er nicht halten kann.	

	Tendenz < Ø >		Begründun- gen und Be- merkungen (an konkrete Ereignisse anknüpfen)

1. Delegations-
leistung

Delegiert stets bereit-
willig und umfassend
auch schwierige Aufga-
ben, Kompetenzen und
Verantwortlichkeiten
entsprechend dem
Können und Wollen
der einzelnen Mitarbei-
ter. Er fördert und for-
dert stark ihre Fähig-
keit, selbständig und
verantwortungsbewußt
zu handeln. Er koordi-
niert ihre Aufgabenbe-
reiche optimal und
konzentriert sich inten-
siv auf wichtige
Führungsaufgaben.

Die Führungskraft
delegiert gar nicht. Sie
glaubt, alles selbst tun
zu müssen, erteilt den
Mitarbeitern
genaueste
Anweisungen und
führt kleinliche
Kontrollen durch.
Fühnungsaufgaben
nimmt sie nicht wahr.

2. Mitarbeiterförderung

Erkennt die Förde-
rungs- und Entwick-
lungsmöglichkeiten sei-
ner Mitarbeiter. Küm-
mert sich in Zusam-
menarbeit mit dem
einzelnen um entspre-
chend konkrete Maß-

Die Führungskraft
erkennt nicht die
Notwendigkeit,
Mitarbeiter zu fördern,
und zeigt auch keine
Bereitschaft, ihnen
Entwicklungschancen
aufzuzeigen; sie sollten
viel-

—>

—>

	Tendenz < Ø >		Begründungen und Bemerkungen (an konkrete Ereignisse anknüpfen)
nahmen und setzt sich auch dafür ein. Berücksichtigt Förderungswünsche seiner Mitarbeiter.			mehr mit der ihnen einmal zugewiesenen Position zufrieden sein.

3. Motivation

Vertritt Leitbild und Ziele des Unternehmens und Geschäftsfelds mit Begeisterung. Bezieht seine Mitarbeiter in Entscheidungen ein, anerkennt gute Leistungen, unterstützt die Mitarbeiter in schwierigen Situationen.			Vertritt Leitbild und Ziele des Unternehmens und Geschäftsfelds nicht, befiehlt, verteilt kein Lob, verletzt mit seiner Kritik, läßt die Mitarbeiter in schwierigen Situationen im Stich.

4. Integration

Versteht es hervorragend, unterschiedliche Standpunkte und Interessen auszubalancieren und miteinander zu vereinbaren, Probleme und Konflikte rechtzeitig zu erkennen und offen anzusprechen und mit den Beteiligten tragfähige Lösungen zu finden.			Der Führungskraft gelingt es nicht, die verschiedenen Interessen und Orientierungen richtig zu erkennen und in ihren Entscheidungen zu berücksichtigen. Probleme und Konflikte werden unter den Teppich gekehrt, bezieht keine Position.

	Tendenz < Ø >		Begründungen und Bemerkungen (an konkrete Ereignisse anknüpfen)

5. Moderations- und Teamtechnik

Wendet in der Teamarbeit Gesprächsführungstechniken (Aktives Zuhören, Ich-Botschaften ...) und Problemlösungstechniken erfolgreich an.			Versteht es kaum, erfolgreich Gesprächs- und Problemlösungstechniken anzuwenden.

VI. Zusammenfassung der besonderen Stärken und Schwächen des Mitarbeiters

Gehen Sie Teil IV nochmals durch und fassen Sie die besonders positiven bzw. negativen Leistungen zusammen. (Ist unbedingt in Anwesenheit des Mitarbeiters auszufüllen.)

VII. Zufriedenheit des Mitarbeiters mit gegenwärtiger Tätigkeit

Dieser Abschnitt soll während des Gesprächs vom Vorgesetzten ausgefüllt werden (aktives Zuhören!).

Ist der Mitarbeiter mit seinem gegenwärtigen Tätigkeitsbereich zufrieden?

Zufrieden

Teils zufrieden, teils unzufrieden

Eher unzufrieden

Gründe einer eventuellen Unzufriedenheit und vorgesehene Maßnahmen zur Wiederherstellung der Zufriedenheit im gegenwärtigen Tätigkeitsbereich:

Welches sind die Gründe/Probleme, welche den Mitarbeiter an einer erfolgreichen Ziel-/Aufgabenerfüllung hindern? Was soll dagegen getan werden?

VIII. Auffassungen und Wünsche des Mitarbeiters in bezug auf Tätigkeit und Laufbahn

Dieser Abschnitt soll während des Gesprächs vom Vorgesetzten ausgefüllt werden (aktives Zuhören!).

Heutige Position beibehalten
Erweiterung des Aufgabengebietes
Weiterentwicklung in einem anderen Arbeitsgebiet
Andere Wünsche
Weiterentwicklung in einer anderen Abteilung

Erläuterungen/Vorstellungen in bezug auf Laufbahn

IX. Zielvereinbarung

Dieser Abschnitt ist unbedingt während des Mitarbeitergesprächs vom Vorgesetzten auszufüllen.

1. Standardziele

2. Innovationsziele

3. Persönliche Entwicklungsziele und Lernprogramme

X. Bemerkungen des Mitarbeiters

Sofern der Mitarbeiter wünscht, kann er hier seine Bemerkungen zu Verlauf und Inhalt des Gesprächs sowie eventuell abweichende Auffassungen festhalten. (Bei Bedarf separates Blatt verwenden.)

XI. Bemerkungen des Vorgesetzten (Verlauf, Inhalt)

Unterschrift des Mitarbeiters
Datum

Unterschrift des Vorgesetzten
Datum

Unterschrift des nächsthöheren Vorgesetzten
Datum

2.15.10. Häufig beobachtete typische Beurteilungsfehler

Mögliche Fehlerquellen bei der Mitarbeiterbeurteilung liegen in der Organisation des Verfahrens, in der Anwendung durch den Beurteiler (2.15.5.), sowie in der Person des Beurteilers selbst.

Mögliche Fehlerquellen in der Person des Beurteilers:

Fehler im Denkbereich

- Voreilige Schlüsse (Kategorisierung, Vorurteile) nach Aussehen, Nationalität, Berufsgruppe usw.
- Sich selbst als Maßstab nehmen
- Tendenz zu Milde oder Strenge
- Tendenz zur blassen Mitte (Durchschnittsbeurteilung)
- Wahrnehmungsselektion: aus objektiv gegebenen Erlebnismöglichkeiten werden nur bestimmte Inhalte wahrgenommen
- Überbewertung von Einzelbeobachtungen (Überstrahlungseffekt): ein durch ein oder wenige Merkmale geprägter Eindruck überstrahlt alle anderen Verhaltensäußerungen
- Einfrieren: die einmal vorgenommene Klassifizierung wird – auch bei gegenteiliger Erfahrung – nicht mehr geändert
- Urteile aufgrund von Aussagen Dritter
- Verzerrung des Urteils mit wachsender zeitlicher Distanz
- Verallgemeinerungen
- Bestimmte Eigenschaften prägen das Gesamtbild; von bestimmten Eigenschaften schließt man gerne auf andere, nicht beobachtete Eigenschaften
- Der erste Eindruck ist prägend und liefert dem Beurteiler die Brille, mit der das zukünftige Verhalten des anderen betrachtet wird
- Von Vergangenheitsleistungen wird auf Gegenwartsleistungen geschlossen

Fehler im Gefühlsbereich

- Sympathie, Antipathie
- Vorurteile
- Grundeinstellung des Urteilenden: der Objektive orientiert sich nur an Tatsachen, der Überkritische richtet sich einseitig nach schlechten Leistungen, der Nachsichtige vermeidet negative Urteile, der Vorsichtige gibt Urteile der blassen Mitte ab, der Pessimist nimmt nur das Schlechteste an, der Optimist glaubt an das Gute im Menschen usw.
- Nähe zum oder Ferne vom zu beurteilenden Mitarbeiter

- Voreilige Schlußfolgerungen
- Hierarchie-Effekt: Mitarbeiter der oberen Hierarchieebenen werden besser beurteilt als solche der unteren Ebenen
- Alterseinfluß: Es besteht ein Zusammenhang zwischen Beurteilungsniveau und Alter, wobei die Leistungen von Mitarbeitern über 35 Jahren zunehmend negativer eingeschätzt werden

Fehler als Folge charakterlicher Fehleinstellungen

- Beurteilung als Mittel zum Zweck
- Begünstigungsabsichten, »eine Hand wäscht die andere«
- Vergeltung für vergangenen Ärger
- Verdrehung von Sachverhalten, um eigenen Irrtum oder eigene Schuld zu verschleiern
- Bewußtes »Wegloben« unbequemer Mitarbeiter

Sonstige Fehlerquellen

- Zeitdruck
- Stimmungslage
- Angst vor der Bekanntgabe der Ergebnisse
- Zu enge Freundschaft oder Bekanntschaft

2.15.11. Fallbeispiel »Beurteilung«

In einer Bank wurde gemeinsam mit den Führungskräften ein Mitarbeiter-Beurteilungssystem entwickelt. Die Beurteilung baut auf folgenden Einzelteilen auf:
- Ziele (Erreichung der Ziele im abgelaufenen Jahr + neue Zielvereinbarungen)
- Bewertungskriterien
  - Arbeitsqualität
  - Innovation/Zielorientierung
  - Zusammenarbeit
  - Einstellung zum Unternehmen
  - Weiterbildungsbereitschaft
  - Verhalten gegenüber Vorgesetzten, Kollegen, Kunden usw.
- Potentialentwicklung
- Beschwerden und Verbesserungsvorschläge des Mitarbeiters
- Eignung und Qualifikation
Die Durchführung der Beurteilungsgespräche wurde mit den Führungskräften intensiv trainiert.

In der Abteilung »Finanzen« arbeitet Herr Disponent Klary. Herr Klary ist seit fünf Jahren in der Bank beschäftigt. Er ist 30 Jahre alt und hat in der Vergangenheit schon sehr gute Arbeit geleistet. Als Einzelkämpfer bekannt, erledigt er seine Aufgaben hervorragend. Im Team ist er ein typischer Außenseiter und wird von seinen Kollegen und Kolleginnen als »Streber« bezeichnet. Herr Klary nimmt an keinen Abteilungstreffen und Zusammenkünften teil. Seine Aufgaben erfordern aber eine gewisse Zusammenarbeit mit den anderen, da er wichtige Informationen von den Mitarbeitern braucht. Er ist auch bekannt als der »Kontrolleur«, dem nichts entgeht.
Die jährliche Mitarbeiterbeurteilung steht an.

- Wie werden Sie als Vorgesetzter von Herrn Klary in diesem »Beurteilungsgespräch« vorgehen?

- Mit welchen Widerständen müssen Sie rechnen?

- Welche Ziele müßte Herr Klary anstreben?

- Wie werden Sie mit den anderen Teammitgliedern verfahren?

- Was geschieht, wenn nichts geschieht?

2.15.12. Der Einsatz eines Jahresgesprächs ohne Arbeits- und Leistungsbewertung (= Fördergespräch)

Das Fördergespräch stellt eine vereinfachte Form des Mitarbeiter-Beurteilungsgesprächs dar. Es findet dabei keine Leistungsbeurteilung anhand vordefinierter Kriterien statt, allerdings werden mit dem Mitarbeiter allfällige Probleme bei der Aufgabenerfüllung und der Zusammenarbeit sowie Weiterbildungserfordernisse usw. abgeklärt.
Gibt es in einem Unternehmen kein Beurteilungssystem, so sollte jeder Mitarbeiter zumindest einmal jährlich die Möglichkeit erhalten, ein Fördergespräch mit seinem Vorgesetzten zu führen. Fördergespräche werden auch oft als Übergangsform zur Mitarbeiterbeurteilung durchgeführt.

Die Ziele des Fördergesprächs sind:

● Wertschätzung über bisherige Zusammenarbeit und Arbeitsdurchführung
● Veränderungswünsche des Mitarbeiters ansprechen
● Probleme und Konflikte des Mitarbeiters in seinem Arbeitsbereich hinterfragen und gemeinsame Lösungen erarbeiten

• Überprüfung der Ist-Qualifikation hinsichtlich der zukünftigen Anforderungen gemäß dem Strategiekonzept

Ein Fördergespräch sollte in vorbereiteter Form stattfinden. Die Führungskraft übergibt dem Mitarbeiter gleichzeitig mit der Einladung zum Gespräch einen Fragenkatalog, der im Gespräch behandelt werden soll. Damit kann sich der Mitarbeiter gezielt auf das Gespräch einstellen und seine Anliegen vorbereitet vorbringen.
Die Dauer eines Fördergesprächs soll 1,5 Stunden nach Möglichkeit nicht überschreiten.

2.15.12.1. Der Gesprächsaufbau

Vorbereitung

• Termin vereinbaren
• Überblick über Leistungen und Arbeitsverhalten des Mitarbeiters
• Informationen über bisherige Fördermaßnahmen und dabei erzielte Ergebnisse einholen
• Überlegungen über individuelle Pläne in bezug auf den Mitarbeiter anstellen
• Bisherige Gehaltsentwicklung überprüfen

Gespräch

• Begrüßung, Wertschätzung
• Positiver Einstieg
• Zufriedenheit mit der Leistung des Mitarbeiters ausdrücken, begründen
• Fragenkatalog bearbeiten (Zufriedenheit mit dem Aufgabengebiet, Zusammenarbeit ...)
• Bei Unzufriedenheit: Gründe erfragen, Lösungsmöglichkeiten überlegen
• Probleme außerhalb des direkten Aufgabengebiets: Lösungsansätze besprechen
• Vorstellungen des Mitarbeiters bezüglich seiner Zukunft im Unternehmen erfragen
• Veränderungswünsche besprechen
• Entwicklungsmöglichkeiten des Mitarbeiters im Unternehmen aufzeigen
• Gehaltssituation besprechen und eventuell Gehalt neu festlegen
• Gemeinsame Linie für das kommende Jahr festlegen
• Maßnahmen mit Zeitplan und Zuständigkeiten erarbeiten
• Unterstützung anbieten

- Zusammenfassung der Ergebnisse
- Zustimmung des Mitarbeiters einholen
- Positiver Abschluß

Nachbearbeitung

- Ergebnisse notieren
- Maßnahmen einleiten und kontrollieren
- Terminevidenz

2.15.12.2 Einladungsschreiben an die Mitarbeiter

```
Guten Tag, Herr/Frau …

Die Klärung Ihrer beruflichen und persönlichen Zukunft ist die
Grundlage Ihrer erfolgreichen Tätigkeit. Wie Sie sich eine
Verbesserung Ihres Arbeitsbereiches sowie unsere gegenwärtige und
künftige Zusammenarbeit vorstellen, darüber möchte ich mit Ihnen
sprechen. Es geht mir beim Mitarbeitergespräch vor allem darum,
Ihnen mitzuteilen

● wie ich Ihre Mitarbeit einschätze, und von Ihnen zu erfahren,
● ob es noch Verbesserungsmöglichkeiten hinsichtlich
  Aufgabenstellung, Arbeitsablauf und Arbeitsorganisation gibt,
● ob und wie unsere Zusammenarbeit weiter ausgebaut werden kann
  und
● wie Ihre persönlichen und beruflichen Vorstellungen mit den
  betrieblichen Möglichkeiten in Einklang gebracht werden können.

Ich weiß, daß es bei der weiteren Fortentwicklung unserer
gemeinsamen Arbeit entscheidend auf Ihre Mithilfe ankommt, und
würde mich freuen, wenn wir offen alle wichtigen Themen und
Probleme ansprechen könnten, die mit Ihrer Arbeit zusammenhängen.
Ganz ausdrücklich möchte ich darin auch kritische Beiträge von
Ihrer Seite einbeziehen.

Um den Einstieg in das Thema zu erleichtern, könnte es von Nutzen
sein, die wesentlichen Punkte vorher einmal zu durchdenken. In
dem beigefügten Bogen sind als Anregung einige Punkte in
Frageform zusammengestellt. Es bleibt aber selbstverständlich
Ihnen überlassen, ob Sie gerade diese oder vielmehr andere Dinge
von sich aus ansprechen wollen. Ich bin zuversichtlich, daß sich
unser Gespräch positiv auf unsere Arbeit und unser Betriebsklima
auswirken wird.

Auf das Gespräch freut sich


Anlage                               Unterschrift
```

2.15.12.3 Fragenkatalog als Grundlage des Fördergesprächs

Thema: Ziele

● Was sind Ihre beruflichen Ziele in den nächsten Jahren?
● Was möchten Sie persönlich alles unternehmen?
● Wie sehen Sie die Unternehmensziele?
● Wie können Sie Ihre Arbeitsplatzziele zusammenfassen?

Thema: Arbeitsdurchführung

● Was gefällt Ihnen an Ihrer jetzigen Aufgabe am meisten/am wenigsten?
● Welche Arbeitsziele halten Sie für besonders wichtig?
● Welche besonderen Schwierigkeiten müssen Sie bei Ihrer Arbeit überwinden?
● Haben Sie die nötige Unterstützung bei Ihrer Arbeit? Wenn nein, was könnte verbessert werden?
● Können Sie selbständig arbeiten?
● Was ist im Arbeitsablauf zu verbessern?
● Werden Doppelarbeiten geleistet?
● Haben Sie ausreichende Vollmachten?
● Welche Störungen treten regelmäßig bei Ihrer Arbeit auf?
● Wie kann man die einzelnen Störungen in den Griff bekommen?

Thema: Zusammenarbeit

● Werden Sie über alle Angelegenheiten ausreichend und rechtzeitig informiert, die Ihre Arbeit unmittelbar und mittelbar betreffen?
● Wird offen über Ihre Arbeitsergebnisse gesprochen, sodaß Sie jederzeit erkennen können, was gut und was verbesserungsbedürftig ist (Anerkennung – Kritik)?
● Ist eine freundliche, entkrampfte Atmosphäre für Gespräche vorhanden, in der auch Aufgeschlossenheit für persönliche Probleme herrscht?
● Herrscht in Ihrem Bereich Aufgeschlossenheit gegenüber Änderungsvorschlägen und neuen Ideen, und wird versucht, diese zu berücksichtigen?
● Hatten Sie Schwierigkeiten bei der Zusammenarbeit mit Vorgesetzten, Mitarbeitern und in anderen Bereichen, und wie wären diese Schwierigkeiten Ihrer Meinung nach zu überwinden?
● Welche Vorschläge haben Sie für Erhaltung und Förderung von Leistungsfähigkeit und Zufriedenheit in Ihrer Arbeitsgruppe?

Thema: Berufliche Eignung und Entwicklung

- Wie gut können Sie bei Ihrer gegenwärtigen Aufgabe Ihre Fähigkeiten einsetzen?
- Welche zusätzlichen Fachkenntnisse würden Ihnen helfen, Ihre Aufgaben noch besser zu erledigen?
- Welche Tätigkeiten und welche Aufgaben, die Sie kennen, wären angesichts Ihrer vorhandenen Fähigkeiten für Sie geeignet?
- Welche Erwartungen und Vorstellungen haben Sie hinsichtlich Ihrer beruflichen Entwicklung in unserem Unternehmen?

2.15.12.4. Ergebnisbogen

Mitarbeiter:
Führungskraft:
Gespräch vom:

Ergebnisse	Aktivitäten	Zeitplan	erledigt
Arbeitsdurchführung		‹	
Zusammenarbeit			
Eignung/Förderung			
Sonstiges			

einverstanden:

Unterschrift Mitarbeiter   Unterschrift Vorgesetzter

2.15.13. Fallbeispiel »Fördergespräch«

Frau Mag. Baier führt die Kreditverwaltung einer Bank und hat sechs Mitarbeiter. Die Aufgaben in dieser Abteilung sind sehr vielfältig. Das Betriebsklima der Abteilung ist sehr gut. Frau Mag. Baier führt regelmäßig Mitarbeitergespräche. Mit Herrn Peschek hat sie bisher noch kein Jahresgespräch geführt, da er erst vor einem halben Jahr zum Team gestoßen ist. Herr Peschek war vorher in einer anderen Abteilung der Bank tätig. Frau Mag. Baier spricht Herrn Peschek auf das Jahresgespräch an. Er lehnt Gespräche dieser Art grundsätzlich ab. Seine Devise lautet:»Wenn ich etwas brauche, melde ich mich schon.« Er sei in allen Belangen zufrieden. Und sollten tatsächlich Veränderungen eintreten, so arrangiere er sich selbst.

– Was würden Sie in einer derartigen Situation unternehmen?

– Wie sollte sich Frau Mag. Baier in Zukunft verhalten?

– Wie kann man Herrn Peschek trotz seiner Ablehnung den Stellenwert dieses »Jahresgesprächs« deutlich machen?

– Welche Gründe könnte Herr Peschek wirklich dafür haben, dieses Gespräch abzulehnen?

2.16. Häufige Krankenstände eines Mitarbeiters

Häufige Krankenstände von Mitarbeitern bedeuten enorme Mehrkosten für Personal und Produktion.

Um dies zu vermeiden, sollte die Führungskraft folgendes wissen:
● Was sind die Ursachen von Fehlzeiten?
● Welche Motive gibt es für den Mißbrauch von Krankenständen?
● Wie kann das Unternehmen die Hintergründe erhöhter Fehlzeiten aufdecken?
● Was bringen betriebliche Gesundheitsförderungsprogramme?
● Wie sind motivierende Rückkehrgespräche nach der Krankheit zu führen?
● Was kann die Führungskraft zur Begrenzung von Fehlzeiten tun?
● Was sollten Führungskräfte über die rechtliche Lage im Detail wissen? (Hier hilft meist der Personalmanager.)

Fehlzeiten wegen tatsächlicher Krankheit sind eher vertretbar als häufige Abwesenheit ohne begründete Erklärung.

Fehlzeiten im internationalen Vergleich

Anhand einer Statistik aus »Argumente zu Unternehmensfragen Nr. 2/1991« können Sie einen Vergleich mit dem internationalen Durchschnitt anstellen:

Fehlzeiten international

verarbeitende Industrie

	Jahres-arbeits-zeit* (JAZ) Stunden	Höhe der Fehlzeiten			tatsächliche Jahres-arbeits-zeit in Stunden
		absolut		relativ	
		Stun-den	Tage	in % der JAZ	
Deutschland	1.668	142	18,7	8,5	1.526
Norwegen	1.725	166	22,1	9,6	1.559
Schweden	1.808	232	29,0	12,8	1.576
Dänemark	1.695	097	12,9	5,7	1.598
Niederlande	1.752	154	19,3	8,8	1.598
Österreich	1.711	110	14,2	6,4	1.601
Frankreich	1.763	144	18,5	8,2	1.619
Belgien	1.740	117	15,4	6,7	1.623
Großbritannien	1.755	119	15,3	6,8	1.636
Italien	1.760	121	15,2	6,9	1.639
Schweiz	1.878	102	12,4	5,4	1.776
USA	1.904	65	8,1	3,4	1.839
Japan	2.192	39	4,6	1,8	2.153

* Vertraglich vereinbarte Normalarbeitszeit in Stunden, von der die in den einzelnen Ländern geltenden Urlaubs- und Feiertage abgezogen worden sind. (Quelle: IW Köln)

2.16.1. Ursachen für häufige Fehlzeiten

- Schlechte Arbeitsmoral
- Hoher Leistungsdruck bei großer Abhängigkeit
- Be- und Entlohnungssystem
- Ärzteverhalten im Einzugsgebiet
- Unbefriedigende Arbeitssituation
- Menschenunwürdige Arbeitsbedingungen
- Führungsverhalten der Vorgesetzten
- Häufige Konflikte
- Aggressivität im Team
- Mangelnde Entscheidungsfreudigkeit
- Zu oftmaliges »Springer«-Dasein
- Kein Betriebsarzt

2.16.2. Aufbau eines Mitarbeitergesprächs über häufige Fehlzeiten eines Mitarbeiters

Ziel

- Grund für Fehlzeiten feststellen
- Vergleich der Entwicklung
- Daten der bisherigen Zusammenarbeit sammeln
- Termin mit Mitarbeiter vereinbaren
- Mögliche Ursachen bereits überlegen (Was könnte es sein?)

Gespräch

- Begrüßung/Wertschätzung/Small talk
- Feststellung der Situation
- Bisherige Arbeit zusammenfassen
- Ansprechen der konkreten Anlässe
- Hintergründe erfragen (offene Fragen einsetzen)
  - Wie geht es Ihnen gesundheitlich ?
  - Was macht Ihnen Spaß/weniger Spaß?
  - Welche Probleme gibt es bezüglich Arbeit/Freizeit/Familie zu klären?
  - Welche Vorstellung haben Sie von der zukünftigen Zusammenarbeit?
  - Welche Änderungen wären möglich (kurz- und mittelfristig)?
- Zusammenfassung der Informationen
- Lösungsmöglichkeiten besprechen
- Einigung auf weitere Grundsätze der Zusammenarbeit
- Dank/Wertschätzung/Motivation

Nachbereitung

- Kontrolle der Vereinbarungen
- Abbau der Fehlzeiten
- Wenn Einigung nicht greift – Verwarnung!

2.16.3. Fallbeispiel

Die Statistik eines Produktionsbetriebes zeigt, daß ein Mitarbeiter pro Jahr durchschnittlich 10 Arbeitstage fehlt. Ein Meister, Herr Auer, ist öfter krank. Er ist ein exzellenter Fachmann auf seinem Gebiet. Seine Krankenstände haben sich erst in den letzten vier Monaten gehäuft. Herr Auer ist, wenn er sich krank meldet, ein bis zwei Tage zu Hause. Früher war er ein Vorbild für seine Mitarbeiter. In den 10 Jahren seiner betrieblichen Zugehörigkeit fehlte er selten.
Herr Ing. Novak ist der Vorgesetzte von Herrn Auer. Er hat Herrn Auer bereits auf diese Entwicklung aufmerksam gemacht. Daraufhin hat ihm Herr Auer gesagt: »Ich darf doch auch einmal krank sein!«

- Was würden Sie nun an der Stelle des Vorgesetzten unternehmen?

- Welche möglichen Gründe könnte Herr Auer für sein Verhalten haben?

- Wie sehen Sie die Entwicklung, wenn der Vorgesetzte auf die oftmaligen Krankenstände nicht reagiert?

- Welche Gesprächsstrategie würden Sie sich als Vorgesetzter zurechtlegen?

2.17. Mangelhafte Arbeitsleistung (Qualitätsverlust) eines Mitarbeiters

2.17.1. Grundlagen

Minderleister und Mitarbeiter, die ihr Leistungsverhalten verändert haben, bieten für Unternehmen enorme Chancen zur Produktivitätsverbesserung. Diese Verbesserung kann nur erreicht werden, wenn sich Vorgesetzte dieser Aufgabe stellen und durch ihr Führungsverhalten eine Leistungsänderung bei ihren Mitarbeitern bewirken. Voraussetzung dafür ist allerdings auch ein Management, das für den Leistungsabfall der Mitarbeiter zumindest teilweise die Verantwortung übernimmt, denn die Minderleistung vieler Mitarbeiter ist eine Folge der erlebten Führungskultur am Arbeitsplatz. Im Rahmen seiner Coaching-Funktion hat der Vorgesetzte die Aufgabe, die Rahmenbedingungen und damit die Leistung der Mitarbeiter wieder zu verbessern.

Das Leistungsverhalten eines Mitarbeiters läßt sich in einer Gleichung ausdrücken:

Leistung = Kompetenz x Unterstützung x Anstrengung/Mühe

Die Kompetenz eines Mitarbeiters beinhaltet das für seine Tätigkeit notwendige Wissen, die erforderlichen Fähigkeiten und Fertigkeiten. Fehlt diese Kompetenz, wird der Mitarbeiter immer ein »Minderleister« sein, auch wenn er sich noch so sehr bemüht.

Leistung erfordert aber auch die sachliche und emotionale Unterstützung durch den Vorgesetzten. Zur Entfaltung seiner Kompetenz benötigt der Mitarbeiter folgende Bedingungen:

- Finanzielle Ausstattung
- Technologie
- Sicherheitsvorkehrungen

- Akzeptanz
- Förderung
- Hilfestellung usw.

Leistung hängt letztlich von der Energie ab, die ein Mitarbeiter einsetzt, um ein hohes Leistungsziel zu erreichen. Die Coaching-Aufgabe des Vorgesetzten hat ganz konkret mit der Arbeit an der Leistungsmotivation eines Mitarbeiters zu tun. Im folgenden finden Sie einige Fragen, die dem Vorgesetzten bei der Analyse eines Leistungsabfalls helfen können.

Fragen nach der Kompetenz:

- Hat der Mitarbeiter früher auf einem höheren Leistungsniveau gearbeitet?
- Ist der Leistungsabfall nur auf einige Tätigkeiten begrenzt oder macht er sich insgesamt am Arbeitsplatz des Mitarbeiters sichtbar?
- Wie gut entsprechen die Fähigkeiten des Mitarbeiters den Anforderungskriterien für den Arbeitsplatz?
- Nach welchen Kriterien wurde der Mitarbeiter für diese Aufgaben ausgewählt?
- Hat der Mitarbeiter an Weiterbildungsmaßnahmen für die speziellen Arbeitsplatzanforderungen teilgenommen?
- Wie sieht es mit der Weiterbildungsbereitschaft des Mitarbeiters aus?

Fragen, die die Unterstützung betreffen:

- Wurden klare, eindeutige Ziele formuliert?
- Gibt es Richtlinien oder organisatorische Abläufe in der Abteilung oder im Unternehmen, die die Leistung beeinträchtigen?
- Haben andere Mitarbeiter auch Schwierigkeiten mit ähnlichen Aufgaben?
- Erhält der Mitarbeiter die erforderlichen Arbeitsmittel, Informationen usw.?
- Wie funktioniert die zur Aufgabenerfüllung notwendige Kooperation mit anderen Abteilungen?
- Erhält der Mitarbeiter vom Vorgesetzten angemessenes Feedback über seine Arbeitsleistung?
- Wird der Mitarbeiter angemessen entlohnt?
- Sind die Arbeitsbedingungen als angenehm zu bezeichnen?
- Zeigt der Vorgesetzte genügend Einfühlungsvermögen und emotionale Unterstützung?

- Hat der Vorgesetzte überhaupt zu höheren Leistungen ermutigt?

Fragen hinsichtlich der eingesetzten Energie:

- Ist am Mitarbeiter zu wenig Engagement für seinen Arbeitsplatz insgesamt oder nur für bestimmte Aufgaben zu beobachten?
- Hat der Mitarbeiter genügend Anerkennung für seine bisherigen Leistungen erhalten?
- Ist dem Mitarbeiter das betriebliche Anreizsystem bekannt?
- Sind die persönlichen Ziele des Mitarbeiters bekannt?

(In Anlehnung an Stiefel R., MAO/Briefe 1/91, St. Gallen)

2.17.2. Mitarbeitergespräch zum Thema »Leistungsabfall«

Ziele/Vorbereitung

- Beobachtung durchführen und Ergebnisse festhalten
- Ursachenforschung
- Gemeinsam mit dem Mitarbeiter Wege und Mittel zur Verbesserung festlegen
- Motivation zur Verbesserung der Arbeitsleistung
- Termin/Ort/Dauer des Gesprächs vereinbaren

Gesprächsstruktur

- Positiver Einstieg
- Dem Mitarbeiter den Gesprächsanlaß erklären
- Hintergrund erfragen
- 6-W-Regeln einsetzen
  - was (beobachtete Fehlleistung, Leistungsabfall)
  - wieviel (Vergleich zu früher, Maßstäbe)
  - wer (Verantwortlicher, Einzelperson oder Gruppe)
  - warum (Grund für Abfall, Schlamperei)
  - womit (Mittel zur Vermeidung bzw. Verbesserung)
  - wann (Zeitplan)
- Verständnis prüfen
- Aufforderung zur Ausführung
- Motivation, positiver Abschluß

Nachbearbeitung

- Kontrolle der vereinbarten Maßnahmen
- Terminevidenz

2.17.3. Mit welchen Widerständen muß die Führungskraft rechnen?

● Falsche Person am falschen Platz
● Private Probleme
● Unzufriedenheit (Arbeitsplatz, Entlohnung, Zusammenarbeit)
● Ziele zu hoch
● Zuviel Druck, Streß
● Ungenügende Arbeitsmittel

2.17.4. Fallbeispiel

Herr Hoffmann arbeitet seit zehn Jahren als Abteilungsleiter bei der Firma Sony & Co. Er ist eine gewissenhafte und sehr kompetente Führungskraft. Im Laufe der Jahre sind die Anforderungen an die Abteilung ständig gewachsen. Herr Hoffmann bekommt immer mehr Schwierigkeiten mit seinen Mitarbeitern. Diese wollen seine Anweisungen nicht mehr ohne Kommentar und Widerstände hinnehmen. Herr Hoffmann leidet sehr unter dieser Situation, da er aufgrund der fehlenden Bereitschaft seiner Mitarbeiter, neue Aufgaben zu übernehmen, immer mehr Arbeiten selbst erledigen muß. Seine Überstunden häufen sich.
Der Vorgesetzte von Herrn Hoffmann, Herr Stieb, will diesen Zustand nicht mehr länger mitansehen. Noch dazu, wo bereits Beschwerden der Kunden über die Nichterledigung oder Verzögerung von Aufträgen an ihn herangetragen werden.

– Was sollte Herr Hoffmann Ihrer Meinung nach unternehmen?

– Worüber sollte Herr Stieb mit Herrn Hoffmann sprechen?

– Würden Sie als Herr Stieb auch mit den Mitarbeitern von Herrn Hoffmann sprechen (Begründung)?

– Was könnte passieren, wenn Herr Stieb nichts unternimmt?

2.18. Ein (guter) Mitarbeiter kündigt

Die Einführung neu aufgenommener Mitarbeiter wurde bereits behandelt. Wie soll man sich nun verhalten, wenn ein Mitarbeiter, auf den man eigentlich nicht verzichten möchte, von sich aus kündigt? Viele Vorgesetzte empfinden eine derartige Kündigung als persönliche Niederlage, was manchmal auch zutreffen kann. Eine erfolgreiche Führungskraft wird jedoch auch aus einer derartigen Situation Positives für die eigene Führungsarbeit herausholen.

Was kann zur Selbstkündigung eines Mitarbeiters führen?

● Verlockendes Angebot eines anderen Unternehmens
● Mangelhafte Einarbeitung durch den Vorgesetzten
● Zuviel Druck, Streß, Hektik
● Unbefriedigende Entlohnung
● Schlechtes Führungsverhalten des Vorgesetzten
● Probleme im Team
● Fehlende Karrierechancen
● Unzulängliche Arbeitsbedingungen

Zunächst wird oft versucht, den Mitarbeiter doch noch zu halten. Dieser wird aber im Gespräch mit dem Vorgesetzten nur selten bereit sein, seine Kündigung zurückzuziehen. Es war meist nicht eine momentane Laune, die ihn veranlaßte, die Kündigung auszusprechen. Er hat die Vor- und Nachteile seiner jetzigen Tätigkeit monatelang überlegt, bis die Gründe für die Auflösung des Arbeitsverhältnisses überwogen. Daher sollte man ein Austrittsgespräch führen, mit der Bitte an den scheidenden Mitarbeiter, bei der Aufdeckung von Mängeln zu helfen. Diese Bitte wird selten abgeschlagen.
Die Vorbereitung der »verlassenen« Stelle für den Nachfolger beginnt nicht erst an dessen Eintrittstag. Der Vorgesetzte sollte die wertvollen Hinweise, die er im Austrittsgespräch erhält, für den zweckmäßigen Personaleinsatz und die Gestaltung der Arbeitsbedingungen aktiv nutzen.

2.18.1. Gesprächsaufbau – Der Mitarbeiter kündigt

Vorbereitung

● Praktisch nicht möglich
● Daten über den Mitarbeiter

Gespräch

● Positiver Einstieg
● Offene Atmosphäre schaffen
● Mitarbeiter mit offener Frage ansprechen:»Was gibt es?«,»Was kann ich für Sie tun?«
● Anliegen des Mitarbeiters anhören
● Notizen machen
● Nicht unterbrechen
● Informationen zusammenfassen
● Erstaunen, Enttäuschung ausdrücken
● Grad der Entschiedenheit herausfinden
  – bereits anderes Angebot
  – noch auf Suche
  – lange Kündigungszeit laut Dienstvertrag
  – Affekthandlung
● Versuch, den Mitarbeiter zu halten
● Wenn dies nichts mehr nützt —> Austrittsgespräch führen
● Fragenkatalog anwenden (siehe unten)
● Austrittsbogen bearbeiten
● Termin für Ausstieg regeln (Übergabe, Resturlaub, Arbeitssuchtage usw.)
● Papiere (Zeugnis usw.) regeln
● Dank und Wertschätzung für die Zusammenarbeit aussprechen
● Erfolg für die Zukunft wünschen

Nachbearbeitung

● Analyse der Informationen
● Reaktion auf Informationen, welche einer derartigen Entscheidung in Zukunft vorbeugen können
● Eigenen Veränderungsplan erstellen und umsetzen
● Information an Vorgesetzten mit Ergebniskatalog

Checkliste für ein Austrittsgespräch

Arbeitsklima und -bedingungen

- Wie gut konnten Sie Ihre Vorstellungen und Ideen realisieren?
- Was waren die hemmenden Faktoren beim Arbeitsklima und bei den Arbeitsbedingungen?
- Welche weiteren Gründe haben Sie für Ihre Entscheidung?
- Was empfehlen Sie diesbezüglich dem Unternehmen?
- Wodurch wurde Ihre Selbstmotivation bei der Arbeit beeinträchtigt?

Team

- Für wie entwicklungsfähig halten Sie das Team, welches Sie verlassen?
- Wie ist das Klima im Team?
- Wie schätzen Sie den Vorgesetzten diesbezüglich ein?
- Welche Schwierigkeiten konnten nicht überwunden werden?

Karriere- und Entwicklungsmöglichkeiten

- Wie intensiv konnten Sie Ihre diesbezüglichen Vorstellungen realisieren?
- Wer hat Sie gefördert?
- Was war Ihrer Meinung nach hinderlich in der persönlichen Entwicklung?
- Gesetzt den Fall, Sie würden bleiben, was müßte verändert werden?

Leistungsorientierung

- Inwieweit entsprach die Entlohnung der Aufgabenstellung und den vereinbarten Zielen?
- Was müßte daran neu überdacht werden?
- Wie zufrieden waren Sie mit den Beurteilungsgesprächen Ihres Vorgesetzten?

Führungsverhalten

- Was waren die größten Schwächen Ihres Vorgesetzten?
- Wo liegen dabei unsere kritischen Systemfehler?
- Was hätten Sie als Vorgesetzter der Abteilung anders gemacht?

2.18.2. Mitarbeiter-Austritts-Gesprächsbogen

Name: zuletzt ausgeübte Funktion:

Abteilung: beschäftigt seit:

Einstufung/Gehalt-Lohn: bisherige Funktionen:

                                             Führungsaufgaben:
                                             ja
                                             nein

                                             Mitarbeiteranzahl:

Offizieller Kündigungsgrund:

1. Was hat Ihnen bei uns gefallen/nicht gefallen?

2. Bei welchen Themen müßten Ihrer Meinung nach Veränderungen angestrebt werden?

   Betriebsklima
   Bildungsangebot
   Aufstiegsmöglichkeiten
   Leistungsorientierte Entlohnung
   Führungsverhalten
   Aufgabenstellung
   Abteilungsklima
   Zielvereinbarungsprozeß
   Zeit- und Leistungsdruck von oben
   Organisationsstruktur
   Leitbild
   Sonstiges:

3. Was würden Sie bei Ihrem letzten Job aus heutiger Sicht anders machen?

4. Wie kann Ihr bisheriger Vorgesetzter beurteilt werden?

Kriterien	Bewertung: 1 = nicht zufriedenstellend, 7 = sehr zufriedenstellend						
Kooperation	1	2	3	4	5	6	7
Ergebnisorientierung	1	2	3	4	5	6	7
Konfliktfähigkeit	1	2	3	4	5	6	7
Kontrolle	1	2	3	4	5	6	7
Motivation	1	2	3	4	5	6	7
Förderung, Unterstützung	1	2	3	4	5	6	7
Vorbildwirkung	1	2	3	4	5	6	7
Zielorientierung	1	2	3	4	5	6	7
Vertrauenswürdigkeit	1	2	3	4	5	6	7
Loyalität	1	2	3	4	5	6	7
Qualitätsbewußtsein	1	2	3	4	5	6	7

Was sollte Ihr ehemaliger Vorgesetzter besser machen?

5. Welche zusätzlichen Gründe gibt es noch für Ihr Ausscheiden?

6. Wie schätzen Sie die Stärken und Schwächen unseres Unternehmens ein?

Stärken   Schwächen

7. Welche geänderten Rahmenbedingungen sollte Ihr Nachfolger vorfinden?

8. Schlüsse aus dem Austrittsgespräch

Datum:

Gespräch geführt: Unterschrift

Erforderliche Unterlagen bei Austritt des Mitarbeiters:
erledigt:

- Abrechnung des Gehalts- bzw. Lohnkontos
- Anteilige Prämien und Gehälter (Urlaubs- und Weihnachtsgeld)
- Behördliche Veränderungen (Abmeldung Sozialversicherung, Lohnsteuerkarte)
- Dienstzeugnis
- Arbeitsbestätigung
- Referenzschreiben
- Rückgabe von Schlüsseln, Mitarbeiterhandbuch, vertraulichen Unterlagen usw.

2.19. Ein Mitarbeiter wird gekündigt

Kündigungen können folgende Gründe haben:
● Rationalisierungsmaßnahmen
● Mangelhafte Arbeitsleistung trotz mehrmaliger Ermahnung
● Versetzung hat nicht den gewünschten Erfolg gebracht
● Produktivität hinkt den Zielen trotz aktiver Fördermaßnahmen nach
● Mitarbeiter paßt nicht ins Unternehmen, keine Integration in die Mannschaft möglich

Wird ein Mitarbeiter aufgrund strafrechtlich zu verfolgender Aktivitäten gekündigt, so wird das Kündigungsgespräch sehr kurz sein und andere Auswirkungen als das hier dargestellte Gespräch haben.

2.19.1. Gesprächsaufbau

Vorbereitung

● Fakten zusammentragen (für konkrete Begründung)
● Formale und rechtliche Situation abklären (z. B. Dienstvertrag auf Kündigungsfrist, besondere Rechte, Abfertigungsansprüche usw. überprüfen)
● Strategie festlegen, wie das betriebliche Umfeld davon erfährt
● Einwandkatalog mit entscheidenden Argumenten vorbereiten
● Termin/Ort mit Mitarbeiter vereinbaren

Gespräch

● Ziele und Strategien in Erinnerung rufen
● Trotz mehrfacher Hinweise keine Veränderung eingetreten
● Sofort die Kündigung mit klarer Begründung aussprechen
● Hinweis auf Formalitäten
● Chancen zuwenig aktiv genützt
● Mehr Engagement und Initiative erwartet
● Für die Zukunft wird nichts in den Weg gelegt (Dienstzeugnis, Referenz)
● Mitarbeiterreaktion abwarten und auf Fragen eingehen
● Keine Rechtfertigung, nur Fakten aufzählen
● Ablauf bis zum Austrittstermin festlegen
● Übergabe des Kündigungsschreibens

Nachbearbeitung

● Ausstieg kontrollieren
● Eventuell Hilfe bei der Suche nach einem neuen Job
● Papiere fertigstellen

2.19.2. Fallbeispiel

Die Veränderungsbereitschaft zahlreicher Mitarbeiter ist gering. Viele Mitarbeiter wollen ihre Aufgaben und ihren Arbeitsplatz bis zur Pension beibehalten. Sie haben selten Interesse an Mobilität und neuem Lernen. So auch Frau Steinberger, die seit 17 Jahren in einem Handelsbetrieb tätig ist. Aufgrund der schlechten Ertragsentwicklung ist das Unternehmen gezwungen, von 120 Mitarbeitern mindestens 25 abzubauen. Frau Steinberger, deren Arbeitsplatz wegrationalisiert werden muß, könnte in einer Filiale des Unternehmens weiterarbeiten. Da sie sich standhaft weigert, diesem Wechsel zuzustimmen, weil sie dann einen längeren Weg zur Arbeit hätte und auch umlernen müßte, wird ihr gekündigt.

– Wie würden Sie als Vorgesetzter mit Frau Steinberger das Kündigungsgespräch führen?

2.20. Durchführung von Veränderungsprozessen bei einzelnen Mitarbeitern

2.20.1. Grundlagen

Jeder Manager hat während seiner beruflichen Laufbahn unzählige Veränderungsprozesse durchzuführen.

Gutes, kritisches Veränderungsmanagement an der Unternehmensspitze (hier sollten großflächige Veränderungen immer beginnen) bleibt nicht ohne Wirkung nach unten. Es kommt dabei sehr auf den praktizierten Führungsstil und auf den Grad der Innovationsfähigkeit des gesamten Unternehmens an.

Obwohl die »Gewohnheit« ein schwer zu überwindender Faktor ist, sollten Sie alle Mitarbeiter, ob jung oder alt, in Veränderungsprozesse voll miteinbeziehen und bis zu einem gewissen Grad Härte gegenüber den Mitarbeitern zeigen.

Es gibt oft Schwierigkeiten, speziell wenn ältere Mitarbeiter das Gefühl bekommen, alles, was sie bisher gemacht haben, sei schlecht und unsinnig gewesen. Das stimmt in der Regel gar nicht, es haben sich eben einfach die Anforderungen geändert.

Folgende Ursachen können Veränderungsmaßnahmen erforderlich machen:

- Bisheriger Mangel an permanentem Lernen im Unternehmen
- Sehr große wirtschaftliche und strategische Änderungen kommen auf das Unternehmen zu
- Das Unternehmen wird verkauft
- Ein größerer Partner steigt ein
- Das Unternehmen wird neu strukturiert und organisiert
- Einführung neuer Technologien
- Neue Führungsmannschaft
- Änderung der bisherigen Unternehmenskultur

2.20.2. Ziele von Veränderungsprozessen

Der synaktive (syn = das Gesamte, das Gemeinsame, das »Zusammen«) Manager hat bei Veränderungsprozessen folgende Ziele zu erreichen:

Ziele	Maßnahmen
• Gegenseitige Abhängigkeiten herstellen	• Bewußtmachen der gegenseitigen Abhängigkeit
	• Systemisches Denken vermitteln
	• Entstehung guter Beziehungen fördern
	• Offenheit fördern
	• Konstruktive Kritik verlangen
	• Flexibilität fördern
• Interaktion ermöglichen	• Aktivieren des miteinander Handelns und Redens
	• Bereichsübergreifende Methoden der Problemlösung einführen
	• Wert auf funktionierende Teamarbeit legen
	• Entwicklung von Mensch, Team und Organisation zulassen

Ziele	Maßnahmen
● Synergie erreichen	● Gemeinsame Anstrengungen
	● Für reibungslose Abläufe sorgen
	● Permanente Neuorganisation zulassen
	● Denken in Widersprüchen lehren (Prinzip: Sowohl als auch)
	● Offenes Zugehen auf Paradoxien (das sind Fakten, die unserem Weltbild widersprechen, weil wir gelernt haben, daß ein Faktum ein anderes ausschließt)
● Synergie durch Rückkoppelung von Resultaten aktivieren	● Vernetzt denken lernen
	● Kreativität fördern
	● Visionen fördern
	● Intuition zulassen
● Permanentes Lernen	● Das natürliche Lernen bewußt machen
	● Umgang mit »Lernen im System« lehren
	● Lernen als Chance und Notwendigkeit darstellen
	● Offen für Signale der Lernbereitschaft werden
	● Experimente durchführen
	● Lernen lernen
	● Sich neuen Wirklichkeiten nicht verschließen, sondern daraus lernen
	● Fehler als Chance sehen
	● Lernen als Veränderung darstellen
	● Lernen heißt in Komplexe vordringen
	● Konflikte sind Lernchancen

2.21. Rationalisierungsmaßnahmen durchführen

Die Gründe für Rationalisierungsmaßnahmen können aus der Sicht des Managers den drei Feldern

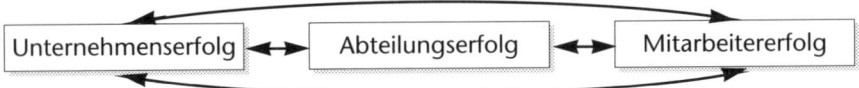

zugeordnet werden.
Diese drei Felder stehen zueinander in einer ständigen Wechselbeziehung.

Im Abschnitt »Mitarbeiter-Erfolgsanalyse-Gespräch« wurde bereits mit dem Förder- bzw. Jahresgespräch ein mögliches Instrument zur Aktivierung von Rationalisierungen behandelt.

Einzelne Maßnahmen können zu folgenden Rationalisierungsthemen zusammengefaßt werden:

- Einsparung von Hilfsmitteln
- Bessere Einteilung und besserer Einsatz der Rohstoffe
- Technische Entwicklungen nutzen.
- Kosteneinsparungen (Personal, Betriebskosten usw.)
- Höhere Produktivität
- Richtige Nutzung des Faktors Zeit auf allen Ebenen
- Entwicklung wirtschaftlicher Komponenten (Kapital, Anlagen, Ressourcen)

Aufbau eines Mitarbeitergesprächs über konkrete Rationalisierungsvorschläge

Vorbereitung

- Ziele festlegen (quantitativ und qualitativ)
- Aufgabenerfüllung der Mitarbeiter auf Effizienz prüfen
- Prüfen, ob Änderung möglich ist
- Gesprächsthema mitteilen
- Aufforderung, sich Gedanken zu machen
- Termin/Ort vereinbaren

Gespräch

- Wertschätzung, Small-talk
- Vertrauensbasis schaffen

- Zufriedenheit mit bisherigen Aufgaben prüfen
- Erfüllung der Aufgaben abchecken
- Neue Situation kurz darstellen (Begründung durch Fakten)
- Feedback einholen (Wie sehen Sie es?)
- Änderungsmöglichkeiten detailliert besprechen
- Analyse der Möglichkeiten (Was halten Sie davon?)
- Zeit lassen, überlegen
- Auf Fragen des Mitarbeiters eingehen
- Widerstände analysieren
- Motivieren und unterstützen
- Veränderungen zusammenfassen
- Zeitplan festlegen

Nachbearbeitung

- Kontrolle der Vereinbarungen

2.22. Mitarbeiter befolgt Anweisungen des Vorgesetzten nicht

Anweisungen, die der Vorgesetzte erteilt, werden oft von Mitarbeitern aus folgenden Gründen nicht eingehalten:

- Mitarbeiter ist nicht überzeugt von der Richtigkeit der Anweisung
- Auswirkungen des Nichteinhaltens von Anweisungen sind nicht klar
- Anweisung wurde nicht oder schlecht verstanden
- Mit der Anweisung ist – aus der Sicht des Mitarbeiters – zuviel Arbeit verbunden
- Schlechte Präsentation durch den Vorgesetzten
- Es wurden keine laufenden Kontrollmechanismen vereinbart

Aufbau des Mitarbeitergesprächs

Vorbereitung

- Prüfung der Ist-Situation
- Umsetzung der Anweisungen kontrollieren
- Fehlverhalten festhalten
- Begründungen analysieren
- Lösungen/Einwände von Seiten des Mitarbeiters zusammenfassen
- Gesprächsthema bekanntgeben
- Termin/Ort vereinbaren

Gespräch

- Offene Atmosphäre schaffen
- Arbeitsdurchführung ansprechen
- Sachverhalt darlegen
- Standpunkt definieren
- Analyse des Verhaltens des Mitarbeiters gegenüber der Anweisung
  - Grundsätze aus der Sicht des Mitarbeiters
  - Gründe für Nichteinhaltung erfragen
- Ergebnisse festhalten
- Neue Vereinbarung treffen
- Auf Konsequenzen bei Nichteinhaltung hinweisen
- Verständnisfragen stellen
- Zusammenfassung
- Motivation

Nachbearbeitung

- Kontrolltermin festlegen
- Überdenken des eigenen Verhaltens bei der Erteilung von Anweisungen (falls vom Mitarbeiter Anregungen kommen und Fehler aufgezeigt werden)
- Mitarbeiter in Zukunft mehr einbeziehen

2.23. Konfliktmanagement

2.23.1. Konfliktsituationen

Konflikte entstehen durch das Aufeinandertreffen von Gegensätzen, von unterschiedlichen Bedürfnissen und Motiven.

Das umseitig folgende Schaubild zeigt mögliche Konfliktsituationen auf:

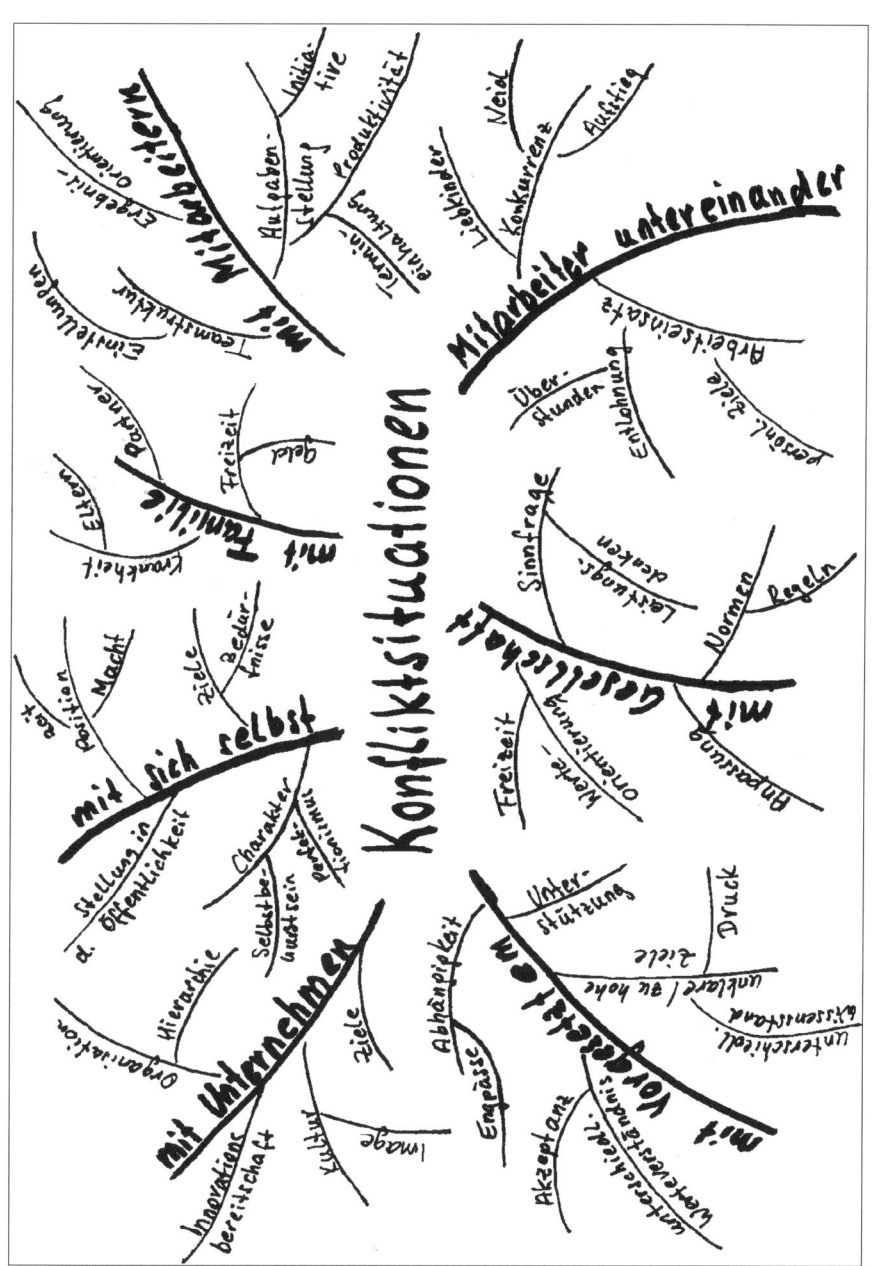

2.23.2 Zehn Konflikttypen

Konflikttyp	Handlungsgrundsätze	Praktische Beispiele
1. Situationskonflikt	Muß in der konkreten Situation analysiert, reduziert oder gelöst werden. »Qual der Wahl«	Ein Angestellter muß aus Zeitdruck zwei Arbeiten zur gleichen Zeit erledigen, die Arbeit, die er zugunsten der anderen zurückstellt, bringt ihm dann Probleme mit anderen. Oder: Während eines Arbeitsprozesses braucht ein Angestellter Informationen über die Arbeit, gleichzeitig kann er seinen Arbeitsplatz nicht verlassen, deshalb beauftragt er einen anderen Mitarbeiter, der ungehalten reagiert.
2. Konstruktiver Konflikt	Muß durchgehalten und beobachtet werden	Ein Ausbildner zeigt einem Lehrling, wie dieser eine bestimmte Arbeit zu verrichten hat. Dabei fällt der Ausbildner in eine Vaterrolle, und anstatt dem Mitarbeiter zu zeigen, wie dieser vorgehen soll, verrichtet er die Arbeit selber. An der Reaktion des frustrierten Lehrlings erkennt er, daß er sich nicht richtig verhalten hat.
3. Destruktiver Konflikt	Muß so schnell wie möglich gelöst werden	Im Laufe der Jahre entfremden sich Mitarbeiter immer weiter voneinander. Man hat sich eingespielt und braucht sich gegenseitig. Die Arbeiten sind aufgeteilt und das täglich Gleiche macht blind füreinander. Hin und wieder gibt es einen Streit, der aber nie zu einer gemeinsamen konstruktiven Lösung führt. Jeder Angestellte zieht sich in seinen Bereich zurück. Man hält es für sinnlos, noch mit dem anderen zu sprechen.

Konflikttyp	Handlungsgrundsätze	Praktische Beispiele
4. Unbewußter Konflikt	Muß zur Lösung allen Beteiligten als Konflikt bewußt gemacht werden	Entgegen der offiziellen innerbetrieblichen Regelung wird regelmäßig zu einer bestimmten Zeit eine Kaffeepause eingelegt. Die Betriebsneulinge nehmen täglich an der Pause teil. Nach einer gewissen Zeit weiß keiner der Angestellten mehr, ob diese Pause tatsächlich genehmigt ist, oder ob sie einfach stattfindet. Eines Tages kommt der Chef in diese Runde, von der er nichts weiß, und ist wegen der Eigenmächtigkeit der Angestellten verärgert.
5. Verdeckter Konflikt	Muß zur Lösung offengelegt und offen geklärt werden	Ein verdeckter Konflikt liegt dann vor, wenn sich Menschen gegenseitig ablehnen. Äußerlich können sie nett und freundlich zueinander sein, sich aber beispielsweise in Abwesenheit übereinander beschweren und einander bei Kollegen schlecht machen.
6. Offener Konflikt	Muß offen und ohne Geheimnistuerei gelöst werden, ohne daß der Konflikt erneut ausbricht	Ein Mitarbeiter kommt auffallend häufig morgens zu spät zum Dienst. Der Vorgesetzte weist ihn mehrmals ruhig zurecht. Der Mitarbeiter zeigt sich verständig und verspricht, sich um Pünktlichkeit zu bemühen. Einige Tage lang kommt er pünktlich, aber dann reißt schon wieder die gewohnte Unpünktlichkeit ein. Da die anderen Angestellten diese regelmäßigen kleinen Verspätungen auch wahrnehmen, liegt ein offener Konflikt vor.
7. Scheinbarer Konflikt	Muß enttarnt und entlarvt werden	Ein Chef sagt am Morgen seiner Sekretärin, sie solle im Laufe des Vormittags zu ihm kommen, da er noch einige Diktate aufzugeben habe. Die

8. Bewußter Konflikt	Muß direkt und offen gelöst werden	Sekretärin nimmt sich daraufhin vor, um 09.30 Uhr zum Chef zu gehen. Gerade um diese Zeit aber erhält sie viele Anrufe und muß zwischendurch noch Fragen einzelner Angestellter beantworten. Sie wird immer nervöser, da sie denkt, daß der Chef auf sie wartet, sie wird unfreundlicher und weist ab 10.00 Uhr alle Angestellten schroff ab. Mit hochrotem Kopf jagt sie zum Chef und erwartet eine Moralpredigt wegen ihrer Verspätung. Der Chef hingegen sitzt ruhig in seinem Zimmer und freut sich, daß die Sekretärin bereits um 10.00 Uhr zu ihm kommt.
9. Unterschätzter Konflikt	Muß in seiner tatsächlichen Dimension und Auswirkung bewußt gemacht werden	Ein bewußter Konflikt wäre die allabendliche Qual eines Angestellten, ob er Feierabend machen oder noch einige Überstunden einlegen soll. In einem Großraumbüro sind die meisten Mitarbeiter gegen das Rauchen. Ein geringfügig übergeordneter Angestellter hält sich nicht an diesen Wunsch. Er verdrängt die Tatsache, daß er durch seine Rücksichtslosigkeit ständig eine konfliktträchtige Situation erzeugt.
10. Überschätzter Konflikt	Muß auf die tatsächliche Dimension reduziert werden	Ein Vorgesetzter entlastet einen ehrgeizigen Mitarbeiter, der zur Zeit offensichtlich nicht in bester gesundheitlicher Verfassung ist, indem er Arbeiten an dessen Kollegen überträgt. Daraufhin droht der Mitarbeiter mit seiner Kündigung, da er »ja ohnehin nicht mehr gebraucht werde«.

(in Anlehnung an »Konfliktsouveränität«, DDr. Pater J. Zoche, J. Schmidt Verlag, Bayreuth 1990)

2.23.3. Phasen der Konfliktbehandlung

In der Konfliktbehandlung kann man nach F. Glasl drei Phasen unterscheiden:

1. Die Orientierungsphase, in der hinreichende Voraussetzungen zur Konfliktbehandlung geschaffen werden
2. Die eigentliche Konfliktbehandlungsphase, in der an den Problemen der Konfliktparteien so gearbeitet wird, daß die Parteien wieder konstruktiv zusammenarbeiten können
3. Die Konsolidierungsphase, in der alles, was in der 2. Phase aufgebaut wurde, tiefer verankert wird.

Diese Phasen sollten beachtet werden, wenn eine Drittpartei als Konfliktschlichter auftritt, aber auch, wenn eine der Konfliktparteien selbst die Initiative zur Konfliktbearbeitung ergreift.

2.23.3.1. Die Orientierungsphase

Ziele:

● Die Drittpartei verschafft sich ein Bild von der Situation, von den Möglichkeiten und Grenzen einer konstruktiven Konfliktbearbeitung
● Die Konfliktparteien können die Möglichkeiten und Grenzen der Konfliktbearbeitung überdenken
● Die Konfliktparteien einigen sich mit der Drittpartei über den Ansatz zur Konfliktbehandlung; sie kennen die Maßnahmen, die ergriffen werden sollen.

In der Orientierungsphase werden folgende Fragen gestellt und bearbeitet:

● Um welchen Konflikttyp geht es eigentlich?
Die globale Bestimmung des Konflikttyps hilft, über die ersten Schritte zur Lösung die richtige Entscheidung zu treffen.

● Wie explosiv ist der Konflikt?
Scheint der Konflikt schnell zu eskalieren und um sich zu greifen, dann sind andere Maßnahmen erforderlich als bei einem relativ begrenzten Konflikt.

- Wie sehen die Grundeinstellungen der Konfliktparteien aus? Welche Interventionen kommen bei den Konfliktparteien an, welche lehnen sie ab? Warum gibt es unterschiedliche Einstellungen der Konfliktparteien zu den Maßnahmen der Drittpartei? Was erwarten sich die Konfliktparteien von der Drittpartei?

- Wer ist der Auftraggeber der Drittpartei? Wurde der Konfliktschlichter von jemand anderem als den Konfliktparteien mit der Konfliktbehandlung beauftragt? Auch in diesem Fall muß die Zustimmung der Konfliktparteien zur Konfliktbearbeitung vorhanden sein, sonst wird es zu keiner Lösung kommen.

- Welche Rolle kann die Drittpartei spielen? Die Antwort hängt vom Eskalationsgrad beim Eintritt in die Konfliktsituation ab. Die Rolle wird zwischen dem Helfer und den Parteien deutlich besprochen und vereinbart (Prozeßbegleiter, Vermittler, Moderator usw.); bei tiefem Mißtrauen der Konfliktparteien wird eventuell sogar eine schriftliche Vereinbarung über die Vorgangsweise getroffen.

- Sind Sofortmaßnahmen erforderlich? Bei sehr explosiven Konflikten wird man mit den Konfliktparteien Vereinbarungen hinsichtlich der Unterbindung einer weiteren Eskalation treffen müssen. Das heißt, daß sich die Konfliktparteien z. B. verpflichten, nicht noch andere Personen in den Konflikt hineinzuziehen oder keine Informationen weiterzugeben. Diese »Status-quo-Regelungen« haben die Begrenzung des Konflikts und der Konfliktdynamik zum Ziel.

- Sind vorübergehend besondere Kommunikationskanäle erforderlich? Wenn die vorhandenen Kommunikationskanäle nicht mehr funktionieren, dann können z. B. Vertreter der Konfliktparteien damit beauftragt werden, die Verbindung zu den einzelnen Lagern aufrecht zu erhalten. Eine derartige Gruppe von Vertretern kann die getroffenen Vereinbarungen mit dem Konfliktschlichter treffen, diese den Konfliktparteien übermitteln und die Einhaltung der Vereinbarungen überprüfen.

- Sind besondere Spielregeln für die nächsten Schritte der Konfliktbehandlung notwendig? Die Orientierungsphase ist abgeschlossen, wenn die Konfliktparteien genügend Vertrauen und Einblick in die Vorgangsweisen bei der eigentlichen Konfliktbehandlung haben.

Während der Orientierungsphase wird teilweise auch schon mit der Arbeit an den eigentlichen Konflikten begonnen.

2.23.3.2. Die eigentliche Konfliktbehandlungsphase

Die eigentliche Konfliktbehandlungsphase umfaßt die spezifischen Interventionen des Konfliktschlichters. Nun wird an einer Vertiefung der Diagnose gearbeitet. Wenn der Konflikt noch wenig eskaliert ist, können die Konfliktparteien dabei sehr früh aktiv mitwirken.

Bei den Interventionsstrategien werden zwei Richtungen unterschieden:

● die sukzessive Konfliktbehandlungsstrategie

Zu Beginn der Konfliktbehandlung kann es notwendig sein, daß die Drittpartei als Vermittler auftritt. Nachdem dies den gewünschten Erfolg gebracht hat und der Konflikt begrenzt worden ist, kann die Drittpartei dazu übergehen, als Prozeßbegleiter zu intervenieren, d. h. den Parteien bei der Durchführung der Vereinbarungen unterstützend zur Seite zu stehen. Man kann also im Rahmen einer Gesamtstrategie von Interventionen, die viel Druck und wenig Eigeninitiative der Konfliktparteien voraussetzen, zu Strategien übergehen, die mehr Eigeninitiative und weniger Druck erfordern. Für jeden Rollenwechsel sind neue Vereinbarungen zu treffen.

● die subsidiäre Konfliktbehandlungsstrategie

Hier wird von Strategien, die viel Eigeninitiative und wenig Druck beinhalten, über mögliche Zwischenschritte zu Strategien übergegangen, die viel Druck und wenig Eigeninitiative einsetzen. Dieser Weg ist angebracht, wenn man zu Beginn der Konfliktbehandlung die Intensität des Konflikts unterschätzt hat. Dabei wird es kaum möglich sein, daß ein und dieselbe Person die unterschiedlichen Rollen wahrnimmt, da sie den erforderlichen Abstand zu den Parteien nicht mehr gewinnen kann, nachdem sie sich zunächst um deren enges Vertrauen bemüht hatte.

2.23.3.3. Die Konsolidierungsphase

Nach jedem erfolgten Schritt in der Konfliktbearbeitung werden die erreichten Ergebnisse konsolidiert. Darunter versteht man, daß die Drittpartei, nachdem sie erreicht hat, daß die Konfliktparteien wieder ohne sie zusammenarbeiten können, dafür sorgt, daß diese Fortschritte in der Zukunft nicht rückgängig gemacht werden.

Hier gibt es folgende Möglichkeiten:

- Die Konfliktbehandlung geht in einen Prozeß der Organisationsentwicklung über.

- Es werden Überprüfungen für die kommenden Jahre vereinbart; deren Ergebnisse sollen zu einer Vertiefung der positiven Resultate und zu einer Arbeit an den Schwachstellen beitragen.

- Für die Übergangzeit wird eine Gruppe oder Person eingesetzt, die eine begleitende Funktion zu übernehmen hat, und an die man sich zwecks Beilegung neuer Konflikte oder alter Spannungen wenden kann.

Das wichtigste Ziel der Konfliktbehandlung ist, die Konfliktparteien zu befähigen, möglichst selbständig an den Spannungen und Konflikten zu arbeiten. Die Aktionen der Drittpartei sollen den Betroffenen mehr Einblick in die Mechanismen der Konflikte geben, die ihnen bisher unbekannt waren. Damit wird eine gute Basis für die Zukunft gelegt, um sich bei neu auftauchenden Spannungen schon früher bei bestimmten Verhaltensweisen zu ertappen und einen Ausweg zu suchen.

(in Anlehnung an: F. Glasl, Konfliktmanagement, Haupt Verlag, Bern/Stuttgart 1980)

2.23.3.4. Konfliktbehandlung/Zusammenfassung

1. Wahrnehmung	• Erkennung • Umfeld, z. B. Hintergründe, Zusammen- hänge
2. Lokalisierung	• Eingrenzung der Situation • Betroffene Parteien • Analyse des eigenen Verhaltens/Konflikt- beteiligung
3. Definition der Kon- fliktsituation	• Grund des Konflikts aus meiner Sicht defi- nieren • Wen betrifft es? • Wie weit ist der einzelne involviert? • Kontaktaufnahme mit Konfliktparteien

4. Entscheidung zur
Konfliktbearbei-
tung
	• Einstieg
	  – Wertschätzung
	  – Zufriedenheit abklären, z. B »Wie fühlen
	    Sie sich zur Zeit?«
	  – Small Talk, z. B. Hobbies
	  – Situation ansprechen
	  – Rückkoppelung
	  – Entscheidung zur Konfliktbearbeitung

5. Beidseitige Kon-
fliktbejahung
	• Bejahung beidseitig
	  – klare Darstellung der Situation/Begrün-
	    dung
	  – Einverständnis
	• Abklärung der Frage:»Lösen wir es allein
	  oder I brauchen wir einen Schiedsrichter?«
	• Beidseitige Akzeptanz des Schiedsrichters

6. Eigen- oder Fremdlösung	
7. Offene Äußerung der Bedürfnisse	• Konflikt offen ansprechen (beidseitig)
8. Gefühlsbereini- gung	• Offenes Ansprechen der Gefühle (Analyse) • Harmonisierung
9. Verhandlungs- lösung	• Sach- und Beziehungsebene • »Was müssen wir zur Lösung beitragen?« • Beidseitiges Einverständnis (innere Über- zeugung)

10. Prinzip der Siche-
rung
	• Vorsorge
	  – Was muß in Zukunft unternommen
	    werden ...?
	• Beidseitiger Gewinn
	• Handschlag
	• Alternative: Vereinbarung eines weiteren
	  Klärungsgesprächs

2.23.4. Konfliktgespräch – Aufbau

Vorbereitung

- Klarheit über bestehenden Konflikt schaffen
- den Mitarbeitern den Gesprächsgrund bekanntgeben
- Je nach Situation vor einem gemeinsamen Gespräch mit den Konflikt-
parteien Einzelgespräche führen
- Ausreichende Hintergrundinformationen beschaffen
- Termin/Ort vereinbaren

Gespräch

- Positives Gesprächsklima herstellen
- Feststellung des offenen Konfliktes
- Appell zu einer vernünftigen Gesprächsführung
- Konstatierung des Problems, soweit es der Führungskraft bekannt ist
- Probleme aufzeigen, die mit dem Konflikt verbunden sind
- Stellungnahme der Beteiligten und zusätzliche offene Fragen
- Zusammenfassung durch Vorgesetzten
- Relativierung
- Aussöhnung – Entschuldigung beziehungsweise Aufklärung von Miß-
verständnissen
- Motivation
- Aufforderung zu Offenheit in der Zukunft

Nachbearbeitung

- Laufende Beobachtung der Mitarbeiter und des Betriebsklimas
- Bei den Mitarbeitern im Einzelgespräch nachfragen, ob Klima/Verhältnis
wieder o.k. ist

2.23.5. Fallbeispiele

Fallbeispiel 1

Frau Jonke und Frau Hofer sind langjährige Arbeitskolleginnen. Sie sind
im Rechnungswesen beschäftigt. Eines Morgens gibt es Mißstimmung zwischen den beiden Angestellten. Davon erfährt der Vorgesetzte nur neben-
bei. Frau Jonke geht seit einigen Tagen ohne Kommentar immer pünktlich
weg, obwohl noch Arbeit zu tun ist. Diese muß dann Frau Hofer erledigen,
welche dadurch Überstunden machen muß. Es kommt zu einer Mei-
nungsverschiedenheit zwischen den beiden Kolleginnen. Der Vorgesetzte

delegiert das Problem mit dem Wunsch: »Regeln Sie die Einteilung selbst – Sie sind erwachsen genug!«

- – Um welche Konfliktsituation handelt es sich?
- – Wer soll was unternehmen?
- – Wie würden Sie als Vorgesetzter reagieren?
- – Was passiert, wenn nichts geschieht?
- – Mit wem würden Sie sprechen und welche Punkte müßte das Gespräch beinhalten?

Fallbeispiel 2

Ein Vorgesetzter übergibt einem Mitarbeiter eine neue Aufgabe zur Erledigung. Der Mitarbeiter ist bereits seit 20 Jahren im Unternehmen. Der Vorgesetzte wurde aus einer anderen Abteilung befördert und ist um 15 Jahre jünger als der Mitarbeiter. Der Mitarbeiter erledigt die Aufgabe mit dem Hinweis nicht, daß das keine Arbeiten für ihn seien.

- – Was tun Sie als Vorgesetzter?
- – Was hat dieser Vorgesetzte möglicherweise falsch gemacht?
- – Um welchen Konflikt handelt es sich?
- – Welche Punkte sind in einem Gespräch anzusprechen?

Fallbeispiel 3

Herr Schröder und Herr Polster sind zwei erfahrene Trainer der Bankakademie. Sie sind bereits seit 15 Jahren im Unternehmen. Bei einigen Projekten arbeiten sie auch eng zusammen. Ihre Einkommenssituation war bisher nie ein Thema, da beide etwa gleich bezahlt sind. Eines Tages stellt Herr Polster einen Antrag auf Gehaltserhöhung um 10% mit der Begründung, wesentlich mehr als Herr Schröder zu leisten. Herr Schröder erfährt über Umwege von dieser Entwicklung und will sein Dienstverhältnis auflösen, da er ein besseres Angebot hat.

- – Um welche mögliche Konfliktsituation geht es?
- – Was unternehmen Sie als Vorgesetzter?

- Was geht in Herrn Schröder vor?
- Welche Punkte werden Sie mit Herrn Polster besprechen?
- Wie könnte eine Kündigung vermieden werden?
- Welche Auswirkungen hat diese Situation auf das Team?

2.24. Zielvereinbarungen treffen

Zielvereinbarungsgespräche sollten in der Unternehmenshierarchie von oben nach unten durchgeführt werden. Bevor eine Führungskraft mit dem ihr unterstellten Team derartige Gespräche führt, werden die von der Abteilung/vom Team zu erreichenden Ziele zwischen der Führungskraft und ihrem Vorgesetzten oder auch im Managementteam festgelegt.

2.24.1. Führung duch Zielvereinbarung

Führung durch Zielvereinbarung ist ein Führungskonzept, das in hohem Maße die Eigenbeteiligung der Mitarbeiter einbezieht. Im Mittelpunkt steht die Vereinbarung persönlicher Leistungsziele. Diese Ziele sind das Ergebnis eines Verhandlungsprozesses zwischen dem Mitarbeiter und seinem Vorgesetzten und/oder anderen Entscheidungsträgern im Unternehmen. Basis der Zielfestlegung sind die Unternehmensziele; das heißt, die Ziele des Unternehmens werden auf Ziele für die einzelnen Mitarbeiter aufgeteilt.

Das Setzen von Zielen fördert Arbeitseinteilung und Arbeitsverhalten, wenn

- der Mitarbeiter das Ziel akzeptiert
- das Ziel von ihm als wichtig betrachtet wird
- er auf dem Weg zum Ziel mit der Beachtung durch den Vorgesetzten rechnen kann, dieser also das Ziel ebenfalls als wichtig einstuft.

Die Leistungsziele müssen vor allem folgende Merkmale aufweisen:

- Zielklarheit (Eindeutigkeit): der Mitarbeiter kennt die an ihn gerichteten Erwartungen, er fühlt sich sicherer; der Mitarbeiter kann den Mitteleinsatz zweckmäßiger gestalten.
- Beteiligung der Mitarbeiter an der Zielsetzung: sie fördert die Akzeptierung und Verinnerlichung der Ziele; vorauszusetzen ist, daß der Mitar-

beiter die Beteiligung wünscht und daß diese für das gesamte Arbeitsfeld gilt.

- Schwierigkeitsgrad: eine Steigerung erhöht den Anreiz, solange die Zielerreichung als möglich angesehen wird.
- Ergebnis-Feedback: die Rückkopplung muß rechtzeitig erfolgen und eindeutig sein, sie bewirkt bei positivem Feedback die Bereitschaft zur Setzung anspruchsvollerer Ziele; bei negativem Feedback tritt dieser Effekt nur ein, wenn die Erkenntnis von Verhaltensmängeln konstruktiv zur Zielrevision eingesetzt wird.
- Belohnungs-(Bestrafungs-)potential: die Erwartung einer Belohnung bewirkt eine Leistungssteigerung, bei finanziellen Belohnungen jedoch nur eine geringe Steigerung der Arbeitszufriedenheit.
- Eigenständigkeit bei der Zielerreichung: bei Mitarbeitern mit entsprechendem Bedürfnis positive Wirkungen auf Zufriedenheit und Einsatz.

Die Wirkungen des Systems der Führung durch Zielvereinbarung hängen in hohem Maße von den persönlichen Merkmalen des Mitarbeiters ab:

- bei hohem Leistungsbedürfnis positive Wirkungen auf die Arbeitsleistung (weniger auf die Arbeitseinstellung)
- bei hohem Autonomiebedürfnis positive Wirkungen auf die Arbeitszufriedenheit (weniger auf die Leistung)
- bei hohem Sicherheitsbedürfnis (korrelierend mit mangelndem Selbstvertrauen) kommt der Zielklarheit in bezug auf Leistung und Einstellung des Mitarbeiters Bedeutung zu.

Leistungssteigerung durch Führen mit Zielvereinbarung läßt sich nicht vorrangig bei hoch befähigten und motivierten Mitarbeitern, sondern vor allem bei weniger Begabten und Motivierten nachweisen.

Bei eng miteinander verbundenen Aufgaben ist der Zielabstimmung besondere Beachtung zu schenken, gegebenenfalls sind statt Einzelzielen Gruppenziele anzuwenden.

2.24.2. Die Zielvereinbarung

Die Leistungsziele des Mitarbeiters sind aus den übergeordneten Unternehmenszielen abzuleiten. Die arbeitsteilige Organisation von Unternehmen führt zu einer Zielhierarchie. Ein Vorgesetzter kann seine Leistungsziele nur erreichen, wenn auch die ihm unterstellten Mitarbeiter ihre Ziele realisiert haben. Die Ziele der jeweils untergeordneten Stufe erscheinen als Mittel zur Erreichung der Ziele der übergeordneten Stufe. Aus den Leistungszielen der Führungsspitze werden die Ziele der Abteilungs- und Filialleiterebene abgeleitet. Der Prozeß setzt sich Stufe für Stufe fort.

Wir unterscheiden hier zwei Verfahren:

● Top-down-Prinzip:
Von der Unternehmensleitung werden Sollvorgaben entwickelt, die mit den betroffenen Hauptabteilungen abgestimmt werden. Diese stimmen ihre Hauptabteilungsziele mit denen der Abteilungen ab usw.

● Bottom-up-Prinzip:
Die Zielformulierung beginnt auf der untersten Ebene: die Zielvorstellungen der untergeordneten Stufe gehen nach entsprechendem Abstimmungsprozeß in die Zielplanung der vorgesetzten Stufe ein.

Die Zieltransformation ist in Abstimmung mit dem in der Stellenbeschreibung festgelegten Aufgabenbereich des Mitarbeiters vorzunehmen. Dabei kann es erforderlich sein, die Aufgabenbeschreibung zu verändern.

2.24.2.1. Die Arten der Leistungsziele

Wir unterscheiden im Hinblick auf den angestrebten Zweck zwei Zielgruppen:

● Unternehmensbezogene Leistungsziele
  – als Primärziele: Sie dienen unmittelbar den im Unternehmensplan festgelegten Zielen, wie Erzielung eines bestimmten Verkaufsumsatzes, Fertigung einer bestimmten Stückzahl.
  – als Sekundärziele: Sie dienen mittelbar der Erreichung der Unternehmensziele, sind gleichsam die Voraussetzung, um die Primärziele zu erreichen. Sekundärziele sind: Verbesserung des Betriebsklimas, Beschaffung und Ausbildung qualifizierter Mitarbeiter, Erhöhung der Arbeitszufriedenheit. Da auch Sekundärziele vielfach erst bei Vorliegen bestimmter Voraussetzungen erreicht werden können, sind Sekundärziele zweiter, dritter oder vierter Ordnung aufzustellen.

● Persönliche Entwicklungsziele, die dazu dienen, die Leistungsfähigkeit des Mitarbeiters zu erhalten und zu erhöhen. Sie umfassen die Vermittlung von Wissen und Fertigkeiten, die Entfaltung von Fähigkeiten und die Weckung von Einstellungen und Verhaltensgewohnheiten. Persönliche Entwicklungsziele sind das Vehikel, um die Leistungsziele im engeren Sinn zu erreichen.

2.24.2.2. Der Prozeß der Zielvereinbarung

Bereits mit der Bezeichnung dieses Abschnitts wird deutlich, daß Leistungsziele den Mitarbeitern nicht von oben – sei es vom Vorgesetzten oder der Unternehmensleitung – »diktiert« werden sollten. Der erfolgversprechendste Weg zur Zielerreichung ist der, die Ziele gemeinsam mit den Mitarbeitern im Rahmen von Gesprächen zu erörtern und festzulegen. Zwischen den Zielen des Mitarbeiters (bedürfnisorientiert) und denen des Unternehmens (ökonomisch orientiert) ist Einklang herzustellen, d. h., der Mitarbeiter muß die für ihn geltenden Ziele akzeptieren (Verinnerlichung) und sich mit ihnen identifizieren. Dies kann er umso eher, wenn er an der Zieldefinition aktiv beteiligt war.
Der Weg zur Annahme von und Identifikation mit den Zielen wird durch die Erwartungstheorie der Motivation vorgezeichnet. Es sind folgende Voraussetzungen zu schaffen:

- Die Zielerreichung muß für den Mitarbeiter einen Bedürfniswert haben; sie muß zur Erfüllung von Bedürfnissen führen, z. B. nach interessanten Aufgaben, größerer Verantwortung, höherem Gehalt, Anerkennung usw.

- Die Zielerreichung muß von der eigenen Leistung (Aufgabenerfüllung) abhängen und durch entsprechende Prämierung finanziell belohnt werden. Gelangt der Mitarbeiter auch ohne größere Anstrengung zur Prämie, wird das Leistungsziel nicht motivieren; er wird es nicht »verinnerlichen«.

- Die Zielerreichung muß möglich sein, das Ziel darf also nicht zu hoch angesetzt werden.

Die Phasen des Prozesses der Zielvereinbarung

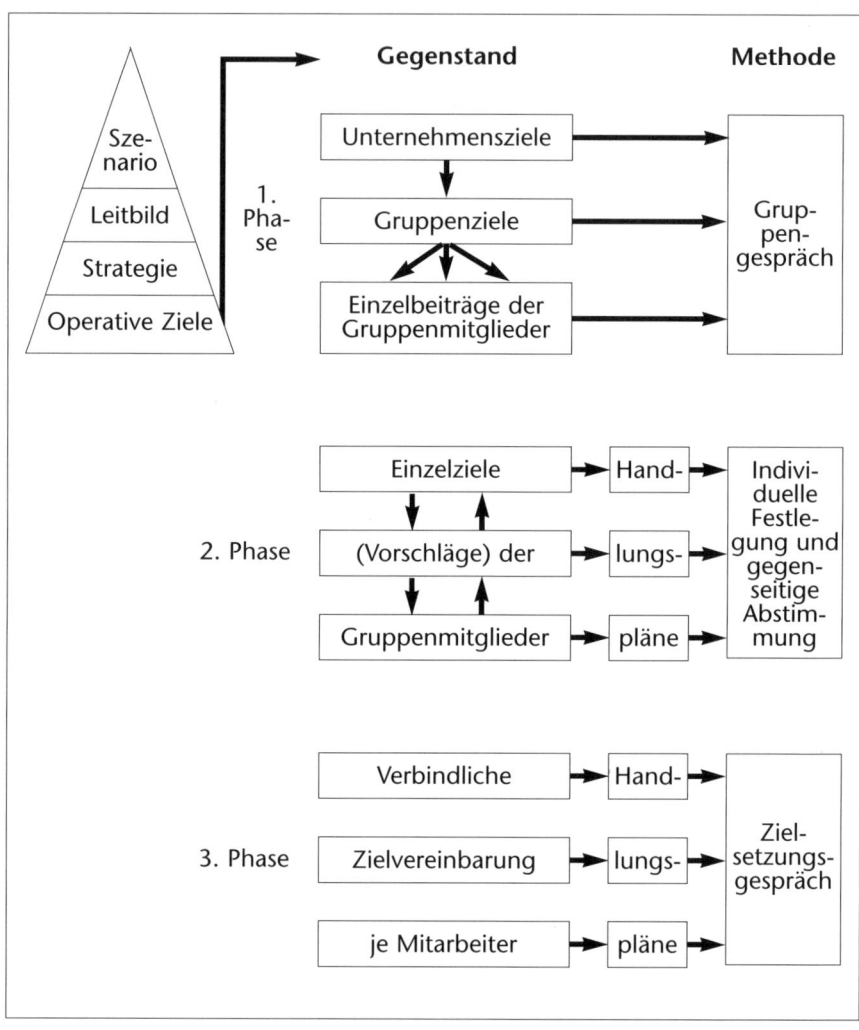

2.24.3 Was ist beim Festlegen von Zielen zu beachten?

Checkliste: 20 Punkte zur Zielfestlegung

1. Welche globalen Unternehmensziele werden im Rahmen der Jahresplanung angestrebt?
2. Welche Ziele waren im vergangenen Jahr vereinbart, wie konnten die Ziele erreicht werden, wo gab es Abweichungen, und welche Gründe waren dafür ausschlaggebend?
3. Welche Abteilungsziele streben wir an?
4. Wie lassen sich die persönlichen Arbeitsplatzziele quantifizieren?
5. Mit welchen Meßkriterien wird die Zielerreichung festgestellt?
6. Wie weit kann bei der Zielformulierung mitgewirkt werden?
7. Welche konkreten Konsequenzen gibt es, wenn Ziele nicht erreicht werden?
8. Wie intensiv fließt die Zielerreichung in die Beurteilung mit ein?
9. Ist die Dringlichkeit und Wichtigkeit der einzelnen Ziele festgelegt?
10. Gibt es eine klar erkennbare Zielhierarchie? (Unternehmens-, Abteilungs-, Arbeitsplatzziele und persönliche Ziele)
11. Findet ein Zielvereinbarungsgespräch mit dem unmittelbaren Vorgesetzten statt?
12. Inwieweit hat der eigene Vorgesetzte Gestaltungsmöglichkeiten bei der Vereinbarung von Teamzielen mit seinem unmittelbaren Vorgesetzten?
13. Ist die Zielerreichung bzw. Überschreitung an zusätzliche Incentives gekoppelt?
14. Welche Arten von Zielen werden vereinbart? (z. B. Standardziele, Qualitätsziele, Innovationsziele usw.)
15. Sind Kurskorrekturen während des Zielumsetzungszeitraums zulässig?
16. Gibt es vernünftige Änderungskriterien, wenn Ziele Jahr für Jahr neu festgesetzt werden?
17. Werden auch Teamziele gesondert vereinbart?
18. Besteht die Möglichkeit, auch bei der Gestaltung von Unternehmenszielen mitzuwirken?
19. Werden die vereinbarten Ziele schriftlich festgehalten?
20. Sind die Zielvereinbarungsprozesse im Rahmen von Führungsgrundsätzen festgelegt?

2.24.4. Das Zielvereinbarungsgespräch

Vorbereitung

- Rahmenbedingungen schaffen (Raum reservieren, Gesprächsdauer festlegen, Terminplan überprüfen)
- Vorbereitungsunterlagen an Mitarbeiter weiterleiten
- Termin vereinbaren
- Eigenen Vorbereitungsbogen bearbeiten (quantitative und qualitative Zielgrößen als Vorschlag vorbereiten)

Gespräch

- Begrüßung
- Positiver Einstieg
- Vorbereitung ansprechen
- Grundsatz des Gesprächs zusammenfassen
- Aufgabenschwerpunkte des vergangenen Jahres festhalten
- Wertschätzung über bisherige Leistung, Zielerreichung ausdrücken
- Probleme, die sich dabei ergeben haben, diskutieren
- Ursachen für aufgetretene Probleme analysieren
- Mitteilung der Unternehmensziele für die nächste Periode
- Veränderungen innerhalb der Abteilung ansprechen
- Zukünftige Aufgaben gemeinsam festlegen
- Gemeinsame Vereinbarung der individuellen Ziele
- Gewichtung der Ziele vornehmen
- Zeitrahmen für Zielerreichung festlegen
- Stärken/Schwächen des Mitarbeiters besprechen
- Gewünschte Unterstützungsmaßnahmen notieren
- Art und Zeitraum für Fördermaßnahmen vereinbaren
- Wünsche, Anregungen des Mitarbeiters erfragen
- Termin für Zwischenbericht vereinbaren
- Zusammenfassung der Vereinbarungen, Maßnahmen (Aktivitätenplan mit Kontrollterminen)
- Motivation

Nachbereitung

- Weiterleiten der Vereinbarungen
- Vereinbarte Fördermaßnahmen mit den entsprechenden Stellen abklären
- Kontrollen einplanen und durchführen
- Terminevidenz

2.24.5. Vorbereitungsbogen für Mitarbeiter

Zielvereinbarung – Gesprächsvorbereitung

Name: Gespräch am:
Abteilung: Vorgesetzter:
Vereinbarte Ziele:

1. Was konnte ich im abgelaufenen Jahr an besonderen Leistungen erbringen?

2. Welche Projekte konnten durch meine Mitwirkung positiv beeinflußt werden?

3. Bei welchen Projekten war ich Projektleiter, und wie konnten diese Projekte weiterentwickelt bzw. abgeschlossen werden?

4. Welche der oben angeführten Ziele konnte ich zu 100% erreichen?

5. Bei welchen Zielen hatte ich Schwierigkeiten in der Erreichung, was waren die wichtigsten Hinderungsgründe?

6. Wo erwarte ich mir spezielle Hilfestellungen vom Vorgesetzten?

7. Was muß ich beim nächsten Zielvereinbarungsgespräch gesondert ansprechen?

Thema   Überlegungen dazu

8. Wie stimmen die Ziele mit meinen Aufgaben laut Funktionsbeschreibung überein? Ist eine Korrektur notwendig?

9. Stimmt meine innere Einstellung mit den Unternehmenszielen überein?

10. Was würde ich beim Zielvereinbarungsprozeß im Unternehmen anders machen, damit mehr Wirksamkeit und Motivation erzielt wird?

Meine Zielvorstellungen für das nächste Geschäftsjahr:

Standardziele:

Innovative Ziele:

Qualitätsziele:

Produktivitätsziele:

Gewünschte Projekte:

Gewünschte zusätzliche Informationen:

2.24.6. Formular – Zielvereinbarungsgespräch

Zielvereinbarungsgespräch

Mitarbeiter: Vorgesetzter:
Abteilung:
Datum des Gesprächs:
von: bis:

a) Überblick über die vereinbarten Ziele des vergangenen Zeitraums:

b) Zielerreichungsgrad (Bewertung der Zielerreichung je nach Vereinbarung)

c) Welche Aktivitäten führten zum Erfolg?

d) Welche Ziele konnten nicht erreicht werden, und welche Gründe waren dafür ausschlaggebend?

e) Aufgrund der Zielerreichung müssen folgende Veränderungen für das nächste Zielvereinbarungsjahr durchgeführt werden:
Veränderungen   Begründung

f) Welchen Einfluß haben die erreichten/nicht erreichten Ziele auf die Mitarbeiterbeurteilung bzw. Entlohnung?

g) Welche zusätzlichen Projekte konnten im Vereinbarungszeitraum erfolgreich realisiert werden? Welche sind noch nicht abgeschlossen?

h) Zielvereinbarung für das nächste Geschäftsjahr

Standardziele:

Innovative Ziele:

Qualitätsziele:

Produktivitätsziele:

Gewünschte neue Projekte:

Gewünschte zusätzliche Informationen:

Stellungnahme des Mitarbeiters zur Zielvereinbarung:

Datum:

Unterschrift des Mitarbeiters

Unterschrift des Vorgesetzten

2.24.7. Das Zielerreichungsgespräch

Um die Zielerreichung festzustellen, müssen schon bei der Zielvereinbarung Kriterien für die Bemessung festgelegt werden. Diese Kriterien sollten nicht autoritär vorgegeben, sondern gemeinsam mit dem Managementteam erarbeitet werden.
Am Ende der Zielperiode erfolgt eine Überprüfung der Zielerreichung; die Mitarbeiterbeurteilung kann damit verbunden werden.

Das Zielerreichungsgespräch umfaßt:

- Festellung der erreichten Ergebnisse
- Feststellung von Abweichungen zwischen Soll und Ist und deren Erklärung (sowohl im Positiven als auch im Negativen)
- Zielerreichungsgrad wird je nach vereinbartem Ziel beurteilt
- Gesamtbeurteilung mittels Punktewertung (oder anderer Kriterien) und eine Einstufung aufgrund der einzelnen Zielerreichungsgrade unter Berücksichtigung der Zielgewichtung
- Festlegen von Maßnahmen
- Neuerliche Zielvereinbarung

Zur Beurteilung der erreichten Ergebnisse sind Zielerreichungsstufen zu definieren. Die Erreichung der einzelnen Ziele wird an diesen Stufen gemessen. Dabei werden sowohl Leistungsergebnis als auch Leistungsverhalten berücksichtigt.

Eine derartige Stufeneinteilung könnte folgendermaßen aussehen:

- Ziel wurde erheblich überschritten
  - hervorragende Leistungen bei der Zielerreichung wurden erbracht
  - der Mitarbeiter zeigt ein ständig hohes Leistungsniveau

- Ziel wurde überschritten
  - der Mitarbeiter zeigt sehr viel Initiative
  - er entwickelt brauchbare Ideen
  - der Mitarbeiter erfüllt Aufgaben überdurchschnittlich gut

- Ziel wurde im erwarteten Ausmaß erreicht
  - die Leistungen des Mitarbeiters entsprechen den Erwartungen
  - der Mitarbeiter beherrscht seinen Aufgabenbereich
  - er benötigt die übliche Unterstützung

- Ziel wurde nicht im erwarteten Ausmaß erreicht
  - die erbrachten Leistungen des Mitarbeiters liegen quantitativ/qualitativ unter den Erwartungen
  - der Mitarbeiter benötigt mehr Hilfe, als auf Dauer gewährt werden kann
  - eine Leistungsverbesserung ist nötig
  - es besteht Förderbedarf

- Ziel wurde nicht erreicht
  - die erbrachten Leistungen entsprechen bei weitem nicht den Vereinbarungen
  - die Leistungen sind inakzeptabel
  - der Mitarbeiter benötigt viel Hilfe, Zeit und Kontrolle
  - der Mitarbeiter zeigt einen hohen Förderbedarf

2.24.8. Fallbeispiel

Der Außendienst der Firma »Dach GesmbH« trifft sich einmal pro Jahr bei einer Vertriebstagung, die gleichzeitig eine Incentive-Veranstaltung ist, da sie in einem Wintersportort stattfindet und ausreichend Freizeitmöglichkeiten geboten werden.
Bei dieser Veranstaltung werden das abgelaufene Jahr vom Vorstandsvorsitzenden zusammengefaßt und die neuen Schwerpunkte für das kommende Geschäftsjahr bekanntgegeben – dazu gehören auch die Gesamterfolgszahlen. Die Außendienst-Mitarbeiter werden jedes Jahr mit höheren Anforderungen konfrontiert. Die Mannschaft ist sehr aktiv und erfolgreich.
Im letzten Quartal ist ein Einbruch erkennbar; die Stimmung der Außendienst-Mitarbeiter wurde merklich schlechter. Es wird die Frage gestellt: »Was wollen die da oben noch alles von uns?«
Nach der Tagung erhält jeder Außendienst-Mitarbeiter seine Zielvorgaben in einem persönlichen Brief vom Vorstand mitgeteilt. Mit dem Verkaufsleiter wird dann noch über spezielle Schwerpunktaktivitäten diskutiert. Zieländerungen sind »oben« nicht erwünscht. Der Vorstand ist der Meinung, daß die vorgegebenen Ziele realistisch sind.
Da der Verkaufsleiter in einem Jahr in Pension gehen wird, werden Sie als sein bisheriger Stellvertreter und Nachfolger beauftragt, die Agenden so wie bisher fortzusetzen. Sie sehen nun die Chance, endlich die notwendigen Veränderungen vorzunehmen.

  - Was werden Sie unternehmen?

– Welche Themen werden Sie mit dem Vorstand klären?

– Wie werden Sie künftig bei der Zielvereinbarung mit den Außendienstmitarbeitern vorgehen?

– Mit welchen Widerständen müssen Sie rechnen?
a) Beim Vorstand?
b) Bei den Mitarbeitern?

2.25. Feedback-Gespräch mit dem Vorgesetzten

Dieses Gespräch findet in derselben Form statt, wie das Feedback-Gespräch mit den eigenen Mitarbeitern (Kap. 2.10); nur holt hier die Führungskraft von ihrem Vorgesetzten Feedback zu ihrem Führungsverhalten, ihrer Aufgabenerfüllung etc. ein.

Was ist beim Vorgesetzten-Feedback-Gespräch besonders zu beachten?

● Vorab Einholung der Meinung des Vorgesetzten über derartige Feedbackgespräche
● Bin ich selbst vom Verhalten des Vorgesetzten überzeugt?
● Bei mangelnder Vorbildleistung des Vorgesetzten kann ein Gespräch eher Frustration bringen, die Chance ist aber trotzdem zu nützen
● Günstiger Zeitraum (Terminnot usw.)
● Vorgesetzter hört nicht zu, bringt sofort eigene Probleme ein
● Vorgesetzter bagatellisiert eine problematische Situation
● Hilfestellung kann von vornherein nicht erwartet werden
● Vorgesetzter fühlt sich an die Wand gedrängt
● Bei mangelndem Verständnis kann es zu zusätzlichen Konflikten kommen
● Unterschiede in grundsätzlichen Fragen

Jedes Gespräch – egal auf welche Situation es sich bezieht – sollte als Gelegenheit zum Feedback sowohl für die Führungskraft als auch für ihren Vorgesetzten gesehen werden. Wenn ein Vorgesetzter keinerlei diesbezügliche Initiativen seiner Mitarbeiter erkennen kann, sollte er von sich aus Feedback-Prozesse einleiten, da sehr viele positive Ansatzpunkte in diesen Gesprächen gefunden werden können (siehe Kapitel 2.10.).

2.26. Präsentation der Abteilungsergebnisse

Ergebnisse, die eine Abteilung/ein Team gemeinsam erzielt, sollten immer nach außen hin sichtbar gemacht werden. Der Wert eines Teams wird daran gemessen, welche Aufgaben erledigt werden, wie groß der erwirtschaftete Erfolg ist, welche Produktivitätssteigerungen erzielt werden können, wie wirtschaftlich gearbeitet wird, welche Innovationen und Veränderungen erreicht werden, welches Feedback von Lieferanten, Kunden und der Öffentlichkeit gegeben wird usw.
Jede Führungskraft sollte ergebnisorientiert arbeiten und die vorliegenden Ergebnisse auch gezielt zusammenfassen und präsentieren.
Als Grundlage und Hilfestellung ist das folgende Formular gedacht, welches von der Führungskraft gemeinsam mit dem Team erarbeitet und als von allen akzeptierte Präsentationsunterlage weitergereicht wird.

Ergebnisse 200 .

Team/Abteilung: Datum:

Vorgesetzter:

Präsentationsinformation für:

● Ziele des Teams im zurückliegenden Geschäftsjahr

   a) Basisziele:

   b) Leistungsziele:

   c) Innovationsziele:

- Ergebnisse der einzelnen Zielgruppen

  a) Basiszielerreichung

  b) Leistungszielerreichung:

  c) Innovationszielerreichung:

- Besondere Schwerpunkte:

- Folgende Schwierigkeiten besonderer Art traten auf:

- Mit folgenden globalen Änderungen muß im nächsten Geschäftsjahr gerechnet werden:

- Das haben wir als Team besonders geschätzt:

Unterschrift (Führungskraft und Team)

Dieses Formblatt kann auch gleichzeitig als Zielvereinbarungs- und Zieler-reichungsblatt für das nächste Geschäftsjahr eingesetzt werden.

2.27. Gespräch mit dem Vorgesetzten über Gehaltswünsche des Teams

Auch wenn es unternehmensinterne Richtlinien für Be- und Entlohnung gibt, müssen von Zeit zu Zeit Orientierungsgespräche mit dem Vorgesetzten geführt werden, damit die Führungskraft weiß, in welchem Rahmen sie sich bewegen kann, falls ein Mitarbeiter mit Entlohnungswünschen an sie herantritt oder falls ohnehin Gehaltserhöhungen bei den Mitarbeitern fällig sind.

Die Führungskraft sollte von folgenden Voraussetzungen ausgehen können:

● Im Rahmen der Funktionsbeschreibung der Führungskraft (siehe folgendes Musterformular) sollten die Grundlagen für Gehaltsentscheidungen in der Rubrik »Entscheidungsbefugnisse/Kompetenzen« definiert sein.
● Laufende Kommunikation und Rückkopplung mit dem Vorgesetzten ist möglich.
● Leistungsorientierte Bemessungskriterien und Bezahlung sind im Unternehmen eingeführt.
● Ein Beurteilungssystem für das Leistungsverhalten der Mitarbeiter ist entwickelt und wird angewendet.
● Gehaltsgespräche mit den Mitarbeitern werden nur vom direkten Vorgesetzten und nicht von einer höheren Ebene aus geführt (damit werden mögliche Konflikte vermieden).

2.27.1. Musterbogen »Funktionsbeschreibung«

Das folgende Formular ist zur globalen Definition der wichtigsten Positionen in einem Unternehmen gedacht:

Funktionsbeschreibung

Stellenbezeichnung   Stellen-Nr.   Rangstufe

Bereich   Abteilung

Stellenbezeichnung des direkten Vorgesetzten

Derzeitiger Stelleninhaber (Name, Vorname, Personalnummer)
– bitte mit Bleistift ausfüllen –

Der Stelleninhaber vertritt   Der Stelleninhaber wird vertreten von

Aufgabenstellung (allgemeine Zielsetzung)

Hauptfunktionen   Anteil an der Gesamtarbeitszeit in %

100%

Funktionen der Stelle im einzelnen	Anteil an der Gesamtarbeitszeit in %
	100%

Kontrollfunktionen

Bereich	Art der Kontrolle	Häufigkeit

Projektmanagement

Als Projektleiter tätig bei folgenden Projekten

Als Projektmitarbeiter tätig bei folgenden Projekten

Entscheidungsbefugnisse/Kompetenzen des Stelleninhabers

Informationsmanagement

Zu erstellende Informationen
Art/Form   an wen   Häufigkeit

Erhaltene Informationen
Art/Form   von wem   Häufigkeit

Stellenbezeichnungen der unterstellten Mitarbeiter
                                    Art der Unterstellung
                        disziplinarisch fachlich vertretungsweise

Arbeitskontakte zu Stellen
intern:

extern:

Ergänzende Bemerkungen

Funktionsbeschreibung erstellt durch
Unterschrift
Datum

Funktionsbeschreibung genehmigt
Unterschrift
Datum

Funktionsbeschreibung zur Kenntnis genommen
(jeweiliger Stelleninhaber)
Unterschrift
Datum

2.27.2. Fallbeispiel

Frau Werner ist Leiterin der Sparte »Keramik« in einem Handelsunternehmen. Das Team besteht aus acht Mitarbeitern, davon sind zwei Kollegen Gruppenleiter.
Einmal jährlich im November findet das Mitarbeiter-Beurteilungsgespräch statt. Im Rahmen dieses Gespräches werden auch die Gehaltswünsche der Mitarbeiter behandelt. Neben der jährlichen kollektivvertraglichen Erhöhung gibt es auch ein Konzept für »variable Vergütung«, welches sich auf folgende Grundlagen stützt:

● Leistung des einzelnen Mitarbeiters
● Leistung der Abteilung
● Gesamterfolg des Unternehmens.

Persönlich ist Frau Werner der Meinung, daß das Niveau der Grundgehälter in ihrer Abteilung im Verhältnis zu den branchenüblichen Gehältern zu niedrig ist. Von ihren acht Mitarbeitern äußern auch sechs den Wunsch nach einer Erhöhung des Grundgehalts.

– Nach welchen Kriterien würden Sie das Gespräch von Frau Werner mit ihrem Vorgesetzten führen?

– Welche Möglichkeiten könnte der Vorgesetzte von Frau Werner anbieten?

– Welche Widerstände sind zu erwarten
seitens des Vorgesetzten?
von Frau Werner?
seitens der Gruppenleiter?
seitens der Mitarbeiter?

– Wie kann eine Lösung zukünftig abgesichert werden?

2.28. Gespräch mit dem Vorgesetzten über Entwicklungs- und Weiterbildungsbedarf des Teams

Die Entwicklung und Weiterbildung jedes Mitarbeiters stellt einen wesentlichen Erfolgsfaktor für ein Unternehmen dar. Jede Führungskraft sollte daher den Entwicklungsbedarf des gesamten Teams zusammenfassen und dem Vorgesetzten präsentieren.

Der Entwicklungsbedarf ergibt sich aus folgenden Informationsquellen:

- Zielvereinbarungsgespräche
- Förder- und Jahresgespräche
- Geplante Veränderungsprozesse
- Begangene Fehler
- Neue Verfahren, Werkstoffe, technische Ausstattung
- Neue Anforderungen an das Team
- Bildungsbedarf klären mittels
  - Meetings
  - Fragebögen
  - Gesprächen
- Beraterstilanalyse durchführen

Ziel dieser Erhebung sollte sein, Wissen und Können des Teams kontinuierlich zu vergrößern und dafür auch die notwendigen Maßnahmen zu erarbeiten und durch ein Budget abzusichern.

2.28.1. Beraterstil-Analyse im Vertrieb

Wir stellen Ihnen hier die von uns entwickelte Beraterstil-Analyse vor, die sehr gut geeignet ist, eine Standortbestimmung der vorhandenen Stärken und Schwächen eines Beraters im Vertrieb durchzuführen. Der Vertriebsmitarbeiter schätzt seine Fähigkeiten anhand eines Fragebogens mit 125 unterschiedlichen Kriterien, die im Vertrieb gefordert sind, auf einer Skala von 1 bis 7 ein. Dieses Selbstbild wird mit der Einschätzung des Mitarbeiters durch seinen Vorgesetzten verglichen und bietet Anlaß zu einem ausführlichen Feedbackgespräch zwischen Berater und Vorgesetztem. Das Feedback und der Abgleich mit dem Vorgesetzten führt zu einer realistischen Basis, auf der zukünftige Förder-, Entwicklungs- und Schulungsmaßnahmen aufgesetzt werden können.

Im folgenden sehen Sie Auszüge aus dem Berater-Fragebogen und einer ausgewerteten Beraterstil-Analyse:

Beraterstil-Analyse

Auszug aus dem Berater-Fragebogen

Mit diesem Fragebogen beurteilt sich der Berater selbst. Insgesamt sind 125 Kriterien zu beantworten.

	nie wenig					immer sehr

1. Ich bin auf Kundengespräche gut vorbereitet.

   | 1 | 2 | 3 | 4 | 5 | 6 | 7 |

2. Ich finde immer die richtigen Worte, auch bei unerwarteten Reaktionen des Kunden.

   | 1 | 2 | 3 | 4 | 5 | 6 | 7 |

3. Ich gehe aktiv auf andere Menschen zu.

   | 1 | 2 | 3 | 4 | 5 | 6 | 7 |

4. Ich bin um Konstruktivität bemüht, wenn ich Kritik austeile.

   | 1 | 2 | 3 | 4 | 5 | 6 | 7 |

5. Ich mache mir einen Tagesplan für die zu erledigenden Aufgaben.

   | 1 | 2 | 3 | 4 | 5 | 6 | 7 |

6. Ich schaffe mehr als die anderen, da ich mir mehr zutraue.

   | 1 | 2 | 3 | 4 | 5 | 6 | 7 |

7. Ich bringe praktische Beispiele in einem Beratungsgespräch ein.

   | 1 | 2 | 3 | 4 | 5 | 6 | 7 |

8. Ich kann auch »Nein« sagen, ohne daß ich Probleme damit habe.

   | 1 | 2 | 3 | 4 | 5 | 6 | 7 |

9. Ich sorge für einen guten Zusammenhalt im Team.

   | 1 | 2 | 3 | 4 | 5 | 6 | 7 |

10. Ich organisiere mich selbst optimal, ohne Anweisungen anderer zu benötigen.

    | 1 | 2 | 3 | 4 | 5 | 6 | 7 |

11. Ich kann mich sehr gut in die Lage anderer Menschen versetzen.

| 1 | 2 | 3 | 4 | 5 | 6 | 7 |

12. Ich gehe bei Verkaufsgesprächen immer strukturiert vor.

| 1 | 2 | 3 | 4 | 5 | 6 | 7 |

13. Ich setze mich kritisch mit neuen Gedanken auseinander, bevor ich sie für mich selbst anwende.

| 1 | 2 | 3 | 4 | 5 | 6 | 7 |

14. Ich bilde mich auch privat für meinen Beruf weiter, z. B. durch Lesen entsprechender Fachliteratur.

| 1 | 2 | 3 | 4 | 5 | 6 | 7 |

15. Ich schätze meine Fähigkeiten realistisch ein.

| 1 | 2 | 3 | 4 | 5 | 6 | 7 |

16. Es fällt mir leicht, auch bei unsympathischen Gesprächspartnern nicht persönlich zu werden.

| 1 | 2 | 3 | 4 | 5 | 6 | 7 |

17. Ich kann mich leicht in die Gefühlswelt eines anderen Menschen einfühlen.

| 1 | 2 | 3 | 4 | 5 | 6 | 7 |

18. Ich bemühe mich, auf andere Menschen positiv zu wirken.

| 1 | 2 | 3 | 4 | 5 | 6 | 7 |

19. Mögliche Zielkonflikte zwischen mir und meinem Gesprächspartner spreche ich unumwunden an.

| 1 | 2 | 3 | 4 | 5 | 6 | 7 |

20. Ich kann mich rasch auf neue Situationen einstellen.

| 1 | 2 | 3 | 4 | 5 | 6 | 7 |

21. Ich erkenne rasch die wahren Ursachen eines Problems, ohne mich von Vorwänden, Einwänden usw. ablenken zu lassen.

| 1 | 2 | 3 | 4 | 5 | 6 | 7 |

22. Ich mache jeden Tag ein Resumee
über die von mir erledigten Aufgaben und übertrage unerledigte Dinge in den Plan für den nächsten
Tag. | 1 | 2 | 3 | 4 | 5 | 6 | 7 |

23. Meine Wirkung vor Kunden ist kom-
petent und überzeugend. | 1 | 2 | 3 | 4 | 5 | 6 | 7 |

24. Meine Aussprache ist klar und deut-
lich. | 1 | 2 | 3 | 4 | 5 | 6 | 7 |

25. Ich bin selbstkritisch. | 1 | 2 | 3 | 4 | 5 | 6 | 7 |

26. Ich kann mit auftauchenden Span-
nungen gut umgehen. | 1 | 2 | 3 | 4 | 5 | 6 | 7 |

27. Es fällt mir leicht, einen Blickkontakt
über längere Zeit aufrechtzuerhal-
ten. | 1 | 2 | 3 | 4 | 5 | 6 | 7 |

28. Ich überlasse nichts dem Zufall und
bereite meine Argumente sorgfältig
vor. | 1 | 2 | 3 | 4 | 5 | 6 | 7 |

29. Unerledigte und schwierige Aufga-
ben löse ich zuerst. | 1 | 2 | 3 | 4 | 5 | 6 | 7 |

30. Ich bin Neuem gegenüber sehr auf-
geschlossen. | 1 | 2 | 3 | 4 | 5 | 6 | 7 |

...

45. Ich bringe mich bei Besprechungen/
Diskussionen im Team voll ein. | 1 | 2 | 3 | 4 | 5 | 6 | 7 |

46. Ich verzichte darauf, mich in den
Mittelpunkt zu stellen. | 1 | 2 | 3 | 4 | 5 | 6 | 7 |

47. Es fällt mir leicht, eine Vertrauensbasis zwischen meinem Gesprächspartner und mir aufzubauen.

| 1 | 2 | 3 | 4 | 5 | 6 | 7 |

48. Ich gehe interessiert auf andere zu, da Menschen und ihre Umstände/Probleme mich faszinieren.

| 1 | 2 | 3 | 4 | 5 | 6 | 7 |

49. In Besprechungen führe ich meine Gesprächspartner bei Abschweifungen zum eigentlichen Thema zurück.

| 1 | 2 | 3 | 4 | 5 | 6 | 7 |

50. Ich argumentiere in Kundengesprächen sachlich und lasse Gefühle aus dem Spiel.

| 1 | 2 | 3 | 4 | 5 | 6 | 7 |

51. Ich gehe gezielt auf Einwände des Kunden ein.

| 1 | 2 | 3 | 4 | 5 | 6 | 7 |

52. Ich identifiziere mich mit meinem Job.

| 1 | 2 | 3 | 4 | 5 | 6 | 7 |

53. Ich weiß immer, was ich will.

| 1 | 2 | 3 | 4 | 5 | 6 | 7 |

54. Ich fühle mich bei Verkaufsgesprächen sattelfest und bin nicht leicht zu verunsichern.

| 1 | 2 | 3 | 4 | 5 | 6 | 7 |

55. Ich würde gern einige Aufgaben, die eigentlich in den Tätigkeitsbereich meines Vorgesetzten fallen, übernehmen.

| 1 | 2 | 3 | 4 | 5 | 6 | 7 |

56. Ich denke positiv über Veränderungen, die meinen Arbeitsplatz betreffen.

| 1 | 2 | 3 | 4 | 5 | 6 | 7 |

57. Ich sorge für Harmonie und Ausge-
    wogenheit im Team.

    | 1 | 2 | 3 | 4 | 5 | 6 | 7 |

58. Ich kann anderen gut zuhören und
    lasse sie ausreden, ohne zu unter-
    brechen und unbedingt meine Mei-
    nung loszuwerden.

    | 1 | 2 | 3 | 4 | 5 | 6 | 7 |

59. Es ist selbstverständlich für mich,
    positive Beiträge zur Teamarbeit zu
    leisten, ohne mich dafür besonders
    herauszustellen.

    | 1 | 2 | 3 | 4 | 5 | 6 | 7 |

...

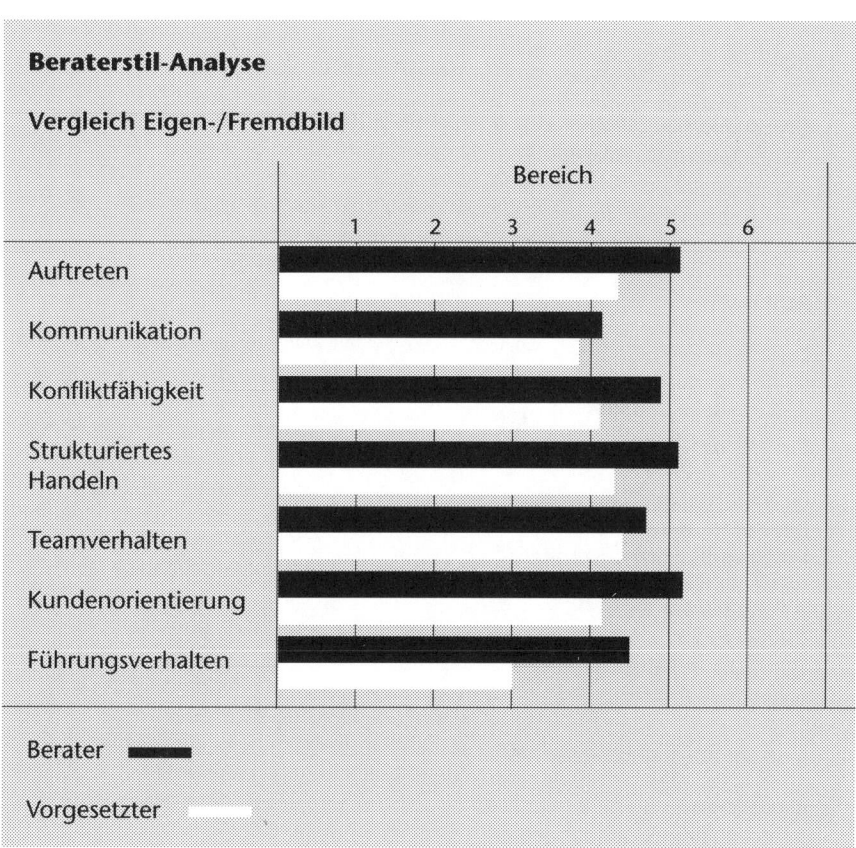

Beraterstil-Analyse

Ergebnis: Vergleich der Eigen- und Fremdbeurteilung nach Kriterien-Gruppen zusammengefaßt

	Berater	Vor-gesetzter	Differenz
1. Auftreten			
● persönlich präsentieren vor Kunden	4,6	4,2	– 0,4
● Selbstvertrauen	4,6	4,1	– 0,5
● Ausdrucksfähigkeit	6,2	4,5	– 1,7
● Selbstsicherheit	5,0	4,3	– 0,7
Durchschnittliche Bewertung	5,1	4,3	– 0,8
2. Kommunikationsfähigkeit			
● Kontakt aufnehmen	3,6	3,6	0,0
● Persönliche Beziehungen gestalten	4,3	4,0	– 0,3
● Verhandlungsgeschick	4,4	3,5	– 0,9
● Feedback geben und nehmen	4,3	4,0	– 0,3
Durchschnittliche Bewertung	4,2	3,8	– 0,4
3. Konfliktfähigkeit			
● Belastbarkeit/Ausdauer	4,8	3,8	– 1,0
● Problemlöseverhalten	4,3	4,3	0,0
● Geistige Beweglichkeit	5,4	4,2	– 1,2
Durchschnittliche Bewertung	4,8	4,1	– 0,7

	Berater	Vor-gesetzter	Differenz
4. Strukturiertes Handeln			
● Zeitmanagement	4,8	3,8	– 1,0
● Ziel- und Ergebnisorientierung	4,3	4,3	0,0
● Planung	4,2	4,2	0,0
● Analytisches Denken	6,0	4,3	– 1,7
● Selbständigkeit	6,3	4,8	– 1,5
Durchschnittliche Bewertung	5,1	4,3	– 0,8
5. Teamverhalten			
● Weiterbewegen von Gruppen	4,8	4,5	– 0,3
● Wir-Gefühl fördern	4,8	4,5	– 0,3
● Kooperationsfähigkeit	4,5	4,3	– 0,2
Durchschnittliche Bewertung	4,7	4,4	– 0,3
6. Kundenorientierung			
● Persönliches Menschenbild	5,0	3,6	– 1,4
● Einfühlungsvermögen	5,0	4,3	– 0,7
● Beratungsfähigkeit	5,5	5,0	– 0,5
● Lernfähigkeit	5,8	4,0	– 1,8
● Persönliche Entwicklung	4,7	4,3	– 0,4
Durchschnittliche Bewertung	5,2	4,2	– 1,0
7. Führungsverhalten			
● Führungsanspruch, -wissen	4,5	3,0	– 1,5

Bewertungsvergleich Berater – Vorgesetzter im Detail, um unterschiedliche Standpunkte gezielt hinterfragen zu können (Auszug):

Beraterstil-Analyse

Zusammenführung von Berater- und Vorgesetzten-Fragebogen. Dabei wurden die einzelnen Punkte zu Kriteriengruppen zusammengefaßt, um eine greifbare Aussage zum Stärken-/Schwächenprofil des Beraters machen zu können. (Bewertung: 1 = nie, nein bis 7 = ja, immer)

	Berater	Vorgesetzter
1. Auftreten		
Persönlich präsentieren vor Kunden		
● gute Vorbereitung auf Kundengespräche	3	3
● Outfit paßt zum beruflichen Umfeld	7	6
● Wirkung vor Kunden ist kompetent und überzeugend	4	4
● Verwendung von Präsentationshilfsmitteln wie Folder, Flipcharts, speziell für den Kunden vorbereitete Unterlagen etc.	5	4
● Einbringung praktischer Beispiele in einem Beratungsgespräch	4	4
Durchschnittliche Bewertung	4,6	4,2
Selbstvertrauen		
● von den eigenen Fähigkeiten überzeugt sein	5	4
● schwer aus der Ruhe zu bringen sein, da innerlich sehr ausgeglichen	3	4
● selbstkritisch	5	5
● kompetente Einbringung der persönlichen Meinung	6	4
● auch bei Konfrontationen Ruhe und Überblick bewahren	4	4

	Berater	Vor- gesetzter
● mehr als die anderen schaffen, da größeres Zutrauen	3	4
● konsequent, sich selten von seinen Vorstellungen abbringen lassen	6	4
Durchschnittliche Bewertung	4,6	4,1

Ausdrucksfähigkeit

	Berater	Vor- gesetzter
● klare und deutliche Aussprache	7	6
● Sprechen ohne Pausenfüller wie »äh«, »a«, »das heißt« usw.	6	4
● immer die richtigen Worte finden, auch bei un- erwarteten Reaktionen des Kunden	6	3
● verständliche und klare Informationen geben	6	4
● ausgewogene und authentische Körpersprache	6	6
● sich vergewissern, ob einen der Kunde auch richtig verstanden hat	6	4
Durchschnittliche Bewertung	6,2	4,5

Selbstsicherheit

	Berater	Vor- gesetzter
● sich bemühen, auf andere positiv zu wirken	6	4
● bestimmtes und sicheres Auftreten gegenüber anderen	5	4
● mit auftauchenden Spannungen gut umgehen können	4	3
● ein optimistischer Mensch sein und eine positive Einstellung zum privaten und beruflichen Umfeld haben	5	6
Durchschnittliche Bewertung	5,0	4,3

2. Kommunikationsfähigkeit

Kontakt aufnehmen

	Berater	Vor- gesetzter
● aktiv auf andere Menschen zugehen	1	2

	Berater	Vor-gesetzter
● Gesprächspartner bewußt aktivieren	6	4
● gerne viele unterschiedliche Menschen kennen-lernen	5	4
● einen Blickkontakt über längere Zeit aufrecht-erhalten	3	4
● immer Themen zur Hand haben, um Gespräche in Gang zu bringen	3	4
Durchschnittliche Bewertung	3,6	3,6

Persönliche Beziehungen gestalten

	Berater	Vorgesetzter
● offen und vertrauensvoll auf andere zugehen	3	5
● Gesprächspartner zu persönlichen Aussagen aktivieren	5	3
● sich leicht in die Gefühlswelt eines anderen Menschen einfühlen können	3	3
● in einem Gespräch eine persönliche Ebene herstellen	6	5
Durchschnittliche Bewertung	4,3	4,0

Verhandlungsgeschick

	Berater	Vorgesetzter
● Ziele und Absichten in Gesprächen transparent machen	5	4
● sich Klarheit über die Gesprächsziele des Gesprächspartners verschaffen	6	5
● auch in wichtigen Verhandlungen gut mit innerer Anspannung umgehen können	3	3
● gerne die Gesprächsführung übernehmen	5	3
● sehr rasch auf eine andere Taktik umschwenken können, wenn eine Verhandlungsstrategie nicht aufgeht	4	2
● nichts dem Zufall überlassen und Argumente sorgfältig vorbereiten	3	4
● sich auch gegenüber ranghöheren Gesprächs-partnern bewußt durchsetzen können	3	3

	Berater	Vor- gesetzter
● Mögliche Zielkonflikte zwischen sich und einem Gesprächspartner unumwunden ansprechen	6	4
Durchschnittliche Bewertung	4,4	3,5

Feedback geben und nehmen

	Berater	Vor- gesetzter
● mit Kritik an der eigenen Person gelassen um- gehen	4	5
● großes Interesse an Feedback zur eigenen Person haben	6	4
● um Konstruktivität bemüht sein, wenn man Kritik austeilt	2	4
● keine unnötigen Rechtfertigungen bei erhaltener Kritik	5	3
Durchschnittliche Bewertung	4,3	4,0

3. Konfliktfähigkeit

Belastbarkeit/Ausdauer

	Berater	Vor- gesetzter
● festhalten an der eigenen Position, wenn man sich im Recht fühlt	3	4
● auf Ausflüchte und Rechtfertigungen verzichten, auch wenn man unter Druck gesetzt wird	5	3
● auch in schwierigen Situationen sehr lange kon- zentriert arbeiten können	7	5
● auch nach Mißerfolgen rasch emotional stabil werden	6	3
● beharrliches Herantasten an Lösungen, ohne rasch aufzugeben	3	4
Durchschnittliche Bewertung	4,8	3,8

2.28.2. Feedbackgespräch zur Beraterstil-Analyse

Vorbereitung

- Studium der Auswertungen
- eigenes Bild des Mitarbeiters zusammenfassen
- maximal fünf Punkte zur Verbesserung vorbereiten
- Terminvereinbarung mit Mitarbeiter mit zeitgerechter Übergabe der Analyse-Ergebnisse
- Vorbereitung des Mitarbeiters: Erarbeitung einer Stärken-/Schwächenbilanz (maximal jeweils 5 Punkte) mit Maßnahmenplanung zur Umsetzung bzw. Verbesserung in der Praxis
- Dauer des Gesprächs ca. 60 Minuten

Gespräch

- positiver Einstieg
- den Mitarbeiter beginnen lassen (Wie sieht er seine Ergebnisse? Welche Hauptaussagen liefert die Analyse? Welche Rückschlüsse hat der Mitarbeiter gemacht?)
- persönliches Bild des Vorgesetzten vom Mitarbeiter darstellen
- genaue gemeinsame Analyse der Ergebnisse (Punkt für Punkt gemeinsam durchbesprechen)
- Zusammenfassung der gemeinsamen zukünftigen Schwerpunkte
- Erarbeitung von Maßnahmen zur erfolgreichen Verbesserung in der Praxis
- Erstellung eines genauen Zeitplanes (was, wie, wann)
- Kontrollen der Umsetzung klären
- Erstellung Besprechungsprotokoll (wie verbleiben wir?)
- Wertschätzung und Dank für Vertrauen und Offenheit

Nachbearbeitung

- Protokoll
- Stichprobenkontrollen über die erfolgte Umsetzung bzw. Termineinhaltung

3. Praktische Führungssituationen Manager/Team

Spannungsfelder zwischen Manager und Team

3.1. Spannungsfelder zwischen Manager und Team

In jedem Unternehmen werden Menschen zur erfolgreichen Zielerreichung in hierarchisch gegliederte Gruppen mit unterschiedlichen Anforderungsprofilen zusammengefaßt. Die Teamfähigkeit ergibt erst die Grundlage für eine innovative Zusammenarbeit innerhalb des Teams bzw. quer durch das Unternehmen. Die Aufgabe des Managers dabei ist, für Teamorientierung zu sorgen, damit bestimmte Ziele, Anforderungen, Probleme u.a.m. effektiver in Angriff genommen werden können.

Durch gezieltes Teammanagement lassen sich viele Synergieeffekte erreichen, welche sich positiv auf Klima, Arbeitsverhalten, Qualität der Ergebnisse und die zwischenmenschliche Beziehungsebene auswirken. Das Handwerkszeug des Managers besteht im Bereich der Teamaktivierung aus folgenden wichtigen Instrumenten: Moderation von Besprechungen, Durchführung von Training on the job, Abhaltung von Qualitätszirkeln, Auswahl und Entwicklung von Mitarbeitern, Schaffung einer innovativen Unternehmenskultur, Stärkung des Wir-Gefühls und Planung des kontinuierlichen Einsatzes der unterschiedlichen Mitarbeiterfähigkeiten zur Erreichung der gemeinsamen Teamziele.

Sehr viele Manager vereinbaren bereits persönliche Ziele mit jedem Mitarbeiter. Genauso wichtig ist es aber auch, im Team gemeinsame Jahresziele zu vereinbaren. Deren Erreichung ist die Grundlage für Anerkennung und Erfolg des Teams im Unternehmen. Bei der Führung von Teams können natürlich auch unterschiedliche Spannungsfelder auftreten, welche vom Manager erkannt und eventuell bearbeitet werden müssen. Einzelne Spannungsfelder sind: Konkurrenzkampf unter den Mitarbeitern – Cliquenbildung – Neid – Nachlässigkeit durch Gewöhnung aneinander – Opposition gegen den Manager – allgemeine Verweigerung – zu große Wissenslücken einzelner Teammitglieder usw. Im dritten Teil dieses Buches erhalten Sie Tips zur Aktivierung von Teams und zur Bearbeitung von möglichen Spannungsfeldern.

3.2. Erfolgreiche Teamentwicklung

3.2.1. Grundlagen

Jede Führungskraft verbringt einen Großteil ihrer Zeit damit, ein Team, d. h. die ihr zur Aufgabenerfüllung unterstellten Mitarbeiter, zu führen. Außerdem sind immer wieder Kontakte zu anderen Gruppen im Unternehmen notwendig. Gute zwischenmenschliche Beziehungen sind ein wesentlicher Erfolgsfaktor für die Führungskraft und das Unternehmen. Ein Team aufzubauen heißt, ein Klima gegenseitigen Vertrauens zwischen Menschen zu schaffen und ihnen ein Gefühl für die wechselseitigen Abhängigkeiten zu geben. Jedes Teammitglied soll sich für den Team-/Abteilungs-/Gruppenerfolg verantwortlich fühlen und versuchen, die vorgegebenen Ziele zu erreichen.

Überall da, wo Menschen zusammenkommen, »menschelt« es. Nicht alle Menschen arbeiten gut zusammen. Immer wieder kann es zu persönlichen Auseinandersetzungen und Rivalitäten zwischen Mitgliedern einer Gruppe sowie zwischen verschiedenen Gruppen im Unternehmen kommen. Darauf sollte eine Führungskraft unbedingt achten, denn an diesen menschlichen Konflikten können bestens geplante Vorhaben scheitern. Für den effektiven Aufbau eines Teams sollte man daher über Gruppenverhalten Bescheid wissen und darüber, wie sich eine erfolgsorientierte Gruppe zusammensetzen soll.

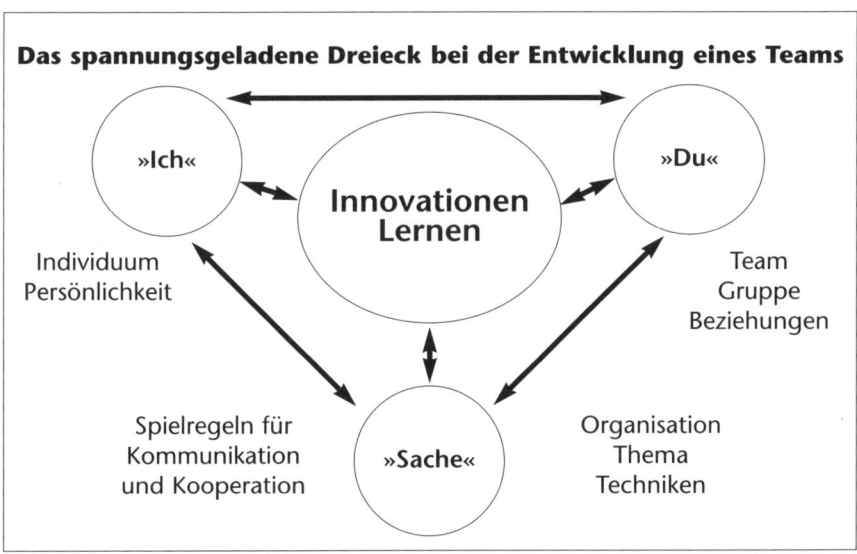

Das spannungsgeladene Dreieck bei der Entwicklung eines Teams

»Ich«

Innovationen
Lernen

»Du«

Individuum
Persönlichkeit

Team
Gruppe
Beziehungen

Spielregeln für
Kommunikation
und Kooperation

»Sache«

Organisation
Thema
Techniken

Jedes Team setzt sich aus Individuen zusammen. Der einzelne (»Ich«) steht in Beziehung zu den anderen Teammitgliedern (»Du«). Verbunden wird das Team durch gemeinsame Ziele und Aufgaben, deren Erfüllung durch organisatorische Regeln, durch »Spielregeln« für Zusammenarbeit und Kommunikation gewährleistet wird.

Zwischen diesen drei Faktoren besteht ständige Wechselwirkung, wobei sich natürlich auch Spannungen ergeben. Jedes einzelne Teammitglied hat eigene Wünsche und Bedürfnisse, die den Bedürfnissen der anderen widersprechen können. Das »Miteinander« in einer Gruppe kann wiederum Kräfte erzeugen, die auf die Entwicklung des einzelnen Individuums positiv wirken. Die Logik schließlich führt zu Spielregeln, die die Führung des Teams und das Verhalten der Teammitglieder bestimmen. Eine Mißachtung dieser Regeln durch ein Teammitglied führt immer zu Konflikten in der Gruppe.

Diese möglichen Spannungen wird jeder, der Teil einer Gruppe ist, schon am eigenen Leib erfahren haben. Besitzt ein Team die Fähigkeit, mit den auftretenden Spannungen und Konflikten konstruktiv umzugehen, so kann es ein großes Innovationspotential und ein weites Lernfeld entwickeln.

3.2.2. Bestimmende Elemente der Team-Entwicklung

Innnerhalb und zwischen Teams entwickeln sich naturgemäß Kommunikationsprozesse. Das heute vermehrt geforderte ganzheitliche Denken beinhaltet, daß auch nicht direkt Beteiligte in Problemlösungen eingebunden werden. Teams, Aufgaben und organisatorisches Umfeld bergen in ihrer Wechselbeziehung ein hohes Konfliktpotential. Eine ergebnisorientierte Teamarbeit wird durch folgende Elemente und deren Ausprägungen bestimmt:

- Ziele (Zwecksetzung, Pläne, Arbeitsinhalte)
- Personen (Erwartungen, Bedürfnisse, Motive, Lernbereitschaft, Teamfähigkeit, Zuverlässigkeit usw.)
- Gruppe (Wir-Gefühl, Vertrauen, Kommunikation)
- Zusammenhang (Kooperation, Hierarchie, Ressourcen)

Um ein Team aufzubauen und effektiv zu machen, muß vor allem das entsprechende Umfeld geschaffen werden. Den einzelnen Teammitgliedern muß es möglich sein, sich zu öffnen, Verantwortung zu übernehmen und Selbstvertrauen zu entwickeln. Folgende Faktoren sind dafür ausschlaggebend:

- die Bereitschaft, durch offenes Sprechen über Ansichten, Ideen und Meinungen ein partnerschaftliches Zusammenarbeiten zu fördern;
- die Erkenntnis, daß Menschen sich ihrer Fähigkeiten und Potentiale bewußter werden können, wenn sie in einer vertrauensvollen Atmosphäre agieren können;
- die Erfahrung, daß persönliches Wachstum vor allem in der Begegnung mit anderen Menschen stattfinden kann;
- die Einstellung, daß die Person und Äußerungen des anderen ernst genommen werden;
- die Absicht, daß gemeinsame Lösungen erarbeitet werden sollen und nicht die Meinung eines einzelnen durchgesetzt werden soll.

Das persönliche Lernen jedes einzelnen Mitarbeiters basiert auf Kooperation und nicht auf Rivalität. Gleichzeitig werden die Persönlichkeits- und Gemeinschaftsentwicklung und die Aufgabenbewältigung gefördert. Dieses »lebendige Lernen« steht im Gegensatz zum »toten Lernen«, wie es in der Schulbildung leider noch sehr oft praktiziert wird.
Unabhängig davon, ob ein Team sich selbst bildet oder von außen zusammengesetzt wird, müssen die Voraussetzungen eines Selbstorganisationsprozesses geschaffen werden: Kontakt, Transparenz, Akzeptanz und Ergebnisorientierung.

3.2.3. Spielregeln für die Teamarbeit

Jede Führungskraft sollte mit ihrem Team Spielregeln der Zusammenarbeit entwickeln.
Derartige Spielregeln können folgende Punkte betreffen:

- Pünktlichkeit
- Bereitschaft zur Mitarbeit
- Offenheit
- Atmosphäre (Humor, Lockerheit)
- »Mensch sein«
- Verwendung von Titeln
- Toleranz
- Disziplin
- Zuhören und mitreden
- Ausreden lassen
- Anerkennung
- Keine Bewertung von Personen oder Leistungen, wenn nicht explizit gefordert oder gewünscht

- Kritikfähigkeit (Selbstkritik und Fremdkritik)
- Wissen und Erfahrung einbringen
- Bei den Inhalten bleiben
- Keine Verallgemeinerungen in der sprachlichen Ausdrucksweise wie: immer, dauernd, nie, alle, jeder, überhaupt, man, das ganze etc.
- Vermeidung von »Killerwörtern« wie: Problem, nicht, vielleicht, dürfte, könnte, Zeit etc.

3.2.4. Rollen im Team

In jeder Gruppe/Team treten Konflikte auf, die oft mit den von den Mitgliedern gespielten Rollen zusammenhängen.
Man unterscheidet drei Typen von Rollen: Aufgabenrollen, sozio-emotionale Rollen und zerstörerische Rollen:
Aufgabenrollen werden von einem, mehreren oder allen Teammitgliedern wahrgenommen. Dadurch wird sichergestellt, daß die Gruppe auch wirklich arbeitet. Es gibt verschiedene Aufgabenrollen:

- der Initiator
  schlägt neue Wege vor, um die Ziele des Teams zu erreichen

- der Informationssucher
  hinterfragt neue Ideen im Hinblick auf bereits vorhandene Erfahrungen und Wissen

- der Meinungssucher
  versucht, relevante Werte und Normen zu finden, und nicht Tatsachen

- der Bewerter
  stellt Standards der Richtigkeit und der Logik auf

- der Ausführer
  führt Entscheidungen des Teams aus und befaßt sich mit Zeitpunkten und Methoden

- der Geschäftsordnungspraktiker
  kümmert sich um äußerliche Notwendigkeiten wie Organisationsmaterial usw. und um die Beachtung von Verfahren (Tagesordnung, Anträge usw.)

- der Schriftführer
  führt Protokolle und schreibt Berichte, ist das Gedächtnis der Gruppe.

Sozio-emotionale Rollen haben die Sicherstellung konstruktiver menschlicher Beziehungen zum Inhalt. Sie fördern die Kommunikation in der Gruppe. Solche Rollen können sein:

- der Mutmacher
  lobt und unterstützt andere im Team, stärkt denen, die aktive Beiträge leisten, den Rücken und ermuntert die Zurückhaltenden

- der Friedensstifter
  versucht Übereinstimmung im Team zu erreichen

- der Spannungsmilderer
  bricht das Eis und vertreibt Spannungen durch seine Späße

- der Kompromißschließer
  reduziert Konflikte durch das Schließen von Kompromissen

- der Konfrontierer
  ist selbstsicher und hat die Aufgabe, keine übermäßige Übereinstimmung und Behaglichkeit im Team aufkommen zu lassen

Zerstörerische Rollen sind im Gegensatz zu den oben angeführten Rollen schädlich und negativ für die Teamarbeit:

- der Schwätzer
  meist ist die Qualität dessen, was er sagt, umgekehrt proportional zu der Zeit, die er braucht, um es zu sagen; er ist jedoch dann nicht schädlich, wenn man dafür sorgt, daß er andere nicht vom Reden abhält oder mundtot macht

- der Detailversessene
  beschäftigt sich am liebsten mit unwichtigen Kleinigkeiten und verliert den Bezug zum Hauptproblem; er wird problematisch, wenn er auch andere durch seine Art von der Hauptsache ablenken kann

- der Miesmacher
  gibt stets seinen Kommentar ab (meist nicht durch Tatsachen gestützt) und lenkt somit die Aufmerksamkeit vom Hauptthema ab; diese Men-

schen verwenden gerne Phrasen wie »Das geht nie« oder »Das schaffen wir sicher nicht rechtzeitig« usw.

● der Manipulierer
versucht Menschen durch Schmeichelei und Lob zu manipulieren; er führt dies in kleinen Gruppen durch und beeinflußt diese Leute z.B. für spätere Besprechungen. Manipulierer betraut man am besten mit der Leitung einer Aufgabe und zwingt sie damit, Farbe zu bekennen

● der Dominante
erwartet, daß alles nach seinem Kopf läuft; ist niemand da, der ihm die Position streitig macht, dann führt sein Verhalten meist nicht zu produktiven Ergebnissen, da sich die anderen Mitglieder nicht entfalten können

(in Anlehnung an Albert Höller, »Auch ein Team muß laufen lernen«, in: Gablers Magazin 8/91, Seite 15)

3.2.5. Wie läßt sich die Effektivität von Teams messen?

Effektive Teamarbeit läßt sich durch folgende Basisfragen definieren:

– Was ist unsere Aufgabe?
– Wie sollen wir uns organisieren?
– Wer trägt die Verantwortung?
– Wie gehen wir miteinander um?
– Welche »Spielregeln« wollen wir vereinbaren?
– Wie passen wir zu den anderen (Teams)?

Die Frage »Wie effektiv ist mein Team?« führt zur Diagnose vorhandener Stärken und Schwächen der Teamarbeit. Die gefundenen Schwächen sind zu überwinden, die Stärken weiter auszubauen.
Für eine derartige Diagnose eignet sich ein Fragebogen, der von allen Teammitgliedern beantwortet wird. Die Ergebnisse werden dann zusammengefaßt und grobe Abweichungen analysiert und weiterbearbeitet.

Fragebogen zur Teameffektivität

Jedes Team-Merkmal wird auf einer Skala von 1 bis 7 bewertet, wobei 1 den Pol »sehr schlecht« darstellt, 7 den Pol »sehr gut«. Zur besseren Verständlichkeit sind die beiden Extremausprägungen durch Beispiele beschrieben.

Team-Merkmal	sehr schlecht		sehr gut
1. Ziele	unterschiedlich, verwir- rend, unbestimmt, wenig Interesse	1 2 3 4 5 6 7	allen klar, von allen ge- teilt, alle fühlen sich ein- bezogen
2. Kommuni- kation	andauernd Mißverständ- nisse	1 2 3 4 5 6 7	Mißverständnisse kom- men selten vor
3. Zeitplanung	Zeit wird vergeudet, viel Zeit für Trivialitäten auf- gewendet, keine Priorità- ten, wenig Leistung	1 2 3 4 5 6 7	kein Aufschieben, Prio- ritäten werden gesetzt, hohe Leistung
4. Ausdruck von Ge- fühlen	wahre Gefühle der Team- mitglieder bleiben ver- borgen	1 2 3 4 5 6 7	Mitglieder drücken wah- re Gefühle natürlich und ehrlich aus
5. Gegenseitige Unter- stützung	Mitglieder weichen ein- ander aus oder greifen andere an	1 2 3 4 5 6 7	Mitglieder geben einan- der Hilfe und Unterstüt- zung
6. Umgang mit Konflikten	Konflikte werden vermie- den, unterdrückt, ver- leugnet oder zurechtge- bogen; Konflikte werden als verhängnisvoll ange- sehen	1 2 3 4 5 6 7	Konflikte werden offen und konstruktiv ausgetra- gen; sie werden als nor- mal und bewältigbar an- gesehen
7. Partizipation	einige Passive; einige, de- nen man nicht zuhört; verschiedene sprechen gleichzeitig oder unter- brechen andere	1 2 3 4 5 6 7	alle sind beteiligt, allen wird zugehört
8. Politische Offenheit	es gibt Unterströmungen in der Gruppe, Mitglie- der intrigieren und mani- pulieren	1 2 3 4 5 6 7	Mitglieder sind offen, aufrichtig, keine Intrigen

Team-Merkmal	sehr schlecht								sehr gut

9. Interesse/Wertschätzung — Mitglieder wissen nichts von Fähigkeiten der anderen, kein Interesse daran — 1 2 3 4 5 6 7 — Mitglieder kennen und respektieren Fähigkeiten der anderen, Talent wird genützt

10. Vertrauen, Akteptanz — Mitglieder verteidigen ihr Territorium, beschwindeln andere bewußt, teilen den Arbeitsfluß nicht — 1 2 3 4 5 6 7 — Mitglieder teilen Fähigkeiten, Territorien und Arbeitslasten; sie treten für die Vereinigung der Fähigkeiten aller ein

11. Rollenklarheit — Mitglieder fühlen sich verwirrt in bezug auf ihre Rolle in der Gruppe — 1 2 3 4 5 6 7 — Mitglieder verstehen ihre Rolle in der Gruppe

12. Diagnose von Problemen — keine Analyse von Ursachen, nur Symptome werden behandelt — 1 2 3 4 5 6 7 — wenn Probleme auftauchen, wird die Situation diagnostiziert, bevor man zu Maßnahmen greift; Lösungen zielen auf tiefere Ursachen

13. Entscheidungsfähigkeit — es werden keine harten Entscheidungen getroffen, vor allem wenn persönliche Interessen bedroht sind — 1 2 3 4 5 6 7 — harte Entscheidungen können getroffen werden, auch wenn persönliche Interessen betroffen sind

14. Führung — Gruppenbedürfnis nach Führung wird nicht erfüllt; Gruppe hängt zu sehr von einer einzigen Person oder wenigen Personen ab — 1 2 3 4 5 6 7 — dem Bedürfnis nach Führung stellen sich verschiedene Mitglieder (verteilte Führung)

15. Übernahme von Verantwortung — Mitglieder meiden Verantwortung oder lehnen sie ab — 1 2 3 4 5 6 7 — Mitglieder akzeptieren Verantwortung, wo sie tragbar ist

16. Fähigkeitsniveau — den Mitgliedern fehlen die Fähigkeiten, um effektiv arbeiten zu können — 1 2 3 4 5 6 7 — die Mitglieder haben alle Fähigkeiten, um effektiv arbeiten zu können

(Quelle: Albert Höller, »Auch ein Team muß laufen lernen«, in Gablers Magazin 8/91, Seite 17)

Hindernisse für effektive Team-Arbeit

- Mangelndes Vertrauen untereinander
- Ungeübtheit in Gruppenarbeit
- Starkes Bedürfnis einzelner nach Selbstdarstellung
- Fixierung auf die meßbare Einzelleistung
- Konkurrenzverhalten
- Unterschwellige Konflikte
- Machtkämpfe
- Mangel an kooperativer Einstellung
- Mangelnde Bereitschaft zu informieren
- Gesprächsrituale
- Höflichkeitstabus
- Autoritätsdenken

3.2.6. Trainingstips für Team-Manager

- Schaffen Sie im Team ein Klima der Lernfreudigkeit und Eigeninitiative.
- Fördern Sie die persönliche Weiterentwicklung der Mitglieder.
- Schaffen Sie Freiräume zur Selbstorganisation der Teammitglieder.
- Bringen Sie Ideen für richtiges Lernen im Team ein.
- Organisieren Sie einen täglichen Beitrag zur Förderung des Teamklimas.
- Gehen Sie auf Konflikte sofort ein und versuchen Sie, den Konflikttyp richtig zu bestimmen und den Hintergrund aufzudecken.
- Führen Sie öfter moderierte Besprechungen durch und übertragen Sie die Durchführungsverantwortung an Ihre Mitarbeiter.
- Streben Sie Leistungs- und Ergebnisorientierung bei allen Ihren Aktivitäten an.
- Besuchen Sie – nach Möglichkeit – einmal im Jahr gemeinsam mit Ihren Mitarbeitern ein Seminar zur Weiterentwicklung des Teams.
- Entwickeln Sie Qualitätsstandards zur gemeinsamen Erreichung von Teamzielen.
- Fördern Sie die Akzeptanz Ihres Teams im Unternehmen.
- Erziehen Sie Ihre Mitarbeiter zur Durchführung von intensiven Feedback-Prozessen über das »Miteinander« im Team.
- Stellen Sie interessante Team-Aufgaben, z. B. Steigerung der Teamproduktivität, Wege zur Aktivierung des Selbstlernprozesses usw.
- Unterstützen Sie Ihre Mitarbeiter beim persönlichen Lernen durch Ideen, Literatur, Erfahrungswerte, Aussprachen usw.
- Sorgen Sie für eine hohe Methodenkompetenz des Teams (Arbeitstechniken, Zeitmanagement, Umgang mit Medien/Methoden usw.).

- Trainieren Sie mit Ihren Mitarbeitern mindestens einmal im Monat einen Bereich, z. B. Gesprächstechniken, Einwandbehandlung, Moderationen, Konfliktlösung usw.
- Fördern Sie auch von Zeit zu Zeit den privaten Kontakt zwischen den Teammitgliedern.

3.2.7. Team-Befindlichkeits-Fragebogen

Mit diesem Fragebogen können Sie jederzeit Ihre eigene Befindlichkeit im Team einschätzen bzw. als Führungskraft von Zeit zu Zeit eine Befragung der Teammitglieder (anonym) durchführen. Das Gesamtergebnis kann dann Maßnahmen erforderlich machen, die eine Verbesserung des Team-Klimas herbeiführen sollen.

Befindlichkeitsfragebogen

Gruppe | | Datum

Ich fühle mich heute in der Gruppe:

(1 = deutlich, 2 = mittel, 3 = eher, 4 = eher, 5 = mittel, 6 = deutlich)

	1	2	3	4	5	6	
1. unterlegen	1	2	3	4	5	6	überlegen
2. selbstkontrolliert	1	2	3	4	5	6	impulsiv
3. resigniert	1	2	3	4	5	6	hoffnungsvoll
4. nachdenklich	1	2	3	4	5	6	lebhaft
5. kämpferisch	1	2	3	4	5	6	zurückhaltend
6. geschützt	1	2	3	4	5	6	ausgeliefert
7. behaglich	1	2	3	4	5	6	unbehaglich
8. fremd	1	2	3	4	5	6	vertraut
9. pudelwohl	1	2	3	4	5	6	elend
10. verwirrt	1	2	3	4	5	6	durchblickend
11. unverstanden	1	2	3	4	5	6	verstanden
12. souverän	1	2	3	4	5	6	hilflos
13. verunsichert	1	2	3	4	5	6	selbstsicher
14. spontan	1	2	3	4	5	6	zögernd

3.3. Effiziente und effektive Besprechungen

Für viele Menschen steht der Begriff »Besprechung« für Ergebnislosigkeit, Langeweile und Frustration. Die negativen Erfahrungen beruhen meist darauf, daß Besprechungen nicht geplant werden, daß es keine Tagesordnung gibt oder niemand sich daran hält, daß alle durcheinander reden, niemand vorbereitet ist, sehr viel Zeit vergeht und keine Ergebnisse erreicht werden (was wiederum eine Besprechung notwendig macht).

Jede Besprechung, sei es nun eine Mitarbeiterbesprechung oder eine Führungskräfte-Runde, kann effizient ablaufen, wenn die Teilnehmer und der Leiter der Besprechung einige Regeln beachten.

Im folgenden sollen daher die wichtigsten Grundlagen für erfolgreiche Besprechungen erläutert werden.

3.3.1. Grundlagen für die Durchführung einer Besprechung

3.3.1.1. Ist die Besprechung überhaupt notwendig?

Da beinahe jede Führungskraft über Zeitmangel klagt, wäre es sinnvoll, vor der Abhaltung einer Besprechung zu überlegen, ob eine Zusammenkunft überhaupt notwendig ist.

Folgende Fragen sollten daher beantwortet werden:
- Ist unbedingt eine Besprechung erforderlich, oder ließe sich das Ziel der Kommunikation durch
  - gut vorbereitete Telefonate,
  - Einzelgespräche,
  - schriftliche Kommunikation
  möglicherweise wirkungsvoller, zeitsparend und kostengünstig erreichen?
- Läßt sich die Besprechung rechtfertigen
  - mit dem Gegenstand?
  - mit den erreichbaren Ergebnissen?
  - mit dem Zeitbedarf?
  - mit den Erfahrungen früherer Besprechungen?

3.3.1.2. Die Ziele der Besprechung

Abhängig vom Ziel, das mit der Besprechung verfolgt wird, werden Themen, Ablauf, Zeit, Teilnehmer, Vorbereitung und Organisation unterschiedlich sein.

Folgende Arten von Besprechungen sind möglich:

- Planungs-Besprechung
- Präsentation von Ergebnissen
- Präsentation von geplanten Maßnahmen
- Motivations-Besprechung
- Ideenfindungs-Besprechung
- Erfahrungsaustausch
- Problemlösungs-Besprechung

Um die Ziele auch wirklich zu erreichen, sollte man sich vor der genaueren Planung folgende Fragen stellen:

- Was soll am Ende der Besprechung im einzelnen herauskommen?
- Welche Probleme sollen gelöst sein?
- Für welche Maßnahmen sollen Methoden und Werkzeuge erarbeitet worden sein?
- Was soll jedem Teilnehmer im einzelnen bekannt sein?
- Wofür soll jeder Teilnehmer gewonnen worden sein?
- Welche Widerstände können auftreten?
- Was soll jeder Teilnehmer nach der Besprechung anders machen als bisher?
- Wofür sollen die Entscheidungen gefallen sein?
- Was passiert, wenn die Ziele nicht erreicht werden?

3.3.1.3. Der Besprechungsablauf

Um die vorhandene Zeit möglichst effizient zu nutzen, wird der Ablauf einer Besprechung genau im voraus geplant, jedem einzelnen Thema wird eine genau bemessene Zeitspanne zugeteilt.

Beachten Sie dabei folgende Punkte:

- Welche Fragen sollen behandelt werden?
- Wieviel Zeit ist für jedes einzelne Thema erforderlich?
- Wie lange soll die Besprechung dauern? (Versuchen Sie, den Zeitplan realistisch aufzustellen. Denken Sie daran: Weniger ist oft mehr!)
- Zu welchem Zeitpunkt wird mit welchem Thema begonnen?

3.3.1.4. Die Organisation

Neben der Planung des zeitlichen und inhaltlichen Ablaufs ist die Zusammensetzung des Teilnehmerkreises zu überlegen:

- Welche Personen müssen unbedingt an der Besprechung teilnehmen, welche Personen sind noch zusätzlich (abhängig von der Zielsetzung) erforderlich?
- Wer leitet die Besprechung?
- Welche Vorbereitungsunterlagen müssen an die Teilnehmer verschickt werden?
- Welcher Beitrag wird vom einzelnen Teilnehmer erwartet?
- Wer führt das Protokoll?

Damit die erforderlichen Teilnehmer auch bei der Besprechung anwesend sein können, sind Termin und Ort rechtzeitig bekanntzugeben. Die Ankündigung einer Besprechung sollte, auch wenn diese routinemäßig durchgeführt wird, immer den Zweck und die zu behandelnden Themen beinhalten, damit die Teilnehmer sich schon gedanklich damit beschäftigen können.
Bei der Festlegung von Besprechungsort und -zeit sollte unbedingt darauf geachtet werden, daß die Besprechung störungsfrei durchgeführt werden kann, d. h., daß die Durchstellung von Telefonaten unterbunden wird, kurzfristige Abwesenheit von Teilnehmern untersagt wird usw.

3.3.1.5. Die Vorbereitung der Teilnehmer

Da die Effizienz einer Besprechung wesentlich von der Vorbereitung der Teilnehmer abhängt, soll diese in einem eigenen Punkt behandelt werden. Die Erfahrung zeigt sehr oft, daß Besprechungen ohne Vorinformation oder Vorbereitung durchgeführt werden und dann sehr viel Zeit vergeht, bis alle Teilnehmer den gleichen Informationsstand haben und mit der eigentlichen Besprechung begonnen werden kann.

Berücksichtigen Sie daher bei der Planung einer Besprechung folgende Punkte:

- Welche Informationen müssen der Besprechungsleiter oder auch die Teilnehmer schon vor der Besprechung erhalten, damit die Besprechung überhaupt Sinn hat?
- Welches Basismaterial ist vorher zu studieren?
- Wer hat was im einzelnen vorzubereiten?

- Was hat der einzelne Teilnehmer mitzubringen?
- Wer hat welche Aufgaben in der Besprechung zu übernehmen?
- Wer hat was zu präsentieren?
- Wer erinnert die Teilnehmer kurz vor der Besprechung noch einmal an ihre Vorbereitungsarbeiten?
- Welche Unterlagen werden während der Besprechung ausgehändigt?
- Welches Material ist visuell aufzubereiten?
- Für welche zu erwartenden Fragen sind Antworten und Argumente vorzubereiten?
- Welche Hindernisse und Störungen können auftreten, und wie können sie beseitigt werden?
- Was hat im Anschluß an die Besprechung zu geschehen?

3.3.2. Besprechungen professionell leiten

Folgende Tips und Regeln sollte sich vor allem der Besprechungsleiter einprägen:

- Fangen Sie pünktlich an.
- Begrüßen Sie jeden, stellen Sie Kontakt zwischen den Teilnehmern her.
- Nennen Sie die Ziele der Besprechung.
- Erläutern Sie Ablauf und Zeitplan.
- Besprechen Sie die Tagesordnung als Fahrplan für den Besprechungsablauf.
- Geben Sie an, was als Anschlußprogramm an die Besprechung geplant ist.
- Sorgen Sie für die Einhaltung der Tagesordnung.
- Sagen Sie, wann Pausen stattfinden (Leistungskurve!).
- Vereinbaren Sie ein Rauchverbot im Besprechungsraum; geraucht werden kann in den Pausen.
- Schalten Sie vorbeugend Störungen, insbesondere Telefonate aus.
- Sorgen Sie dafür, daß die Teilnehmer nicht einer nach dem anderen verschwinden, da Üie angeblich »dringend gebraucht werden«.
- Vereinbaren Sie mit den Teilnehmern Grundregeln, die in der Kommunikation und Kooperation von allen einzuhalten sind.
- Seien Sie sich von Anfang an bewußt, daß die Zeit knapp ist; verschwenden Sie daher keine Zeit im Anfangsstadium der Besprechung.
- Geben Sie bekannt, wieviel Redezeit für jeden vorgesehen ist.
- Sprechen Sie selbst nur das absolute Minimum. Als Besprechungsleiter sollten Sie höchstens 10% der Zeit sprechen, die restlichen 90% sind für die Teilnehmer da.

- Sie sind nicht der Hauptlieferant von Beiträgen. Sie sind verantwortlich dafür, daß die anderen Beiträge liefern.
- Ist Kreativität gefragt, zerstören Sie sie nicht durch Ihr Verhalten. Entmutigen und langweilen Sie die Teilnehmer nicht.
- Nutzen Sie nicht die Macht Ihrer Position aus. Machen Sie die Teilnehmer nicht zu Mitläufern.
- Treten Sie als Schiedsrichter auf. Sorgen Sie dafür, daß die Regeln der Kommunikation und Kooperation eingehalten werden. Reißen Sie die Besprechung nicht an sich, bestimmen Sie aber die Ziele, die Dauer, die Kooperationsregeln, die Mitwirkung aller, den Verlauf.
- Halten Sie die anderen nicht für unfähig, sondern fördern Sie deren Beiträge.
- Gehen Sie nicht von der Vorstellung aus, die anderen wüßten überhaupt nicht, was relevant ist (die anderen verwirren sich nur selbst mit ihren eigenen Worten; solange ich das Wort habe, kann nichts passieren). Denn wenn Sie so denken, wird tatsächlich nichts passieren!
- Vermitteln Sie kollektive Erfolgserlebnisse und nicht nur individuelle.
- Lassen Sie nicht zu, daß irgendjemand in die Verteidigung gedrängt wird, denn sonst sitzen einige Teilnehmer nur noch da und schmieden Vergeltungspläne.
- Vermeiden Sie Gesichtsverluste. Niemand sollte persönlich angegriffen werden.
- Verhindern Sie, daß einzelne Teilnehmer laufend negative Kommentare abgeben. Fordern Sie diese Teilnehmer auf, Farbe zu bekennen, vernünftige Argumente vorzubringen oder den Mund zu halten.
- Verhindern Sie Ungeduld und Rivalitäten.

Als Besprechungsleiter haben Sie die Aufgabe, gemeinsam mit den Teilnehmern die gesteckten Ziele zu erreichen. Sie müssen darauf achten, daß der Ablauf eingehalten wird und jeder Teilnehmer mitwirken kann und gehört wird. Viele Menschen neigen – bewußt oder unbewußt – dazu, sich nur vage zu äußern. So kommt man nicht oder nur sehr langsam zu Ergebnissen. Der Besprechungsleiter kann zum Vorwärtskommen und Konkretisieren von Aussagen durch gezielt gestellte Fragen wesentlich beitragen.

Steuerungsfragen des Besprechungsleiters:

- Woran denken Sie im einzelnen?
- Könnten Sie uns dafür ein Beispiel nennen?
- Wie oft kommt das vor?
- Kommt auch das Gegenteil vor?

- Wo und bei wem ist dies nicht der Fall?
- Wie groß ist die finanzielle/zeitliche Bedeutung?
- Von welchen Voraussetzungen gehen Sie bei Ihrer Aussage aus?
- Wie kommen Sie jetzt darauf?
- Was haben Sie bisher getan, um damit fertig zu werden?
- Was möchten Sie konkret erreichen?
- Welche Personen, Vorkommnisse meinen Sie im einzelnen?
- Können Sie das, was Sie sagen wollen, einmal ganz einfach formulieren?
- Warum bringen Sie diesen Punkt gerade jetzt?
- Welche Fragen wollen wir jetzt konkret lösen?
- Welches Ziel wollen wir jetzt konkret ansteuern?
- Bringt uns das, was wir jetzt besprechen, weiter an unser Ziel heran?
- Wieviel Zeit wollen wir für dieses Thema jetzt noch aufwenden?
- Sind wir in diesem Punkt einer Meinung?
- Welche wichtigen Aspekte sind noch nicht angesprochen worden?
- Gibt es etwas, was Sie besonders fürchten?
- Was müssen wir noch beachten?

3.3.3. Typische Störungsfälle

Störungen durch Besprechungsteilnehmer wird man nie ganz vermeiden können. Im folgenden werden daher die am häufigsten auftretenden Störungen bei Besprechungen/Vorträgen/Präsentationen samt dazugehöriger Lösungsmöglichkeiten behandelt.

Störung	Behandlung
• Mehrere Fragen auf einmal	Stoppen Sie die Meldung nach der ersten Frage, wenn das nicht möglich ist: Beantworten Sie jene Frage, die Ihnen am interessantesten erscheint.
• Die endlose Frage (eine Frage, die mehr als 10 Sekunden dauert, ist meist schon ein kleines Referat)	Unterbrechen Sie freundlich, aber bestimmt: »Bitte versuchen Sie, Ihre Frage möglichst kurz zu fassen, es gibt noch andere Wortmeldungen.«

Störung	Behandlung
● »Ich habe eine ganz dumme Frage« (meist wird damit ein Angriff auf eine fundamentale Aussage eingeleitet)	Vorsicht, wenn es sich um einen Fachmann handelt. Signalisieren Sie Anerkennung: »Dies ist keine dumme Frage, sondern ein ganz wichtiger Punkt«. Versuchen Sie, durch eine kurze Wiederholung Ihrer Basisannahmen den Angriff abzublocken.
● Die Privatdiskussion	Sobald sie für alle Zuhörer merkbar wird, müssen Sie etwas tun. Schulmeistern Sie jedoch nicht. Machen Sie zunächst die störenden Teilnehmer durch Augenkontakt oder indem Sie aufhören zu sprechen, darauf aufmerksam, daß sie stören. Wenn das nichts nützt, fordern Sie sie auf, ihre interessante Diskussion auch den anderen zugänglich zu machen.
● Der ungebetene Kommentar	Ein Profilierungswunsch eines Teilnehmers darf nicht auf Ihre Kosten gehen. Unterbrechen Sie: »Wie lautet Ihre Frage?«. Oder danken Sie ihm für den Kommentar, ohne näher darauf einzugehen, und erteilen Sie dem nächsten Fragesteller das Wort.
● Fakten werden bezweifelt	Wer das tut, muß Ihnen nicht unbedingt eine schlechte Vorbereitung vorwerfen, sondern kann ganz einfach einen anderen Informationsstand haben. Lassen Sie den anderen seine Quellen nennen, oft klärt sich damit schon der Sachverhalt. Beharrt der Kritiker auf der Unstimmigkeit, dann müssen Sie Ihr Material verteidigen, besonders wenn es für Ihre zentrale Aussage von Bedeutung ist.
● »Wenn ich Sie richtig verstanden habe ...«	Wird eine Frage so formuliert, weil Ihnen der Fragende etwas unterschieben will, dann korrigieren Sie die Formulierung und wiederholen Ihren Standpunkt bzw. Ihre Informationen.

3.3.4. »Ideenmord« bei Besprechungen

In jeder Besprechung gibt es Teilnehmer, die konstruktiv arbeiten und Ideen liefern, und andere, die ihre Hauptaufgabe darin sehen, konstruktive Beiträge und Ideen ihrer Kollegen zu vernichten. Hinter diesem Verhalten steckt oft das Motiv, zukünftige Aktivitäten zu verhindern. Manche dieser Leute sind professionelle Bremser, die besondere Waffen einsetzen. Sie verwenden Standardeinwände, reine Überschriften ohne Inhalt und Beweise. Diese Formulierungen und die dahinter steckende Absicht zu erkennen, ist der erste Schritt zur Ausschaltung dieser Störer. Am besten begegnet man ihnen, indem man, je nach Situation, auf diese Phrasen nicht näher eingeht oder sie dazu zwingt, sich konkreter, mit stichhaltigen Argumenten zu äußern, oder indem man Gleiches mit Gleichem vergilt.

Einige Killerphrasen dieser »Ideenmörder«:

- Das versuchen Sie mal bei der Art unserer Kunden/Mitarbeiter.
- Das geht vielleicht in Amerika, bei uns sind die Verhältnisse doch ganz anders.
- Die Konkurrenz lacht sich tot, wenn sie hört, was wir vorhaben.
- In der Theorie haben Sie völlig recht, aber in der Praxis sieht das völlig anders aus.
- Das haben wir schon einmal versucht, und es hat nicht funktioniert.
- Das haben wir in den 40 Jahren, die ich nun schon dabei bin, nie so gemacht.
- Es ist völlig unnötig, darüber zu reden. Das machen wir doch schon seit Jahren.
- Daß dieser Vorschlag von Ihnen kommt, wundert mich überhaupt nicht.
- Wie lange sind Sie jetzt eigentlich bei uns?
- Vielleicht sollten Sie auch daran denken, daß es Ausnahmen gibt.
- Das ist doch ein alter Hut. Diese Idee geistert hier schon seit Jahren herum.
- Lassen Sie uns doch wieder in die Wirklichkeit zurückkehren.
- Das können Sie der Geschäftsleitung nie verkaufen.
- Kennen Sie eine seriöse Firma, die das schon einmal probiert hat?
- Gibt es bei uns wirklich keine wichtigeren Probleme?
- Das ist doch reine Geld-/Zeitverschwendung.
- Wem nützt das eigentlich wirklich?
- Ich weiß nicht, woher Sie Ihre Erfahrungen nehmen.
- Und anschließend wird dann nur noch kontrolliert.

3.3.5. Ratschläge für Besprechungsteilnehmer

Spielregeln, die für das Verhalten in Besprechungen gelten, wurden schon angesprochen. Auch wenn nicht ausdrücklich Regeln vereinbart werden, gibt es einige Verhaltensweisen, deren Beachtung den Erfolg jedes einzelnen Besprechungsteilnehmers und der Besprechung selbst fördern. Die im folgenden angeführten Ratschläge sind für Persönlichkeiten, die es verstehen, mit anderen Menschen konstruktiv zusammenzuarbeiten, ohnehin eine Selbstverständlichkeit.

● Bereiten Sie sich auf die Besprechung vor und halten Sie ein, was Sie versprochen haben.
● Wenn Sie Informationsunterlagen vorbereiten, so bringen Sie genügend Exemplare für die anderen mit.
● Bereiten Sie Ihr Informationsmaterial verständlich und übersichtlich vor.
● Helfen Sie, Zeit zu sparen.
● Helfen Sie dabei, schneller zum Ziel zu kommen.
● Tragen sie zu einer freundlichen Atmosphäre bei.
● Bedanken Sie sich für die Beiträge anderer.
● Antworten Sie auf das, was Ihr Vorredner gesagt hat.
● Ereifern Sie sich nicht.
● Belehren Sie die anderen nicht.
● Verzichten Sie auf herabsetzende Kommentare.
● Reden Sie den anderen nicht dazwischen. Melden Sie sich mit Handzeichen zu Wort.
● Reißen Sie Diskussionen nicht an sich.
● Reden Sie nur, wenn Sie damit zum Ergebnis beitragen können.
● Reden Sie nicht um den heißen Brei herum. Werden Sie konkret, bringen Sie Fakten/Zahlen usw.
● Verwenden Sie keine Killerphrasen.
● Präsentieren Sie nicht eine Ausnahme nach der anderen, womit Sie Lösungen behindern, die ja für den Regelfall gedacht sind.
● Bringen Sie wesentliche Einwände, bevor ein Beschluß gefaßt wird. Fangen Sie nicht im nachhinein an, Ihre Bedenken zu äußern.
● Verhalten Sie sich diszipliniert, führen Sie keine Privatgespräche.
● Machen Sie sich Notizen, vor allem über von Ihnen gemachte Versprechen.

3.3.6. Das Besprechungsprotokoll

Es empfiehlt sich, über jede Besprechung ein Protokoll zu erstellen und dieses an alle Teilnehmer zu verteilen. Damit wird gewährleistet, daß sich jeder daran erinnert, welche Themen besprochen und welche Beschlüsse gefaßt wurden.

Besprechungsprotokoll

Vorhaben/Protokoll-Nr.:   Seite:

Besprechungsort:

Datum:

Protokoll erstellt durch:

Teilnehmer: Verteiler:

Anlagen:

Erg.Nr.:	Kurzzeichen:	Ergebnis:	erledigt durch/bis:

Kurzzeichen: A = Auftrag , B = Beschluß, E = Empfehlung, F = Feststellung

3.4. Moderationstechnik

In Besprechungen/Sitzungen/Konferenzen wird meist davon ausgegangen, daß es einen Leiter geben muß, der alles besser weiß als die anderen und deshalb die Vorgehensweisen und schließlich auch die Ergebnisse vorgibt. Diese Methode läßt Beteiligung und individuelle Mitsprache nicht zu.

Die Moderation ist eine Arbeitsmethode, die geeignet ist, die Teilnehmer z. B. einer Besprechung schneller zu Ergebnissen zu führen und dabei die Beteiligung und damit Identifikation aller zu gewährleisten.

Dazu wird der Ablauf einer Problemlösung oder einer Entscheidungsfindung in Abschnitte unterteilt, in denen verschiedene Techniken der Moderation angewendet werden. Gearbeitet wird mit Pinwänden und Karten. Die einzelnen Methoden umfassen: Punkte abfragen, Karten abfragen, Klumpen, Themenlisten erstellen und bewerten, Maßnahmenkataloge erstellen usw. Ein Beispiel für eine moderierte Führungskräfte-Besprechung (3.4.5.) verdeutlicht einige dieser Methoden.

3.4.1. Die Phasen eines Moderationsablaufs

Begrüßung, Kennenlernen, Anwärmen

Eine geschickte Einstimmung der Gruppe kann wesentlich dazu beitragen, daß sie eine kommunikationsbereite Haltung während der gesamten Zusammenkunft einnimmt.

Man kann eine Vorstellungsrunde durchführen, in der die Gruppe auf vom Moderator formulierte Fragen antwortet oder jeder ganz frei etwas über sich selbst sagt. Die Vorstellung kann auch in Interviewform vor sich gehen, wobei jeweils zwei Teilnehmer einander zu vom Moderator vorformulierten Fragen interviewen und die Antworten anschließend der Gruppe präsentieren.

Die Begrüßung der Gruppe umfaßt weiters:
● die Vorstellung des Moderators
● eine Erläuterung des Moderators zu seiner Rolle
● die Klarstellung, was mit dem Ergebnis der Veranstaltung passiert

In der Anwärmphase können auch Erwartungen/Befürchtungen bezüglich der Veranstaltung abgefragt werden, indem man in Skalen oder Koordinatenfelder Punkte einträgt, die die Erwartungen jedes einzelnen kennzeichnen, oder indem man offene Kartenabfragen durchführt.

Problem-/Themenorientierung herstellen

In dieser Phase werden der Gruppe gemeinsame Probleme und Themen bewußt gemacht. Dazu müssen sehr konkrete Fragestellungen erarbeitet werden, denn das Problem soll klar formuliert (aber noch nicht inhaltlich behandelt) werden.
Als Methoden können Ein-Punkt-Fragen (»Wie wichtig ist das Problem für meine tägliche Arbeit?«) verwendet, Tagesordnungen aufgestellt (Sammlung anstehender Themen), eine Themensammlung durch Zuruf-Fragen erstellt (»Worüber sollten wir hier sprechen?«) oder Karten mit den jeweils zu besprechenden Themen gesammelt werden. Daraus wird anschließend ein Problemspeicher erstellt, in dem alle Themen und Wünsche übersichtlich dargestellt werden. Es folgt eine Bewertung der einzelnen Themen nach Wichtigkeit, um die Priorität für die Bearbeitung herauszufiltern.

Themenbearbeitung

In dieser Phase findet die eigentliche Arbeit an den Themen statt. Für den notwendigen intensiven Kommunikationsprozeß wird die Gruppe in Kleingruppen unterteilt, damit jeder mit jedem sprechen, Argumente austauschen, Widersprüche aufdecken und Lösungen finden kann. Durch die Erstellung eines »Szenarios« wird der Gruppe eine Diskussionsstruktur empfohlen, die ein Erreichen des Diskussionszieles in angemessener Zeit erleichtern soll.
Die Kleingruppenergebnisse werden anhand von Plakaten im Plenum präsentiert und diskutiert.

Ergebnisorientierung

Die Ergebnisse, die in Moderationen erreicht werden, sind selten klare, unverrückbare Entscheidungen, sondern:

● ein gewichteter, von allen getragener Themen-/Problemkatalog,
● Arbeitsaufträge an Personen oder Untergruppen,
● ein abgestimmtes weiteres Vorgehen oder
● Selbstverpflichtungen.

Die Ergebnisse sind klar zu formulieren, damit sie von den Teilnehmern auch als solche wahrgenommen werden. In Tätigkeitskatalogen sind alle Aktivitäten festzuhalten, die dazu dienen, die angesprochenen Probleme zu lösen. Ein derartiger Tätigkeitskatalog muß auch die für die Durchführung der Aktivitäten verantwortlichen Personen und den Zeitrahmen enthalten.

Abschluß

Der Abschluß einer Moderation kann sich auf das sachliche Ergebnis, auf die Reflexion des erlebten Prozesses und auf die Gefühle beziehen, mit denen die Teilnehmer die Besprechung verlassen. Dafür eignen sich Ein-Punkt-Fragen, wie z. B. »Wie zufrieden bin ich mit: Zusammenarbeit/Ergebnis?« oder das »Blitzlicht«, in dem alle Teilnehmer ein kurzes Statement abgeben zu:

● Was war mir wichtig?
● Was nehme ich mit nach Hause?
● Was möchte ich der Gruppe noch sagen?

3.4.2. Der Moderator

Der Moderator ist ein methodischer Helfer, der den Teilnehmern sein Wissen und seine Erfahrung zur Verfügung stellt. Er ist ein Fachmann für die Verbesserung der Kommunikation zwischen Menschen.

Ein Moderator sollte folgende Haltung einnehmen:

● Er stellt seine Meinungen und Ziele zurück.
● Er bewertet weder Meinungsäußerungen noch Verhaltensweisen.
● Er aktiviert und öffnet die Gruppe für das Thema, indem er Fragen stellt (und keine Behauptungen aufstellt).
● Er faßt alle Äußerungen der Gruppe als Signale auf, die ihm helfen, den Gruppenprozeß verstehen zu lernen.
● Er versucht, den Teilnehmern ihr eigenes Verhalten bewußt zu machen, um Störungen und Konflikte bearbeiten zu können.
● Er steuert den Prozeß, greift aber nicht inhaltlich ein.

3.4.3. Spielregeln der Moderation

Da die Kommunikation in Gruppen nicht immer in geordneten Bahnen verläuft, sollten Sie als Moderator Spielregeln vorschlagen, die der Gruppe helfen, die Effizienz ihrer Zusammenkunft zu steigern. Lassen Sie Ihre Vorschläge durch die Gruppe ergänzen. Dadurch wird gewährleistet, daß die Gruppe diese Regeln akzeptiert und auf ihre Einhaltung achtet.

Regel 1: Kurze Beiträge

Bei einer Diskussion steht jedem Teilnehmer nur eine begrenzte Redezeit zur Verfügung. Als Faustregel kann vereinbart werden, daß ein einzelner Beitrag nicht länger als ca. 30 Sekunden dauert. Hält sich jemand nicht daran, dann sollten Sie als Moderator ihn sofort unterbrechen und auf die vereinbarte Spielregel hinweisen. Damit der Unterbrochene nicht gekränkt ist, können Sie ihm auch noch einige Sekunden zum Abschluß oder zur Zusammenfassung seines Beitrags zugestehen.

Regel 2: Kein Durcheinandersprechen

Um ein Unterbrechen und Durcheinandersprechen von Teilnehmern zu vermeiden, sollte vereinbart werden, daß z. B. jeder, der etwas sagen will, dies durch Heben der Hand anzeigt. Der Moderator muß die Meldungen beobachten und die Teilnehmer in der Reihenfolge des Handhebens zum Sprechen auffordern.

Regel 3: Kernaussagen visualisieren

Die Visualisierung ist Aufgabe des Moderators. In einer Besprechung, die über mehrere Stunden geht, kann niemand alles im Kopf behalten, was gesagt wurde. Daher sollten Sie die Beiträge der Teilnehmer sinngemäß wiederholen und aufschreiben, falls die Teilnehmer zustimmen. Durch diese Rückkoppelung werden Mißverständnisse und Fehlinterpretationen vermieden. Achten Sie jedoch darauf, als Moderator neutral zu bleiben und keine eigenen Vorstellungen in den Beitrag eines Teilnehmers einzuflechten.
Sollten Sie mit der Visualisierung nicht nachkommen, können Sie ein Gruppenmitglied um Unterstützung bitten. Für das Protokoll der Besprechung dient die laufende Visualisierung als Stichwortmanuskript.

Regel 4: Schriftlich diskutieren

Ist das Thema heikel und sind die Gemüter erhitzt, dann fällt es oft schwer, beim Kernthema zu bleiben und eine geordnete Diskussion durchzuführen. In einer solchen Situation kann man schriftlich diskutieren: jedes Gruppenmitglied wird aufgefordert, seine Beiträge auf eine Karte zu schreiben. Die Karten werden dann an die Pinwand gesteckt und besprochen. Dadurch bleibt der rote Faden erhalten, kein Beitrag und kein Argument geht verloren.

Werden Präsentationen von den Teilnehmern durchgeführt, so empfiehlt es sich, diese nicht zu unterbrechen, sondern Fragen, Argumente und kritische Anmerkungen vorläufig auf Karten notieren zu lassen und erst nach Abschluß der Präsentation zu diskutieren.

Regel 5: Konfliktpfeil verwenden

In jeder Besprechung treten kontroverse Meinungen auf. Dabei kommt es oft zu langwierigen Diskussionen, die sehr viel Zeit kosten und oft wenig bringen.

Man kann den Konfliktpfeil (Blitz) dazu verwenden, Beiträge zu kennzeichnen, denen nicht alle Gruppenmitglieder zustimmen. Die Besprechungsteilnehmer werden damit aufgefordert, Meinungsverschiedenheiten offen anzusprechen und die Möglichkeit zu nutzen, der eigenen Meinung visuell Ausdruck zu geben. Damit kann der nachfolgenden Diskussion die Schärfe genommen werden.

3.4.4. Hilfsmittel der Moderation

Checkliste zur Vorbereitung einer moderierten Besprechung

Hilfsmittel	Anzahl
● Pinwände	1 Wand für 2 Teilnehmer
● Pinwandpapier	2 Bogen pro Teilnehmer
● Wolken	1 Wolke pro Teilnehmer
● Überschriftsstreifen	5 Streifen pro Teilnehmer
● Kärtchen färbig sortiert	
10x21 cm	30 Karten pro Teilnehmer
10 cm rund	5 Karten pro Teilnehmer
14 cm rund	5 Karten pro Teilnehmer
20 cm rund	5 Karten pro Teilnehmer
11x19 cm oval	10 Karten pro Teilnehmer
● Filzschreiber (z. B. Edding Nr.1)	1 Stück pro Teilnehmer
● Filzschreiber stark (Edding 800)	1 Stück pro Teilnehmer
● Markierungsnadeln	1 Schachtel pro Pinwand
● Markierungspunkte	20 Punkte pro Teilnehmer
● Schere, Messer	
● Klebestift, Kreppklebeband	

Im Fachhandel sind Moderatorenkoffer mit einer Grundausstattung er-
hältlich, die man dann je nach Bedarf erweitern kann.

3.4.5. Moderations-Beispiel

Thema: Entwicklung eines Ausbildungsprogramms für Führungskräfte

Themeneinstieg

Zu Beginn wird eine These aufgestellt, die von den Teilnehmern mit Punkten bewertet werden soll. Zum Beispiel:»Führen ist mehr eine Frage der Begabung als des Trainings«. Den Teilnehmern steht eine vierstufige Skala (++,+, –,—) zur Verfügung. Jeder Teilnehmer bewertet diese These mit einem Punkt, entsprechend seiner persönlichen Einstellung.
Anschließend wird das sich ergebende Bild gemeinsam in der Gruppe erörtert. Die Aussagen, die sich aus dem Bild machen lassen, werden auf Zuruf der Teilnehmer vom Moderator am selben Plakat festgehalten. Dies sieht nun so aus:

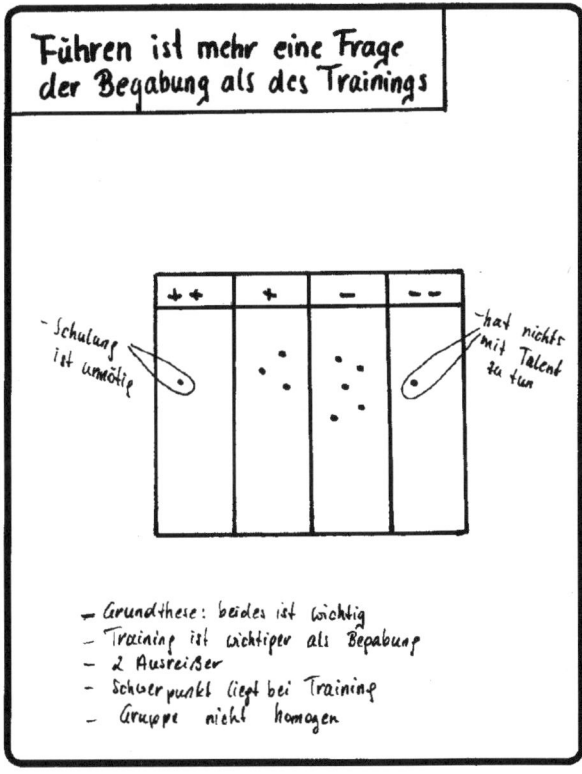

Aus diesem speziellen Bild wird ersichtlich, daß Führung teilweise auch eine Frage des Trainings ist. Die Teilnehmer bestätigen damit, daß es sich lohnt, ein Führungstraining zu absolvieren. Nach dieser Anwärmphase wird mit den weiteren Arbeitsschritten fortgefahren.

Themenbearbeitung

Die Frage:»Was muß ich als Chef alles können?« wird auf Karten beantwortet. Jeder Teilnehmer notiert seine Meinung auf Kärtchen. Diese Kärtchen werden dann unter Bekanntgabe der einzelnen Aussagen an die Pinwand geheftet. Dabei kann gleich eine Sortierung oder »Klumpenbildung« vorgenommen werden, d. h. Karten gleicher oder ähnlicher Aussagen werden zusammengehängt. Anschließend werden für die Klumpen entsprechende Oberbegriffe gesucht.

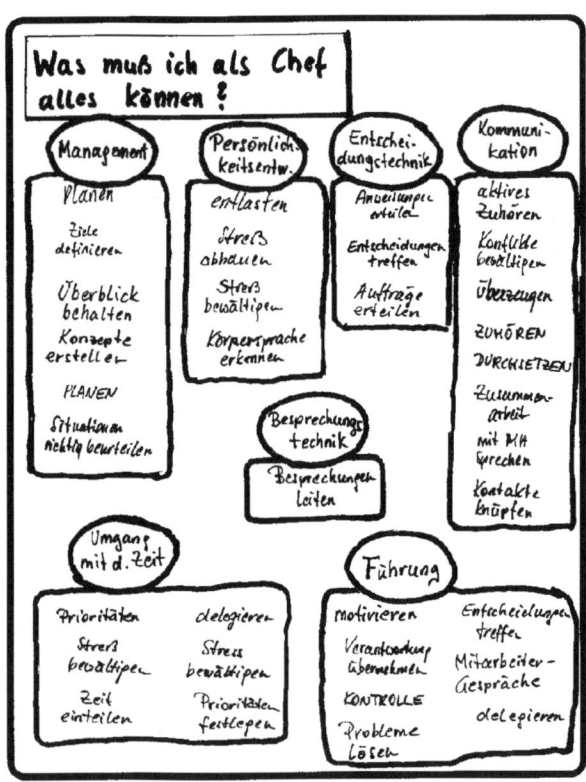

Auswertung

Die Oberbegriffe werden nun als Bildungsbedarfs-Schwerpunkte in einen Themenkatalog eingetragen. Da nicht in allen Themenbereichen gleichzeitig geschult werden kann, muß eine Gewichtung erfolgen. Dazu wird die Frage gestellt: »In welchen drei Themenbereichen habe ich ein dringendes Weiterbildungsbedürfnis?« Jeder Teilnehmer erhält drei Punkte und bewertet damit die für ihn dringlichsten Themen. Dabei kann er auch alle drei Punkte zu einem Thema kleben. Aus der Anzahl der Klebepunkte pro Thema ergibt sich eine Rangfolge, welche die Prioritäten im Schulungsprogramm kennzeichnet.

Um aber die richtigen Seminare auswählen zu können, werden zu jedem der drei Themen noch Probleme und Wünsche präzisiert. Diese Vertiefung erfolgt in Kleingruppen-Arbeit.

Das Szenario, d. h. der Diskussionsleitfaden für die Gruppenarbeit, besteht aus folgenden vier Fragen, bezogen auf das Thema »Umgang mit der Zeit«:
● Woran stellen wir Probleme im Umgang mit der Zeit bei uns konkret fest?
● Worauf führen wir diese Probleme zurück?
● Wodurch kann ich meinen Umgang mit der Zeit verbessern?
● Was unternehmen wir konkret dazu?

Das Kleingruppenergebnis wird anschließend anhand eines Plakates dem Plenum kurz präsentiert, wobei Ergänzungen durch die anderen Teilnehmer möglich sind.

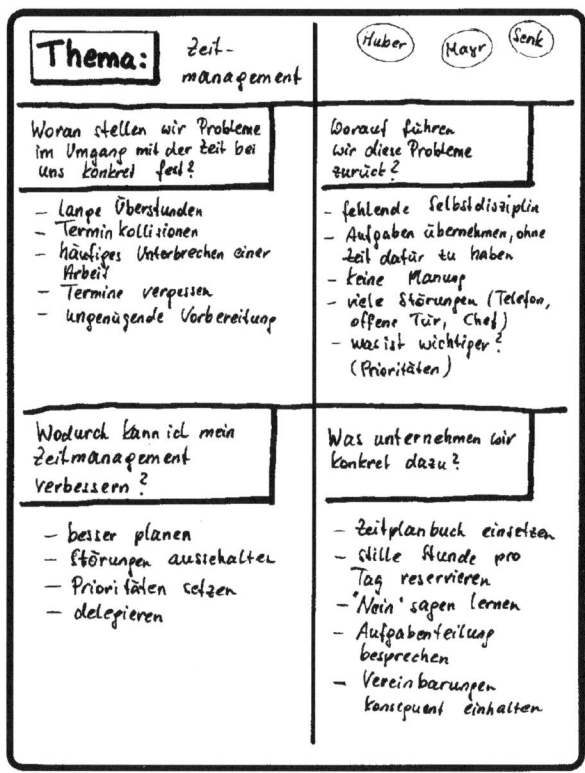

Ergebnisorientierung

Alle geplanten Maßnahmen werden in einen Tätigkeitskatalog übertragen, mit Angaben darüber, wer für welche Tätigkeit verantwortlich ist und bis wann die Tätigkeit abgeschlossen sein soll.

Maßnahmenkatalog			
Maßnahme	was ist zu tun?	wer/bis wann?	ext. Hilfe?
1. Zeit-Freiräume schaffen	– Aufgaben auf Delegations- möglichkeit durchforsten	alle FK 19. KW	nein
2. Seminar Zeitmana- gement	organisieren – Programm – Termin – Einladung	Hartmann bis 31.5.	nein

Abschluß

Auch der Abschluß der Moderation soll für jeden Teilnehmer zum Erfolgs-
erlebnis werden. Ein Abschlußplakat könnte folgendermaßen aussehen:

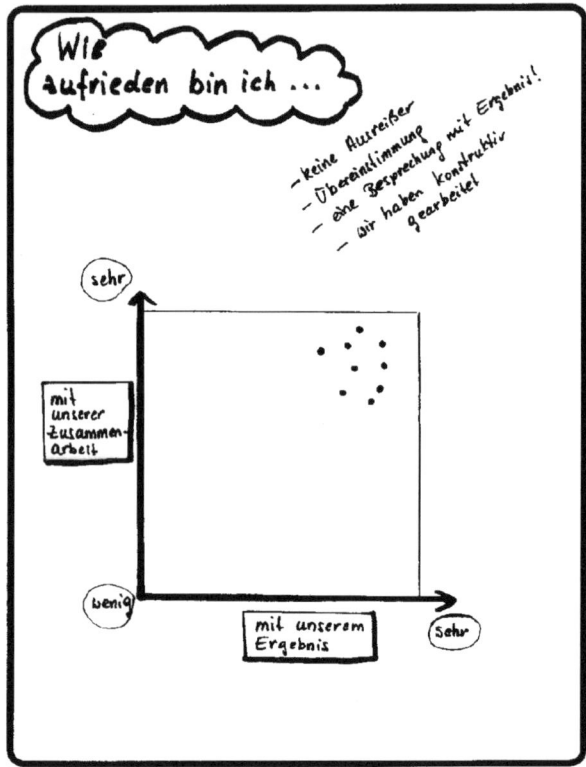

Im Anschluß an eine moderierte Sitzung empfiehlt es sich, allen Teilneh-
mern ein Fotoprotokoll zukommen zu lassen, das aus den fotografierten
Plakaten besteht. Damit kann jeder Teilnehmer nachvollziehen, wie das
Ausbildungsprogramm entstanden ist und welchen Beitrag er geleistet hat.

(in Anlehnung an Trend/Profil Extra 3/89, Moderationstechnik – Problemlösung an
der Wand, Dr. Stieger, Gesellschaft für Personalentwicklung)

3.5. Durchführung betriebsinterner Trainings on the job

Zur Realisierung der spezifischen Unternehmensstrategie wird zunehmend die Weiterbildung am Arbeitsplatz (on the job) herangezogen. Bei den internen Seminaren (TOJs) können viele Chancen der Aus- und Weiterbildung genützt werden.

Die Chancen von Training on the job:

● Rasche Weiterbildung einer großen Zahl von Mitarbeitern
● Bedarfsorientierung ist in hohem Ausmaß gewährleistet
● Keine Labortrainings, sondern Training am Arbeitsplatz
● Stärkung des Wir-Gefühls, da gleiche Problemsicht
● Vergrößerung der gegenseitigen Achtung der Mitarbeiter
● Förderung der Kommunikation
● Bessere Verständigung untereinander
● Wertschätzung der hausinternen Trainer
● Besserer firmeninterner Informationsfluß
● Fallbeispiele sind direkt der Praxis entnommen
● Trainingssituation kann 1:1 auf Arbeitssituation übertragen werden
● Geringerer Aufwand
● Hohe Transferorientierung möglich
● Kein Einfluß einer fremden Kultur (jeder externe Trainer hat eine andere Kultur)

Die Gefahren von Training on the job:

● Umsetzung der Lernziele nicht möglich
● Negativerlebnisse im Seminar können sich rasch auf das Arbeitsfeld auswirken
● Wenn immer die gleiche TOJ-Gruppe arbeitet, ist die Gefahr der Lern-Betriebsblindheit gegeben
● Überforderung der Teilnehmer durch zu häufige TOJs
● Trainer aus eigenen Reihen (Akzeptanzprobleme)
● Ungenügende Vorbereitung des Trainers
● Kein Personalentwicklungskonzept vorhanden
● Kein Einsatz von Medien und Methoden (mangelnde Trainerkompetenz)
● Zeitproblem (wann soll TOJ staffinden?)

3.5.1. Arten des TOJ

Welche Arten von TOJ gibt es, und wie gehen sie vor sich?

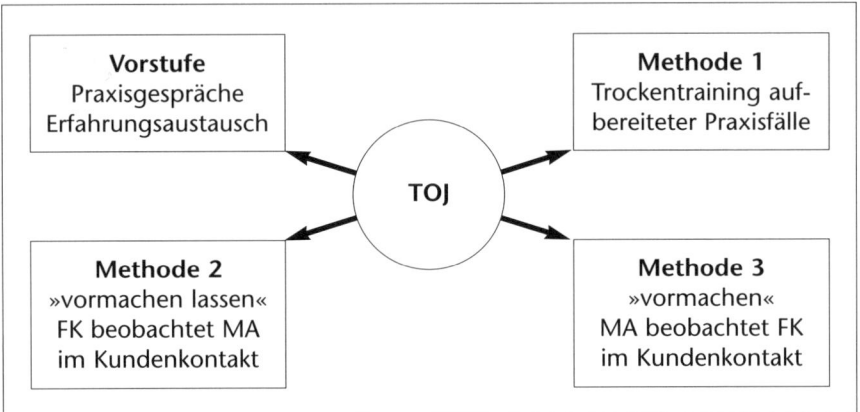

(Beispiel aus dem Verkaufsbereich)

3.5.1.1. Praxisgespräche/Erfahrungsaustausch

Der Erfahrungsaustausch kann niemals die Simulation eines Beratungsge-
sprächs ersetzen, da der Mitarbeiter nicht den Zwang spürt, den Gesprächs-
inhalt an Kundenreaktionen ausrichten zu müssen.
Die Grundlage für den Erfahrungsaustausch bilden die von den Mitarbeitern erlebten Verkaufsgespräche. Damit der Mitarbeiter dabei viel lernen
kann, soll er sich auf den Erfahrungsaustausch vorbereiten, indem er das
Kundengespräch nach folgenden Punkten festhält:

● Was war die Ausgangssituation?
● Angaben über den Kunden
● Eventuell Daten über die Geschäftsverbindung
● Wichtige Reaktionen/Einwände des Kunden
● Gesprächsergebnis
● Offene Fragen
● Weiterführende Maßnahmen

Damit können wünschenswerte Gesprächsinhalte und mögliche Vorgehensweisen reflektiert werden.

Folgendes Vorgehen beim Erfahrungsaustausch ist möglich:

a) den Mitarbeiter die Ausgangslage schildern lassen

- es dürfen nur Informationen über die Geschäftsverbindung und den Kundenwunsch wiedergegeben werden
- die Mitarbeiter sollen in Stichworten mitschreiben
- Probleme sollen festgehalten werden

b) gemeinsame Diskussion der Ansprache

- die Gesprächsziele analysieren (welche Signale ergeben sich aus der Ausgangssituation?)
- wie ist im Gespräch vorzugehen?
- die erarbeitete Ansprachestrategie wird von allen Mitarbeitern notiert
- der Mitarbeiter, der den Praxisfall eingebracht hat, darf seine Erfahrungen aus einer bestimmten Ansprachestrategie noch nicht mitteilen
- Maßnahmenkatalog zusammenfassen

c) möglicherweise Trockentraining

d) das Diskussionsergebnis wird mit der realen Vorgehensweise im Kundengespräch verglichen:

- welche Gesprächsziele wurden wie erreicht?
- welche Signale wurden nicht erkannt/angesprochen?
- was muß aktiviert werden?
- wo liegen generell zusätzliche Chancen/Gefahren?

e) Zusammenfassung

- was war gut?
- was kann verbessert werden?
- wo gab es Probleme?

3.5.1.2. Training aufbereiteter Praxisfälle (Trockentraining)

Das Trockentraining hat für das Erlernen und Üben des Berater/Verkäufer-Verhaltens die größte Bedeutung. Es kann auch in Kleingruppen durchgeführt werden und ist daher zeitsparend. Außerdem ist es leichter, aus gespielten Fehlern zu lernen, als diese im tatsächlichen Kundenkontakt zu erkennen. Bevor die Methode 2 des TOJ (»vormachen lassen«) durchgeführt wird, sollte ein Trockentraining absolviert werden.

Vorteile:

- keine Unterschiede in der Umgebung und in den Hilfsmitteln
- Fehler bleiben folgenlos, da nur Probesituation
- mehrere Lösungen können nacheinander geprüft und analysiert werden
- angstfreies Üben ist möglich
- Phantasie, Denkvermögen und Verhalten werden geübt
- Übung = Chance

Nachteile:

- meist nur außerhalb der Arbeitszeit möglich (Akzeptanzprobleme)
- ohne Lernbedarfserhebung nur wenig Akzeptanz bei den Teilnehmern
- ohne Vorbereitung und zielorientierte Abwicklung Gefahr des Überspielens
- mangelnde Aufmerksamkeit

Was ist beim Einsatz des TOJ zu beachten?

- In die Lernbedarfserhebung sind einerseits die Strategieziele des Unternehmens, andererseits die Stärken und Schwächen der zu trainierenden Mitarbeiter einzubeziehen (Bildungsbedarfsanalyse, Förder- und Beurteilungsergebnisse)
- Vor dem Training sollte mit der Trainingsgruppe über ihren Lernbedarf ausführlich gesprochen werden
- Ausgangssituation und Zielsetzung des Trainings sind vorher abzustimmen (Lernzielformulierung – Seminardesign)
- Da die Übungszeit außerhalb der Arbeitszeit liegen wird, sind mit den Teilnehmern Lösungen zu suchen, die alle akzeptieren können
- Damit ein hoher Praxisbezug erreicht wird, sollten tatsächlich erlebte Praxisfälle verwendet werden
- Der Praxisbezug wird vom Kunden bestimmt, daher sollten allzu fachmännische Einwände und Fragen unterbleiben
- Jeder Mitarbeiter muß die Möglichkeit erhalten, den Berater zu spielen
- Die Beobachtungsschwerpunkte sind vorher gemeinsam festzulegen
- Die Gespräche sollten mit Video oder einem Audio-Recorder aufgenommen werden, um sie besser analysieren zu können
- Die Führungskraft sollte als Berater fungieren (nicht in allen Gesprächen) und »vormachen«
- Mit dem Training müssen gleichzeitig Transfermaßnahmen geplant werden, da ohne Kontrollmaßnahmen und Hilfestellung die Wirkung schnell wieder nachläßt

Grundregeln für das Verhalten der Führungskraft/des Trainers beim TOJ:

● keine Nachbereitung ohne vorher vereinbarte Beurteilungskriterien
  – die Führungskraft soll nicht ohne abgestimmte Grundregeln eingreifen
  – diese Grundregeln sind gemeinsam zu erarbeiten (wie sieht die Ansprachestrategie aus? Nach welchen Kriterien wird die Gesprächsführung beurteilt? U. ä.)

● Selbstkritik vor Fremdkritik stellen
  – nur Selbsterkenntnis und Einsicht können Verhalten verändern
  – den Übenden zuerst um eine Eigenbeurteilung bitten
  – das Erkennen eigener Stärken und Schwächen hervorheben

● die positiven Verhaltensweisen zuerst erarbeiten
  – damit wird das Selbstwertgefühl stabilisiert
  – nachfolgende Kritik ist leichter zu verarbeiten
  – richtiges Verhalten wird verstärkt
  – konkret loben/kritisieren

● auf verbesserungswürdige Verhaltensweisen aufmerksam machen (ohne Wertung)
  – die Möglichkeit zur Selbstkritik/eigenen Einsicht geben
  – Rechtfertigungen verhindern
  – bei wichtigen Phasen des Gesprächs das Tonband abhören und Stellungnahmen einfordern

● Kritik mit Verbesserungsvorschlägen verbinden
  – Kritik allein ist keine Hilfestellung und verbessert ein Verhalten nicht
  – gemeinsam Beispiele dafür finden, wie etwas besser zu machen ist

● Meinung zur geäußerten Kritik bzw. Empfehlung erfragen
  – damit wird Akzeptanz und Transfer in die Praxis abgesichert
  – »Wie denken Sie darüber?«; »Könnten Sie sich vorstellen, das in der Praxis anzuwenden?«

Vorgehensweise beim Trockentraining

1. Mitarbeiter motivieren, Interesse wecken und Zustimmung zum TOJ einholen:
   – Den Mitarbeitern muß das Vorgehen beim TOJ erklärt, der Nutzen aufgezeigt und die Angst genommen werden.

– Ein Termin ist gemeinsam abzustimmen.
– Praxisfälle werden festgelegt und vorbereitet, Lernziele und Design vorher präsentiert.

2. Vorbereitung der Übungen (nach Erarbeitung der Ansprachestrategie):
   – Die Mitarbeiter müssen wissen, worauf es ankommt, um den Übungserfolg sicherzustellen. Daher sind Ausgangssituation und Zielsetzung der Übung zu besprechen. Danach werden die Rollen und die Aufgaben verteilt.
   – Die Mitarbeiter, die die Übung beobachten, müssen die Beobachtungsschwerpunkte kennen.

3. Durchführung der Übung:
   – Die Übung sollte möglichst praxisnah sein, Verkaufshilfen sind zu verwenden usw.
   – Das Übungsgespräch sollte aufgezeichnet werden. Die Übung darf nicht unterbrochen werden.

4. Analyse der Übung:
   – Einsicht in Stärken und Schwächen gewinnen.
   – Grundsätze des Feedbacks beachten.

5. Weitere Vorgehensweise abstimmen (Maßnahmenplan erstellen)

3.5.1.3. Die Führungskraft beobachtet den Mitarbeiter im Kundenkontakt (»vormachen lassen«)

Wenn das Trockentraining gut durchgeführt wurde, sollte das TOJ im Kundenkontakt keine Probleme bereiten.

Bei der Beobachtung der Mitarbeiter im Kundenkontakt sind die tatsächlichen Stärken und Schwächen der Mitarbeiter zu erkennen.

Damit der Mitarbeiter nicht allzu gehemmt ist, kann die Beobachtung auch aus der Distanz erfolgen.

Die Führungskraft sollte jedoch die Zustimmung des Mitarbeiters einholen.

3.5.1.4. Der Mitarbeiter beobachtet die Führungskraft im Kundenkontakt (»vormachen«)

Diese Methode erfordert von der Führungskraft die Bereitschaft, auch Fehler einzugestehen und Anregungen der Mitarbeiter aufzugreifen.

Das Vormachen schwieriger und wichtiger Situationen eignet sich vor allem dann, wenn Mitarbeiter wenig praktische Erfahrung oder Hemmungen vor bestimmten Kundenansprachen haben.
Der Kunde muß bei dieser Methode um seine Zustimmung gebeten werden. Ausgangssituation und Zielsetzung des Gesprächs sollten, wenn möglich, vorher abgestimmt werden.

3.5.1.5. Die Nachbereitung des TOJ

Für alle TOJ-Methoden gilt, daß vor allem durch die Nachbereitung der jeweiligen Situation gelernt wird.

a) Selbstkritik durch den Übenden
   - Wie sieht er das Ergebnis und den Gesprächsverlauf?
   - Was war gut?
   - Was soll geändert werden?
   - Welche Alternativen gibt es?

   Die Aussagen sind zu hinterfragen und Alternativen zu fordern.

b) Fremdkritik durch die Beobachter
   - Was war gut?
   - Was ist zu verändern?
   - Welche Alternativen gibt es?

c) Fremdkritik durch die Führungskraft
   - Was war gut?
   - Was ist zu verbessern?

   Die Führungskraft bestätigt die bisherigen Aussagen der Mitarbeiter und ergänzt sie. Die Aussagen sind zu begründen. Die Führungskraft weist die Mitarbeiter auf weitere gute Phasen im Gespräch hin. Alternativvorschläge der Führungskraft werden zur Diskussion gestellt. Wichtig: Positive Anschlußmotivation; Aufruf zu verbessertem Vorgehen in der Zukunft.

d) Zusammenfassung
   - Welche Erkenntnisse wurden aus der Übung gewonnen?

   Diese Frage ist zuerst an die Übenden zu stellen. Die Führungskraft bestätigt oder ergänzt die Zusammenfassung. Es darf auch nicht vergessen werden, sich bei den Mitspielern für ihre Mitarbeit zu bedanken.

e) Vergleich mit der Praxis
   - Wo gibt es Abweichungen gegenüber der Praxis?
   - Welche Fragen sind offen geblieben?
   - Welche Aktivitäten müssen wir praxisbezogen angehen?
   - Welche Veränderungen hinsichtlich der Verkaufsunterlagen sind anzustreben?
   - Wie können wir in Zukunft solche Situationen noch besser in den Griff bekommen?

Die Fragen sind an den Mitarbeiter zu stellen, der den Praxisfall eingebracht hat.

f) Transfermaßnahmen
   - Wie geht es weiter?
   - Bearbeitung des Transfervertrages
   - Eventuell Festlegung neuer Problem- bzw. Trainingsfelder
   - Einsatz des Seminar- und Trainerbeurteilungsbogens

3.6. Qualitätsmanagement (Qualitätszirkel)

3.6.1. Grundlagen

Der Wettbewerb zwischen den Unternehmen wird immer härter, Produkte und Serviceleistungen werden immer ähnlicher. An Unternehmen und deren Mitarbeiter werden laufend neue Anforderungen bezüglich ihres Leistungsvermögens gestellt. Nur diejenigen Unternehmen, die ständig neue und bessere Problemlösungen und Produkte anbieten können, werden sich in Zukunft auf dem Markt behaupten.

80% der Produkte, die in den nächsten 10 Jahren verkauft werden, sind heute noch nicht auf dem Markt!

Anpassungsfähigkeit und Flexibilität sind die Voraussetzungen, um im stetigen Wandel vorne bleiben zu können. Dabei sind die Unternehmen von ihren Mitarbeitern abhängig.

Die erfolgsbestimmenden Faktoren der Zukunft sind also: Qualität und Mitarbeiter.

Qualitätsförderung und -sicherung sind eine unternehmensweite Aufgabe unter Einbeziehung aller Abteilungen und Mitarbeiter. Qualität wird hierbei nicht nur im Sinne von Produktqualität verstanden, sondern es ist damit auch die »Qualität« der Organisation, der Arbeitsabläufe bis hin zur »Qualität« der zwischenmenschlichen Beziehungen gemeint.
Die Bedeutung der Mitarbeiter an der Basis als Mit-Denker und Mit-Gestalter wächst. Es ist zur Bewältigung der zukünftigen Anforderungen notwendig, das Wissen der Mitarbeiter gezielt zu nutzen und gleichzeitig deren Motivation zu verbessern. Eine Reihe von Führungsinstrumenten soll helfen, dieses Ziel zu erreichen – eines davon ist die Qualitätszirkel-Arbeit.
Das Konzept des Qualitätszirkels kommt aus den Vereinigten Staaten, wurde aber vor allem in Japan gezielt weiterentwickelt und eingesetzt. Dort hat man sehr früh erkannt, daß es aus vielerlei Gründen sinnvoll ist, die »Potentiale vor Ort« zu erschließen.

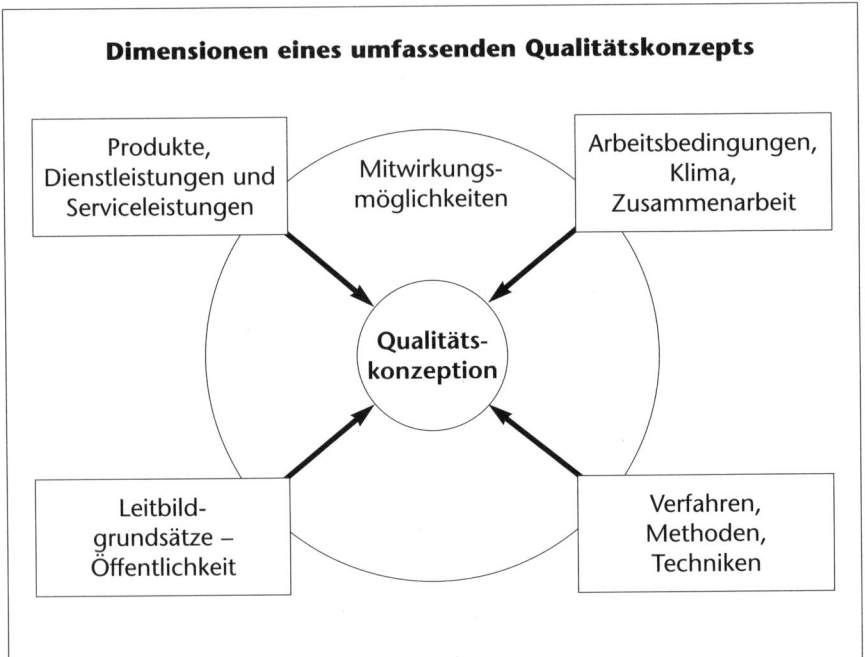

Hauptziel des Qualitätszirkels ist es also, das kreative Potential der Mitarbeiter zu nützen und ihnen die Möglichkeit zu geben, mitzuhelfen und mitzugestalten. Denn gerade die Mitarbeiter an der Basis kennen die Probleme am Arbeitsplatz am besten und können viel zu ihrer Lösung beitragen.

Qualitätszirkel-Arbeit dient aber nicht nur den Interessen des Unternehmens, sondern steigert die Identifikation des Mitarbeiters mit seiner Tätigkeit, verbessert die oben genannte Qualität der Arbeitsbedingungen und die Arbeitszufriedenheit jedes einzelnen.

Denn nur ein positives Arbeitserleben kann beim Mitarbeiter ein positives Arbeitsverhalten zur Folge haben.

Die Mitarbeiter sind der wertvollste Aktivposten

Der Mitarbeiter soll:

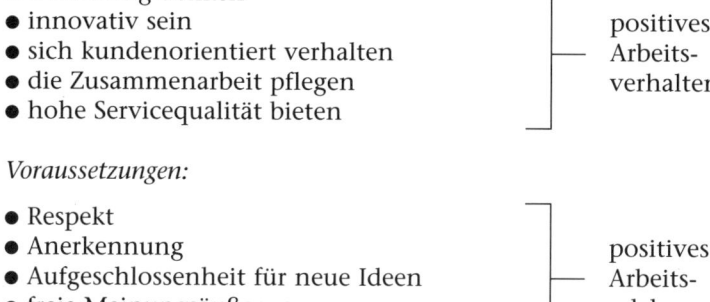

- weitsichtig denken
- innovativ sein
- sich kundenorientiert verhalten — positives Arbeits-
- die Zusammenarbeit pflegen   verhalten
- hohe Servicequalität bieten

Voraussetzungen:

- Respekt
- Anerkennung
- Aufgeschlossenheit für neue Ideen — positives Arbeits-
- freie Meinungsäußerung   erleben
- passendes Arbeitsumfeld

Qualitätszirkel-Arbeit ist Gruppenarbeit. Teamarbeit, Gruppenarbeit, Zirkelarbeit stellen eine wichtige, zeitgemäße, humane und erfolgreiche Form der Arbeitsbewältigung dar. Unter Einsatz von Gruppenarbeit kann man die Organisation in einer turbulenten, schnellebigen Zeit erfolgreich führen und die Kräfte derer, die darin arbeiten, vereinen.

Qualitätszirkel sind :

- auf Dauer angelegte
- Gesprächsgruppen,
- in denen (5 bis 8) Mitarbeiter einer hierarchischen Ebene
- mit einer gemeinsamen Erfahrungsgrundlage
- in regelmäßigen Abständen
- freiwillig zusammenkommen,
- um Themen des eigenen Arbeitsbereiches zu analysieren
- und unter Anleitung eines geschulten Moderators
- mit Hilfe spezieller Problemlösungs- und Kreativitätstechniken
- Lösungsvorschläge zu erarbeiten und zu präsentieren,
- diese Vorschläge selbständig oder im Instanzenweg umzusetzen und
- eine Ergebniskontrolle vorzunehmen,
- wobei die Gruppe als organisatorischer Bestandteil in ein QZ-System eingebunden ist.

3.6.2. Ziele der Qualitätszirkel-Arbeit

Die Ziele der Qualitätszirkel-Arbeit basieren auf zwei grundlegenden Überlegungen:
- Probleme und Schwachstellen können am ehesten dort erkannt und beseitigt werden, wo sie auftreten
- In den Mitarbeitern steckt ein großes ungenutztes Problemlösungs- und Kreativpotential.

Oberstes Ziel ist die Existenzerhaltung des Unternehmens und der mit dem Unternehmen verbundenen Menschen. Die Leistungsfähigkeit soll durch verstärkte Einbeziehung der Mitarbeiter verbessert werden. Denn nur Lösungen, die sowohl den Unternehmensinteressen als auch den Mitarbeiterinteressen entgegenkommen, sind auch dauerhafte, von allen akzeptierte Lösungen.

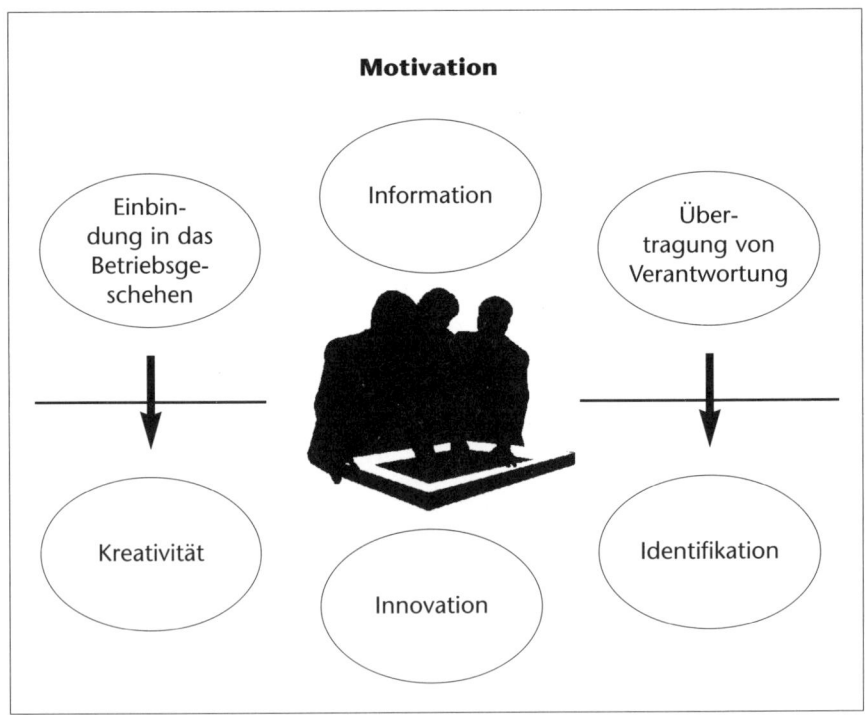

(Folgende Tabelle in Anlehnung an: »Quality Circle«, Haberda/Kaniowsky, Schriftenreihe Rationalisieren Nr. 196, WIFI)

Mögliche Zielsetzungen der Qualitätszirkel-Arbeit:

● Qualitätssicherung/   Erhöhung der Produkt- und Arbeitsqualität, Ver-
-verbesserung   ringerung des Ausschusses, Modifikation von
                        Technologien, Produktverbesserung, Fehlerver-
                        meidung, Innovationen

● Kosteneinsparung   Reduzierung von Kosten bei Arbeitsabläufen,
                        Einsparung von Betriebsmitteln, Energie, Nach-
                        arbeiten, Kürzung der Durchlaufzeit

● Motivation   Steigerung von Arbeitsproduktivität und Ar-
                        beitsleistung, Weckung von unternehmeri-
                        schem Denken, Kostenbewußtsein

● Identifikation mit   Bereitschaft, sich für Problemlösungen einzuset-
dem Unternehmen   zen, Steigerung des Verantwortungsbewußt-
                        seins, der persönlichen Kreativität, des Wir-Ge-
                        fühls

● Kommunikation/   Voraussetzung für Problemlösungen und Ver-
Information   haltensänderungen schaffen, Verständnis für
                        Probleme im eigenen und angrenzenden Ar-
                        beitsbereich wecken, Zusammenarbeit verbes-
                        sern

● Qualifikation   Bessere Zusammenarbeit durch mehr Überblick
                        und Wissen, Vergrößerung eigener Fähigkeiten
                        mit Unterstützung der Gruppe, Qualitätsbe-
                        wußtsein, gegenseitige Entwicklung

● Innovation   Innovative Prozesse können entwickelt werden,
                        indem Probleme aufgedeckt werden, welche die
                        Technologie, die Organisation oder die Arbeits-
                        leistung betreffen

Aus diesen Zielsetzungen ist zu erkennen, daß Qualitätszirkel sowohl ein
Instrument der Qualitätssicherung und -kontrolle von Produkten und
Dienstleistungen als auch ein Führungs- und Managementinstrument
sind.

ursprüngliche QZ-Bedeutung

Instrument der Produktion	
Qualitätssicherung und -verbesserung	Kostensenkung
Motivation	Qualifikation
Identifikation	Innovation
Kommunikation/Information	
Instrument des Managements	

heute erweiterte QZ-Bedeutung

3.6.3. Grundsätze der Qualitätszirkel-Arbeit

● **Freiwillige Teilnahme**

Die größere Verantwortung eines Mitarbeiters für seine Tätigkeit im Rahmen der QZ-Arbeit baut auf seiner Bereitschaft auf, mehr zu tun, als nur vorgegebene Standards einzuhalten. Mitwirkung, Ideenentwicklung und die Einleitung von Verbesserungen setzt Freiräume voraus.

Qualitätszirkel sind von ihrer Idee her langfristig ausgelegt. Die verstärkte Einbeziehung der Mitarbeiter in betriebliche Problemlösungen ist ein langfristiges Anliegen. Qualitativ gute Gruppenleistungen sind auch erst nach einer längeren Anlaufzeit zu erwarten.

● **Bearbeitung arbeitsbezogener Probleme**

Qualitätszirkel-Gruppen behandeln Probleme, deren Lösung eine nachhaltige Verbesserung der Arbeitsergebnisse mit sich bringen soll, wobei es sich auch um alltägliche Probleme handeln kann, die jedoch ständig Sand ins Getriebe streuen. Die Wahl der zu bearbeitenden Themen bleibt der Gruppe überlassen. Es empfiehlt sich jedoch zu Beginn der QZ-Arbeit, daß die Geschäftsleitung gemeinsam mit der Gruppe vorrangige Probleme auswählt.

● **Die QZ-Mitarbeiter gehören einem gemeinsamen Arbeitsbereich an**

Probleme sollen von denjenigen Mitarbeitern bearbeitet werden, die sie am besten kennen. Mitarbeiter aus einem Arbeitsbereich haben dieselbe oder eine ähnliche Problemkenntnis, können leichter über die jeweiligen Schwierigkeiten kommunizieren und erreichen daher realistischere Lösungsansätze. Ein weiteres Argument für diesen Grundsatz ist, daß sich gute Kommunikation und Kooperation in der QZ-Gruppe auch in der Arbeitsgruppe fortsetzen wird.

● **Die QZ-Gruppen haben direkten Einfluß auf die von ihnen zu bearbeitenden Probleme**

Speziell zu Beginn sollte die Gruppe Problemstellungen bearbeiten, die nicht zu schwer zu lösen sind, keinen allzu hohen Arbeitsaufwand erfordern und in der Kompetenz der Gruppe liegen. Komplexe Problemlösungen sollten von der Gruppe vorformuliert werden, dann aber an das Management in der Linienorganisation weitergegeben werden.

● **Gruppenzusammenkünfte in regelmäßigen Abständen**

Vor allem zu Beginn der QZ-Arbeit sollten die Gruppen öfter und regelmäßig zusammenkommen, um rasch arbeitsfähig zu werden. Richtlinie: zu Beginn wöchentlich oder vierzehntägig für 2 Stunden, danach abhängig von der Problemsituation mindestens einmal pro Monat für 2 bis 3 Stunden.

● **Gruppentreffen während der Arbeitszeit**

Das Besprechen betrieblicher Probleme ist als Bestandteil der Arbeit anzusehen. Wenn die QZ-Arbeit Verbesserungen für die tägliche Arbeit bringen soll, muß man ihr auch einen entsprechenden Platz im betrieblichen Geschehen zuweisen. Gruppentreffen finden daher während der normalen Arbeitszeit statt oder werden in bezahlten Überstunden durchgeführt.

● **Ein QZ-Leiter moderiert die Gruppe**

Damit die Gruppenarbeit zielgerichtet und effizient vor sich geht, sollte ein geschulter QZ-Leiter als Moderator fungieren. Diese Funktion wird oft vom direkten Vorgesetzten des Bereichs wahrgenommen, aus dem die QZ-Mitarbeiter kommen. Es kann aber auch ein Gruppenmitglied diese Funktion übernehmen. Wichtig ist, daß der QZ-Leiter eine entsprechende Ausbildung (Gruppenleitung, Moderation, Problemlösungstechniken usw.) erhält.

3.6.4. Die Organisation von Qualitätszirkeln

● Zirkelarbeit muß von der Unternehmensführung getragen werden
● Zirkelarbeit benötigt eine kleine Organisation
● Steuergruppe und/oder ein Koordinator muß benannt und mit den entsprechenden Vollmachten ausgestattet werden
● Räumlichkeiten und technische Ausstattung müssen vorhanden sein
● Moderatoren müssen ausgebildet und trainiert werden
● Informationen an: Führungskräfte, Mitarbeiter, Betriebsrat
● Projekte benennen: klare Problemstellung
                       klare Zielsetzung
                       Prioritäten festlegen

Die Organisation von Qualitätszirkeln ist abhängig von der Betriebsgröße und Betriebsorganisation. Kleinbetriebe, bei denen nur ein oder zwei Qualitätszirkel eingerichtet werden, werden mit einer einfacheren Organisation auskommen als Großbetriebe mit mehreren Qualitätszirkeln.

Die Organisation der QZ-Arbeit muß gewährleisten, daß folgende Funktionen gesichert sind:

● QZ-Steuerung

eine Steuerungsgruppe sorgt für den Einsatz von Qualitätszirkeln im Unternehmen, für die Integration in das Unternehmen, für das Vorankommen und für die Ergebniskontrolle der Qualitätszirkel

● QZ-Koordination

ein Koordinator sorgt für die Organisation und Betreuung der einzelnen Qualitätszirkel im Unternehmen

● QZ-Leitung

ein Leiter übernimmt die Moderation der QZ-Gruppe

● Problembearbeitung

durch die QZ-Gruppe

Diese Organisation läßt sich hierarchisch folgendermaßen darstellen:

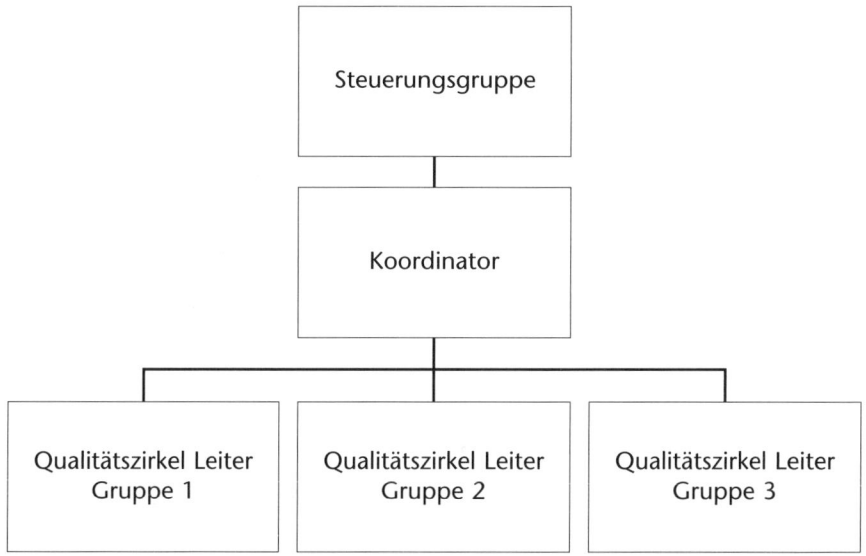

Folgende Aufgaben sind in den einzelnen Funktionen wahrzunehmen:

Die QZ-Steuerungsgruppe

Die Steuerungsgruppe ist das oberste Organ der QZ-Arbeit. Sie ist verantwortlich für Grundsatzfragen und soll den Willen des Managements repräsentieren, Qualitätszirkel einzuführen und zu unterstützen.

Mitglieder der Steuerungsgruppe sollten maximal 3 bis 5 Personen sein:

● Vertretung der Geschäftsleitung
● QZ-Koordinator
● Vertreter des Betriebsrats

Aufgaben der Steuerungsgruppe:

● Feststellung, ob und wie Qualitätszirkel im Unternehmen aufgebaut werden können

- Schaffung einer QZ-Organisation
- Entwicklung eines Konzepts für Durchführung und Kontrolle
- Auswahl des Koordinators
- Auswahl der Bereiche, in denen Qualitätszirkel eingesetzt werden sollen
- Information aller Mitarbeiter über den Zweck der Qualitätszirkel
- Information und Abstimmung mit Unternehmensleitung und Betriebsrat
- Schaffung von Ausbildungsmöglichkeiten für Koordinator und QZ-Leiter
- Unterstützung der Qualitätszirkel
- Besprechung der Ergebnisse mit den QZ-Mitgliedern
- Unterstützung bei der Realisierung von Vorschlägen

Der QZ-Koordinator

Er ist für den reibungslosen Programmablauf, die Ausbildung der QZ-Leiter und die fachliche sowie organisatorische Betreuung der Gruppen zuständig. Er wird meist aus der Ebene der Abteilungsleiter oder Meister bestellt.

Seine Aufgaben:

- Auswahl der QZ-Leiter
- Organisation der Schulungsmaßnahmen für die QZ-Leiter
- Erfahrungsaustausch zwischen den einzelnen Qualitätszirkeln
- Schaffung der Infrastruktur (Räumlichkeiten, Ausstattung)
- Unterstützung der QZ-Gruppen
- Schaffung von Kontakten zwischen den Qualitätszirkeln und anderen Unternehmensbereichen, wenn Problemlösungen über einen Bereich hinausgehen
- Informationsbeschaffung, Datenbeschaffung für QZ-Arbeit

Der QZ-Leiter

Er stammt meist aus der Meister-, Vorarbeiter- oder Gruppenleiterebene. Seine Tätigkeit besteht vor allem in der Gesprächsleitung und in der Moderation der Gruppe. Er vermittelt auch Arbeitstechniken, die der Gruppe zu besseren und rascheren Lösungen verhelfen. Die Akzeptanz des QZ-Leiters durch die Gruppenmitglieder muß gesichert sein.

Seine Aufgaben:

● Auswahl der Mitglieder der QZ-Gruppe (5 bis 8)
● Vorbereitung der einzelnen Sitzungen
● Vermittlung der QZ-Idee und Praxis an die Gruppenmitglieder
● Sicherstellung einer systematischen Vorgangsweise zur Problemlösung
● Bericht und Weiterleitung von Problemlösungsvorschlägen an den Koordinator

Die QZ-Gruppe

Die Gruppenmitglieder sind die wichtigsten Personen bei der QZ-Arbeit. Sie bestimmen, welche Probleme bearbeitet werden, sie entwickeln Lösungsvorschläge, sie setzen bei Zustimmung des Managements diese Vorschläge um.
Die Gruppenmitglieder sind Arbeitnehmer, die ähnliche Arbeiten verrichten. Die Gruppe sollte aus 5 bis 8 freiwilligen Mitgliedern bestehen.

Ihre Aufgaben:

● Systematische Auswahl und Besprechung von Problemen, die ihr Arbeitsergebnis beeinflussen
● Ermittlung von Problemursachen
● Entwicklung von Lösungsvorschlägen
● Durchführung von Verbesserungen/Änderungen
● Erfolgsüberwachung

3.6.5. Einführung von Qualitätszirkeln im Unternehmen

3.6.5.1. Voraussetzungen

Damit Qualitätszirkel in einem Unternehmen erfolgreich eingeführt werden und arbeiten können, müssen verschiedene Grundvoraussetzungen geschaffen werden, um die erforderliche Kommunikation und Kooperation möglich zu machen.

● Geeignete Formen der Führung und Koordination im Unternehmen
Die Unternehmenskultur und das Führungsverhalten müssen mit der Philosophie der Qualitätszirkel-Arbeit übereinstimmen, da ansonsten QZ-Arbeit von vornherein keine Chance hat, sich durchzusetzen. Die Führung des Unternehmens muß partizipativ erfolgen. Dieser Wandel des betrieblichen Lebens von beiderseitiger Kontrolle zu Vertrauen er-

fordert von allen Veränderungsbereitschaft und Anpassungsfähigkeit. Alle Führungskräfte müssen Qualitätszirkel »leben«. Unternehmen, in denen sehr starr und zentral geführt wird, können nur unter Anpassung ihrer Organisation erfolgreich Qualitätszirkel einführen.

● Wirksame Unterstützung für Qualitätszirkel
Die Unterstützung durch die oberste Führungsebene des Unternehmens ist unerläßlich. Diese aktive Unterstützung muß auch nach außen hin eine erkennbare Forderung darstellen.
Um Widerstände gegen und Unsicherheiten angesichts der QZ-Arbeit abzubauen, bedarf es einer ausführlichen Information über Ziele, Vorgangsweisen und Abläufe der QZ-Arbeit. Es gilt, frühzeitig Akzeptanz zu schaffen. Schwerpunkte liegen hier beim mittleren Management, das sich durch QZ-Arbeit entmachtet fühlen kann, und beim Betriebsrat, der eine Ausbeutung der intellektuellen Fähigkeiten der Arbeitnehmer befürchten kann.

● Motivation der Meister, Vorarbeiter, Gruppenleiter
Äußerst wichtig für erfolgreiche QZ-Arbeit ist, daß auch die Führungskräfte der unteren Ebenen darauf vorbereitet werden, welche Anforderungen und Veränderungen auf sie zukommen. Dort besteht oft Angst vor einer Rollenänderung und einem eventuellen Machtverlust. Durch entsprechende Information und weiterführende Dialoge sind diese Vorurteile abzubauen, um eine kooperative Gruppenarbeit zu ermöglichen.

● Bereitstellung entsprechender finanzieller, sachlicher und personeller Mittel durch die Unternehmensleitung

● Vermeidung zu hoher und zu kurzfristiger Erwartungen
Sehr oft stellt das Management an die QZ-Arbeit zu hohe Ansprüche und Erwartungen im Hinblick auf rasche Problemlösungen und umsetzbare Ergebnisse. Da die QZ-Arbeit vor allem die Arbeitnehmer von »Anordnungsempfängern« zu kreativen, selbständigen Mitarbeitern entwickeln soll, muß gerade zu Beginn entsprechende Zeit und Geduld aufgebracht werden.

3.6.5.2. Vorgehensweise bei der Einführung

Wenn die Grundvoraussetzungen geschaffen sind, kann die Einführung von Qualitätszirkeln im Unternehmen beginnen. Dieser Einführungsprozeß ist sorgfältig zu planen.

Ablaufschema	
Phasen	**Schritte**
Informationsphase	– Informationssammlung und -auswertung – Präsentation vor der Unternehmensleitung – Grundsatzentscheidung über Bereitschaft, Pilotprogramm durchzuführen

Versuchsphase
● Vorbereitungsphase
	
	– Information und Einbeziehung der Führungs-
	  kräfte und des Betriebsrats
	– Bildung einer Steuerungsgruppe
	– Auswahl eines Koordinators
	– Auswahl des Versuchsbereichs
	– Gezielte Informationsbeschaffung
	– Erarbeitung des unternehmensspezifischen
	  Programmkonzepts für den Pilotbereich
	– Erarbeitung der Ausbildungsunterlagen
	– Breite Information aller Mitarbeiter
	– Auswahl der QZ-Leiter
	– Ausbildung der Moderatoren und des Koordi-
	  nators
	– Auswahl der QZ-Mitglieder, Bildung der QZ-
	  Gruppen
	– Ausbildung der Mitglieder

● Durchführungs- phase	– Durchführung des Pilotprogramms – Auswertung des Pilotprogramms – Entscheidung über Programmausweitung
Ausweitungsphase	– Durchführung des Ausweitungsprogramms
Sicherungsphase	– Durchführung von Erhaltungs- und Sicherungs- maßnahmen

Inhalte der einzelnen Phasen:

Informationsphase:

Die Einführung beginnt mit der Sammlung und Auswertung von Informationen über QZ-Arbeit. Es empfiehlt sich auch, Kontakte mit Unternehmen aufzunehmen, die bereits Erfahrungen mit Qualitätszirkeln ha-

ben. Die Ergebnisse müssen dann entsprechend aufbereitet werden. Es sind auch Vertreter des oberen und mittleren Managements und des Betriebsrats über die geplanten Aktivitäten zu informieren und in die Diskussion einzubeziehen. Die Ergebnisse werden der Unternehmensleitung präsentiert. Vor der endgültigen Entscheidung über die Durchführung eines Pilotprogramms ist zu prüfen, ob die Voraussetzungen für eine erfolgreiche QZ-Arbeit gegeben sind oder erst geschaffen werden müssen.

Versuchsphase:

● Vorbereitung:

Ist eine definitive Entscheidung zugunsten der Einführung von Qualitätszirkeln gefallen, dann muß ein unternehmensspezifisches Konzept erarbeitet werden, das grundsätzliche Fragen wie Ziele, Organisation und finanzielle Absicherung der QZ-Arbeit klärt. Diese Aufgabe sollte durch eine Arbeitsgruppe (Steuerungsgruppe) wahrgenommen werden. In der Vorbereitungsphase sind dann die notwendigen Voraussetzungen (Auswahl Koordinator, QZ-Leiter, Gruppenbildung usw.) zu schaffen. Unter Federführung des Koordinators und unter Mitwirkung der Leiter der Bereiche, in denen das Pilotprogramm d3urchgeführt werden soll, sowie der Steuerungsgruppe, des Betriebsrats und der Personalabteilung wird dann ein Konzept für die einzelnen Bereiche erarbeitet. Dabei sollen wichtige Fragen wie innerbetriebliche Information und QZ-Arbeitszeitregelungen geklärt werden.

● Durchführung:

Im Pilotprogramm wird die erste Problemlösungsarbeit durch QZ-Gruppen in ausgewählten Versuchsbereichen vorgenommen. Das Pilotprogramm sollte nicht zu viele QZ-Gruppen umfassen, damit es überschaubar und leicht kontrollierbar bleibt. Die Auswahl der Versuchsbereiche sollte so erfolgen, daß die QZ-Gruppen relativ günstige Arbeitsbedingungen vorfinden und nach Abschluß des Programms vielfältige Erfahrungswerte vorliegen. Sehr wichtig ist ein intensiver Erfahrungsaustausch auf allen Ebenen. Die Zeitspanne für die Durchführung eines Pilotprogramms sollte mindestens ein halbes Jahr betragen.

Die bei der Auswertung des Pilotprogramms gewonnenen Erkenntnisse werden zur unternehmensspezifischen Änderung und Ausgestaltung des Programms in der Ausweitungsphase genutzt. Entscheidend für die Fortführung der QZ-Arbeit ist vor allem die Frage, ob die an der QZ-Arbeit Beteiligten die Fortführung als grundsätzlich wünschenswert betrachten.

Wichtig ist, daß sich auch die Unternehmensleitung zu einem eindeutigen »Ja« bekennt und bedingungslos hinter dem Programm steht. Rückschläge vor allem zu Beginn der QZ-Arbeit müssen auch von der Unternehmensleitung hingenommen werden.

Ausweitungsphase:

Bei der Ausweitung der QZ-Gruppen auf andere Unternehmensbereiche ist ein langsames Vorgehen und eine sukzessive Durchdringung der einzelnen Bereiche anzuraten.

Sicherungsphase:

Hier soll vor allem durch spezielle Erhaltungsmaßnahmen (Schulung der am Qualitätszirkel Beteiligten, permanente Werbung für die QZ-Arbeit, Schaffung eines unternehmensinternen QZ-Preises, Erfahrungsaustausch usw.) die QZ-Arbeit auf dem einmal erreichten Stand gehalten werden. QZ-Arbeit muß am Leben erhalten werden, da sie mehr ist als nur die Beschäftigung von Mitarbeitern: Sie ist ein wesentlicher Bestandteil des Führungsstils.

3.6.5.3. Schulung der Moderatoren (QZ-Leiter)

Für die Schulung der QZ-Leiter, die im ständigen Kontakt mit den QZ-Mitgliedern stehen, und gleichzeitig organisatorische Arbeit leisten müssen, ergeben sich zwei Schwerpunkte:

a) Fähigkeit zu systematischem Vorgehen in der Gruppe bei der Lösung von Problemen

Verhaltenstheoretische Aspekte:

- Gestaltung offener Gesprächssituationen
- Beobachtung von Gruppenprozessen
- Förderung der Kommunikation und Kooperation
- Motivation der Teilnehmer
- Einstellen auf das Verhalten der Gruppenmitglieder
- Konfliktkompetenz

Instrumentelle Hilfen:

- Gesprächstechniken

- Moderationsmethode
- Optische Unterstützung von Diskussionen
- Vorbereitung von Präsentationen
- Arbeitstechniken
- Problemlösungstechniken

b) Betriebsinterne Kontakte der QZ-Gruppe
- Betriebliches Informationswesen
- Zusammenwirken einzelner Bereiche im Betrieb
- Stand des QZ-Programms im gesamten Betrieb
- Personen, die am QZ-Programm beteiligt sind

Die Schulung erfolgt anfangs durch externe Institutionen, später wird sie im Unternehmen selbst vorgenommen. Der QZ-Leiter gibt seine Kenntnisse auch an die Gruppenmitglieder weiter.

3.6.5.4. Mögliche Probleme bei der Einführung von Qualitätszirkeln

Bei der Vorbereitung

- Kein Bezug zur firmenpolitischen Grundkonzeption
- Konkurrenz zu anderen Programmen und Führungskonzepten
- QZ-Konzept nicht betriebsspezifisch angepaßt
- Verordnung des Konzeptes »von oben«, keine Überzeugungsarbeit
- Fehlende Integration in bestehende institutionelle Gegebenheiten
- Zu wenig Information über QZ
- Keine Integration der mittleren Führungskräfte in das QZ-Konzept
- Zu späte oder nicht umfassende Information der Führungskräfte
- Zu schnelles Vorgehen nach Bekanntmachung des Konzeptes
- Zu wenig Zeit für Schulungsmaßnahmen
- Fehlen wichtiger Personen in der Steuerungsgruppe
- QZ-Konzept ist wichtigen Personen (Abteilungsleitern, Betriebsräten) zu wenig bekannt
- Überlastung bestehender Stellen
- Angst vor Neuerungen
- Falsche Besetzung wichtiger QZ-Stellen

Bei der Durchführung

- Zu enges organisatorisches Korsett
- Wenig Freiräume für QZ-Gruppen (z. B. bei Themenwahl)
- QZ-Gruppen ersticken an Informationen

- Unklare Kompetenzabgrenzung
- Zu komplizierte Themen zu früh in Angriff genommen
- Wechsel und Ausscheiden von Gruppenmitgliedern
- Organisation bei Schichtbetrieb
- Vorschläge werden zu schleppend realisiert
- Zu große Gruppen
- Neid von Nicht-QZ-Mitgliedern
- Gruppenleitung wird nicht akzeptiert
- Wechsel in der Geschäftsführung

Bei der Erfolgskontrolle

- Nur, was sich in Zahlen ausdrücken läßt, wird beachtet
- Erfolge werden zu schnell gefordert
- Nur die Planer werden gehört, nicht die Beteiligten

3.6.6. Ablauf der QZ-Arbeit

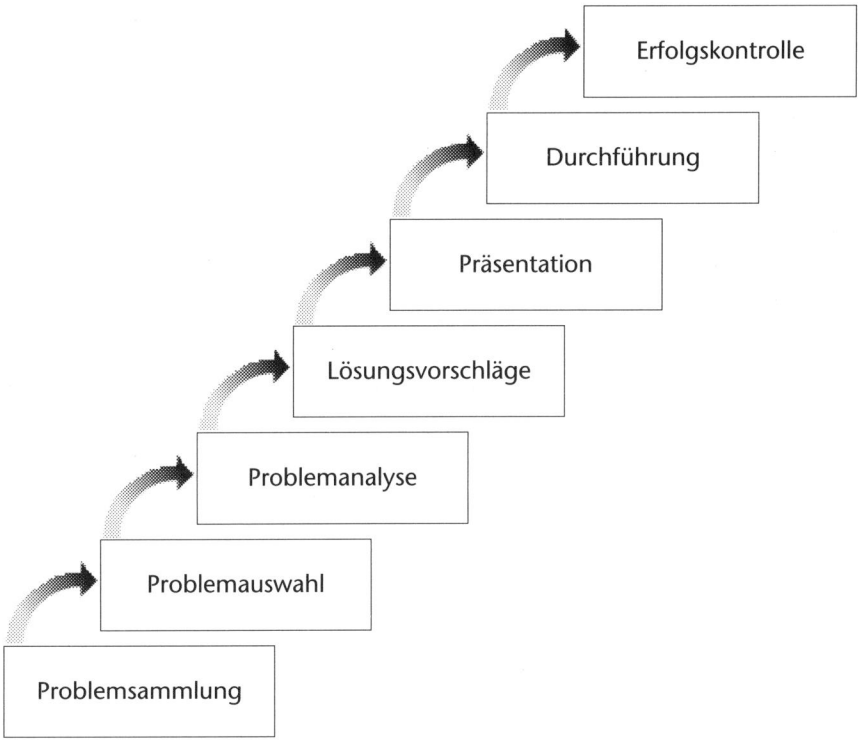

Was gehört zu diesen Schritten der Bearbeitung?

Problemsammlung
- Identifizierung und Sammlung von Problemen
- Keine Bewertung
- Schriftliche Fixierung
- Vorschläge auch vom Management

Problemauswahl
- Durch die Gruppe
- Prioritätenliste, Bearbeitungsfolge

Problemanalyse
- Datensammlung
- Analyse nach Ursachen und Wirkungen
- Auffinden der wahrscheinlichsten Ursache

Lösungsvorschläge
- Ideensammlung ohne Bewertung
- Einsatz logisch-analytischer und kreativer Verfahren
- Verarbeitung von Ideen zu Lösungsvorschlägen
- Bewertung der Lösungsvorschläge nach festgelegten Kriterien
- Entscheidung für eine/mehrere Lösungen

Präsentation
- Lösungen, die von der Gruppe nicht selbst durchgeführt werden können
- Lösungen, die eine Entscheidung des Managements erfordern

Durchführung
- Planung der Umsetzung in die Praxis
- Festlegung von Bearbeitungsschritten
- Aufgabenverteilung
- Durchführungszeitpunkt
- Umsetzung

Erfolgskontrolle
- Kontrolle der Wirksamkeit der Lösung
- Dokumentation des Ergebnisses
- O.K. —> neues Problem bearbeiten
- Kein O.K. —> Überarbeitung, Korrektur

Im Rahmen ihres Arbeitsprozesses bedient sich die Gruppe verschiedener methodischer Hilfsmittel und Arbeitstechniken, um möglichst rasch und effizient zu Lösungen zu kommen.

3.7. Beförderung eines Teammitglieds zur Führungskraft

Eine nicht alltägliche Situation tritt ein, wenn ein Mitarbeiter eines Teams zum Leiter dieses Teams befördert wird. Dabei kann der Mitarbeiter in verschiedene Spannungen geraten:

● Mit sich selbst
● Mit den bisherigen Kollegen
● Mit dem neuen Vorgesetzten
● Mit anderen Führungskräften

Was kann in den einzelnen Spannungsfeldern passieren und wie kann die »neue« Führungskraft die auftretenden Schwierigkeiten bewältigen?

Spannungen/Schwierigkeiten	Lösungsmöglichkeiten
● Mit sich selbst	
– Fühlt sich überfordert	– Einarbeitungskonzept erstellen – Zeitplan festlegen – Aufgabenstruktur festlegen – Entscheidungskompetenzen abstecken – Bisherige Änderungswünsche aus der Abteilung durchführen – Mit dem Ex-Vorgesetzten über Besonderheiten sprechen (falls dies möglich ist) – Grundsätze des Führungsverhaltens überlegen – Ausbildungsbedarf definieren – Mentor im Unternehmen suchen – Informationsmanagement-Konzept überlegen
– Mehr Freizeit opfern	– Abklärung mit Familie/Partnern/Freunden – Zeit in der Übergangs- und Einarbeitungsphase genau planen

– Zuviele neue Aufgaben auf einmal	– Analyse nach ... Routinearbeiten Entwicklungsarbeiten Präsentationen Verhandlungen – Arbeit mit der Delegationsmatrix (2.3)
● Mit den bisherigen Kollegen	
– Neid	– Nehmen, wie es ist – Für akzeptierte Regeln der Zusammenarbeit sorgen – Störfaktoren ansprechen – Leistungsorientierung aktivieren
– Mangelnde Akzeptanz	– Einbindung der Mitarbeiter in Entscheidungsprozesse – Überzeugung durch Ergebnis-orientierung – Kooperative Führung – Mitarbeiterführungs-Instru-mente einsetzen
– Leistungsabfall der Mitarbeiter	– Grundlagen der Motivation besprechen – Zukünftige Motivationsfaktoren bearbeiten – Integration – Lernen aktivieren – Interessante Projekte in Form von Veränderungsprozessen initiieren
● Mit dem neuen Vorgesetzten	
– Verlangt zuviel auf einmal	– Genauen Arbeitsplan erstellen
– Mangelndes Vertrauen	– Aufbau durch Leistung und Ergebnis
– Eingefahrene Gewohnheiten	– Grundsätze der Zusammenarbeit

	auch mit dem neuen Vorgesetzten besprechen – Störende Gewohnheiten ansprechen und ändern
– Zeitmanagement	– Sofortige Vereinbarung von regelmäßigen Besprechungen
● Mit den anderen Führungskräften	
– Akzeptanz	– Wie bei Vorgesetztem – Zusätzlich persönliche Gespräche
– Umgangsformen	– Anpassung – Besonderheiten wahrnehmen

3.8. Gerüchte im Unternehmen

Ungewißheit über die Entwicklung des Unternehmens ist ein idealer Nährboden für Gerüchte:

- Unterläßt das Management die rechtzeitige und ausreichende Information der Führungskräfte und Mitarbeiter, werden Gerüchte noch stärker verbreitet
- Bei den Mitarbeitern entstehen Ängste, Hektik und Resignation
- Oft bemerkt das Management nicht, was sich in den unteren Ebenen zusammenbraut

Gründe, um gewisse Informationen zurückzuhalten, sind beispielsweise:

- Schrumpfung oder Erweiterung des Unternehmens
- Fusion oder Verkauf
- Konkurrenten, Banken oder Kunden sollen nicht vorzeitig von dem Vorhaben erfahren.

Selbst wenn Geheimhaltung angebracht ist, sollten gezielte Teilinformationen gegeben werden, um Gerüchten vorzubeugen.

Nachteile von Gerüchten:

– Das Management hat keinen Einfluß auf den Umfang und die Folgen

● Management gibt das wichtige Führungsinstrument der kontrollierten Information aus der Hand
● Demotivierung der Mitarbeiter
● Management verliert an Glaubwürdigkeit

Gerade in kritischen Zeiten ist gezielte Information wichtig. Besonders die mittlere Führungsebene sollte ausreichend informiert sein, um den Mitarbeitern Rede und Antwort stehen zu können und nicht an Autorität und Glaubwürdigkeit zu verlieren.

Die einfache Führungsformel lautet: Information = Motivation

Der Preis für schlechte Informationspolitik und das Entstehen von Gerüchten ist hoch:

● Was kostet die Arbeitsleistung eines Mitarbeiters, der innerlich gekündigt hat?
● Was leistet ein Mitarbeiter, der nur »Dienst nach Vorschrift« macht?
● Wie erfolgreich arbeitet ein schlecht oder gar nicht informierter Mitarbeiter?

Gerüchten entgegensteuern kann man, indem man die Mitarbeiter im direkten Gespräch, in Besprechungen oder schriftlich informiert. Wichtig ist, daß die Mitarbeiter die Information richtig verstehen.
Informationen müssen zutreffen und schneller als Gerüchte sein.

Am meisten interessieren sich Mitarbeiter

● für die Probleme ihres Arbeitsplatzes
● für unternehmerische Entscheidungen
● für längerfristige unternehmenspolitische Entscheidungen

Eine mitarbeiterorientierte Informationspolitik ist ein wesentlicher Bestandteil der Unternehmenskultur und das wirksamste Mittel gegen Gerüchte und Unruhe im Unternehmen.

3.9. Konflikte im Team

Im Kapitel 2.23. sind die Grundlagen für und die verschiedenen Typen von Konflikten sowie die Möglichkeiten zu ihrer Lösung schon ausführlich angesprochen worden.

Auch in Teams, in denen ansonsten ein gutes Klima herrscht, treten unvermeidlich Konflikte auf. Wie überall wird auch in Teams oft davon ausgegangen, daß Konflikte etwas negatives und schlechtes sind. Die Bedeutung von Konflikten als Chance für Veränderungen und Lernprozesse wurde schon dargelegt. Wichtig ist daher die Frage: Wie gehen wir mit Konflikten um?

Jede Führungskraft wird mit der Aufgabe konfrontiert werden, auftretende Konflikte im Team zu schlichten, sofern die Konfliktparteien selbst nicht dazu in der Lage sind. Die Führungskraft muß anerkennen, daß Konflikte unvermeidlich sind und oft eine positive Aufgabe erfüllen. Bei der Konfliktbearbeitung hilft die Erkenntnis, daß die Widerstände der Konfliktparteien dann geringer werden, wenn die Führungskraft deutlich zu erkennen gibt, daß sie ihre Standpunkte und Hintergründe verstehen will.

3.9.1. Rollen und Strategien der Konfliktbehandlung

Die Führungskraft als Konfliktschlichter (als Drittpartei) muß je nach Eskalationsgrad des Konfliktes bei der Konfliktbearbeitung verschiedene Rollen ausfüllen und unterschiedliche Strategien anwenden.

Folgende Rollen des Konfliktschlichters sind möglich, wobei die Reihenfolge der Aufzählung dem Grad der Eskalation entspricht:

- Moderator
- Prozeßbegleiter
- Soziotherapeutischer Prozeßbegleiter
- Vermittler
- Schiedsrichter
- Machtinstanz

Welche Vorgehensweise bei der Konfliktbearbeitung gewählt wird, hängt auch vom Konflikttyp und von den Rahmenbedingungen (verfügbare Zeit, erwartete Schadenswirkungen usw.) ab.

Der Moderator

Die Konfliktparteien sollen bei der Bewältigung der entstandenen Konflikte soviel wie möglich selbst arbeiten. Die Führungskraft als Moderator bietet Arbeitsmethoden und andere Hilfen zur Unterstützung an. Die Anwesenheit des Moderators bewirkt, daß die Parteien nicht wieder in Konfliktmechanismen zurückfallen. Die Aufgabe des Moderators besteht darin, den Konfliktparteien zu helfen, aus dem Konflikt zu lernen und konstruktiv an der Beseitigung der Gegensätze zu arbeiten. Dazu muß er entsprechendes Wissen bezüglich Entscheidungsmethoden, Diskussions- und Besprechungstechniken, Kreativitätstechniken usw. besitzen. Außerdem muß er über grundlegende gruppendynamische Fähigkeiten verfügen, um die verhärteten Fronten aufweichen zu können.

Der Prozeßbegleiter

Sind die Konfliktmechanismen schon tiefer in Mensch und Organisation verankert, dann müssen andere Maßnahmen zur Konfliktbewältigung ergriffen werden. Der Prozeßbegleiter bietet Hilfe beim Analysieren und Verbessern komplexer Prozesse der Kommunikation, bei der Zielfestlegung usw. an. Er appelliert zwar an die Eigeninitiative der Konfliktparteien, ergreift aber zeitweise selbst durch Vorschläge und Eingriffe die Initiative, um tote Punkte zu überwinden.

Viele seiner Interventionen werden darauf abzielen, die Vertrauensbasis der Konfliktparteien zu verbreitern oder überhaupt erst zu schaffen, damit diese eine andere Einstellung zum Gegner finden können.

Der soziotherapeutische Prozeßbegleiter

Zeigt der Konflikt einen noch höheren Eskalationsgrad, dann muß die Drittpartei noch energischer eingreifen. Das gegenseitige Mißtrauen der Konfliktparteien sitzt tief und blockiert jede Annäherung. Die Parteien können sich nicht allein aus der Sackgasse bewegen.

Die Interventionen des soziotherapeutischen Prozeßbegleiters sind darauf ausgerichtet, mehr Selbstvertrauen bei den Konfliktparteien aufzubauen, damit sie das Risiko eingehen können, der Gegenpartei in einem Gespräch zu begegnen. Dafür ist sehr viel Verständnis für die tieferen Zweifel und Probleme der Parteien notwendig. Zunächst werden die Konfliktparteien kaum in der Lage sein, selbst initiativ zu werden, und sich von der Drittpartei erwarten, daß sie die mißtrauische Haltung durchbricht. Dies kann viel Zeit und Mühe kosten.

Der Vermittler

Er geht davon aus, daß die Parteien von sich aus keine Möglichkeit der Annäherung mehr sehen. Darum muß die Drittpartei hier eine zentrale Funktion übernehmen. Der Vermittler verhandelt getrennt mit den Konfliktparteien über Lösungsmöglichkeiten. Er sollte bemüht sein, die Parteien zu eigenen Lösungsvorschlägen zu bewegen, kann aber auch selbst Vorschläge einbringen. Der Vermittler beurteilt, ob Lösungsvorschläge Chancen zur Verwirklichung haben. Er arbeitet nur indirekt an der Verbesserung der Beziehungen zwischen den Parteien.

Der Schiedsrichter

Die Lösung des Konfliktes erfolgt in dieser Phase der Konflikteskalation durch eine von außen kommende Entscheidung. Dazu müssen sich aber die Konfliktparteien im voraus bereit erklärt haben. Der Schiedsrichter muß neutral und unparteiisch entscheiden. An der Beziehung der Konfliktparteien wird in dieser Funktion überhaupt nicht mehr gearbeitet. Die Konfliktlösung besteht im Regulieren des äußeren Verhaltens der Konfliktparteien, oft unter Androhung von Zwangsmaßnahmen.

Die Machtinstanz

Alle Initiativen liegen bei der Drittpartei, der Machtinstanz. Die Konfliktparteien haben keine andere Wahl, als den Eingriff zu dulden und sich damit zu arrangieren. Konflikte werden durch das Androhen von Sanktionen geregelt; auf die eigentlichen Probleme wird kaum eingegangen.

3.9.2. Einige Hilfen für Konfliktbeteiligte

Analyse des Konflikthintergrundes

● Nutzen Sie alle Informationen, die Ihnen helfen können, die Hintergründe des Konfliktes zu erkennen und richtig einzuschätzen.
● Sprechen Sie Unstimmigkeiten gezielt an.
● Fordern Sie Ihren Konfliktpartner auf, deutlich Position zu beziehen.
● Hören Sie zu und versuchen Sie, die Aussagen zueinander in Beziehung zu stellen.
● Gehen Sie mit Deutungsmechanismen vorsichtig um.
● Fassen Sie das Gehörte öfter zusammen.
● Versuchen Sie, eigene Ideen und/oder Rechtfertigungen zurückzuhalten.
● Versuchen Sie auch, Gefühlen auf die Spur zu kommen – durch behutsames Fragen und/oder Provozieren.
● Stellen Sie paradoxe Thesen auf, um den Gesprächspartner und sich selbst zu aktivieren.
● Visualisieren Sie Ihre Gedanken zur Konfliktsituation.

Selbststärkung vor der Auseinandersetzung

● Motivieren Sie sich selbst durch positive Einstimmung.
● Versuchen Sie, sich selbst zu verstehen, Ihre Spannungsfelder richtig zu ordnen.
● Machen Sie sich Mut zur aktiven Aussprache.
● Signalisieren Sie Ihrem Gesprächspartner Offenheit.

- Stimmen Sie sich ein, stellen Sie sich vor, wie Sie den Konflikt ansprechen werden.
- Glauben Sie an sich selbst und an eine Lösung.
- Überlegen Sie, inwieweit Sie schuld an der Situation sind.
- Denken Sie über eine mögliche Hilfe durch einen außenstehenden Dritten nach.

Verhalten in der Auseinandersetzung

- Analysieren Sie Ihre eigenen Gefühle und Bedürfnisse.
- Sprechen Sie Ihre eigenen Motive an.
- Stellen Sie die Situation aus Ihrer Sicht dar, und lassen Sie sich dabei nicht unterbrechen.
- Versuchen Sie auch die andere Partei zu verstehen.
- Sprechen Sie Gefühle offen an. Versuchen Sie, gleich selbst eine Lösung einzubringen.
- Wägen Sie die Standpunkte ab.
- Sorgen Sie für ein ausgewogenes Klima.
- Bringen Sie neue Ideen und Lösungsvorschläge ein.
- Bevorzugen Sie eine Lösung, welche von beiden Konfliktparteien akzeptiert werden kann.

Nach der Konfliktbereinigung

- Drücken Sie Ihre Zustimmung zur gefundenen Lösung aus.
- Sprechen Sie offen über Ihre Gefühle während der Klärung des Konfliktes.
- Holen Sie wirksames Feedback zur Situation ein.
- Bedanken Sie sich für den »Kompromiß«.
- Sorgen Sie für die Zukunft vor, damit derartige Konfliktsituation vermieden werden können.

3.10. Mitarbeiter-Informationsmanagement

3.10.1. Aufgaben des Informationsmanagements

Die interne Kommunikation liegt in vielen Unternehmen im argen. Public Relations-Arbeit nach innen wird kaum durchgeführt. Viele Firmen benutzen zwar Schlagworte wie »Die Mitarbeiter sind die wichtigste Öffentlichkeit«, in der Praxis werden aber kaum entsprechende Maßnahmen getroffen.

Eine Umfrage des Public Relations Verbandes Austria im Jahr 1991 hat ergeben, daß zwar in einem Großteil der befragten Unternehmen ein Konzept für interne Kommunikation vorhanden ist, mittel- und langfristige Ziele in diesem Bereich jedoch häufig nicht formuliert sind. In vielen Unternehmen ist die Unternehmensphilosophie zwar schriftlich festgelegt, jedoch einem Viertel der Mitarbeiter nicht bekannt. Die Mitarbeiterzeitung ist das am häufigsten eingesetzte Informationsmedium, doch zeigte sich in der Untersuchung, daß darin behandelte Themen meist personal- und dienstrechtliche Belange betreffen, während Unternehmensphilosophie und Mitarbeitermotivation nur selten als Themen angeführt wurden. Viele sprechen von interner Kommunikation, hinterfragen aber nicht, was damit erreicht werden soll. Das betriebliche Informationsmanagement sollte jedoch ein »rundes Bild« ergeben. Das heißt, daß ausgehend von den Unternehmenszielen und Unternehmensthemen die Gesamtheit der Informationskanäle und Informationskontakte im Unternehmen aufeinander abgestimmt werden müssen. Das Corporate Design sollte sich in den Informationsmedien wiederfinden.

Aufgaben des betrieblichen Informationsmanagements:

- Gezielte Informationspolitik soll die Bekanntheit von Unternehmenszielen, Unternehmensgrundsätzen, Unternehmensvisionen, Leitbildern und Führungsgrundsätzen gewährleisten.
- Es werden Grundsätze des Informationsmanagements erarbeitet.
- Die Aufbereitung aktueller Informationen, gefolgt von rascher Mitteilung beugt Gerüchten vor.
- Informationsmedien werden entsprechend den Grundsätzen der betrieblichen Informationspolitik eingesetzt.
- Die Führungskräfte werden über das Tagesgeschehen hinaus informiert, damit sie nicht ohne Hintergrund Fragen der Mitarbeiter beantworten müssen.
- Die Führungskräfte werden bei der Wahrnehmung ihrer Kommunikationsaufgaben unterstützt (Vermittlung von Zielen, Erläuterung von Entscheidungen usw.).
- Es werden Steuerungsmechanismen eingeführt, die eine gewisse Basisinformation regeln.
- Die Wirksamkeit der Information wird regelmäßig überprüft.
- Es werden Projektgruppen und/oder Qualitätszirkelrunden zur Aufbereitung wichtiger Themen eingerichtet. Dadurch wird Information auf allen Ebenen gesichert.
- Die wichtigsten Informationsträger werden in sinnvollen Kommunikationstechniken unterwiesen.

- Gesprächskultur und Offenheit in der Auseinandersetzung werden gefördert.
- In regelmäßigen Abständen (alle 2 bis 3 Jahre) wird ermittelt, wer welche Informationen in welcher Form braucht bzw. nicht mehr braucht.
- Information wird als Chance betrachtet.

Dazu müssen die geeigneten Mittel eingesetzt werden. Diese können sein:

- Mitarbeiterhandbuch
- Unternehmensvideo über Entwicklung, Leitbild, Produkte, Verbindungen usw.
- Fachbeiträge einzelner Abteilungen
- Mitarbeiterzeitung
- Betriebsratsinformationsdienst
- Internes Schulungsangebot
- Einsatz von Projektteams
- Durchführung von Qualitätszirkeln
- Rotes oder schwarzes Brett
- Regelmäßige Mitarbeiterbesprechungen
- Führungskräfte-Runden
- Betriebsversammlungen
- Unternehmensgrundsätze
- Führungsrichtlinien
- Geschäftsberichte
- Rundschreiben

3.10.2. Das Mitarbeiterhandbuch

In vielen Unternehmen sind die wichtigsten Daten über Unternehmensleitbild, Strategie, Produkte, Geschäftsleitung, Führungsgrundsätze usw. nirgends schriftlich zusammengefaßt.
Gerade für neue Mitarbeiter ist es dann schwer, einen Überblick über die Firma zu erhalten.
Das Mitarbeiterhandbuch ist, sofern es bereits eingeführt ist, auch ein hervorragendes Führungsinstrument für die Führungskraft. Der Vorgesetzte kann während der Durchführung von Mitarbeitergesprächen auf verschiedene Informationen zurückgreifen.
Folgende wichtige Informationen sollen im Mitarbeiterhandbuch zusammengefaßt werden:

- Unternehmensleitbild (1 bis 2 Seiten)
- Unternehmensstrategie (2 Seiten)

- Unternehmensziele
- Organigramm des Unternehmens mit kurzer Erklärung
- Unternehmensgrundsätze
- Führungsgrundsätze
- Unternehmenskultur-Grundsätze
- Abteilungs- und Arbeitsplatzziele
- Stellen- und Aufgabenbeschreibung des Mitarbeiters
- Anforderungsprofil der einzelnen Stelle
- Laufbahn- und Karrierechancen, Personalentwicklungsgrundsätze
- Ergebnisse von Förder- und Beurteilungsgesprächen
- Entlohnungssystem mit Sozialleistungen
- Sicherheitsvorschriften
- Rechte und Pflichten des Mitarbeiters
- Mitarbeiterinformationsschreiben (Überblick)
- Sonstiges

3.10.3. Die Mitarbeiterzeitung

Ein sehr wesentliche Medium zum Transport von Informationen ist die Mitarbeiterzeitung, welche in regelmäßigen Abständen erscheinen sollte. Der Einsatz einer Mitarbeiterzeitung ist dann sinnvoll, wenn die Erfüllung folgender Voraussetzungen geklärt ist:

- Unterstützt die Mitarbeiterzeitung einen Entwicklungsprozeß im Unternehmen (z. B. in bezug auf Leitbild, Strategie, Unternehmensziele, Führungsgrundsätze usw.)?
- Entspricht das Layout dem Corporate Design des Unternehmens?
- Ist die Gestaltung lebendig, einfach überschaubar, mit guten Inhalten von verschiedenen Personen strukturiert?
- Gibt es ein Redaktionsteam?
- Ist Meinungsfreiheit gegeben – kann jeder offen seine Meinung sagen?
- Wo ist die Trennlinie zwischen Unternehmen und Öffentlichkeit?
- Wird mit einer bildhaften Sprache gearbeitet?
- Können auch die Leser Beiträge einbringen?
- Welche Querverbindungen können mit Hilfe der Mitarbeiterzeitung hergestellt werden?
- Welche Zielgruppe soll konkret angesprochen werden?
- Inwieweit kann die Zeitung auch guten Kunden zur Verfügung gestellt werden?

Inhalte der Mitarbeiterzeitung

- Unternehmensvision, Leitbild, strategische Ziele
- Grundsätze des Unternehmens (Führung, Personal, Marktbearbeitung, Produktion usw.)
- Aufbau- und Ablauforganisation
- Wichtige Entwicklungsdaten des Unternehmens
- Bericht über strategisches Controlling
- Mitarbeiterveränderungen (Neueintritte, Austritte, Beförderungen, Hochzeiten, Geburten, Sterbefälle, besondere Ausbildung von Mitarbeitern)
- Laufbahnplanungs-Mechanismen
- Betriebsratsinformationen
- Änderungen bei Gesetzen, welche die Mitarbeiter betreffen
- Änderungen bei Entlohnungssystemen
- Ergebnisse der Trainingsmaßnahmen
- Berichte über Seminare, Workshop-Veranstaltungen, Qualitätszirkel
- Technische Entwicklungen
- Produktentwicklungen
- Änderung von Produktionsverfahren
- Neue Standorte
- Informationen über geplante Öffentlichkeitsarbeit
- Umweltpolitische Maßnahmen
- Sicherheit im Unternehmen
- Betriebssport – Aktivitäten
- Gesellschaftliche Entwicklungen
- Leserbriefe
- Ideenbox mit Prämierung

3.11. Manager und Mitarbeiterauswahl

Jede Führungskraft muß neue Mitarbeiter passend zur gestellten Aufgabe und zum Team auswählen. Für die Potentialanalyse und die Selektion von Mitarbeitern stehen unterschiedliche Methoden zur Verfügung. Diese können anforderungsspezifisch variiert und miteinander kombiniert werden.

Die Mitarbeiter können nach folgenden Kriterien ausgewählt werden:

- Erfüllung von Anforderungsprofilen, wie sie z. B. in Anzeigentexten definiert werden
- Analyse schriftlicher Bewerbungsunterlagen (Lebenslauf, Zeugnisse, Referenzen)
- Personalbogen
- Psychologische Test-Batterien
- Biografische Lebenslaufanalyse
- Interviews
- Assessment-Center

Die bekannteste Auswahl-Strategie ist:

1. Schalten einer Anzeige mit/ohne Personalberatung
2. Analyse schriftlicher Bewerbungsunterlagen
3. Psychologische Testverfahren
4. Bewerbungsgespräche in Interviewform

Die entscheidende Frage bei jeder Auswahl-Strategie ist, wie möglichst kostengünstig der Bewerber rekrutiert werden kann, der den definierten Anforderungen entspricht. Es ist schwierig, bei der Auswahl den späteren Berufserfolg zu prognostizieren, denn jede Prognose enthält Unsicherheitsfaktoren.

Wissenschaftliche Untersuchungen haben folgende Validität von Selektions-Komponenten bei Auswahlentscheidungen ergeben:

Zeugnis-Analyse	0,0 – 0,3
Interview	0,0 – 0,3
Strukturiertes Interview	0,0 – 0,5
Tests	0,1 – 0,5
Biografische Analyse	0,3 – 0,6
Kollegen-Urteile	0,2 – 0,7
Assessment Center	0,4 – 0,75

Im folgenden werden die wichtigsten Auswahl-Methoden in Checklisten-Form dargestellt.

3.11.1. Fragebogen zum Lebenslauf

Name des Bewerbers:

Ausgeschriebene Position:

In welcher schriftlichen Form wurde der Lebenslauf übermittelt?
- geordnet und übersichtlich
- handgeschrieben
- in Schreibmaschinenschrift
- interesseweckende Gesamtgestaltung

Sind die Personaldaten komplett?
(Vor- und Zuname, Familienstand, Religionsbekenntnis, Geburtsdatum und -ort, Namen der Eltern, Staatsangehörigkeit, Wohnort und Führerschein)   ja   nein

Sind die einzelne Entwicklungsabschnitte chronologisch angeführt?   ja   nein

Welche Grundausbildung wurde in welcher Zeit bewältigt?

Welche Ausbildungswege wurden nach den Pflichtschulen beschritten?

In welchen Unternehmen konnten welche Ausbildungen gemacht werden?

Gibt es eine durchgehende Entwicklungslinie von der Absolvierung der Schule bis zur heutigen Bewerbung?   ja   nein

Wie lange blieb der Bewerber durchschnittlich in einem Unternehmen?

Welche besondere Ausbildung hat der Bewerber im Rahmen der Absolvierung der Universität/Hochschule/Akademie gemacht?

Welche sonstigen Initiativen sind beim Bewerber erkennbar?

In welchen Fachbereichen hat der Bewerber Erfahrungen gesammelt?

Hat der Bewerber eine Führungsposition innegehabt?   ja   nein

War der Bewerber in einer mobilen Tätigkeit aktiv?   ja   nein

Welche besonderen Interessen hatte der Bewerber in seiner bisherigen Laufbahn?

3.11.2. Fragebogen zur Referenz

Dieser Fragebogen hilft, bei der Referenzeinholung gezielte Informationen über den Bewerber zu erhalten (Einverständnis muß vorhanden sein).

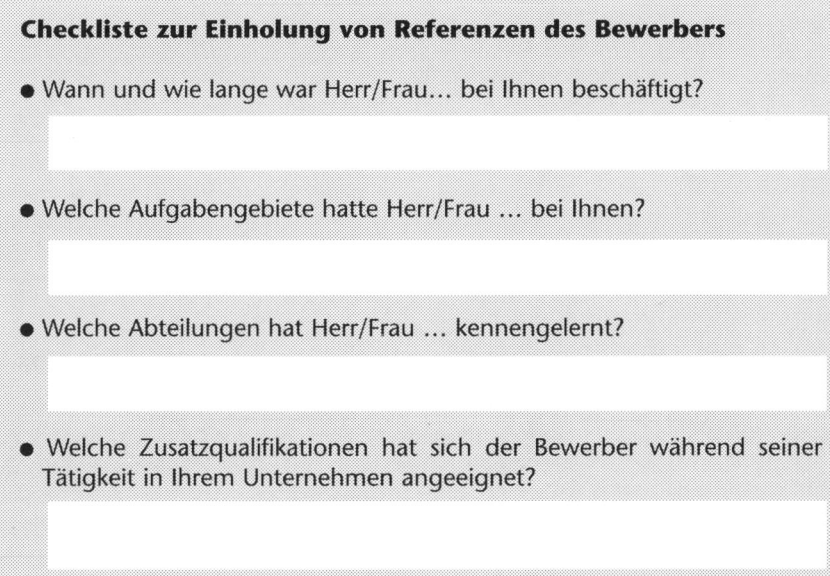

Checkliste zur Einholung von Referenzen des Bewerbers

● Wann und wie lange war Herr/Frau... bei Ihnen beschäftigt?

● Welche Aufgabengebiete hatte Herr/Frau ... bei Ihnen?

● Welche Abteilungen hat Herr/Frau ... kennengelernt?

● Welche Zusatzqualifikationen hat sich der Bewerber während seiner Tätigkeit in Ihrem Unternehmen angeeignet?

- Welche speziellen Erfahrungen konnte Herr/Frau ... machen?

- Inwieweit war Herr/Frau ... in Entscheidungsprozesse einbezogen?

- Welche speziellen Führungsfunktionen nahm er/sie wahr?

- Welche Fortbildungsmaßnahmen besuchte er/sie?

- Welche Kontrollfunktionen nahm er/sie wahr?

- Ist er/sie belastbar?   ja   nein

- Hatte Herr/Frau ... private Schwierigkeiten während dieser Zeit?   ja   nein

- Warum hat Herr/Frau ... Ihr Unternehmen verlassen?

- Was waren die besonderen Stärken/Schwächen von Herrn/Frau ...?

- War Herr/Frau ... teamfähig?

- Würden Sie Herrn/Frau ... wieder einstellen?   ja   nein

- Welche Gründe führten zum Ausscheiden von Herrn/Frau ...?

3.11.3. Bewerbungsbogen

PERSONALINFORMATION
über

Akad. Grad   Vorname   Familienname

für Position

Wohnadresse: _____

Telefon Privat: _____

Telefon Büro: _____

Geburtsdatum u. -ort: _____

Staatsbürgerschaft: _____

Familienstand: _____

Kinder Anzahl: _____ Alter _____

Präsenzdienst: ☐ abgeleistet   von _____ bis _____

             ☐ Zivildienst   Grund _____

             ☐ noch nicht abgeleistet   ☐ befreit

                                       ☐ nicht befreit

             ☐ noch ausständige Waffenübungen _____ Tage

Foto

Schulen:

Schultype und -ort	Abschlußjahr	Dauer	Fachrichtung

Fremdsprachen:

Sprachen	Schulkenntnisse	mäßig	gut	fließend in Wort	Schrift
	☐	☐	☐	☐	☐
	☐	☐	☐	☐	☐
	☐	☐	☐	☐	☐

Kurse, Seminare, Prüfungen:

Titel	Dauer	Jahr	Veranstalter

Spezielle Berufskenntnisse bzw. Fähigkeiten:

Führerschein: ☐ nein ☐ ja welcher _____

Eigener PKW: ☐ nein ☐ ja

Hobbies, Vereine, nebenberufliche Funktionen:

Beruflicher Werdegang:

von — bis	Firma/Ort	Tätigkeit (Funktion, Stellung)

Aus welchem Anlaß erwägen Sie eine Veränderung bzw. wie wurde Ihr letztes Dienstverhältnis beendet?

406 Manager und Mitarbeiterauswahl

Allgemeine Informationen:

Längere Krankenstände (über 2 Wochen) in den letzten Jahren?

        ☐ nein   ☐ ja   welche: _____

Größere finanzielle Belastungen?

        ☐ nein   ☐ ja   welche: _____

Vorstrafen oder strafgerichtliches Verfahren anhängig?

        ☐ nein   ☐ ja   welche: _____

Frühestmöglicher Eintrittstermin: _____

Einsatzgebiet: ☐ Wien   ☐ Österreich   ☐ _____

Reisebereitschaft: _____

Gehalt zuletzt: _____

Gehalt Wunsch: _____

Für welche Aufgabe und Position haben Sie besonderes Interesse?

_____

_____

An welche Firmen soll Ihre Bewerbung nicht weitergeleitet werden:

_____

_____

_____   _____
Datum   Unterschrift

Ihre Angaben werden selbstverständlich streng vertraulich behandelt und nur mit Ihrer Zustimmung weitergeleitet.

Anmerkungen:

Bewerberfragebogen nach Managementberatung J. F. Jenewein, Wien/Linz/München

3.11.4. Interviewleitfaden für Bewerbergespräch

3.11.4.1. Funktion und Gesprächsführung

Das Vorstellungsgespräch soll die Stärken und Schwächen des Bewerbers zeigen. Während des Gesprächs werden einerseits das Unternehmen, der Tätigkeitsbereich und die Anforderungen dargestellt. Andererseits hat der Bewerber seine Kenntnisse und Erfahrungen, seine berufliche Entwicklung und seine beruflichen Interessen darzulegen.

Zur erfolgreichen Auswahl von neuen Mitarbeitern empfiehlt sich das strukturierte Interview als Informationslieferant. Strukturiert deshalb, weil hier anhand einer Checkliste die Struktur des Gesprächs vorgegeben ist. Dadurch werden alle wesentlichen Punkte berücksichtigt und man kann die Gespräche mit den einzelnen Bewerbern besser untereinander vergleichen.

Funktionen des strukturierten Interviews:

- Informationen über das Unternehmen/die Abteilung/den Arbeitsplatz geben
- Informationen über den Bewerber sammeln
- Erwartungen, Bereitschaft, Ziele, Motive des Bewerbers eruieren
- Gegenseitiges Kennenlernen
- Anforderung und Eignung vergleichen
- Bedingungen vereinbaren
- Ein Bild vom Arbeitsmarkt erhalten

Wichtig für das Bewerbergespräch ist eine gründliche Vorbereitung durch die Führungskraft. Dazu gehört neben der Aufstellung einer Fragenliste die Zusammenfassung der Bewerberunterlagen. Wichtige Aussagen können auf einem Formblatt konzentriert gesammelt werden. Darüberhinaus sollten eine Stellen-/ Funktionsbeschreibung und ein Anforderungsprofil zur Verfügung stehen. Falls derartige Instrumente grundsätzlich nicht vorhanden sind, genügt es auch, die wichtigsten Informationen formlos festzuhalten. Einerseits liegt es im Interesse des Bewerbers, wenn er das zukünftige Aufgabenbild kennt, andererseits gibt ein Anforderungsprofil Aufschluß über die Eignung des Bewerbers.

Einige Tips für die Gesprächsführung:

- Stellen Sie eine angenehme Gesprächsatmosphäre her. Vermeiden Sie Störungen – dies gilt auch für Telefonanrufe.
- Stellen Sie so viele Fragen wie möglich. Nur so erhalten Sie die Informationen, die Sie für die Entscheidungsfindung brauchen.

- Wenn ein eher zurückhaltender Bewerber in Redeschwung kommt, lassen Sie ihn erst einmal reden. Stellen Sie dann nur solche Fragen, die den Bewerber veranlassen, deutlicher zu werden und sich exakter auszudrücken.
- Notieren Sie sich sofort nach dem Gespräch Stichworte (nur in Ausnahmefällen während des Gesprächs). Dadurch wissen Sie auch nach mehreren Gesprächen noch, welche Person sich im Gespräch wie dargestellt hat, und haben eine Entscheidungshilfe.
- Bei jeder Antwort des Bewerbers sind psychologische Momente wichtig. Bewerten Sie Nebensächlichkeiten aber nicht zu hoch. Psychologisieren Sie nicht.
- Der Einstellende leitet das Gespräch (mit Fragen). Wenn Sie wenig Übung in Gesprächsführung haben, sollten Sie eine Gesprächsgliederung vorbereiten.
- Versuchen Sie, den Bewerber schon beim ersten Gespräch mindestens einer weiteren Person in Ihrem Unternehmen vorzustellen. Tauschen Sie nach den Gesprächen mit dem zweiten Gesprächspartner Ihre Eindrücke über den Bewerber aus.

3.11.4.2. Interviewleitfaden – Kurzform

Beispiel zum Interviewgespräch für die Position eines Bereichsleiters mit Kundenberatungstätigkeit

Interview-Leitfaden

Name des Bewerbers:　　　　　　Adresse:
Bewerbung als:

　　　　　　　　　　　　　　　Telefon:
　　　　　　　　　　　　　　　Alter:
Bewerungsunterlagen vollständig: ja
　　　　　　　　　　　nein – Begründung:

Führerscheinklassen:
Verheiratet:
Kinder:
Besondere Krankheiten:

Berufserfahrung als:

Bisherige Berufsausbildung:

Interviewfragen

Warum haben Sie sich bei uns beworben?

Welche beruflichen Ziele haben Sie in der Vergangenheit angestrebt?

Sind Ihnen in der letzten Zeit Fehler bei der Arbeit unterlaufen?

Welche Fachzeitschriften zu Ihrem bisherigen Tätigkeitsbereich lesen Sie regelmäßig?

Was hat Ihnen bei der bisherigen Berufsausbildung gefallen/nicht gefallen?

Gehören Sie privaten Vereinen, Organisationen oder dergleichen an?

Welchen Stellenwert nehmen für Sie Familie, Beruf und Erfolg ein?

Wie verhalten Sie sich, wenn Sie neue Menschen kennenlernen?

Was bereitet Ihnen generell Spaß im Beruf?

Wie gut können Sie sich in Gesprächen durchsetzen?

Welche besonderen Tätigkeiten müßte Ihrer Meinung nach ein Verkaufsberater beherrschen?

Welche Schwächen haben Sie bezüglich dieses Anforderungsbilds?

Wie groß ist Ihre Verkaufserfahrung?

Was bedeutet für Sie »Verkaufspsychologie – Verkaufstechnik«?

Wie gehen Sie bei einer Kundenreklamation vor?

Würden Sie sich als Job-Hopper bezeichnen?

Weshalb glauben Sie, für uns der richtige Mitarbeiter zu sein?

Wie gut können Sie das in diesem Gespräch gesagte schriftlich belegen?

Was befriedigt Sie im Leben?

Zusatzfragen zum Thema »Führung«

Was bedeutet für Sie »Führung«?

Welches sind Ihre speziellen Führungserfahrungen?

Was haben Sie weniger gut bewältigt – Motto: »Keiner ist vollkommen«

Welche Bedeutung hat für Sie der Begriff »Ziel- und Ergebnisorientierung«?

Welche Grenzen müssen Mitarbeitern gesetzt werden?

Wann befördern Sie am liebsten einen Mitarbeiter?

Von welchen Führungssituationen wünschen Sie, daß sie nicht eintreten?

Welche Erfahrungen haben Sie bisher mit Mitarbeiterbeurteilungsgesprächen gemacht?

Anforderungsprofil

Bewertung der Eigenschaften während des Interviews
(1= negativ, 7= positiv)

Eigenschaften   Bewertung

● Auftreten   1 2 3 4 5 6 7
● Sprachliche Gewandtheit   1 2 3 4 5 6 7
● Outfit   1 2 3 4 5 6 7
● Dialogführung   1 2 3 4 5 6 7
● Fachwissen im Verkauf   1 2 3 4 5 6 7
● Einstellung zum Beruf   1 2 3 4 5 6 7
● Zielorientierung   1 2 3 4 5 6 7
● Initiative   1 2 3 4 5 6 7
● Belastbarkeit   1 2 3 4 5 6 7
● Gesamteindruck   1 2 3 4 5 6 7

Gesamtergebnis:

Datum:

Unterschrift:

3.11.4.3. Fragen-Liste für Bewerbergespräche

1. Berufliches

- Was haben Sie zuletzt beruflich gemacht?
- Welche Gründe sprechen für Ihre berufliche Veränderung?
- Wie sieht Ihr bisheriger beruflicher Werdegang aus?
- Welche beruflichen Ziele haben Sie in der Vergangenheit angestrebt?
- Welchen Vorteil erhofften Sie sich vom letzten Stellenwechsel?
- Wie haben sich Ihre Erwartungen im bisherigen Job erfüllt?
- Wie häufig haben Sie Ihren Job gewechselt?
- Was brachten Ihnen insgesamt gesehen diese Stellenwechsel?
- Sie sagen, daß es Ihnen derzeit beruflich gut geht; warum interessieren Sie sich dann für diese Position?
- Wie sieht Ihr Arbeitstag aus?
- Inwieweit hatten/haben Sie mit Kollegen zusammengearbeitet?
- Sind Ihnen in der letzten Zeit Fehler bei der Arbeit unterlaufen? Erzählen Sie mir darüber?
- Wie verteilen sich bei Ihnen persönliche Stärken und Schwächen im Job?
- Wie selbständig konnten Sie bisher arbeiten?
- Sind Ihre Kollegen dem Chef gegenüber positiv eingestellt?
- Welche Schulungen haben Sie bisher besucht?
- Was waren die wesentlichsten Inhalte der Seminare?
- Wenn keine Schulungen – Wären Sie zu Schulungen bereit?
- Auch außerhalb der Dienstzeit?
- Welche Fachzeitschriften lesen Sie regelmäßig?
- Welche Themen interessieren Sie besonders?
- Welche Kollegen/Kunden/Vorgesetzten sind Ihnen am angenehmsten?
- Wie sehen Ihre beruflichen Ziele für die nächsten drei bis fünf Jahre aus?
- Was waren bisher Ihre beruflich größten Erfolge/Mißerfolge?
- Was haben Sie zuletzt verdient?
- Wie zufrieden waren Sie mit dem Verdienst?
- Welchen Verdienst erwarten Sie sich im neuen Job?
- Welche Fragen haben Sie zur vakanten Position?
- Was können Sie sich eigentlich unter dieser neuen Aufgabe vorstellen?
- Wie stellen Sie sich das Weiterkommen im neuen Unternehmen vor?
- Was wissen Sie über unseren Betrieb?
- Wo, glauben Sie, liegen zukünftige Möglichkeiten in unserer Branche?
- Wie müßte der neue Job gestaltet sein, damit Sie bei der Arbeit Spaß haben?

2. Ausbildung

- Welche Lieblingsfächer hatten Sie in der Schule?
- Welche Ausbildungsstufen haben Sie absolviert?
- Welche zusätzlichen Ausbildungen, Seminare, Kurse haben Sie absolviert?
- Was war der erste Berufswunsch nach der Schule?
- Sind Sie froh, keine Schule mehr besuchen zu müssen?
- Wie haben Sie Ihre Studienzeit gesehen?
- Was hat Ihnen gefallen/nicht gefallen?
- Welche Ausbildungsschwerpunkte streben Sie bei der neuen Tätigkeit an?
- Was möchten Sie beruflich können?

3. Persönliches und Privates

- Wie sieht Ihr privater Hintergrund aus?
- Welche ehrenamtlichen Tätigkeiten üben Sie aus?
- Gehören Sie privaten Vereinen, Organisationen oder dergleichen an?
- Sie sagen, Sie sind verheiratet, ledig, geschieden?
- Führen Sie eine Lebensgemeinschaft?
- Wie verbringen Sie Ihre Freizeit?
- Welchen Stellenwert nehmen für Sie Familie, Beruf und Freizeit ein?
- Welche menschlichen Fehler sind für Sie unentschuldbar?
- Teilen Sie zu Hause Aufgaben/Rollen mit Ihrem Lebensgefährten?
- Wie sieht Ihr Partner Ihren Beruf?
- Wie möchten Sie als Mitarbeiter geführt werden?
- Was bedeutet für Sie »führen«?
- Welche Erfahrungen haben Sie diesbezüglich bereits gemacht?
- Wie reagieren Sie, wenn jemand Ihre Leistungen kritisiert?
- Welche Ideale haben Sie?

4. Fähigkeiten

Anpassung

- Wie rasch, glauben Sie, werden Sie sich in unserem Unternehmen einarbeiten können?
- In welchen Situationen fühlen Sie sich unsicher?
- Wie verhalten Sie sich bei der Begegnung mit neuen Mitarbeitern/Kollegen?

- Widersprechen Sie Ihrem Chef, wenn Sie nicht einer Meinung mit ihm sind?
- Was machen Sie, wenn Sie jemand, den Sie nicht kennen, unvermutet anspricht?
- Ich kann mir vorstellen, daß Ihnen meine Fragen unangenehm sind. Gehen Sie Ihnen eigentlich auf die Nerven?
- Was tun Sie, wenn ein Kunde/Kollege partout nicht Ihrer Meinung ist?

Durchsetzungsfähigkeit

- Fühlen Sie sich Ihren Kollegen über- oder unterlegen?
- Was haben Sie gemacht, um rasch zu Erfolg zu kommen?
- Wie kommt man überhaupt am raschesten zu Erfolg?
- Gelingt es Ihnen, gerechtfertigte Ansprüche bei Ihrem Chef durchzusetzen?
- Hat Sie Ihr Chef schon einmal ungerecht behandelt?
- Wie reagieren Sie darauf?
- Was tun Sie, um mit unangenehmen Leuten/Kunden/Kollegen/Vorgesetzten fertig zu werden?
- Zählen Sie sich zu den diplomatischen Menschen, oder halten Sie sich eher für direkt?

Kontaktfähigkeit

- Kommen Sie mit fremden/uninteressanten Menschen leicht ins Gespräch?
- Haben Sie schon einmal eine Ansprache gehalten? Würden Sie sich eine solche zutrauen?
- Wählen Sie Ihren Bekanntenkreis sorgfältig aus, oder haben Sie lieber viele zwanglose Kontakte?
- Können Sie sich bei Mitmenschen beliebt machen? Kann auch leicht das Gegenteil passieren?
- Was bedeutet für Sie Kontaktfähigkeit?
- Wieviel Ihrer privaten Zeit verbringen Sie in gesellschaftlicher Tätigkeit?
- Arbeiten Sie lieber alleine an einer Sache, oder bevorzugen Sie die Teilnahme an einer Gruppenarbeit?

Leistungsfähigkeit

- Wieviele Stunden am Tag arbeiten Sie mit höchstem Einsatz?
- Zu welcher Tageszeit bringen Sie Ihre besten Leistungen?
- Gibt es Augenblicke, in denen Sie lieber nichts tun würden?

- Was macht Ihnen die größten Sorgen bei der Arbeit?
- Arbeiten Sie eher gleichmäßig, oder unterliegen Ihre Leistungen Schwankungen?
- Gibt es Bedingungen, die Sie überfordern würden?
- Ist Ihr Arbeitstempo eher auf rasche Abwicklung und mengenmäßige Leistung ausgerichtet, oder eher auf hochwertige, aber mengenmäßig geringere Leistung?
- Machen Sie Überstunden? Wieviele im Durchschnitt?

Organisationsfähigkeit

- Was bedeutet für Sie Arbeitstechnik/Zeitmanagement?
- Was verstehen Sie unter Delegation/Aufgabenübernahme?
- Nach welchen Aspekten ordnen Sie Ihre Arbeit?
- Merken Sie sich immer, wohin Sie etwas gelegt haben?
- Wie kann man Ihrer Meinung nach einen Arbeitsplatz rationalisieren?
- Wie kann man sich eine gute Organisation aneignen?
- Warum, glauben Sie, sind so viele Unternehmen schlecht organisiert?
- Arbeiten Sie systematisch, oder vertrauen Sie Ihrer Improvisationskunst?

Teamarbeit

- Welche Bedeutung hat für Sie Teamarbeit?
- Sollte nicht jeder danach trachten, bei seiner Arbeit alleine durchzukommen?
- Worauf führen Sie die Beliebtheit mancher Kollegen zurück?
- Welche Voraussetzungen sind für eine gute Teamarbeit notwendig?
- Welcher Typ ist Ihnen besonders sympathisch?
- Welcher Typ geht Ihnen besonders auf die Nerven?
- Treffen Sie sich auch privat mit Ihren Kollegen?
- Sind Sie schon einmal für einen benachteiligten Kollegen eingetreten?

Einsatzbereitschaft

- Was bedeutet für Sie Einsatzbereitschaft?
- Gibt es Streber in Ihrem Unternehmen? Was halten Sie von diesen?
- Beschäftigen Sie sich auch in der Freizeit mit beruflichen Problemen?
- Wo liegen Ihre Grenzen für persönlichen Arbeitseinsatz?
- Für wie sinnvoll halten Sie unseren heutigen Arbeitsdruck bzw. unser Arbeitstempo?
- Steht Ihr Einkommen/Gehalt im richtigen Verhältnis zu Ihrem Arbeitseinsatz?

- Sind Sie fleißiger als Ihre Kollegen?
- Wie stehen Sie zur Teilnahme an Weiterbildungskursen am Wochenende, um keine Arbeitszeit zu verlieren?
- Unter welchen Umständen halten Sie die Beschäftigung mit beruflichen Problemen außerhalb der normalen Arbeitszeit für gerechtfertigt?

Initiative

- Was heißt für Sie »initiativ sein«?
- Würden Sie sich selbständig machen?
- Konnten Sie neue, bessere Methoden in Ihrem Unternehmen verwirklichen?
- Wie sind Sie mit Widerständen zurechtgekommen?
- Welche Pläne/Ideen haben Sie schon verwirklichen können?
- Was tun Sie, um im Unternehmen positiv aufzufallen?
- Inwieweit haben Sie Ihre berufliche Entwicklung vorausgeplant?
- Gelingt es Ihnen, nach eigenen Vorstellungen zu handeln?
- Wie hartnäckig vertreten Sie einen Standpunkt, von dem Sie überzeugt sind?

Loyalität

- Was bedeutet für Sie generell »Loyalität«?
- Unter welchen Umständen suchen Sie sich einen neuen Job?
- Worin identifizieren Sie sich mit Ihrem Unternehmen?
- Fühlen Sie sich mehr an Ihre Kollegen oder an das Unternehmen gebunden?
- Fühlen Sie sich Kollegen gegenüber moralisch verpflichtet?
- Wenn Ihre Firma in eine Krise gerät, wie sehr sollte sie dann auf ihre Mitarbeiter Rücksicht nehmen?
- Wodurch zeichnet sich ein zuverlässiger Mitarbeiter aus?
- Welchen Stellenwert hat für Sie Firmentreue?

Verantwortungsbereitschaft

- Was bedeutet es für Sie, Verantwortung zu übernehmen?
- Von welchen Überlegungen lassen Sie sich leiten, wenn Sie eine schwierige/riskante Aufgabe übernehmen?
- Wie verantworten Sie Risiken?
- Übernehmen Sie gerne ein Risiko?
- Trauen Sie sich zu, Mitarbeiter zu führen?
- Welche Verantwortung tragen Sie dabei?

- Wie verhalten Sie sich, wenn Sie einen folgenschweren Fehler gemacht haben?
- Wer in Ihrer Gruppe übernimmt am liebsten Verantwortung?
- Welchem Mitmenschen/Kollegen würden Sie Verantwortung übertragen?

Streßfragen

- Was bedeutet für Sie Streß?
- Weshalb glauben Sie, für uns der richtige Mitarbeiter zu sein?
- Haben Sie sich diesen Schritt gut überlegt?
- Würden Sie sich als Job-Hopper bezeichnen?
- Können Sie das Gesagte auch belegen?
- Können Sie mich davon überzeugen, für diese Tätigkeit geeignet zu sein?
- Was haben Sie aus Ihren Fehlern gelernt?
- Was befriedigt Sie im Leben?
- Ist es ratsam, eine sichere Stellung aufzugeben?
- Stufen Sie sich als schwierigen oder einfachen Mitarbeiter ein?
- Welche Leitbilder haben Sie?
- Sie haben oft Ihre Stellung gewechselt. Welche Garantie geben Sie uns, in unserer Firma länger zu bleiben?
- Sind Sie von sich eingenommen?
- Bezeichnen Sie sich eher als nüchtern oder als phantasiebegabt?
- Wovor haben Sie im Leben Angst?
- Wir haben viele Bewerber; aus welchen Gründen sollte sich unsere Firma für Sie entscheiden?
- Bisher haben Sie mich überhaupt nicht überzeugen können; glauben Sie, es noch zu können?

Verkaufsmitarbeiter

- Was verstehen Sie unter Verkaufspsychologie/-technik?
- Wie haben Sie bisher verkauft?
- Wie behandeln Sie einen Kunden, wenn er reklamiert?
- Was beinhaltet eine Produktnutzenargumentation?
- Wie sehen Sie ein Preisverhandlungsgespräch?
- Wie sprechen Sie einen Kunden an – was berücksichtigen Sie dabei alles?
- Welchem Anforderungsprofil entspricht Ihrer Meinung nach ein erfolgreicher Verkäufer?
- Wie verkraften Sie Enttäuschungen, wenn ein Kunde nicht kauft?
- Wie gehen Sie bei der Neukundengewinnung vor?

- Welche Maßnahmen setzen Sie, um ein unbekanntes Produkt zu verkaufen?
- Wie groß war Ihr letzter Kundenkreis?
- Wie hat dieser Kundenkreis ausgesehen?
- Kaufen Sie die Produkte, die Sie verkaufen, auch selber?
- Sind Sie auch bereit, in Ihrem Bekanntenkreis unsere Produkte zu verkaufen?
- Wie sieht Ihre Verkaufsausbildung aus?
- Auf welchen Gebieten möchten Sie sich weiterbilden?
- Was bedeutet für Sie Marketing?
- Welche Erfahrung haben Sie mit PC-Einsatz im Verkauf gemacht?
- Wie planen Sie Ihre Verkaufstätigkeit?

Führungswissen

- Wie denken Sie über die verschiedenen Führungsstile?
- Wie sieht für Sie eine erfolgreiche Führungskraft aus?
- Was gehört alles zum Führen?
- Wenn Sie »Coaching« hören, was fällt Ihnen dazu spontan ein?
- Welche Führungsmethoden sind Ihnen bekannt?
- Wie führen Sie ein Mitarbeitergespräch?
- Welche Themen beinhaltet ein Mitarbeiterbeurteilungsgespräch?
- Wie delegieren Sie eine Aufgabe?
- Wie können Sie Ihre Mitarbeiter motivieren?
- Welche Erfahrungen haben Sie diesbezüglich gesammelt?
- Was bedeuten für ein Unternehmen »Führungsgrundsätze«?
- Wie sehen Sie die Vorgesetztenbeurteilung?
- Was machen Sie mit Alkoholikern in Ihrem Team?
- Wie sieht bei Ihnen das Entwicklungsgespräch mit einem Mitarbeiter aus?

3.11.5. Assessment-Center zur Personalauswahl

3.11.5.1. Gruppengespräche unter Verwendung der Assessment-Center-Technik

Es gibt viele Legenden über Assessment-Center, z. B. daß sie aus den USA kommen oder daß sie neue, ganz raffinierte Testverfahren seien. Viele dieser Legenden sind falsch.

Die Assessment-Center-Technik erschien in der wissenschaftlichen Literatur erstmals in den 30er Jahren. Der Persönlichkeitsforscher Murray kombinierte psychologische und situative Tests, um zu Aussagen über bestimmte Persönlichkeitsmerkmale zu kommen. Dieses Verfahren wurde Assessment Center (to assess = einschätzen, bewerten, beurteilen) genannt.

Mittlerweile gibt es viele Unternehmen, die Erfahrungen mit der AC-Technik gemacht haben. Der besondere Vorteil des AC liegt in seiner methodischen Vielfalt. Die AC-Technik hat sich durchgesetzt, weil es kein anderes Verfahren gibt, das in Verbindung mit Interviews und biografischen Daten ähnlich treffsichere Prognosen möglich macht. Das Assessment Center hat laut wissenschaftlichen Untersuchungen die höchste Aussagenvalidität und gilt als das prognosegenaueste Instrument der Personalarbeit.

Die Personalauswahl mittels Assessment-Center beruht auf folgendem Vorgehen:
– Vorauswahl der Teilnehmer nach den üblichen Kriterien (Bewerbungsunterlagen, Interview …)
– Situations-Tests mit klaren Erfolgskriterien und einem standardisierten Verhaltensmaßstab, den Beobachter anwenden können
– Zur Objektivierung des Gesehenen sind mehrere Beobachter anwesend

Das typische Assessment Center zur Personalauswahl beinhaltet drei wesentliche Komponenten: die Anforderungsbezogenheit, die Verhaltensorientierung und die Mehrfachbeobachtung.

● Anforderungsbezogenheit
Eignung läßt sich nur durch das »geeignet wofür« ausdrücken. Je genauer dies beschrieben ist, desto genauer sind die möglichen Eignungsaussagen. Der Beobachtung im Gruppengespräch liegen Anforderungsdimensionen zugrunde, die im Rahmen eines spezifischen Beobachter-Trainings systematisch erläutert werden.

● Verhaltensorientierung
Der direkteste Weg, um das Entwicklungspotential festzustellen, ist die
Beobachtung des Verhaltens. Deshalb werden Übungen eingesetzt, bei
denen Verhalten beobachtet werden kann. In den Übungen werden wesentliche Elemente aus der Praxis simuliert. Beobachtet wird ausschließlich das Verhalten der Teilnehmer in Gruppenarbeiten, Gesprächen, Einzelarbeiten und Präsentationen.

● Mehrfachbeobachtung
Bei der Beobachtung von Menschen durch Menschen können Fehler
auftreten, die teilweise in der Qualität des Verfahrens begründet, teilweise bei den Beobachtern selbst zu suchen sind. Solche Fehlerquellen
sind z. B. die Beeinflussung der Beobachtung durch Sympathie und Antipathie, die Tendenz, zu milde oder zu streng zu urteilen, Uneinigkeit
über die Bedeutung der zu beurteilenden Fähigkeiten usw.
Individuelle Beobachtungen und Beurteilungen sind immer subjektiv.
Beobachten mehrere Personen parallel, kommt ein objektiveres Bild zu-
stande. Alle Beobachter haben die gleiche Informationsbasis, da jeder
von ihnen jeden Teilnehmer in mehreren Übungen beobachten kann.
Die individuellen Beobachtungen werden systematisch zusammengetragen, erörtert, ausgewertet und für die Entscheidungsfindung aufbereitet.
Grundprinzip ist, daß Beobachtung und Beurteilung getrennt vonein-
ander vorgenommen werden. Beobachtet wird ausschließlich auf der
Verhaltensebene, d. h., entscheidend ist nur das, was gesehen wurde.
Die Beobachtung umfaßt das gesamte verbale und nonverbale Verhalten
der Bewerber. Damit die Qualität der Beobachtung nicht durch voreilige
Bewertungen beeinträchtigt wird, ist es erforderlich, daß alle Beobachter
eingehend geschult und auf ihre Beobachterrolle vorbereitet werden.

Im Beobachter-Training lernen die Beobachter, die aus dem Management
des Unternehmens kommen, die Systematik und Logistik des Assessment
Centers kennen und anwenden. Nach dem Training sprechen die Beobachter dieselbe Sprache, d. h.:

– sie kennen das Anforderungsprofil
– sie kennen das Beobachtungsverfahren
– sie konzentrieren sich auf beobachtbare Fakten
– sie kennen das Bewertungssystem

Der zeitliche Ablauf eines Assessment-Centers, das im Rahmen der Personalauswahl in der Regel einen Tag dauern wird, sieht folgendermaßen aus:

1. Teilnehmer-Information und Einladung
2. Beobachter-Einweisung
3. Logistische Vorbereitung
4. Durchführen des Assessment Centers
   – Einstimmung der Beobachter
   – Anwärmphase für die Teilnehmer
   – Übungen für die Teilnehmer
   – Abschluß für die Teilnehmer
   – Beobachter-Konferenz
5. Entscheidung für einen/mehrere Bewerber

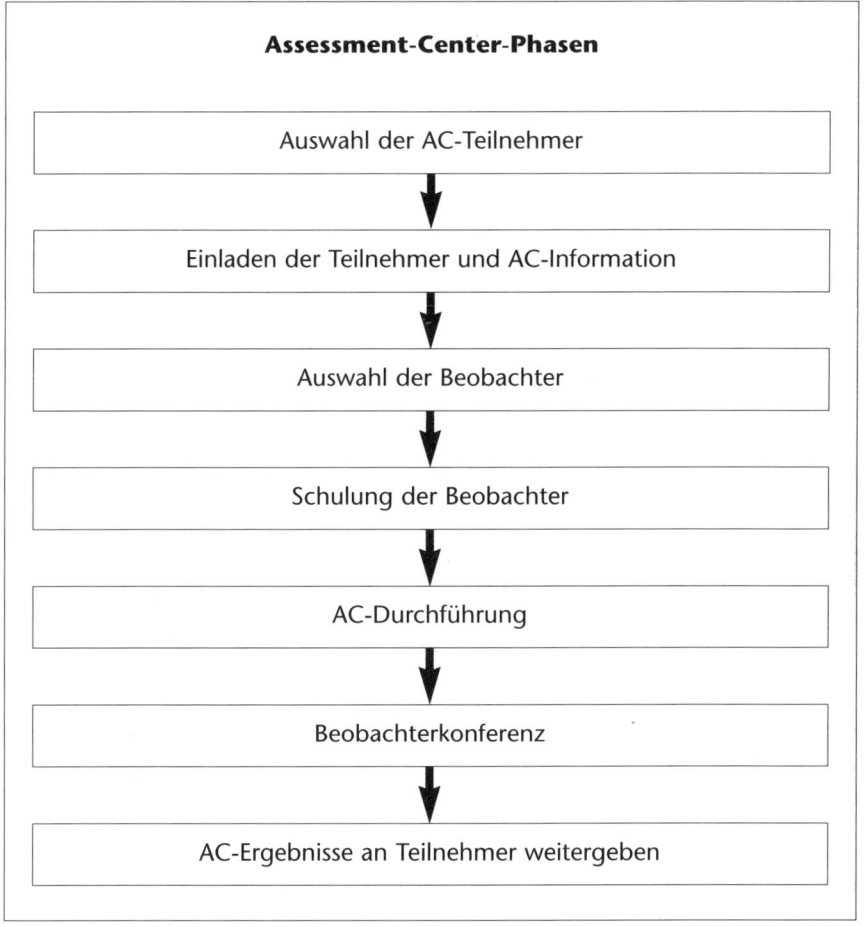

Assessment-Center-Phasen

Auswahl der AC-Teilnehmer

Einladen der Teilnehmer und AC-Information

Auswahl der Beobachter

Schulung der Beobachter

AC-Durchführung

Beobachterkonferenz

AC-Ergebnisse an Teilnehmer weitergeben

Im Assessment Center hat jeder Bewerber die gleiche Chance zu zeigen, inwieweit er die definierten Anforderungen erfüllen kann. Alle Bewerber absolvieren die selben Übungen. Die Erfahrung zeigt auch, daß das Assessment Center von den Teilnehmern als fair und positiv empfunden wird. Den Bewerbern wird bei einem gut durchgeführten Assessment Center ein positives Bild des Unternehmens vermittelt.

3.11.5.2. Grundsätze der Personalauswahl mittels Assessment Center

- Die optimale Anzahl der Assessment-Center-Teilnehmer ist 8 bis maximal 12. Wird diese Zahl überschritten, muß die Teilnehmergruppe gesplittet werden, was zu einem organisatorischen Mehraufwand führt.
- Das Assessment-Center-Team besteht aus:
  - einem AC-Leiter, der als erfahrener Moderator die Veranstaltung lenkt und die Beobachter-Konferenz leitet. Er ist für den Erfolg des ACs verantwortlich.
  - einem AC-Betreuer, der den Moderator administrativ unterstützt und die Beobachter betreut.
  - 2 bis 4 Beobachter, die auf ihre spezielle Beobachterrolle vorbereitet wurden und bereit sind, Verantwortung zu tragen.
- Es gilt die Faustregel: 1 Beobachter für 2 Teilnehmer; der Moderator kann auch als Beobachter fungieren.
- Die einzelnen Übungen beinhalten Themen aus der jeweiligen Praxis der Teilnehmer und aus dem zukünftigen Aufgabenfeld. Beobachtet wird das Verhalten der Teilnehmer in den einzelnen Übungen: Einzelarbeiten, Präsentationen, Gruppendiskussionen, Gespräche und Selbsteinschätzungs-Übungen.
- Alle Anforderungs- und Beobachtungskriterien sind operational in Form von Verhaltensleistungen formuliert. Die Beobachter werden über unterschiedliche Beobachtungs-Bögen zu qualifizierten Bewertungen geführt.
- Das Bewertungssystem kann z. B. vierstufig sein. Dabei wird positives Verhalten im Sinne von »Anforderungskriterien sind erfüllt« belohnt. Die Konzentration auf positive Verhaltensleistungen erhöht die valide Unterscheidung von guten Bewerbern und dient dem Zweck der Bestenauslese.
- Die Endbeurteilung findet in der Beobachter-Konferenz statt. Ziel ist eine möglichst einstimmige Empfehlung für einen Bewerber. Die Diskussion wird vom AC-Leiter moderiert.

Beispiel: Bewertungsbogen: Einzelpräsentation

Beobachter: _____   Teilnehmer: _____

Bitte beurteilen Sie die Teilnehmer anhand der Skala

1 = trifft kaum/selten zu   2 = trifft ansatzweise zu   3 = trifft zu   4 = trifft vollkommen zu
bezogen auf die nachfolgenden Kriterien und tragen Sie Ihre Bewertung in der jeweiligen Spalte ein.

Äußeres Erscheinungsbild
- Er/sie wirkt als Persönlichkeit   1   2   3   4

Sprachliche Gewandtheit
- Er/sie drückt sich verständlich aus   1   2   3   4
- Umfang und Inhalt der Aussage stimmen bei ihm/ihr überein   1   2   3   4
- Er/sie formuliert klar und präzise   1   2   3   4

Selbstsicheres Auftreten
- Er/sie tritt bestimmt auf   1   2   3   4

Inhalt der Präsentation
- Er/sie zeigt umfangreiches fachliches Know-how   1   2   3   4

Medieneinsatz
- Er/sie setzt Visualisierungshilfen (Overhead, Flip Chart usw.) geschickt ein   1   2   3   4

Aufbau der Präsentation
- Er/sie schafft einen guten Einstieg   1   2   3   4
- Bei ihm/ihr ist ein roter Faden erkennbar   1   2   3   4

Motivation der Zuhörer
- Er/sie schafft Aufmerksamkeit bei den Zuhörern   1   2   3   4
- Er/sie schließt mit einem Appell   1   2   3   4

Zeitmanagement
- Er/sie hält die vorgegebene Zeit ein   1   2   3   4

Identifikation
- Er/sie bringt eigene Erkenntnisse und Erfahrungen ein   1   2   3   4
- Er/sie steht voll hinter dem Thema   1   2   3   4

Summe: _____

Durchschnitt: _____

Sonstige Bemerkungen
zum Teilnehmer: _____

3.11.5.3. Beispiel: Spezifisches Anforderungsprofil für hausinterne Trainer

1 = kaum/selten gefordert
2 = gelegentlich/ansatzweise gefordert
3 = gefordert
4 = sehr häufig/stark gefordert

Kriterium

Kriterium	1	2	3	4
Selbstsicherheit/Selbstvertrauen	1	2	3	4
Sprachliche Gewandtheit	1	2	3	4
Lern-, Umstellungsfähigkeit	1	2	3	4
Kontaktfähigkeit	1	2	3	4
Belastbarkeit, Beharrlichkeit	1	2	3	4
Offenheit, Ehrlichkeit	1	2	3	4
Präsentationen halten	1	2	3	4
Weiterbewegen von Gruppen	1	2	3	4
Planen, Organisieren	1	2	3	4
Verhandlungsgeschick, Durchsetzungsvermögen	1	2	3	4
Initiative ergreifen	1	2	3	4

3.11.5.4. Beispiel: AC-Ergebnisblatt

Teilnehmer: Datum:

Übungen	Bewertung	Durchschnittliches Ergebnis:
Präsentation	*1,9*	*1,5*
Befragung	*1,7*	
Zweiergespräch	—	
Postkorb	*1,0*	
Tagesplanung	*2,0*	
Planungsaufgabe	*1,0*	
Teamarbeit I	*1,1*	
Teamarbeit II	*1,2*	
Feedback-Runde	*1,9*	

Anforderungsprofil

Kriterien	Profil-Soll	Ergebnis	Bemerkungen
Selbstsicherheit	*3*	*2*	
Sprachliche Gewandtheit	*3*	*1,5*	
Lern-/Umstellungsfähigkeit	*3*	*1,5*	
Kontaktfähigkeit	*3*	*1*	
Belastbarkeit	*3*	*2*	
Offenheit, Ehrlichkeit	*2*	*1,5*	
Präsentationen halten	*3*	*2*	
Weiterbewegen von Gruppen	*2*	*1*	
Planen/Organisieren	*2*	*1,5*	
Verhandlungsgeschick	*2*	*1*	
Initiative	*3*	*1*	

Fördermaßnahmen

Persönlichkeitsbildendes Seminar
Gespräch mit Vorgesetzten
Trainerausbildung
wöchentlich ca. 2 Stunden persönliche Weiterbildung

Offene Fragen:

Unterschrift 1   Unterschrift 2
(Feedback-Gespräch geführt)   (Ergebnis einverstanden)

3.12. Betriebliches Vorschlagswesen

3.12.1. Grundlagen

In Ergänzung zum Qualitätsmanagement (Abschnitt 3.7) sei noch das betriebliche Vorschlagswesen angeführt.
Ziel des betrieblichen Vorschlagswesens ist es, die Mitarbeiter in Entscheidungen rund um den täglichen Arbeitsprozeß einzubeziehen. Der Mitarbeiter kann durch seine Initiative mithelfen,

– die Kosten zu senken,
– die Qualität und Wettbewerbsfähigkeit der Produkte zu steigern,
– Arbeitsmethoden zu vereinfachen und
– Arbeitsplätze zu verbessern.

Das betriebliche Vorschlagswesen strebt an, daß möglichst viele Mitarbeiter verantwortlich mitdenken und handeln. Es dient nicht nur der Innovationsförderung, sondern ist auch ein wirkungsvolles Führungsinstrument. Moderne Führungskonzepte zielen auf eine Erweiterung des Handlungs- und Entscheidungsspielraums der Mitarbeiter und auf ihre stärkere Beteiligung an der Lösung betrieblicher Aufgaben ab. Das betriebliche Vorschlagswesen erfüllt diese Kriterien.
Das klassische zentrale Vorschlagswesen funktioniert folgendermaßen:
– Der Mitarbeiter verwendet, um seine Idee zu Papier zu bringen, die dafür vorgesehenen Vorschlagsformulare, die im Unternehmen aufliegen und für jedermann zugänglich sind;
– das ausgefüllt Formular geht dann an das zentrale Vorschlagswesen;
– hier erfolgt die Registrierung des Vorschlags und die Festlegung des zuständigen Prüfbereichs für die fachliche Bewertung des Vorschlags;
– der Vorschlag wird dem Prüfer im Fachbereich (Meister, Planer, Projektingenieur usw.) vorgelegt;
– nach der Bewertung geht der Vorschlag zurück an das Vorschlagswesen;
– der Einsender des Vorschlags erfährt nun von der Annahme oder Ablehnung seiner Idee;
– erkennt der Absender eine Ablehnung nicht an, dann kann er reklamieren und die Verfahrensweise noch einmal in Gang setzen;
– entsprechend einem grundsätzlich festgelegten Prämiensystem erhält der Einsender eine Prämie für seinen Vorschlag, deren Höhe von vordefinierten Kriterien abhängig ist.

Diese Vorgangsweise ist insofern mangelhaft, als es oft sehr lange dauert, bis ein Vorschlag bewertet und durchgeführt wird. Es fehlt auch meist die

Kommunikation mit dem einsendenden Mitarbeiter. Es wäre daher besser, das Vorschlagswesen dezentraler zu organisieren. Vorschläge, die den eigenen Arbeitsbereich betreffen, werden vor Ort behandelt. Der Mitarbeiter bespricht seine Idee mit dem Vorgesetzten; gemeinsam wird der Vorschlag bewertet und umgesetzt, wenn er für gut befunden wurde. In diesem Fall hat der Vorgesetzte auch den Handlungsspielraum, die Prämie für nicht meßbare Vorschläge entsprechend bestehender Rahmenbedingungen festzusetzen und diese zusammen mit der Idee dem Vorschlagswesen mitzuteilen. Prämie und Prämienanspruch werden dort überprüft.

Ein dezentrales System setzt voraus, daß Vorgesetzte einen Vorschlag des Mitarbeiters nicht als lästige Kritik betrachten, was in der Praxis leider oft der Fall ist. Vorgesetzte müssen lernen, das Vorschlagswesen als Motivationsinstrument zu nutzen, als eine Möglichkeit, mit Hilfe des Teams optimale Bedingungen im Arbeitsumfeld zu schaffen.

3.12.2. Formular »Verbesserungsvorschlag«

Verbesserungsvorschlag

Verbesserungsvorschlag Nr.

Eingang

Betrifft:

Beschreibung des Vorschlags:

Name, Vorname: Personal-Nr.

Bereich, Abteilung: Datum:

Private Wohnadresse, falls Vorschlag anonym behandelt werden soll:

Wünschen Sie statt einer schriftlichen Antwort ein Gespräch mit dem zuständigen Manager?

Ja
Nein

3.13. Fluktuation im Team

3.13.1. Grundlagen

Fluktuation heißt, daß der Mitarbeiterstand eines Unternehmens/einer Abteilung durch weggehende und hinzukommende Mitarbeiter laufend verändert wird.

Man unterscheidet zwischen

● natürlicher Fluktuation:
  – Mitarbeiter geht in den Ruhestand
  – Tod eines Mitarbeiters
  – Ausfall eines Mitarbeiters durch schweren Unfall
  – Mitarbeiterinnen kehren nach der Karenzzeit nicht in das Unternehmen zurück

und

● gefährlicher Fluktuation:
  – Mitarbeiter wechseln aus eigenem Antrieb und aus verschiedensten Gründen das Unternehmen.

Die Fluktuation sollte nicht mehr als 3 bis 5% ausmachen, gerechnet auf die Gesamtbelegschaft des Unternehmens. Liegt der Wert darüber, so sind die Ursachen des zu zahlreichen Mitarbeiterwechsels zu ergründen und zu beseitigen.

3.13.2. Was führt zu einem Arbeitsplatzwechsel?

Mitarbeiter können aus verschiedensten Gründen »innerlich kündigen«. Diese Phase bedeutet noch nicht, daß der Mitarbeiter das Unternehmen verläßt; er macht vielmehr »Dienst nach Vorschrift«, ist frustriert und wartet auf Verbesserungen, die seiner Unzufriedenheit ein Ende bereiten. Treten diese nicht ein, dann wird die Möglichkeit, daß der Mitarbeiter kündigt, immer wahrscheinlicher. Nachteilig für das Unternehmen ist, daß vor allem gute Mitarbeiter sehr rasch den Arbeitsplatz wechseln, wenn die Umstände im Unternehmen nicht mehr passen. Gute Leute haben es ja nicht schwer, woanders einen – womöglich besseren – Job zu bekommen.

Verhaltenssignale für eine »Innere Kündigung« eines Mitarbeiters sind:

– kein Interesse an Auseinandersetzungen
– zum typischen Ja-Sager geworden
– stets bei der Mehrheit zu finden
– keine Vorschläge, keine Kritik
– wohldosierter, klug verdeckter Konformismus
– Chefentscheidungen werden überhaupt nicht oder nach einer Scheinargumentation nur zustimmend kommentiert
– die Kompetenz wird nicht mehr ausgeschöpft
– Eingriffe in den eigenen Arbeitsbereich werden gelassen hingenommen
– keine Klagen wegen fehlender Information
– Karriere-Interessen versiegen
– zunehmendes Fehlen wegen Krankheit oder Familie
– Zurückhaltung im Auftreten
– versiegender Humor

3.13.3. Fragebogen »Innere Kündigung«

Zur Überprüfung des Ausmaßes an »Innerer Kündigung« in Ihrem Arbeitsbereich kann der folgende Fragebogen verwendet werden. Ist das Ergebnis bedenklich, dann sollten umgehend Maßnahmen gesetzt werden.

Fragebogen »Innere Kündigung«

(1 = sehr schwach, nie; 7 = sehr stark, häufig)

Wie stark ist Ihr Interesse, an Auseinandersetzungen
teilzunehmen, die Ihren Arbeitsbereich betreffen?   1 2 3 4 5 6 7

Neigen Ihre Kollegen(innen) zu einem typischen
Ja-Sager-Verhalten?   1 2 3 4 5 6 7

Wenn es Konflikte in Ihrer Abteilung gibt, sind Sie da
öfter bei der Mehrheit zu finden?   1 2 3 4 5 6 7

Wie kritikfähig schätzen Sie ein:
a) Ihre Abteilung?   1 2 3 4 5 6 7
b) Ihren Vorgesetzten?   1 2 3 4 5 6 7
c) das gesamte Unternehmen?   1 2 3 4 5 6 7

d) sich selbst? 1 2 3 4 5 6 7

Wie häufig werden in Ihrer Abteilung Verbesserungsvorschläge hinsichtlich der Arbeitsabläufe, der
Zusammenarbeit, des Betriebsklimas gemacht? 1 2 3 4 5 6 7

Akzeptieren Sie in der Regel Entscheidungen
Ihres Vorgesetzten? 1 2 3 4 5 6 7

Beklagen sich Ihre Kollegen(innen) öfter über
fehlende Informationen? 1 2 3 4 5 6 7

Wie groß schätzen Sie das Arbeitsinteresse in der
Abteilung ein? 1 2 3 4 5 6 7

Was bedeutet für Sie, »innerlich gekündigt« zu haben?

Was müßte Ihrer Meinung nach geschehen, um die »inneren Kündigungs-
tendenzen« der Mitarbeiter und Führungskräfte abzubauen?

Aktivität	Kurze Begründung

Was macht Ihr Vorgesetzter diesbezüglich falsch?

Wieviel Prozent der Belegschaft haben Ihrer Meinung nach bereits innerlich gekündigt?

Welches sind Ihrer Meinung nach im Unternehmen typische Aussagen zur
»inneren Kündigung«?

Schlußbemerkung

Sie haben nun einen Überblick über die Entwicklungsperspektiven, Führungsaufgaben und Kommunikationsmöglichkeiten einer Führungskraft erhalten. Dieser Überblick sollte Ihnen die Komplexität der Tätigkeit »Führen« anhand praxisbezogener Anregungen und alternativer Verhaltensweisen aufzeigen.

Das optimale Spannungsfeld der Führungskraft zum Mitarbeiter, zum Vorgesetzten, zu Team und Organisation hängt vom sozialen Kontext und der Fähigkeit zur aktiven Kooperation und Kommunikation ab. Führungsverantwortung geht weit über die Verwaltung von Kompetenzen hinaus. Da Führen vor allem mit Menschen zu tun hat, ist Intuition, Einfühlungsvermögen, Offenheit und Ehrlichkeit bei allen Führungshandlungen an die oberste Stelle zu setzen. Reflektieren Sie Ihre eigene Führungstätigkeit anhand der Inhalte des Buches und erkennen Sie Ihren persönlichen Weiterbildungs- und Entwicklungsbedarf. Bei der Auswahl von Führungsseminaren sollten Sie die Seminarziele und -inhalte genau studieren und mit Anregungen dieses Buches vergleichen.

Als Lern- und Informationsunterstützung haben wir ergänzend zum Buch vier Trainingsvideos entwickelt, die folgende Themen beinhalten:

»Management-Training Teil 1« mit dem Titel »Führungsbausteine und Persönlichkeitsentwicklung« behandelt die wesentlichsten Anforderungen und Persönlichkeitsbausteine einer Führungskraft, die in den vier Anforderungsbereichen

- Persönliche Kompetenz
- Soziale bzw. Führungskompetenz
- Methodenkompetenz und
- Fachkompetenz

zusammengefaßt werden.

Das Video »Management-Training Teil 2 – Praktische Führungsfälle zwischen Manager und Mitarbeiter I« beschäftigt sich mit dem Mitarbeitergespräch als wichtigstem Führungsinstrument des Managers. Neben allgemeinen Hinweisen zur Führung von Mitarbeitergesprächen werden die Führungssituationen

● Delegation
● Kritik
● Beurteilung von Mitarbeitern

anhand von Fallbeispielen dargestellt.

Video 3 ist eine Fortsetzung der »Praktischen Führungsfälle zwischen Manager und Mitarbeiter« und bearbeitet die Themen

● Fördergespräch
● Zielvereinbarung
● Gespräche vor und nach Weiterbildungsaktivitäten des Mitarbeiters und ein
● Feedbackgespräch zum Führungsverhalten des Vorgesetzten

anhand praktischer Hinweise und Fallbeispiele.

Video 4 mit dem Titel »Management-Training, Praktische Führungsfälle zwischen Manager und Team« stellt die Zusammenarbeit mit mehreren Mitarbeitern oder anderen Gruppen im Unternehmen dar. Behandelt werden die Teamsituationen:

● Effektive und effiziente Besprechungen durchführen
● Training on the job
● Qualitätszirkel und
● Konfliktmanagement im Team.

Wir geben Ihnen gerne nähere Informationen. Wenden Sie sich an:

G. & R. NEGES GMBH
Team für persönliches Erfolgstraining und Beratung

Taborstraße 11/16
A-1020 Wien

Tel: +43/01/216 19 96
Fax: +43/01/216 54 00

Im Eigenverlag erschienen: Schulungsvideos »Managementtraining Teile 1 bis 4« und »Perfekt telefonieren und faxen«; Broschüre »Professionell ver- kaufen«.

Anhang

Literaturverzeichnis

Kapitel 1:

AG Österreichischer Management Institutionen: Management 96, Perspektiven für die Zukunft
Attems R./A. Holzer: Spitzenleistungen in die Praxis umsetzen, Ueberreuter 1989
Bergen Hans von: New Marketing – Mythos und Zukunft inszenieren, Haufe, 1991
Gomez P./Probst G. J. B.: Vernetztes Denken im Management, Die Orientierung Nr. 89, Schweizerische VB
Harvard Manager 4/88: Führen wie im wilden Westen
Herstatt C.: Vision im Mangement, IO Management Zeitschrift, 6/1991
Hierhold Emil: Sicher präsentieren – wirksam vortragen, Ueberreuter, Wien
Knebel/Schneider: Taschenbuch für Führungsgrundsätze, Sauer, Heidelberg
Kobi J. M./Wüthrich H. A.: Unternehmenskultur verstehen, erfassen und gestalten, Moderne Industrie 1986
Neuberger O.: Das Mitarbeitergespräch, Verlag Goldmann, München 1973
Pines/Aronson/Kafry: Ausgebrannt – vom Überdruß zur Selbstentfaltung, Klett-Cotta, 1989
Rahn H. J.: Führung von Gruppen, Sauer, Heidelberg
Schmidt Götz: Methoden und Techniken der Organisation, Verlag Dr. Götz Schmidt, Gießen 1986
Schott Barbara: Ein Blick verrät oft mehr als tausend Worte, Gablers Magazin 9/90
Seifert J.W.: Visualisieren, Präsentieren, Moderieren, Gabal, Speyer
Stroebe R./Stroebe G.: Führungsstile, Sauer, Heidelberg 1983
Watzlawick/Beavin/Jackson: Menschliche Kommunikation, Huber, Stuttgart 1969
Wegenberger Josef: Praxishandbuch der effizienten Personalsuche, -auswahl und -führung, Weka, Wien 1990

Kapitel 2:

Dausel M.: Vorgesetztenbeurteilung – ein Weg zur Teamentwicklung, IO Management Zeitschrift 5/1992, Zürich
Fischer H.: Mitarbeiterbeurteilung, schwierig aber nötig, IO Management Zeitschrift 3/1990, Zürich
Glasl F.: Konfliktmanagement, Haupt Verlag, Bern/Stuttgart 1990
Leicher Rolf: Wie man Leistungen anerkennt, IO Management Zeitschrift, 12/1987
Reinecke P.: Vorgesetztenbeurteilung, Carl Heymanns Verlag, Köln 1983
Rosenstiel Lutz von: Motivation im Betrieb, Bratt-Institut für Neues Lernen, 1980
Schuhmacher Bernd: Führen durch Beurteilen, Wirtschaftsverlag Langen-Müller/Herbig, 1985
Stiefel R., MAO Briefe 1/1988, 3/1989, 1/1991, St. Gallen
Zoche H. Josef: Konfliktsouveränität, Josef Schmidt Verlag, Bayreuth 1990

Kapitel 3:

Bayerisches Staatsministerium für Arbeit und Sozialordnung: Mitarbeiten – mitdenken!, München 1985

Diehl Rolf: Zirkel: Mitarbeiterforum und Motivation, EKH Heft 12/1988

Fassbind Werner: Aktuelles Handbuch für die optimale Personalführung, Weka Verlag, Zürich 1992

Glasl F.: Konfliktmanagement, Haupt Verlag, Bern/Stuttgart 1990

Gross G. F.: Checklist Kommunikation, Verlag Moderne Industrie, München 1978

Haberda W., Kaniowsky H.: Quality Circle, Schriftenreihe Rationalisieren Nr. 196, WIFI Wien

Hierhold Emil: Sicher präsentieren – wirksam vortragen, Ueberreuter, Wien 1990

Klebert K./Schrader E./Straub W.: Kurzmoderation, Verlag Windmühle, Hamburg 1987

Merz E.: Betriebliches Vorschlagswesen – professionell und wirksam, MI, Landsberg 1988

Namokel Herbert: Die moderierte Besprechung, Namokel & Tosch, Mainz 1988

PERSONAL Nr. 5/90: Betriebliches Vorschlagswesen, Verlag Mensch und Arbeit, München

Röschlau Manfred: RKW-Handbuch Personalplanung, Luchterhand, Frankfurt 1990

Schibalski Bernhard: Konfliktfähigkeit – eine Kulturrevolution im Unternehmen, IO Zeitschrift 4/1991

Stoewer Günter: Motivierungshilfen aus der Praxis, Sauer, Heidelberg 1986

Weiterführende Literatur

Kapitel 1:

Armstrong Michael: Die Geheimnisse erfolgreicher Manager, Ueberreuter, Wien
Artes Ernst: Der Vertriebsleiter, Ueberreuter, Wien
Aveni Anthony: Rhythmen des Lebens, Klett-Cotta, Stuttgart
Bachmann Winfried: Das neue Lernen, Junfermann, Paderborn
Bandler Richard/Grinder John: Neue Wege der Kurzzeit-Therapie, Junfermann, Paderborn
Bennis Warren/Nanus Burt: Führungskräfte, Campus, Frankfurt
Birkenbihl Vera F.: Signale des Körpers, MVG, Landsberg
Blanchard Ken: Die neue Management-Ethik, Hoffmann und Campe, Hamburg
Bleicher Knut: Leitbilder, Poeschel, Stuttgart
Braem Harald: Selftiming, Langen Müller, Herbig
Brennan Barbara Ann: Licht – Arbeit, Goldmann, München
Brooks Charles V. W.: Erleben durch die Sinne, Junfermann, Paderborn
Crisand Ekkehard: Psychologie der Persönlichkeit, Sauer, Heidelberg
Diehl Rolf: Zeit-Intelligenz & Leadership, Junfermann, Paderborn
Dietrich: Hilfen für Alltag, Beziehung und Beruf, Eigenverlag, Salzburg
Ebeling Peter: Reden ohne Lampenfieber, MI, Landsberg
Egli, Rene: Das Lola-Prinzip, Eigenverlag, Oetwil a. d. L.
Eschenbach Rolf: Manager für Morgen, Manz, Wien
Fast Julius: Versteckte Signale, Econ, Düsseldorf
Gabele E./Liebel H./Oechsler W.: Führungsgrundsätze und Führungsmodelle, Verlagsanstalt, Bamberg
Gerken Gerd: Der neue Manager, Haufe, Freiburg
Greipel Peter: Strategie und Kultur, Haupt, Bern
Gumin H./Meier H.: Die Zeit – Dauer und Ausblick, Piper, München
Hierhold Emil: Verkaufspräsentationen – Selling to Groups, Ueberreuter, Wien
Kälin Karl: Captain oder Coach? Neue Wege im Management, Ott Verlag, Thun
Lay Rubert: Dialektik für Manager, rororo, Rowohlt
Lay Rubert: Die Macht der Wörter, Langen, Herbig
Lay Rubert: Wie man sinnvoll miteinander umgeht, Econ, Düsseldorf
Leeds Dorothy: Die Kunst der Kommunikation, Econ, Düsseldorf
Molcho Samy: Körpersprache, Mosaik, München
Neges Richard: Personalentwicklungs- und Weiterbildungserfolg, Ueberreuter, Wien
Neuberger Oswald/Kompa Ain: Wir, die Firma, Beltz, Weinheim
Nix Udo H.: Zuhören, Econ, Düsseldorf
Oberklammer Ekkehard: Personalbeurteilung im Rahmen eines betrieblichen Informationssystems,
Diplomarbeit Uni Linz
Ruede-Wissmann Wolf: Auf alle Fälle Recht behalten, Langen, Herbig
Sarnoff Dorothy: Auftreten ohne Lampenfieber, Campus, Frankfurt
Scheitlin Victor: Kommunikation, Fachmed, St. Gallen
Scheitlin Victor: Erfolgreiche Lebensgestaltung, Fachmed, St. Gallen
Scholz Christian: Personalmanagement, Vahlen, München
Schuhmacher Bernd: Führungsgrundsätze und Führungshilfen entwickeln und einführen, Moderne Industrie
Seiwert Lothar J./Wagner Hardy: Management mit Zeitplanbuch, Gabal, Speyer
Seiwert Lothar J.: Das 1x1 des Zeitmanagement, Knaur, München
Seiwert Lothar J.: Mehr Zeit für das Wesentliche, MI, Landsberg

Sharamon/Bagiski: Das Chakra-Handbuch, Windpferd, Aitrang
Stehle H. Wolfgang: Management, Vahlen, München
Stiefel Rolf Th.: Innovationsfördernde Personalentwicklung in Klein- und Mittelbe-
trieben, Luchterhand, Neuwied
Stroebe W. Rainer/Stroebe H. Guntram: Grundlagen der Führung, Sauer, Heidelberg
Strombach Manfred E.: Qualitätszirkel und Kleingruppenarbeit, Kommentator, Frank-
furt
Strutz Hans: Handbuch Personalmarketing, Gabler, Wiesbaden
Tschirky Hugo: Führungsrichtlinien, Industrielle Organisation, Zürich
Ulsamer Bertold: Exzellente Kommunikation mit NLP, Gabal, Speyer
Ury William L.: Schwierige Verhandlungen, Campus, Frankfurt
Von Rosenstiel Lutz/Nerdinger Friedemann/Spieß Erika: Was morgen alles anders
läuft, Econ, Düsseldorf
Vopel Klaus W.: Höher als die Berge, tiefer als die See, Isko-Press
Wildenmann Bernd: Professionell führen, Luchterhand, Berlin
Wirtschaftsforum der Führungskräfte: Manifest der Manager, Wien
Witte Adolf: Überzeugend informieren, FBO, Baden-Baden
Wohinz Josef W.: Laufbahnplanung, Signum, Wien
Wohlleben Hans-Dietrich: Techniken der Präsentation, Dr. Götz Schmidt, Gießen
Wunderer R./Klimecki R.: Führungsleitbilder, Poeschel, Stuttgart

Kapitel 2:
Birkenbihl Michael: Chef Brevier, MVG, Landsberg
Birkenbihl Michael: Schnellkurs zum Manager, BVB, Bamberg
Block Peter: Der autonome Manager, Campus, Frankfurt
Faller Michael: Innere Kündigung, Hampp, München
Fassbind Werner: Aktuelles Handbuch für die optimale Personalführung, Weka,
Zürich
Fisher/Ertel: Arbeitsbuch verhandeln, Campus, Frankfurt
Frese Herbert: Mitarbeiterführung, Vogel, Würzburg
Gabele Eduard/Oechsler Walter: Personalbeurteilung, BVB, Bamberg
Gamber Paul: Konflikte und Aggressionen im Betrieb, MVG, Landsberg
Geißler K./Von Landsberg G./Reinartz M. d.: Personalentwicklung und Training, Dt.
Wirtschaftsdienst, Köln
Glasl Friedrich: Selbsthilfe in Konflikten, Haupt, Bern
Höhn Reinhard: Die innere Kündigung im Unternehmen, WWT, Bad Harzburg
Jones Alan: Die erfolgreiche Gehaltsverhandlung, Campus, Frankfurt
Kälin Karl/Müri Peter: Sich und andere führen, Ott, Thun
Kappel Heinz: Organisieren, Führen, Entlöhnen, VIO, Zürich
Kieser Alfred: Die Einführung neuer Mitarbeiter in das Unternehmen, Kommentator,
Frankfurt
Looss Wolfgang: Coaching für Manager, MI, Landsberg
Müri Peter: Dreidimensional führen mit Verstand I, Ott, Thun
Müri Peter: Dreidimensional führen mit Verstand II, Ott, Thun
Neuberger Oswald: Arbeit, Enke, Stuttgart
Neuberger Oswald: Führung, Enke, Stuttgart
Pillat Rüdiger: Neue Mitarbeiter, Haufe, Freiburg
Potthoff E./Steigerwald H.: RKW-Handbuch Führungstechnik und Organisation,
Schmid, Berlin
Rentrop Norman: Das Praxishandbuch Personal, Norman Rentrop, Bonn
Rischar Klaus: Schwierige Mitarbeitergespräche, MVG, Landsberg

Rückle Horst: Coaching, Econ, Düsseldorf
Schuler Heinz: Das Bild vom Mitarbeiter, Bratt, Goch
Schulz von Thun Friedemann: Miteinander reden 3, Rororo, Hamburg
Schwarz Gerhard: Konflikt Management, Gabler, Wiesbaden
Siegmund Cora Besser/Siegmund Harry: Coach yourself, Econ, Düsseldorf
Sprenger Reinhard K.: Mythos Motivation, Campus, Frankfurt
Vogelauer Werner: Coaching-Praxis, Manz, Wien
Weisinger Hendrie: Kreative Kritik, Heyne, München

Kapitel 3:
Breisig Thomas: It's Team Time, Bund, Köln
Bußmann/Rutschke: Team-Selling, MI, Landsberg/Lech
Fisher/Rayner/Belgard: Tips für Teams, MI, Landsberg/Lech
Jeserich Wolfgang: Das Assessment Center in der betrieblichen Praxis, Windmühle,
Hamburg
Jochmann Walter: Innovationen im Assessment-Center, Poeschel Verlag, Stuttgart
Kidd Jennifer M.: Assessment in Action, Niace, Leicester
Klebert Karin/Schrader Einhard/Straub Walter: ModerationsMethode, Windmühle,
Hamburg
Kunz Ulrich Hans: Spitzenleistungen im Team, TÜV, Rheinland
Lasko Wolf W.: Dream Teams, Gabler, Wiesbaden
Meyersen Klaus: Die moderierte Besprechung, Campus, Frankfurt
Nicolai Christiane: Assessment-Center in der Personalentwicklung, Schmid, Berlin

Checklisten:

Abbildungen:

Fragebögen:

Formulare:

FRANZ-JOSEF BUSKAMP
MENTALE
BÖRSENKOMPETENZ
INVESTIEREN MIT
FINGERSPITZENGEFÜHL

400 Seiten,
Hardcover
ISBN 3-7064-0518-0

Franz-Josef Buskamp
kann auf eine über
20jährige aktive Börsen-
erfahrung als unabhän-
giger Trader zurück-
blicken. Er ist Börsen-
berater und freier Finanz-
journalist, regelmäßig erscheinen seine Analysen
über die internationalen
Finanzmärkte. Sein
Spezialgebiet ist das
individuelle Anlegerver-
halten.

Börsenpsychologie für Einsteiger

Um erfolgreich in den Börsenhandel
einzusteigen, reicht es nicht, ein ge-
wisses Startkapital und eine Portion
Mut mitzubringen. Der unerfahrene
Anleger wird mit Marktreaktionen konfrontiert, die seine Börsenkompetenz
nachhaltig herausfordern. Den unbe-
grenzten Potentialen der Finanzmärkte stehen die individuellen Reaktions-
muster des Anlegers gegenüber, der
dazu neigt, sich am Verhalten der
„Anlegermasse" zu orientieren, Ge-
winne überzubewerten und Verlust-
entwicklungen tatenlos zuzusehen.
Der erfahrene Börsenberater, Finanz-
journalist und Marktanalyst Franz-
Josef Buskamp zeigt, wie man das
notwendige Fingerspitzengefühl er-
wirbt. Neben einer Betrachtung des
Aktienmarktes stellt der Autor vor allem das individuelle Anlageverhalten
des einzelnen in den Vordergrund. Er
nennt die persönlichen Eigenschaften, die jeder Anleger mitbringen sollte, gibt Ratschläge zu den finanziellen
Voraussetzungen und zur rationalen
Umsetzung von Anlagestrategien.

Überall im Buchhandel

Henry Mintzberg
Bruce Ahlstrand | Joseph Lampel
STRATEGY SAFARI
Eine Reise durch die Wildnis
des strategischen Managements

ca. 480 Seiten,
Samteinband im Schuber
ISBN 3-7064-0523-7

Prof. Dr. Henry Mintzberg veröffentlichte eine Reihe von Büchern und arbeitet nun als Professor der Betriebsführung an der McGill University in Kanada. Er ist internationaler Berater für Managementtraining.

Prof. Dr. Bruce Ahlstrand ist Professor an der Trent University in Ontario, Kanada.

Prof. Dr. Joseph Lampel ist Professor an der University of St. Andrews in Schottland.

Das Raubtier unter den Managementbüchern

Henry Mintzberg gehört zu den führenden Köpfen der weltweiten Strategiediskussion. In „Strategy Safari" nimmt er die Leser mit auf eine Reise durch die Wildnis des strategischen Managements. Seine eigene umfangreiche Bibliothek brachte ihn auf die Idee, eine komprimierte Übersicht der vorhandenen Denkansätze zum Thema Strategie zu verfassen. Das Resultat ist beeindruckend.
Er zeigt die verschiedenen Trends, Anschauungen, Quellen und Definitionen, untergliedert das breite Thema in zehn Strömungen und begutachtet deren Stärken und Schwächen. Anschließend vergleicht er die verschiedenen Ansätze auf amüsante und anschauliche Weise, indem er jeder Richtung ein Tier als Metapher zuweist. Das Spektrum reicht dabei von Schumpeter über Ansoff, Hamel und Prahalad bis zu Michael Porter und selbstverständlich Mintzberg selbst.

Auszug aus dem Inhalt:
● Die Unternehmer – Strategie als visionäre Vorgehensweise
● Die Planer – Strategie als formale Vorgehensweise
● Die Mächtigen – Strategie als Verhandlungsprozeß
● Die Kulturellen – Strategie als sozialer Prozeß
● u. v. m.

Überall im Buchhandel